全国专利代理师资格考试试题解析
（2016～2018合订本）

知识产权出版社有限责任公司 编

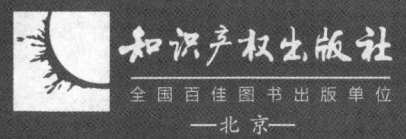
—北京—

图书在版编目（CIP）数据

全国专利代理师资格考试试题解析. 2016～2018 合订本/知识产权出版社有限责任公司编. —北京：知识产权出版社，2020.7（2021.1重印）

ISBN 978-7-5130-7004-1

Ⅰ.①全… Ⅱ.①知… Ⅲ.①专利—代理（法律）—中国—资格考试—题解 Ⅳ.①D923.42-44

中国版本图书馆 CIP 数据核字（2020）第 100744 号

内容提要

本书将 2016～2018 年全国专利代理人资格考试试题解析单行本汇编成册，方便考生对比历年各科试题相关命题点、易考点的异同，查找易错点、失分点，准确掌握命题规律，提高备考水平，争取理想的考试效果。

责任编辑：王瑞璞	责任校对：王　岩
执行编辑：崔思琪	责任印制：刘译文

全国专利代理师资格考试试题解析（2016～2018 合订本）

Quanguo Zhuanli Dailishi Zige Kaoshi Shiti Jiexi（2016～2018 Hedingben）

知识产权出版社有限责任公司　编

出版发行：知识产权出版社有限责任公司	网　　址：http://www.ipph.cn
社　　址：北京市海淀区气象路 50 号院	邮　　编：100081
责编电话：010-82000860 转 8116	责编邮箱：wangruipu@cnipr.com
发行电话：010-82000860 转 8101/8102	发行传真：010-82000893/82005070/82000270
印　　刷：三河市国英印务有限公司	经　　销：各大网上书店、新华书店及相关专业书店
开　　本：889mm×1194mm　1/16	印　　张：28.5
版　　次：2020 年 7 月第 1 版	印　　次：2021 年 1 月第 2 次印刷
字　　数：700 千字	定　　价：99.00 元

ISBN 978-7-5130-7004-1

出版权专有　侵权必究
如有印装质量问题，本社负责调换。

前 言

我国专利代理师资格考试制度是以科学的方式选拔专利代理人才、提升专利代理行业影响力、促进专利事业稳步发展的重要途径之一。从 1992 年面向全国实施专利代理人资格考试以来，专利代理人资格考试在普及专利制度、储备专利代理人才、促进专利代理行业发展等许多方面都起到了重要作用。特别是经过 2005 年和 2009 年两次考试改革后，全国专利代理人资格考试更加适应我国专利事业的发展形势，更加科学、规范、透明，吸引了越来越多的人加入专利代理行业，扩大了全国专利代理人资格考试的影响力，提升了专利代理行业在社会公众中的认知度。2019 年，全国专利代理人资格考试更名为全国专利代理师资格考试。

目前，2020 年全国专利代理师资格考试的准备工作已经全面展开，为了帮助参加 2020 年全国专利代理师资格考试的应试人员更好地进行复习备考，知识产权出版社有限责任公司对 2016 年以来的考试试题和试题解析进行了整理，汇编成《全国专利代理师资格考试试题解析（2016～2018 合订本）》一书。希望本书的出版对应试人员的复习、备考能够有所裨益。

由于时间和水平有限，本书的疏漏或不当之处在所难免，敬请读者指正。

知识产权出版社有限责任公司
2020 年 5 月

目 录

2016 年全国专利代理人资格考试试题解析 …………………………………… (2016) 1
　　专利法律知识 ………………………………………………………… (2016) 3
　　相关法律知识 ………………………………………………………… (2016) 77
　　专利代理实务 ………………………………………………………… (2016) 129
　　　2016 年专利代理实务题答题要点及参考答案 …………………… (2016) 145

2017 年全国专利代理人资格考试试题解析 …………………………………… (2017) 1
　　专利法律知识 ………………………………………………………… (2017) 3
　　相关法律知识 ………………………………………………………… (2017) 61
　　专利代理实务 ………………………………………………………… (2017) 113
　　　2017 年专利代理实务题答题要点及参考答案 …………………… (2017) 125

2018 年全国专利代理人资格考试试题解析 …………………………………… (2018) 1
　　专利法律知识 ………………………………………………………… (2018) 3
　　相关法律知识 ………………………………………………………… (2018) 79
　　专利代理实务 ………………………………………………………… (2018) 129
　　　2018 年专利代理实务题答题要点及参考答案 …………………… (2018) 143

2016年全国专利代理人资格考试试题解析

专利法律知识

答题须知：
1. 本试卷共有100题，每题1.5分，总分150分。
2. 本试卷要求应试者在机考试卷上选择答案。
3. 本试卷所有试题的正确答案均以现行的法律、法规、规章、相关司法解释和国际条约为准。

一、单项选择题（每题所设选项中只有一个正确答案，多选、错选或不选均不得分。本部分含1—30题，每题1.5分，共45分。）

1. 下列说法哪个是正确的？
   A. 发明专利申请经初步审查合格，自申请日起满18个月公告授权
   B. 专利申请涉及国防利益需要保密的，经国防专利机构审查没有发现驳回理由的，由国防专利机构作出授予国防专利权的决定
   C. 授予专利权的外观设计与现有设计或者现有设计特征的组合相比，应当具有明显区别
   D. 实用新型专利申请经实质审查没有发现驳回理由的，由国家知识产权局作出授予实用新型专利权的决定

【答案】C
【知识点】三种专利的审查制度　国防专利机构及其职能
【解析】《专利法》第三十四条规定，国务院专利行政部门收到发明专利申请后，经初步审查认为符合该法要求的，自申请日起满18个月，即行公布。国务院专利行政部门可以根据申请人的请求早日公布其申请。《专利法》第三十五条规定，发明专利申请自申请日起3年内，国务院专利行政部门可以根据申请人随时提出的请求，对其申请进行实质审查；申请人无正当理由逾期不请求实质审查的，该申请即被视为撤回。《专利法》第三十九条规定，发明专利申请经实质审查没有发现驳回理由的，由国务院专利行政部门作出授予发明专利权的决定，发给发明专利证书，同时予以登记和公告。发明专利权自公告之日起生效。由上述规定可知，发明专利申请须经过初步审查、公布、实质审查才能授予专利权，故选项A不正确。

《专利法实施细则》第七条第一款规定，专利申请涉及国防利益需要保密的，由国防专利机构受理并进行审查；国务院专利行政部门受理的专利申请涉及国防利益需要保密的，应当及时移交国防专利机构进行审查。经国防专利机构审查没有发现驳回理由的，由国务院专利行政部门作出授予国防专利权的决定。《国防专利条例》第十八条规定，国防专利申请经审查认为没有驳回理由或者驳回后经过复审认为不应驳回的，由国务院专利行政部门作出授

予国防专利权的决定,并委托国防专利机构颁发国防专利证书。由此可见,授予国防专利权的决定由国务院专利行政部门作出,国防专利机构接受委托颁发国防专利证书,故选项B错误。

《专利法》第二十三条第二款规定,授予专利权的外观设计与现有设计或者现有设计特征的组合相比,应当具有明显区别。故选项C正确。

《专利法》第四十条规定,实用新型和外观设计专利申请经初步审查没有发现驳回理由的,由国务院专利行政部门作出授予实用新型专利权或者外观设计专利权的决定,发给相应的专利证书,同时予以登记和公告。实用新型专利权和外观设计专利权自公告之日起生效。根据该规定,我国实用新型专利申请经初步审查合格后即授权,即对实用新型专利申请施行初步审查制度,所以选项D错误。

综上,本题正确答案为:C。

2. 甲于2013年7月7日完成一项发明创造,并于2013年7月8日下午到当地的专利代办处面交了专利申请;乙于2013年7月4日独立完成相同发明创造,并于2013年7月7日通过快递公司提交申请文件,专利局受理处于次日上午收到该申请文件。如果两件申请均符合其他授权条件,则专利权应当授予谁?

A. 甲
B. 乙
C. 甲和乙
D. 甲和乙协商确定的人

【答案】D

【知识点】递交日的确定 对同样发明创造的处理 先申请原则

【解析】《专利法》第二十八条规定,国务院专利行政部门收到专利申请文件之日为申请日。如果申请文件是邮寄的,以寄出的邮戳日为申请日。《专利审查指南2010》第五部分第三章第2.3.1节"受理程序"中规定,向专利局受理处或者代办处窗口直接递交的专利申请,以收到日为申请日;通过邮局邮寄递交到专利局受理处或者代办处的专利申请,以信封上的寄出邮戳日为申请日;通过速递公司递交到专利局受理处或者代办处的专利申请,以收到日为申请日。根据上述规定,甲的专利申请日应为其直接向当地专利代办处面交其专利申请的日期,即2013年7月8日;乙的专利申请日应为专利局受理处收到其申请文件的日期,即2013年7月8日。可见,甲、乙就同样发明创造提交专利申请的申请日相同。

《专利法》第九条第一款规定,同样的发明创造只能授予一项专利权。第二款规定,两个以上的申请人分别就同样的发明创造申请专利的,专利权授予最先申请的人。《专利法实施细则》第四十一条第一款规定,两个以上的申请人同日(指申请日;有优先权的,指优先权日)分别就同样的发明创造申请专利的,应当在收到国务院专利行政部门的通知后自行协商确定申请人。根据上述规定,对于甲、乙就同样的发明创造分别提出的专利申请,专利权应该授权先申请的人,如果两人的申请日相同,则应该自行协商确定申请人。

根据上述规定，专利权应该授权甲和乙协商确定的申请人，即选项 D 正确。

综上，本题正确答案为：D。

3. 根据《专利代理条例》下列哪个人或机构可以接受委托人的委托，以委托人的名义在代理权限范围内，办理专利申请或者办理其他专利事务？

  A. 专利代理人

  B. 专利代理机构

  C. 有专利代理资格证的人

  D. 有民事行为能力的自然人

【答案】B

【知识点】专利代理的概念

【解析】《专利代理条例》第二条规定，该条例所称专利代理是指专利代理机构以委托人的名义，在代理权限范围内，办理专利申请或者办理其他专利事务。《专利代理条例》第十七条规定，专利代理人必须承办专利代理机构委派的专利代理工作，不得自行接受委托。故选项 B 正确，选项 A、C、D 错误。

综上，本题正确答案为：B。

4. 下列哪个属于实用新型专利保护的客体？

  A. 一种采用新程序控制的垃圾桶

  B. 一种制作卡通形象垃圾桶的模具

  C. 一种用于制作垃圾桶的新材料

  D. 一种为了美观而将外形设计为动物形象的垃圾桶

【答案】B

【知识点】实用新型专利保护客体

【解析】《专利法》第二条第三款规定，实用新型，是指对产品的形状、构造或者其结合所提出的适于实用的新的技术方案。《专利审查指南 2010》第一部分第二章第 6.1 节"实用新型专利只保护产品"中规定，根据《专利法》第二条第三款的规定，实用新型专利只保护产品。所述产品应当是经过产业方法制造的，有确定形状、构造且占据一定空间的实体。……如果权利要求中既包含形状、构造特征，又包含对方法本身提出的改进，例如含有对产品制造方法、使用方法或计算机程序进行限定的技术特征，则不属于实用新型专利保护的客体。根据上述规定，虽然垃圾桶属于实用新型专利保护客体，但是如果对垃圾桶功能的改进是靠新控制程序实现的，即贡献在于新的计算机程序，而不是产品结构，则不能被授予实用新型专利权。选项 A 所述的采用新程序控制的垃圾桶，包含对计算机程序的改进，因此不属于实用新型专利保护客体。

选项 B 所述制作卡通形象垃圾桶的模具，其保护主题是模具，涉及产品形状构造的改进，故属于实用新型专利保护客体。

《专利审查指南2010》第一部分第二章第6.2.2节"产品的构造"中规定，产品的构造是指产品的各个组成部分的安排、组织和相互关系。……物质的分子结构、组分、金相结构等不属于实用新型专利给予保护的产品的构造。……如果权利要求中既包含形状、构造特征，又包含对材料本身提出的改进，则不属于实用新型专利保护的客体。根据上述规定，选项C所述用于制作垃圾桶的新材料涉及材料的改进，不属于实用新型专利保护客体。

《专利审查指南2010》第一部分第二章第6.3节"技术方案"中规定，《专利法》第二条第三款所述的技术方案，是指对要解决的技术问题所采取的利用了自然规律的技术手段的集合。技术手段通常是由技术特征来体现的。未采用技术手段解决技术问题，以获得符合自然规律的技术效果的方案，不属于实用新型专利保护的客体。产品的形状以及表面的图案、色彩或者其结合的新方案，没有解决技术问题的，不属于实用新型专利保护的客体。根据上述规定，选项D所述的为了美观而将外形设计为动物形象的垃圾桶，没有解决技术问题，故不能被授予实用新型专利权。

综上，本题正确答案为：B。

5. 下列哪个主题可获得外观设计专利权？
   A. 以企业商标标识为主体内容的瓶贴设计
   B. 手机屏幕壁纸的设计
   C. 艺术花瓶的设计
   D. 可批量印制的摄影作品

【答案】C
【知识点】外观设计专利保护对象
【解析】《专利法》第二条第四款规定，外观设计，是指对产品的形状、图案或者其结合以及色彩与形状、图案的结合所作出的富有美感并适于工业应用的新设计。《专利法》第二十五条第一款规定："对下列各项，不授予专利权：……（六）对平面印刷品的图案、色彩或者二者的结合作出的主要起标识作用的设计。"选项A所述以企业商标标识为主体内容的瓶贴设计，明显属于上述法律规定不授予专利权的情形。

《专利审查指南2010》第一部分第三章第7.4节"不授予外观设计专利权的情形"中规定了根据《专利法》第二条第四款规定不能授予外观设计专利权的情形，其中包括："（8）纯属美术、书法、摄影范畴的作品""（11）游戏界面以及与人机交互无关或者与实现产品功能无关的产品显示装置所显示的图案，例如，电子屏幕壁纸、开关机画面、网站网页的图文排版"。选项B、D所述内容明显属于上述规定中第（11）项、第（8）项所述情形，不可获得外观设计专利权。选项C所述艺术花瓶的设计属于外观设计专利的保护客体，可以获得外观设计专利权。

综上，本题正确答案为：C。

6. 下列哪个属于不可获得专利权的主题？
   A. 一种用转基因方法培育的黑色玉米品种
   B. 一种必须经主管机关批准方能生产的武器
   C. 一种生产放射性同位素的设备
   D. 一种制造假肢的方法

【答案】A

【知识点】不授予专利权的主题

【解析】《专利法》第二十五条规定，对下列各项，不授予专利权：（一）科学发现；（二）智力活动的规则和方法；（三）疾病的诊断和治疗方法；（四）动物和植物品种；（五）用原子核变换方法获得的物质；（六）对平面印刷品的图案、色彩或者二者的结合作出的主要起标识作用的设计。对前款第（四）项所列产品的生产方法，可以依照该法规定授予专利权。《专利审查指南2010》第二部分第一章第4.4节"动物和植物品种"中规定，动物和植物是有生命的物体。根据《专利法》第二十五条第一款第（四）项的规定，动物和植物品种不能被授予专利权。选项A所述"用转基因方法培育的黑色玉米品种"属于动物和植物品种，不能授予专利权。

《专利法》第五条规定，对违反法律、社会公德或者妨害公共利益的发明创造，不授予专利权。对违反法律、行政法规的规定获取或者利用遗传资源，并依赖该遗传资源完成的发明创造，不授予专利权。《专利法实施细则》第十条规定，《专利法》第五条所称违反法律的发明创造，不包括仅其实施为法律所禁止的发明创造。《专利审查指南2010》第二部分第一章第3.1.1节"违反法律的发明创造"中规定，《专利法实施细则》第十条规定，《专利法》第五条所称违反法律的发明创造，不包括仅其实施为法律所禁止的发明创造。其含义是，如果仅仅是发明创造的产品的生产、销售或使用受到法律的限制或约束，则该产品本身及其制造方法并不属于违反法律的发明创造。例如，用于国防的各种武器的生产、销售及使用虽然受到法律的限制，但这些武器本身及其制造方法仍然属于可给予专利保护的客体。根据上述规定可知，选项B属于可授予专利权主题。

《专利审查指南2010》第二部分第一章第4.5节"原子核变换方法和用该方法获得的物质"中规定，原子核变换方法以及用该方法所获得的物质关系到国家的经济、国防、科研和公共生活的重大利益，不宜为单位或私人垄断，因此不能被授予专利权；但是，为实现核变换方法的各种设备、仪器及其零部件等，均属于可被授予专利权的客体。根据该规定，选项C属于专利保护主题。

《专利法》第二十五条第一款第（二）项、《专利审查指南2010》第二部分第一章第4.3.2.2节"不属于治疗方法的发明"中规定了几类方法不属于治疗方法，不得依据《专利法》第二十五条第一款第（三）项拒绝授予其专利权，其中包括：制造假肢或者假体的方法，以及为制造该假肢或者假体而实施的测量方法。例如一种制造假牙的方法，该方法包括在病人口腔中制作牙齿模具，而在体外制造假牙，虽然其最终目的是治疗，但是该方法本身的目的是制造出合适的假牙。故选项D属于可授予专利权主题。

综上，本题正确答案为：A。

7. 某发明专利申请的申请日为2012年12月25日。下列出版物均记载了与该申请请求保护的技术方案相同的技术内容，哪个会导致该申请丧失新颖性？

   A. 2012年12月印刷并公开发行的某中文期刊
   B. 在2012年12月25日召开的国际会议上发表的学术论文
   C. 2012年11月出版的专业书籍，该书籍印刷后仅在某些地区的新华书店出售
   D. 该发明申请人于2012年11月2日向国家知识产权局提出的实用新型专利申请，该实用新型专利申请于2013年2月5日被申请人主动撤回

【答案】C

【知识点】出版物公开　现有技术的时间界限　抵触申请

【解析】《专利审查指南2010》第二部分第三章第2.1.2.1节"出版物公开"中规定，出版物的印刷日视为公开日，有其他证据证明其公开日的除外。印刷日只写明年月或者年份的，以所写月份的最后一日或者所写年份的12月31日为公开日。根据上述规定，选项A所述期刊的公开日应被认定为2012年12月31日，在专利申请日之后，未构成现有技术，故不会使专利申请丧失新颖性。

《专利审查指南2010》第二部分第三章第2.1.1节"时间界限"中规定，现有技术的时间界限是申请日，享有优先权的，则指优先权日。广义上说，申请日以前公开的技术内容都属于现有技术，但申请日当天公开的技术内容不包括在现有技术范围内。选项B所述公开发表的论文其公开日为专利申请日当日，未构成现有技术，故不会使专利申请丧失新颖性。

《专利审查指南2010》第二部第2.1.2.1节"出版物公开"中还规定，出版物不受地理位置、语言或者获得方式的限制，也不受年代的限制。出版物的出版发行量多少、是否有人阅读过、申请人是否知道是无关紧要的。因此，选项C所述书籍构成了现有技术，导致专利申请丧失新颖性。

选项D所述实用新型专利申请尽管其申请日在该专利申请日之前，但由于专利申请人的主动撤回而未曾被公开，因而未构成抵触申请，不会导致该发明专利申请丧失新颖性。

综上，本题正确答案为：C。

8. 某发明专利申请要求保护一种光催化剂的制备方法，其中采用A工艺，并对干燥温度进行了限定。某现有技术记载了采用A工艺制备同种光催化剂的方法，其中干燥温度为50～100℃。相对于该现有技术，该发明专利申请的哪个权利要求不具备新颖性？

   A. 一种光催化剂的制备方法，采用A工艺，其特征在于干燥温度为40～90℃
   B. 一种光催化剂的制备方法，采用A工艺，其特征在于干燥温度为58℃
   C. 一种光催化剂的制备方法，采用A工艺，其特征在于干燥温度为60～75℃
   D. 一种光催化剂的制备方法，采用A工艺，其特征在于干燥温度为40～45℃

【答案】A

【知识点】涉及数值和数值范围的权利要求新颖性判断

【解析】《专利审查指南2010》第二部分第三章第3.2.4节"数值和数值范围"中规定，如果要求保护的发明或者实用新型中存在以数值或者连续变化的数值范围限定的技术特征，例如部件的尺寸、温度、压力以及组合物的组分含量，而其余技术特征与对比文件相同，则其新颖性的判断应当依照以下各项规定。(1) 对比文件公开的数值或者数值范围落在上述限定的技术特征的数值范围内，将破坏要求保护的发明或者实用新型的新颖性。……(2) 对比文件公开的数值范围与上述限定的技术特征的数值范围部分重叠或者有一个共同的端点，将破坏要求保护的发明或者实用新型的新颖性。……根据上述规定，选项A的权利要求不具备新颖性，选项B、C、D的权利要求具备新颖性。

综上，本题正确答案为：A。

9. 关于发明的创造性，下列说法哪个是正确的？

　　A. 发明具有显著的进步，就是要求发明不能有负面的技术效果

　　B. 判断创造性时，应当考虑申请日当天公布的专利文献中的技术内容

　　C. 发明在商业上获得成功，则应该认定其具有创造性

　　D. 如果发明是所属技术领域的技术人员在现有技术的基础上仅仅通过合乎逻辑的分析、推理即可得到，则该发明是显而易见的，也就不具备突出的实质性特点

【答案】D

【知识点】创造性判断

【解析】《专利审查指南2010》第二部分第四章第3.2.2节"显著的进步的判断"中规定，在评价发明是否具有显著的进步时，主要应当考虑发明是否具有有益的技术效果。其中规定了通常应当认为发明具有有益的技术效果的几种情况，包括："(4) 尽管发明在某些方面有负面效果，但在其他方面具有明显积极的技术效果"。根据上述规定，即使发明在某些方面有负面的技术效果，也不一定说明发明不具有显著的进步，故选项A错误；由于申请日当天公布的专利文献中的技术内容不构成现有技术，故选项B错误。

《专利审查指南2010》第二部分第四章第5.4节"发明在商业上获得成功"中规定，当发明的产品在商业上获得成功时，如果这种成功是由于发明的技术特征直接导致的，则一方面反映了发明具有有益效果，同时也说明了发明是非显而易见的，因而这类发明具有突出的实质性特点和显著的进步，具备创造性。但是，如果商业上的成功是由于其他原因所致，例如由于销售技术的改进或者广告宣传造成的，则不能作为判断创造性的依据。故选项C错误。

《专利法》第二十二条第三款规定，创造性，是指与现有技术相比，该发明具有突出的实质性特点和显著的进步，该实用新型具有实质性特点和进步。《专利审查指南2010》第二部分第四章第2.2节"突出的实质性特点"中规定，发明有突出的实质性特点，是指对所属技术领域的技术人员来说，发明相对于现有技术是非显而易见的。如果发明是所属技术领域的技术人员在现有技术的基础上仅仅通过合乎逻辑的分析、推理或者有限的试验可以得到

的，则该发明是显而易见的，也就不具备突出的实质性特点。可见选项 D 正确。

综上，本题正确答案为：D。

10. 下列哪个选项中的外观设计不属于相同或实质相同的外观设计？

  A. 一款座椅的外观设计和与该款座椅外观相同的手机支架外观设计

  B. 一款圆珠笔和一款自动铅笔的外观设计，二者除笔尖设计不同外其余设计均相同

  C. 一款具有电子时钟和收音机双功能产品的外观设计，与一款纯电子时钟功能的产品外观设计，二者形状、图案和色彩设计相同

  D. 一件珠宝盒的专利外观设计，与一件包装盒的专利外观设计，二者形状、图案和色彩设计相同

【答案】A

【知识点】外观设计相同或实质相同的判断

【解析】《专利法》第二十三条第一款规定，授予专利权的外观设计，应当不属于现有设计；也没有任何单位或者个人就同样的外观设计在申请日以前向国务院专利行政部门提出过申请，并记载在申请日以后公告的专利文件中。《专利审查指南2010》第四部分第五章第5节"根据专利法第二十三条第一款的审查"中规定，不属于现有设计，是指在现有设计中，既没有与涉案专利相同的外观设计，也没有与涉案专利实质相同的外观设计。第5.1.1节"外观设计相同"中规定，外观设计相同，是指涉案专利与对比设计是相同种类产品的外观设计，并且涉案专利的全部外观设计要素与对比设计的相应设计要素相同，其中外观设计要素是指形状、图案以及色彩。相同种类产品是指用途完全相同的产品。第5.1.2节"外观设计实质相同"中规定，外观设计实质相同的判断仅限于相同或者相近种类的产品外观设计。对于产品种类不相同也不相近的外观设计，不进行涉案专利与对比设计是否实质相同的比较和判断，即可认定涉案专利与对比设计不构成实质相同，例如，毛巾和地毯的外观设计。由于选项A中的座椅与手机支架的用途不同，二者属于种类不同也不相近的产品，故不属于相同或实质相同的外观设计。

《专利审查指南2010》第四部分第五章第5.1.2节"外观设计实质相同"中还规定了经过整体观察可以认定涉案专利与对比设计构成实质相同的几种情形，其中包括"（1）其区别在于施以一般注意力不能察觉到的局部的细微差异，例如，百叶窗的外观设计仅有具体叶片数不同"。选项B中的圆珠笔和自动铅笔二者均是用于书写的笔，且二者外观设计上的区别属于施以一般注意力不能察觉到的局部的细微差异，构成实质相同的外观设计。

《专利审查指南2010》第四部分第五章第5.1.2节"外观设计实质相同"中进一步规定，相近种类的产品是指用途相近的产品。例如，玩具和小摆设的用途是相近的，两者属于相近种类的产品。应当注意的是，当产品具有多种用途时，如果其中部分用途相同，而其他用途不同，则二者应属于相近种类的产品。如带MP3的手表与手表都具有计时的用途，二者属于相近种类的产品。选项C中具有电子时钟和收音机双功能的产品与另一种纯电子时钟产品，二者存在部分相同用途，属于种类相近产品，同时二者的外观设计相同，故构成了实质

相同的外观设计。选项D的珠宝盒与包装盒，二者的用途均是用于产品的包装，属于相近种类产品，同时二者的外观设计相同，故构成实质相同的外观设计。

综上，本题正确答案为：A。

11. 下列各项所示实用新型的名称，哪个是正确的？
   A. 一种苹果牌手机
   B. 一种轮胎及包含该轮胎的汽车
   C. 一种遥控技术
   D. 一种睡袋及其使用方法

【答案】B

【知识点】实用新型名称

【解析】《专利审查指南2010》第一部分第二章第7.1节"请求书"中规定，对于实用新型专利申请请求书的要求适用《专利审查指南2010》第一部分第一章第4.1节有关发明专利申请请求书的相关规定。《专利审查指南2010》第一部分第一章第4.1.1节"发明名称"中规定，请求书中的发明名称和说明书中的发明名称应当一致。发明名称应当简短、准确地表明发明专利申请要求保护的主题和类型。发明名称中不得含有非技术词语，例如人名、单位名称、商标、代号、型号等。选项A中的实用新型名称中包含商号"苹果牌"，故此不正确。

选项B的实用新型名称符合《专利审查指南2010》中的相关规定。

此外，《专利审查指南2010》第二部分第二章第2.2.1节"名称"中规定，发明或者实用新型的名称应当清楚、简要、全面地反映要求保护的发明或者实用新型的主题和类型（产品或者方法），以利于专利申请的分类，例如一件包含拉链产品和该拉链制造方法两项发明的申请，其名称应当写成"拉链及其制造方法"。选项C的实用新型名称中包含的"技术"一词，不能明确要求保护主题是方法还是产品，即类型不清楚，故不正确。

《专利法》第二条第三款规定，实用新型，是指对产品的形状、构造或者其结合所提出的适于实用的新的技术方案。根据该规定，实用新型专利只保护产品，不保护方法，选项D的实用新型名称中包含方法，故不正确。

综上，本题正确答案为：B。

12. 下列说法哪个是正确的？
   A. 某项权利要求中记载"温度超过100℃"，是指温度大于100℃，不包括100℃本数在内
   B. 某项组合物权利要求中记载了某组分含量的数值范围"10－20重量份"，为了支持该数值范围，说明书实施例中必须相应给出10重量份和20重量份的实施例
   C. 一项制备方法权利要求可以撰写如下：一种生产薄膜的技术，其特征在于将树脂A、填料B、抗氧剂C加入混合机中混合，然后将混合物热成型为薄膜

D. 一项使用方法权利要求可以撰写如下：一种化合物K，该化合物用作杀虫剂

【答案】A

【知识点】权利要求的撰写要求

【解析】《专利审查指南2010》第二部分第二章第3.3节"权利要求的撰写规定"中规定，一般情况下，权利要求中包含有数值范围的，其数值范围尽量以数学方式表达，例如，"≥30℃""＞5"等。通常，"大于""小于""超过"等理解为不包括本数；"以上""以下""以内"等理解为包括本数。故此，选项A正确。

《专利审查指南2010》第二部分第二章第3.2.1节"以说明书为依据"中规定，权利要求通常由说明书记载的一个或者多个实施方式或实施例概括而成。权利要求的概括应当不超出说明书公开的范围。如果所属技术领域的技术人员可以合理预测说明书给出的实施方式的所有等同替代方式或明显变型方式都具备相同的性能或用途，则应当允许申请人将权利要求的保护范围概括至覆盖其所有的等同替代或明显变型的方式。《专利审查指南2010》第二部分第十章第3.4节"关于实施例"中规定，由于化学领域属于实验性学科，多数发明需要经过实验证明，因此说明书中通常应当包括实施例，例如产品的制备和应用实施例。说明书中实施例的数目，取决于权利要求的技术特征的概括程度，例如并列选择要素的概括程度和数据的取值范围；在化学发明中，根据发明的性质不同，具体技术领域不同，对实施例数目的要求也不完全相同。一般的原则是，应当能足以理解发明如何实施，并足以判断在权利要求所限定的范围内都可以实施并取得所述的效果。因此，对于选项B的组合物权利要求中记载的某组分含量的数值范围"10—20重量份"是否需要给出10重量份和20重量份的实施例，取决于所属技术领域的技术人员是否能够理解发明如何实施，而非必须要有相应的实施例。故选项B说法不正确。

《专利审查指南2010》第二部分第二章第3.2.2节"清楚"中规定，每项权利要求的类型应当清楚。权利要求的主题名称应当能够清楚地表明该权利要求的类型是产品权利要求还是方法权利要求。不允许采用模糊不清的主题名称，例如，"一种……技术"，或者在一项权利要求的主题名称中既包含有产品又包含有方法，例如，"一种……产品及其制造方法"。选项C中权利要求的主题名称"一种生产薄膜的技术"没有清楚地表明该权利要求的类型是产品权利要求还是方法权利要求，故不正确。

《专利审查指南2010》第二部分第二章第3.2.2节"清楚"中规定，用途权利要求属于方法权利要求。但应当注意从权利要求的撰写措辞上区分用途权利要求和产品权利要求。《专利审查指南2010》第二部分第十章第4.5.1节"用途权利要求的类型"中规定，化学产品的用途发明是基于发现产品新的性能，并利用此性能而作出的发明。无论是新产品还是已知产品，其性能是产品本身所固有的，用途发明的本质不在于产品本身，而在于产品性能的应用。因此，用途发明是一种方法发明，其权利要求属于方法类型。选项D将一项使用方法权利要求的主题表述为产品，故不正确。

综上，本题正确答案为：A。

13. 某专利申请的权利要求书如下：

"1. 一种枕头，其特征在于：由枕套和枕芯组成。

2. 根据权利要求1所述的枕套，其特征在于：枕套中间设置为凹面。

3. 根据权利要求1所述的枕头，其特征在于：凹面深度为8cm。

4. 根据权利要求1和3所述的枕头，其特征在于：枕套两端设置两个如附图所示的不同高度的平面。"

上述从属权利要求有几处错误？

A. 2
B. 3
C. 4
D. 5

【答案】C

【知识点】权利要求清楚的要求　从属权利要求的撰写要求

【解析】《专利法实施细则》第二十二条规定，发明或者实用新型的从属权利要求应当包括引用部分和限定部分，按照下列规定撰写：（一）引用部分：写明引用的权利要求的编号及其主题名称；（二）限定部分：写明发明或者实用新型附加的技术特征。从属权利要求只能引用在前的权利要求。引用两项以上权利要求的多项从属权利要求，只能以择一方式引用在前的权利要求，并不得作为另一项多项从属权利要求的基础。《专利审查指南2010》第二部分第二章第3.3.2节"从属权利要求的撰写规定"中规定，当从属权利要求是多项从属权利要求时，其引用的权利要求的编号应当用"或"或者其他与"或"同义的择一引用方式表达。《专利法实施细则》第十九条第三款规定，权利要求书中使用的科技术语应当与说明书中使用的科技术语一致，可以有化学式或者数学式，但是不得有插图。除绝对必要的外，不得使用"如说明书……部分所述"或者"如图……所示"的用语。

本题中，权利要求2中所引用的主题名称为"枕套"，不同于其所引用的权利要求1中的"枕头"，故该引用方式不正确。权利要求3进一步限定的"凹面"在其所引用的权利要求1中并未出现，故不正确。权利要求4为多项从属权利要求，其引用时采用了非择一引用的表达方式，故不正确。另外，该权利要求4中出现"如附图所示"的用语，且不属于"绝对必要"的情形，不符合《专利法实施细则》第十九条第三款的规定，故不正确。

因此本题的从属权利要求撰写存在4处错误。

综上，本题正确答案是：C。

14. 关于权利要求是否得到说明书的支持，下列说法哪个是正确的？

A. 纯功能性的权利要求必然得不到说明书的支持

B. 独立权利要求得到说明书的支持，其从属权利要求必然得到说明书的支持

C. 权利要求的技术方案在说明书中存在一致性的表述，则该权利要求必然得到说明书的支持

D. 产品权利要求得到说明书的支持，则制备该产品的方法权利要求也必然得到说明书的支持

【答案】A

【知识点】权利要求应当以说明书为依据

【解析】《专利法》第二十六条第四款规定，权利要求书应当以说明书为依据，清楚、简要地限定要求专利保护的范围。《专利审查指南 2010》第二部分第二章第 3.2.1 节"以说明书为依据"中规定，权利要求书应当以说明书为依据，是指权利要求应当得到说明书的支持。权利要求书中的每一项权利要求所要求保护的技术方案应当是所属技术领域的技术人员能够从说明书充分公开的内容中得到或概括得出的技术方案，并且不得超出说明书公开的范围。……纯功能性的权利要求得不到说明书的支持，因而也是不允许的。故选项 A 正确。

《专利审查指南 2010》第二部分第二章第 3.2.1 节"以说明书为依据"中规定，对于包括独立权利要求和从属权利要求或者不同类型权利要求的权利要求书，需要逐一判断各项权利要求是否都得到了说明书的支持。独立权利要求得到说明书支持并不意味着从属权利要求也必然得到支持；方法权利要求得到说明书支持也并不意味着产品权利要求必然得到支持。根据上述规定可以推知，产品权利要求得到说明书的支持，制备该产品的方法权利要求并不必然得到说明书的支持。故选项 B、D 错误。

《专利审查指南 2010》第二部分第二章第 3.2.1 节"以说明书为依据"中规定，当要求保护的技术方案的部分或全部内容在原始申请的权利要求书中已经记载而在说明书中没有记载时，允许申请人将其补入说明书。但是权利要求的技术方案在说明书中存在一致性的表述，并不意味着权利要求必然得到说明书的支持。只有当所属技术领域的技术人员能够从说明书充分公开的内容中得到或概括得出该项权利要求所要求保护的技术方案时，记载该技术方案的权利要求才被认为得到了说明书的支持。据此，选项 C 错误。

综上，本题正确答案是：A。

15. 关于实用新型专利申请，下列说法哪个是正确的？
   A. 说明书摘要可以作为修改说明书的依据
   B. 说明书附图不得仅有表示产品效果、性能的附图
   C. 说明书文字部分可以有表格，必要时也可以有插图，例如流程图
   D. 原始说明书附图不清晰，可以通过重新确定申请日方式补入清晰附图

【答案】B

【知识点】说明书　摘要　重新确定申请日

【解析】根据《专利法》第三十三条的规定，实用新型专利申请人对其申请文件的修改不能超出原始说明书和权利要求书的记载范围，即说明书摘要不能作为修改申请文件的依据。故选项 A 错误。

《专利审查指南 2010》第一部分第二章第 7.3 节"说明书附图"中规定，说明书附图中应当有表示要求保护的产品的形状、构造或者其结合的附图，不得仅有表示现有技术的附

图，也不得仅有表示产品效果、性能的附图，例如温度变化曲线图等。故选项B正确。

《专利审查指南2010》第一部分第二章第7.2节"说明书"中规定，说明书文字部分可以有化学式、数学式或者表格，但不得有插图，包括流程图、方框图、曲线图、相图等。故选项C错误。

根据《专利法》第三十三条的规定，对实用新型专利申请文件的修改不能超出原始说明书和权利要求书的记载范围。这是对实用新型专利申请修改的一般性规定，如果补交的清晰附图其内容超出了原始说明书及权利要求书的记载范围，不符合《专利法》第三十三条规定，则是不能被接受的。虽然《专利法实施细则》第四十条规定："说明书中写有对附图的说明但无附图或者缺少部分附图的，申请人应当在国务院专利行政部门指定的期限内补交附图或者声明取消对附图的说明。申请人补交附图的，以向国务院专利行政部门提交或者邮寄附图之日为申请日；取消对附图的说明的，保留原申请日。"该规定只是对"说明书中写有对附图的说明但无附图或者缺少部分附图"这一特殊情况的特殊规定，其并不适用于"原始说明书附图不清晰"的情形。根据目前《专利法》及其实施细则以及《专利审查指南2010》的规定，原始说明书附图不清晰，不可以通过重新确定申请日的方式补入清晰附图。故选项D错误。

综上，本题正确答案为：B。

16. 常某于2015年1月18日向国家知识产权局提交了一件实用新型专利申请，该申请享有2014年8月20日的优先权日，后发现所提交申请遗漏了附图2，而说明书中写有对该附图2的说明，常某于2015年3月18日补交了附图2，经审查国家知识产权局接受了该附图2，该申请于2015年5月19日被公告授予专利权。该实用新型专利于下列哪个日期届满？

A. 2024年8月20日
B. 2025年1月18日
C. 2025年3月18日
D. 2025年5月19日

【答案】C

【知识点】申请日确定　实用新型专利保护期限计算

【解析】《专利法实施细则》第四十条规定："说明书中写有对附图的说明但无附图或者缺少部分附图的，申请人应当在国务院专利行政部门指定的期限内补交附图或者声明取消对附图的说明。申请人补交附图的，以向国务院专利行政部门提交或者邮寄附图之日为申请日；取消对附图的说明的，保留原申请日。"根据该规定可知，本试题中的实用新型专利申请，其重新确定的专利申请日应为2015年3月18日。根据《专利法》第四十二条的规定，实用新型专利权的期限为10年，自申请日起计算。故该实用新型专利于2025年3月18日期届满，即选项C正确。

综上，本题正确答案为：C。

17. 申请人通过EMS给专利局审查员王某邮寄了一份答复文件，寄出的邮戳日为2016年7月3日，收到地邮局的邮戳日为2016年7月7日，审查员王某于2016年7月9日收到了该答复文件，并于2016年7月10日转交到专利局受理处，该答复文件的递交日应被认定为哪一天？

A. 2016年7月3日
B. 2016年7月7日
C. 2016年7月9日
D. 2016年7月10日

【答案】D

【知识点】文件递交日的确定

【解析】《专利审查指南2010》第五部分第三章第2.3.1节"受理程序"的第（3）项中规定，邮寄或者递交到专利局非受理部门或者个人的专利申请，其邮寄日或者递交日不具有确定申请日的效力，如果该专利申请被转送到专利局受理处或者代办处，以受理处或者代办处实际收到日为申请日。《专利审查指南2010》第五部分第三章第3.2节"其他文件的受理程序"中规定，其他文件递交日的确定参照该章第2.3.1节第（3）项的规定。根据上述规定可知，本试题中申请人通过EMS邮寄给审查员个人的寄出邮戳日、收到邮戳日以及审查员实际收到日均不能作为答复文件的递交日，该答复文件的递交日应确定为专利局受理处收到该文件的日期，即选项D所示的2016年7月10日。

综上，本题正确答案为：D。

18. 在满足其他受理条件的情况下，下列哪个专利申请应当予以受理？

A. 某台湾地区的个人作为第一署名申请人，其经常居住地和详细地址均位于台湾地区，未委托专利代理机构
B. 某在中国内地没有营业所的香港企业作为第一署名申请人与深圳某企业共同申请专利，未委托专利代理机构
C. 某澳门居民作为第一署名申请人，其经常居住地和详细地址均位于澳门，未委托专利代理机构，指定居住于中国内地的亲友作为联系人
D. 某营业所位于上海的外国独资企业申请专利，未委托专利代理机构

【答案】D

【知识点】专利申请的受理

【解析】《专利法》第十九条第一款规定，在中国没有经常居所或者营业所的外国人、外国企业或者外国其他组织在中国申请专利和办理其他专利事务的，应当委托依法设立的专利代理机构办理。

根据《专利法实施细则》第三十九条的规定，专利申请文件明显不符合《专利法》第十八条或者第十九条第一款的规定的，国务院专利行政部门不予受理，并通知申请人。《专利审查指南2010》第五部分第三章第2.2节"不受理的情形"中规定了专利申请不予受理的情形，其中包括："（6）在中国内地没有经常居所或者营业所的外国人、外国企业或者外国其

他组织作为第一署名申请人,没有委托专利代理机构的。(7)在中国内地没有经常居所或者营业所的香港、澳门或者台湾地区的个人、企业或者其他组织作为第一署名申请人,没有委托专利代理机构的。"根据上述规定可知,选项A、B、C的第一署名申请人在中国内地均没有经常居所或者营业所,且未委托专利代理机构,故不符合受理条件;而选项D的外国独资企业的申请人,在中国内地有营业所,故其申请专利可以不委托专利代理机构,在满足其他受理条件的情况下,其专利申请应该应当予以受理。

综上,本题正确答案为:D。

19. 一件发明专利申请的优先权日为2012年7月18日,申请日为2013年6月30日,国家知识产权局于2016年1月20日发出授予发明专利权通知书,告知申请人自收到通知书之日起两个月内办理登记手续,申请人在办理登记手续时,应缴纳第几年度的年费?
   A. 第一年度
   B. 第二年度
   C. 第三年度
   D. 第四年度

【答案】C
【知识点】专利年度的计算
【解析】《专利法实施细则》第四条第三款规定,国务院专利行政部门邮寄的各种文件,自文件发出之日起满15日,推定为当事人收到文件之日。由此可知,本题授予专利权通知书的收到日应推定为2016年2月4日,加上2个月的答复期限,申请人办理登记手续的届满日应为2016年4月4日。

《专利审查指南2010》第五部分第九章第2.2.1节"年费"中规定,授予专利权当年的年费应当在办理登记手续的同时缴纳,以后的年费应当在上一年度期满前缴纳。缴费期限届满日是申请日在该年的相应日。《专利审查指南2010》第五部分第九章第2.2.1.1节"年度"中规定,专利年度从申请日起算,与优先权日、授权日无关,与自然年度也没有必然联系。根据该规定,本试题专利的第一年度为自其申请日2013年6月30日至2014年6月29日,第二年度是2014年6月30日至2015年6月29日,第三年度是2015年6月30日至2016年6月29日,由此可见,办理登记手续届满日2016年4月4日处于第三年度期间,故申请人在办理登记手续时应缴纳第三年的年费,即选项C正确。

综上,本题正确答案为:C。

20. 关于实用新型专利权评价报告,下列说法哪个是正确的?
   A. 评价报告可以作为审理、处理专利侵权纠纷的证据
   B. 只有专利权人有资格作为专利权评价报告的请求人
   C. 专利权评价报告仅涉及对新颖性和创造性的评价
   D. 请求人对评价报告结论不服的,可以提起行政复议

【答案】A

【知识点】专利权评价报告

【解析】《专利法》第六十一条第二款规定，专利侵权纠纷涉及实用新型专利或者外观设计专利的，人民法院或者管理专利工作的部门可以要求专利权人或者利害关系人出具由国务院专利行政部门对相关实用新型或者外观设计进行检索、分析和评价后作出的专利权评价报告，作为审理、处理专利侵权纠纷的证据。《专利审查指南2010》第五部分第十章第1节"引言"中规定，专利权评价报告是人民法院或者管理专利工作的部门审理、处理专利侵权纠纷的证据，主要用于人民法院或者管理专利工作的部门确定是否需要中止相关程序。专利权评价报告不是行政决定，因此专利权人或者利害关系人不能就此提起行政复议和行政诉讼。由此可见，选项A正确，选项D错误。

《专利法实施细则》第五十六条第一款规定，授予实用新型或者外观设计专利权的决定公告后，《专利法》第六十条规定的专利权人或者利害关系人可以请求国务院专利行政部门作出专利权评价报告。《专利审查指南2010》第五部分第十章第2.2节"请求人资格"中规定，根据《专利法实施细则》第五十六条第一款的规定，专利权人或者利害关系人可以请求国家知识产权局作出专利权评价报告。其中，利害关系人是指有权根据《专利法》第六十条的规定就专利侵权纠纷向人民法院起诉或者请求管理专利工作的部门处理的人，例如专利实施独占许可合同的被许可人和由专利权人授予起诉权的专利实施普通许可合同的被许可人。由此可见，选项B错误。

根据《专利审查指南2010》第五部分第十章第3.2节"专利权评价的内容"中的规定可知，实用新型专利权评价报告，不仅涉及对专利权新颖性和创造性的评价，还涉及专利权是否符合《专利法》第五条，第二十五条，第二条第三款，第二十二条第四款，第二十六条第三款、第四款等内容的评价，故选项C错误。

综上，本题正确答案为：A。

21. 以下哪个情形可以申请行政复议？

A. 专利申请人对驳回专利申请决定不服的

B. 复审请求人对复审请求不予受理通知书不服的

C. 复审请求人对复审请求审查决定不服的

D. 集成电路布图设计登记申请人对驳回登记申请的决定不服的

【答案】B

【知识点】行政复议申请与受理

【解析】《国家知识产权局行政复议规程》第四条规定了各种可以申请行政复议的情形，其中包括对国家知识产权局专利复审委员会作出的有关专利复审、无效的程序性决定不服的情形。"复审请求不予受理通知书"是专利复审委员会在复审程序中作出的一种程序性决定，故选项B的情形可申请行政复议。

《国家知识产权局行政复议规程》第五条规定了各种不能申请行政复议的情形，包括：

(一) 专利申请人对驳回专利申请的决定不服的;(二) 复审请求人对复审请求审查决定不服的;……(六) 集成电路布图设计登记申请人对驳回登记申请的决定不服的;……。由此可见,选项 A、C、D 情形不能申请行政复议。

综上,本题正确答案为:B。

22. 下列向专利复审委员会提出的复审请求,在满足其他受理条件的情况下,哪个应当予以受理?

　　A. 甲和乙共有的发明专利申请被驳回,甲独自提出复审请求
　　B. 某公司的发明专利申请被驳回,该申请的发明人提出复审请求
　　C. 申请人李某自收到驳回决定之日起二个月内提出复审请求
　　D. 申请人赵某对国家知识产权局作出的专利申请视为撤回通知书不服提出的复审请求

【答案】C

【知识点】复审请求的形式审查　复审请求的客体　复审请求人资格

【解析】《专利法》第四十一条第一款规定,国务院专利行政部门设立专利复审委员会。专利申请人对国务院专利行政部门驳回申请的决定不服的,可以自收到通知之日起 3 个月内,向专利复审委员会请求复审。专利复审委员会复审后,作出决定,并通知专利申请人。

《专利审查指南2010》第四部分第二章第 2.2 节"复审请求人资格"中规定,被驳回申请的申请人可以向专利复审委员会提出复审请求。复审请求人不是被驳回申请的申请人的,其复审请求不予受理。被驳回申请的申请人属于共同申请人的,如果复审请求人不是全部申请人,专利复审委员会应当通知复审请求人在指定期限内补正;期满未补正的,其复审请求视为未提出。根据上述规定,选项 A 的复审请求因复审请求人不是全部申请人故不能被受理,需等待补正合格后方可受理。选项 B 的复审请求的请求人不是被驳回专利申请的申请人,故不予受理。

选项 C 所列复审请求符合《专利法》及其实施细则,以及《专利审查指南2010》的规定,故应予受理。

《专利审查指南2010》第四部分第二章第 2.1 节"复审请求客体"中规定,对专利局作出的驳回决定不服的,专利申请人可以向专利复审委员会提出复审请求。复审请求不是针对专利局作出的驳回决定的,不予受理。根据该规定,由于选项 D 所列复审请求不是针对专利局作出的驳回决定的,故不予受理。

综上,本题正确答案为:C。

23. 对于实用新型专利权,下列哪个不属于无效宣告请求的理由?

　　A. 权利要求书没有清楚地说明要求保护的范围
　　B. PCT 国际申请经修改后被授权,其授权的权利要求所要求保护的技术方案超出了原始提交的国际申请文件所记载的范围
　　C. 说明书及附图存在错误,导致说明书没有对所要求保护的实用新型作出清楚、完整的

说明

D. 授权的多项独立权利要求之间缺乏单一性

【答案】D

【知识点】无效宣告请求的理由

【解析】《专利法实施细则》第六十五条规定："依照专利法第四十五条的规定，请求宣告专利权无效或者部分无效的，应当向专利复审委员会提交专利权无效宣告请求书和必要的证据一式两份……前款所称无效宣告请求的理由，是指被授予专利的发明创造不符合专利法第二条、第二十条第一款、第二十二条、第二十三条、第二十六条第三款、第四款、第二十七条第二款、第三十三条或者本细则第二十条第二款、第四十三条第一款的规定，或者属于专利法第五条、第二十五条的规定，或者依照专利法第九条规定不能取得专利权。"

选项A、B、C分别涉及相关专利权不符合《专利法》第二十六条第四款、第三十三条、第二十六条第三款，均属于《专利法实施细则》第六十五条第二款规定的无效宣告请求的理由；而专利权不符合《专利法》第三十一条有关单一性的规定不属于无效宣告请求的理由。

综上，本题正确答案为：D。

24. 陈某于2010年3月4日以某日本专利文献为证据就某专利权提出无效宣告请求，其提交了该专利文献的原文，但未提交其中文译文。专利复审委员会受理了该无效宣告请求，并于2010年3月6日向双方发出受理通知书。下列说法哪个是正确的？

A. 陈某应当在2010年4月4日前提交该日本专利文献的译文
B. 陈某应当在2010年4月6日前提交该日本专利文献的译文
C. 陈某应当在2010年4月21日前提交该日本专利文献的译文
D. 陈某可以在2010年6月2日举行口头审理的当天提交该日本专利文献的译文

【答案】A

【知识点】无效宣告程序中的举证期限　外文证据中译文的提交期限

【解析】《专利法实施细则》第六十七条规定，在专利复审委员会受理无效宣告请求后，请求人可以在提出无效宣告请求之日起1个月内增加理由或者补充证据。逾期增加理由或补充证据的，专利复审委员会可以不予考虑。《专利审查指南2010》第四部分第三章第4.3.1节"请求人举证"中规定，请求人在提出无效宣告请求之日起1个月内补充证据的，应当在该期限内结合该证据具体说明相关的无效宣告理由，否则，专利复审委员会不予考虑。请求人提交的证据是外文的，提交其中文译文的期限适用该证据的举证期限。由此可见，请求人应当自其提出无效宣告请求之日（2010年3月4日）起1个月内，即2010年4月4日前，提交日文专利文献的中文译文，故选项A正确。

综上，本题正确答案为：A。

25. 甲于2011年2月1日提交了一项涉及产品X的发明专利申请，该申请于2012年8月1日被公布，并于2014年5月1日获得授权；乙在2013年1月开始制造销售上述产品X，由于销路不佳，在2014年3月30日停止制造销售行为；丙在2011年4月自行研发了相同产品，并一直进行制造销售。下列说法哪个是正确的？

A．由于乙制造销售产品X的期间在甲专利授权之前，因此无须向甲支付费用

B．虽然丙是在专利申请公布前独自完成的发明，但也需向甲支付费用

C．如果甲在2014年2月1日知道了乙的制造行为，其有权要求乙立即停止制造销售行为

D．如果甲在2014年2月1日知道了丙的制造行为，其诉讼时效为自2014年2月1日起两年

【答案】B

【知识点】发明专利临时保护　诉讼时效　侵权行为认定

【解析】《专利法》第十三条规定，发明专利申请公布后，申请人可以要求实施其发明的单位或者个人支付适当的费用。本试题中，乙制造销售产品X的期间在甲发明专利申请公开后、授权之前，根据上述规定，甲有权要求乙支付费用，故选项A错误。

《专利法》第六十九条规定："有下列情形之一的，不视为侵犯专利权：（一）专利产品或者依照专利方法直接获得的产品，由专利权人或者经其许可的单位、个人售出后，使用、许诺销售、销售、进口该产品的；（二）在专利申请日前已经制造相同产品、使用相同方法或者已经作好制造、使用的必要准备，并且仅在原有范围内继续制造、使用的；……"由于丙是在申请日之后完成的发明，根据《专利法》第六十九条，丙没有先用权，甲有权要求其支付费用，故选项B正确。

根据《专利法》第十三条的规定，对于其发明专利申请公布后、授权前实施其发明的人，专利权人有权要求其支付适当费用，但无权禁止其实施的行为。因此，选项C错误。

《专利法》第六十八条规定，侵犯专利权的诉讼时效为2年，自专利权人或者利害关系人得知或者应当得知侵权行为之日起计算。发明专利申请公布后至专利权授予前使用该发明未支付适当使用费的，专利权人要求支付使用费的诉讼时效为2年，自专利权人得知或者应当得知他人使用其发明之日起计算，但是，专利权人于专利权授予之日前即已得知或者应当得知的，自专利权授予之日起计算。根据该规定，授权前得知侵权行为的，诉讼时效为授权日起2年，故选项D错误。

综上，本题正确答案为：B。

26．甲提交了一件发明专利申请，在公布文本中，其权利要求请求保护的技术方案中包括a、b、c、d四个技术特征；该申请经过实质审查后被授权，授权公告的权利要求保护的技术方案中包括了a、b、c、e四个技术特征，其中技术特征e是记载在申请文件的说明书中的特征，且与技术特征d不等同。乙、丙、丁、戊在该申请公布日后至授权公告日之前，分别生产制造了下列相关产品。甲可以要求支付费用的是？

A．乙生产制造的产品包括了a、b、c三个技术特征

B．丙生产制造的产品包括了a、b、c、d四个技术特征

C．丁生产制造的产品包括了a、b、c、e四个技术特征

D. 戊生产制造的产品包括了a、b、c、d、e五个技术特征

【答案】D

【知识点】发明专利公布日至授权日期间的临时保护

【解析】《最高人民法院关于审理侵犯专利权纠纷案件应用法律若干问题的解释（二）》（法释〔2016〕1号）第十八条第一款和第二款规定，权利人依据《专利法》第十三条诉请在发明专利申请公布日至授权公告日期间实施该发明的单位或者个人支付适当费用的，人民法院可以参照有关专利许可使用费合理确定。发明专利申请公布时申请人请求保护的范围与发明专利公告授权时的专利权保护范围不一致，被诉技术方案均落入上述两种范围的，人民法院应当认定被告在前款所称期间内实施了该发明；被诉技术方案仅落入其中一种范围的，人民法院应当认定被告在前款所称期间内未实施该发明。本试题中，发明公布时请求保护的范围与授权公告时的专利权保护范围不一致，二者有部分交叉，只有选项D中的戊生产制造的产品同时落入上述两个范围，视为在发明专利申请公布日至授权公告日期间实施了甲的发明，甲可以要求其支付费用。

综上，本题正确答案为：D。

27. 下列哪个行为不属于假冒专利的行为？

A. 未经许可在产品包装上标注他人的专利号
B. 销售不知道是假冒专利的产品，并且能够证明该产品合法来源
C. 在产品说明书中将专利申请称为专利
D. 专利权终止前依法在专利产品上标注专利标识，在专利权终止后销售该产品

【答案】D

【知识点】假冒专利的行为

【解析】《专利法实施细则》第八十四条规定，下列行为属于《专利法》第六十三条规定的假冒专利的行为：（一）在未被授予专利权的产品或者其包装上标注专利标识，专利权被宣告无效后或者终止后继续在产品或者其包装上标注专利标识，或者未经许可在产品或者产品包装上标注他人的专利号；（二）销售第（一）项所述产品；（三）在产品说明书等材料中将未被授予专利权的技术或者设计称为专利技术或者专利设计，将专利申请称为专利，或者未经许可使用他人的专利号，使公众将所涉及的技术或者设计误认为是专利技术或者专利设计；（四）伪造或者变造专利证书、专利文件或者专利申请文件；（五）其他使公众混淆，将未被授予专利权的技术或者设计误认为是专利技术或者专利设计的行为。专利权终止前依法在专利产品、依照专利方法直接获得的产品或者其包装上标注专利标识，在专利权终止后许诺销售、销售该产品的，不属于假冒专利行为。销售不知道是假冒专利的产品，并且能够证明该产品合法来源的，由管理专利工作的部门责令停止销售，但免除罚款的处罚。根据前述规定，选项A、B、C属于假冒专利的行为，选项D不属于假冒专利的行为。

需要注意的是，销售不知道是假冒专利的产品的，虽然在证明产品合法来源的前提下免除罚款处罚，但其行为仍然属于假冒专利行为，且应当停止销售。

综上，本题正确答案为：D。

28. 某 PCT 国际申请的国际申请日是 2012 年 2 月 5 日，优先权日是 2011 年 10 月 8 日，该国际申请未要求国际初步审查，申请人应在下列哪一期限届满前办理进入中国国家阶段手续？

　　A. 自 2012 年 2 月 5 日起 30 个月
　　B. 自 2012 年 2 月 5 日起 20 个月
　　C. 自 2011 年 10 月 8 日起 20 个月
　　D. 自 2011 年 10 月 8 日起 30 个月

【答案】D

【知识点】进入中国国家阶段的期限

【解析】《专利法实施细则》第一百零三条规定，国际申请的申请人应当在《专利合作条约》第二条所称的优先权日起 30 个月内，向国务院专利行政部门办理进入中国国家阶段的手续；申请人未在该期限内办理该手续的，在缴纳宽限费后，可以在自优先权日起 32 个月内办理进入中国国家阶段的手续。根据该规定可知，故选项 D 正确，选项 A、B、C 错误。

综上，本题正确答案为：D。

29. 涉及生物材料的国际申请进入中国国家阶段时，申请人应当在下列哪个期限内提交生物材料样品的保藏证明和存活证明？

　　A. 进入实质审查程序之前
　　B. 国家公布技术准备工作完成之前
　　C. 办理进入国家阶段手续之日起 6 个月内
　　D. 办理进入国家阶段手续之日起 4 个月内

【答案】D

【知识点】涉及生物材料的国际申请的保藏证明手续

【解析】《专利法实施细则》第一百零八条第一款规定，申请人按照《专利合作条约》的规定，对生物材料样品的保藏已作出说明的，视为已经满足了该细则第二十四条第（三）项的要求。申请人应当在进入中国国家阶段声明中指明记载生物材料样品保藏事项的文件以及在该文件中的具体记载位置。第三款规定，申请人自进入日起 4 个月内向国务院专利行政部门提交生物材料样品保藏证明和存活证明的，视为在该细则第二十四条第（一）项规定的期限内提交。根据上述规定可知，涉及生物材料的国际申请，应当在办理进入国家阶段手续之日起 4 个月内提交生物材料样品的保藏证明和存活证明。故选项 D 正确，选项 A、B、C 错误。

综上，本题正确答案为：D。

30. 以下关于专利文献种类标识代码中字母含义的说法哪个是正确的？
　　A. 字母"B"表示发明专利申请公布
　　B. 字母"Y"表示发明专利权部分无效宣告的公告

C. 字母"U"表示实用新型专利权部分无效宣告的公告

D. 字母"S"表示外观设计专利授权公告或外观设计专利权部分无效宣告的公告

【答案】D

【知识点】专利文献号标准

【解析】《专利文献号标准》ZC 0007—2004 第 5.2 条规定，为了完整地标识一篇专利文献的出版国家，以及在不同程序中的公布或公告，应将中国国家代码 CN、专利文献号、相应的专利文献种类标识代码（参见《专利文献种类标识代码标准》ZC 0008—2004）联合使用。《专利文献种类标识代码标准》ZC 0008—2004 第 3.2 条规定了专利文献种类标识代码中字母的含义：A 发明专利申请公布、B 发明专利授权公告、C 发明专利权部分无效宣告的公告、U 实用新型专利授权公告、Y 实用新型专利权部分无效宣告的公告、S 外观设计专利授权公告或专利权部分无效宣告的公告。故选项 A、B、C 错误，选项 D 正确。

综上，本题正确答案为：D。

二、多项选择题（每题所设选项中至少有两个正确答案，多选、少选、错选或不选均不得分。本部分含 31—100 题，每题 1.5 分，共 105 分。）

31. 甲和乙共同拥有一项发明专利权，甲乙未对该专利权的行使进行约定。下列说法哪些是正确的？

　　A. 甲可以单独实施该专利，实施获得的收益应当与乙平均分配

　　B. 甲如果以独占许可的方式许可丙实施，则必须取得乙同意

　　C. 甲可以以普通许可的方式许可丙实施，无须取得乙同意

　　D. 甲可以放弃其共有的专利权，无须取得乙同意

【答案】B C

【知识点】共有权利的行使

【解析】《专利法》第十五条规定，专利申请权或者专利权的共有人对权利的行使有约定的，从其约定。没有约定的，共有人可以单独实施或者以普通许可方式许可他人实施该专利；许可他人实施该专利的，收取的使用费应当在共有人之间分配。除前款规定的情形外，行使共有的专利申请权或者专利权应当取得全体共有人的同意。由此可见，选项 A 错误，选项 B、C 正确。

《专利审查指南 2010》第一部分第一章第 4.1.5 节"代表人"中规定，直接涉及共有权利的手续应当由全体权利人签字或者盖章。直接涉及共有权利的手续包括：提出专利申请，委托专利代理，转让专利申请权、优先权或者专利权，撤回专利申请，撤回优先权要求，放弃专利权等。由此可见，共有专利的权利人放弃其专利权，需经共有专利权人的同意，故选项 D 错误。

综上，本题正确答案为：B、C。

32. 某公司就其员工张某完成的一项职务发明创造获得了发明专利权，该公司未与张某就职务发明创造的奖励及实施方式进行约定，并且公司规章中也没有相应规定，下列说法哪些是正确的？

  A. 张某有在申请文件中写明自己是发明人的权利
  B. 该公司应当自专利权公告之日起3个月内发给张某奖金
  C. 该公司如果自行实施该专利，则应当从实施该专利的营业利润中提取一定比例作为报酬给张某
  D. 在该公司不实施该专利的情况下，张某有实施该专利的权利

【答案】A B C
【知识点】发明人的概念及权利
【解析】《专利法》第十七条第一款规定，发明人或者设计人有权在专利文件中写明自己是发明人或者设计人。据此，张某有权在申请文件中写明自己是发明人，选项A正确。

《专利法实施细则》第七十七条第一款规定，被授予专利权的单位未与发明人、设计人约定也未在其依法制定的规章制度中规定《专利法》第十六条规定的奖励的方式和数额的，应当自专利权公告之日起3个月内发给发明人或者设计人奖金。一项发明专利的奖金最低不少于3000元；一项实用新型专利或者外观设计专利的奖金最低不少于1000元。故选项B正确。

《专利法》第十六条规定，被授予专利权的单位应当对职务发明创造的发明人或者设计人给予奖励；发明创造专利实施后，根据其推广应用的范围和取得的经济效益，对发明人或者设计人给予合理的报酬。《专利法实施细则》第七十八条规定，被授予专利权的单位未与发明人、设计人约定也未在其依法制定的规章制度中规定《专利法》第十六条规定的报酬的方式和数额的，在专利权有效期限内，实施发明创造专利后，每年应当从实施该项发明或者实用新型专利的营业利润中提取不低于2%或者从实施该项外观设计专利的营业利润中提取不低于0.2%，作为报酬给予发明人或者设计人，或者参照上述比例，给予发明人或者设计人一次性报酬；被授予专利权的单位许可其他单位或者个人实施其专利的，应当从收取的使用费中提取不低于10%，作为报酬给予发明人或者设计人。根据上述规定，在该公司自行实施该专利的情况下，应当从实施该专利的营业利润中提取一定比例作为报酬给张某，故选项C正确。

根据《专利法》第六条第一款的规定，执行本单位的任务或者主要是利用本单位的物质技术条件所完成的发明创造为职务发明创造。职务发明创造申请专利的权利属于该单位；申请被批准后，该单位为专利权人。本题中，由于张某所做的发明为职务发明，因此专利权应当属于张某所在的该公司。《专利法》第十一条第一款规定，发明和实用新型专利权被授予后，除该法另有规定的以外，任何单位或者个人未经专利权人许可，都不得实施其专利，即不得为生产经营目的制造、使用、许诺销售、销售、进口其专利产品，或者使用其专利方法以及使用、许诺销售、销售、进口依照该专利方法直接获得的产品。由此可知，除《专利法》另有规定的情形外，能够实施专利的只能是专利权人或者其许可实施的被许可人，因

此，在该公司不实施该专利的情况下，张某在未获得该公司许可的情况下也不能实施该专利，选项D错误。

综上，本题正确答案为：A、B、C。

33. 下列哪些属于职务发明创造？
   A. 金某在履行本单位交付的本职工作之外的任务时完成的发明创造
   B. 吕某退休一年之后作出的与其退休前所从事的工作有关的发明创造
   C. 王某在职期间作出的与其在单位所从事工作无关的发明创造性
   D. 刘某临时借调到某研究所工作，在执行该所交付的任务时完成的发明创造

【答案】A D
【知识点】职务发明的定义
【解析】《专利法》第六条第一款规定，执行本单位的任务或者主要是利用本单位的物质技术条件所完成的发明创造为职务发明创造。职务发明创造申请专利的权利属于该单位；申请被批准后，该单位为专利权人。《专利法实施细则》第十二条规定，《专利法》第六条所称执行本单位的任务所完成的职务发明创造，是指：（一）在本职工作中作出的发明创造；（二）履行本单位交付的本职工作之外的任务所作出的发明创造；（三）退休、调离原单位后或者劳动、人事关系终止后1年内作出的，与其原单位承担的本职工作或者原单位分配的任务有关的发明创造。《专利法》第六条所称本单位，包括临时工作单位；《专利法》第六条所称本单位的物质技术条件，是指本单位的资金、设备、零部件、原材料或者不对外公开的技术资料等。可知，金某在履行本单位交付的本职工作之外的任务时完成的发明创造、刘某临时借调到某研究所工作期间在执行该所交付的任务时完成的发明创造均为职务发明创造；吕某退休1年之后作出的与其退休前所从事的工作有关的发明创造、王某在职期间作出的与其在单位所从事工作无关的发明创造性为非职务发明创造。故选项A、D正确，选项B、C错误。

综上，本题正确答案为：A、D。

34. 专利代理人在从事专利代理工作中应当遵守以下哪些规定？
   A. 专利代理人必须承办专利代理机构委派的专利代理工作，不得自行接受委托
   B. 专利代理人在从事专利代理业务期间和脱离专利代理业务后一年内，不得申请专利
   C. 专利代理人对其在代理业务活动中了解的发明创造的内容，除专利申请已经公布或者公告的以外，负有保守秘密的责任
   D. 专利代理人不得同时在两个以上专利代理机构从事专利代理业务

【答案】A B C D
【知识点】专利代理人执业纪律和职业道德
【解析】《专利代理条例》第十七条、第二十条、第二十三条、第十八条第一款分别规定："专利代理人必须承办专利代理机构委派的专利代理工作，不得自行接受委托。""专利

代理人在从事专利代理业务期间和脱离专利代理业务后一年内，不得申请专利。""专利代理人对其在代理业务活动中了解的发明创造的内容，除专利申请已经公布或者公告的以外，负有保守秘密的责任。""专利代理人不得同时在两个以上专利代理机构从事专利代理业务。"故选项A、B、C、D正确。

综上，本题正确答案为：A、B、C、D。

35. 专利代理人甲、乙和丙三人欲在北京设立一家专利代理机构，下列说法哪些是正确的？
   A. 甲、乙、丙仅能申请设立合伙制专利代理机构
   B. 甲、乙、丙三人申请设立时的年龄均不得超过60周岁
   C. 甲、乙、丙提交的证明材料应当是在申请设立前6个月内出具的证明材料
   D. 甲、乙、丙应当直接向国家知识产权局提出设立专利代理机构的申请

【答案】AC
【知识点】专利代理机构的设立
【解析】《专利代理管理办法》第三条第二款规定，合伙制专利代理机构应当由3名以上合伙人共同出资发起，有限责任制专利代理机构应当由5名以上股东共同出资发起。故甲、乙、丙三位专利代理人共同出资仅能申请设立合伙制专利代理机构，选项A正确。

《专利代理管理办法》第五条规定了专利代理机构的合伙人或者股东应当符合的条件，其中第（四）项规定：申请设立专利代理机构时的年龄不超过65周岁。故选项B错误。

《专利代理管理办法》第八条第一款规定了设立专利代理机构应当提交的申请材料，第三款规定，上述证明材料应当是自申请设立专利代理机构或者开办专利代理业务之前的6个月内出具的证明材料。故选项C正确。

《专利代理管理办法》第九条第一款规定了设立专利代理机构的审批程序，其中第（一）项规定：申请设立专利代理机构的，应当向其所在地的省、自治区、直辖市知识产权局提出申请。经审查，省、自治区、直辖市知识产权局认为符合该办法规定条件的，应当自收到申请之日起30日内上报国家知识产权局批准。由此可见，设立专利代理机构的申请并不是直接向国家知识产权局提出，故选项D错误。

综上，本题正确答案为：A、C。

36. 专利代理人有下列哪些情形的应当受到惩戒？
   A. 同时在两个以上专利代理机构执业的
   B. 妨碍、阻挠对方当事人合法取得证据的
   C. 干扰专利审查工作或者专利行政执法工作的正常进行的
   D. 因过错给当事人造成重大经济损失的

【答案】ABCD
【知识点】对专利代理人的惩戒
【解析】《专利代理惩戒规则（试行）》第七条规定，专利代理人有下列情形之一的，应

当责令其改正，并给予该规则第五条规定的惩戒：（一）同时在两个以上专利代理机构执业的；（二）诋毁其他专利代理人、专利代理机构的，或者以不正当方式损害其利益的；（三）私自接受委托、私自向委托人收取费用、收受委托人财物、利用提供专利代理服务的便利牟取当事人争议的权益，或者接受对方当事人财物的；（四）妨碍、阻挠对方当事人合法取得证据的；（五）干扰专利审查工作或者专利行政执法工作的正常进行的；（六）专利行政部门的工作人员退休、离职后从事专利代理业务，对本人审查、处理过的专利申请案件或专利案件进行代理的；（七）泄露委托人的商业秘密或者个人隐私的；（八）因过错给当事人造成重大经济损失的；（九）从事其他违法业务活动的。根据上述规定可知，选项A、B、C、D分别为上述规定第（一）、（四）、（五）、（八）项所列应当受到惩戒的情形。

综上，本题正确答案为：A、B、C、D。

37. 外科医生张某发明了一种用于清洗伤口的药水，按照其独特的方法涂抹该药水可促进伤口的愈合，下列说法哪些是正确的？

　　A. 该药水以及该药水的制备方法均属于可授予专利权的主题

　　B. 该药水以及使用该药水促进伤口愈合的方法都属于可授予专利权的主题

　　C. 该药水以及使用该药水促进伤口愈合的方法都不属于可授予专利权的主题

　　D. 该药水属于可授予专利权的主题，使用该药水促进伤口愈合的方法不属于可授予专利权的主题

【答案】AD

【知识点】发明专利的保护对象

【解析】《专利法》第二十五条第一款规定："对下列各项，不授予专利权：……（三）疾病的诊断和治疗方法；……"《专利审查指南2010》第二部分第一章第4.3.2.1节"属于治疗方法的发明"中规定了几类方法属于或者应当视为治疗方法的例子，不能被授予专利权，其中包括："（9）处置人体或动物体伤口的方法，例如伤口消毒方法、包扎方法。"并且规定，虽然使用药物治疗疾病的方法是不能被授予专利权的，但是，药物本身是可以被授予专利权的。根据上述规定可知，外科医生张某发明的药水以及该药水的制备方法均属于可授予专利权的主题，但使用该药水促进伤口愈合的方法被视为治疗方法，不属于可授予专利权的主题，故选项A、D正确，选项B、C错误。

综上，本题正确答案为：A、D。

38. 甲拥有一件发明专利申请，其申请日为2010年5月16日，下列专利文献均记载了与该申请中所请求保护的技术方案相同的技术内容，哪些专利文献使得该申请不具备新颖性？

　　A. 申请人为乙的国际申请，国际申请日为2010年1月15日，国际公布日为2011年7月15日，进入中国国家阶段的日期为2011年8月5日

　　B. 申请人为甲本人的中国实用新型专利申请，申请日为2010年1月4日，公告日为2010年5月16日

C. 申请人为丙的欧洲专利申请，申请日为2010年2月1日，公布日为2010年11月1日
D. 申请人为丁的中国实用新型专利申请，申请日为2010年6月14日，优先权日为2010年2月4日，授权公告日为2010年10月16日

【答案】ABD

【知识点】抵触申请　优先权日　国际申请日

【解析】《专利法》第二十二条第二款规定，新颖性，是指该发明或者实用新型不属于现有技术；也没有任何单位或者个人就同样的发明或者实用新型在申请日以前向国务院专利行政部门提出过申请，并记载在申请日以后公布的专利申请文件或者公告的专利文件中。《专利审查指南2010》第二部分第三章第2.2节"抵触申请"中规定，根据《专利法》第二十二条第二款的规定，在发明或者实用新型新颖性的判断中，由任何单位或者个人就同样的发明或者实用新型在申请日以前向专利局提出并且在申请日以后（含申请日）公布的专利申请文件或者公告的专利文件损害该申请日提出的专利申请的新颖性。为描述简便，在判断新颖性时，将这种损害新颖性的专利申请，称为抵触申请。抵触申请还包括满足以下条件的进入了中国国家阶段的国际专利申请，即申请日以前由任何单位或者个人提出、并在申请日之后（含申请日）由专利局作出公布或公告的且为同样的发明或者实用新型的国际专利申请。

选项A所述国际申请进入了中国国家阶段，其国际申请日被视为在中国的申请日，因此该国际申请文件属于《专利法》第二十二条第二款所述的"在申请日以前向国务院专利行政部门提出过申请，并记载在申请日以后公布的专利申请文件或者公告的专利文件"，故使得该申请不具备新颖性。

选项B所述的专利申请文件为甲本人在该申请日前提出的另一份中国实用新型专利申请，且在该申请的申请日之后公布，故影响该申请的新颖性。

选项C所述的专利申请，其公开日期在该申请的申请日之后，未能构成该申请的现有技术，同时选项C所述专利申请不是中国专利申请，也未能构成该申请的抵触申请，故不会影响该申请的新颖性。

《专利法实施细则》第十一条第一款规定，除《专利法》第二十八条和第四十二条规定的情形外，《专利法》所称申请日，有优先权的，指优先权日。选项D的中国实用新型专利申请，虽然其申请日在该申请的申请日后，但其优先权日早于该申请日，且于该申请日后被公布。根据上述规定，选项D的中国实用新型专利申请属于《专利法》第二十二条第二款所述的"在申请日以前向国务院专利行政部门提出过申请，并记载在申请日以后公布的专利申请文件或者公告的专利文件中"，故使得该申请不具备新颖性。

综上，本题正确答案为：A、B、D。

39. 甲、乙分别独立研发出了技术方案A。甲于2010年6月1日在中国政府主办的一个国际展览会上首次展出了技术A，并于2010年11月1日向国家知识产权局递交了关于技术方案A的发明专利申请X，同时声明要求享有不丧失新颖性宽限期，并按期提交了相关证明文件。乙于2010年8月2日递交了关于技术方案A的发明专利申请Y，并于2010年10月10日公开发表了

详细介绍技术方案 A 的论文。以下说法哪些是正确的？

  A. 甲的专利申请 X 享受 6 个月的宽限期，因此甲的展出行为及乙发表的论文均不影响该申请 X 的新颖性
  B. 甲在展览会上的展出行为不影响专利申请 X 的新颖性，但影响申请 Y 的新颖性
  C. 乙独立完成发明并且在甲之前提出了专利申请，因此乙的申请具备新颖性
  D. 甲和乙的专利申请都不具备新颖性

【答案】BD
【知识点】不丧失新颖性的宽限期
【解析】《专利法》第二十二条第二款规定，新颖性，是指该发明或者实用新型不属于现有技术；也没有任何单位或者个人就同样的发明或者实用新型在申请日以前向国务院专利行政部门提出过申请，并记载在申请日以后公布的专利申请文件或者公告的专利文件中。《专利法》第二十二条第五款规定，该法所称现有技术，是指申请日以前在国内外为公众所知的技术。《专利法》第二十四条规定，申请专利的发明创造在申请日以前 6 个月内，有下列情形之一的，不丧失新颖性：（一）在中国政府主办或者承认的国际展览会上首次展出的；（二）在规定的学术会议或者技术会议上首次发表的；（三）他人未经申请人同意而泄露其内容的。

  《专利审查指南 2010》第二部分第三章第 5 节"不丧失新颖性的宽限期"中规定，宽限期和优先权的效力是不同的。它仅仅是把申请人（包括发明人）的某些公开，或者第三人从申请人或发明人那里以合法手段或者不合法手段得来的发明创造的某些公开，认为是不损害该专利申请新颖性和创造性的公开。实际上，发明创造公开以后已经成为现有技术，只是这种公开在一定期限内对申请人的专利申请来说不视为影响其新颖性和创造性的现有技术，并不是把发明创造的公开日看作专利申请的申请日。所以，从公开之日至提出申请的期间，如果第三人独立地作出了同样的发明创造，而且在申请人提出专利申请以前提出了专利申请，那么根据先申请原则，申请人就不能取得专利权。当然，由于申请人（包括发明人）的公开，使该发明创造成为现有技术，故第三人的申请没有新颖性，也不能取得专利权。

  根据《专利法》以及《专利审查指南 2010》的规定可知，宽限期和优先权的效力不同。实际上，甲的展出行为已经使得技术方案 A 构成现有技术，只是根据《专利法》第二十四条的规定，该公开在一定期限内对甲的专利申请 X 来说不视为影响其新颖性和创造性的现有技术，但甲的专利申请 X 的申请日并没有因此改变。由于在甲于 2010 年 11 月 1 日提出专利申请之前，乙已于 2010 年 10 月 10 日公开发表了涉及技术方案 A 的论文，该论文构成了甲的专利申请 X 的现有技术，并且其不属于《专利法》第二十四条规定的可享受宽限期的情形，故论文的公开使得甲的专利申请 X 丧失新颖性。故选项 A 错误。

  由于甲的展出行为已经使得技术方案 A 被公开，构成在此之后提出的专利申请的现有技术，根据《专利法》第二十四条的规定，只有甲在规定期限内提出的专利申请可以享受宽限期，但其他人的专利申请不能享受该宽限期，故选项 B 正确，选项 C 错误。

  如上所述，甲的专利申请 X 因乙公开发表的论文而不具备新颖性，乙的专利申请 Y 因

甲的展出行为而不具备新颖性，故甲和乙的专利申请都不具备新颖性，选项D正确。

综上，本题正确答案为：B、D。

40. 关于同样发明创造，下列说法哪些是正确的？

   A. 李某于2014年5月4日和5月5日先后就同样的发明创造提交了实用新型专利申请A和发明专利申请B，为避免重复授权，李某可以选择放弃已经取得的实用新型A的专利权，或选择修改发明申请B的权利要求

   B. 王某在2014年5月5日就同样的发明创造分别提交实用新型专利申请A和发明专利申请B，但未就存在同日申请进行说明。为避免重复授权，李某既可以选择放弃已经取得的实用新型A的专利权，也可以选择修改发明申请B的权利要求

   C. 为避免重复授权，张某依据《专利法》第9条及实施细则第41条选择放弃已经获得的实用新型专利权，则该实用新型专利权自同日提交的发明专利申请授权公告之日起终止

   D. 赵某、郑某同日就同样的发明创造分别提出的专利申请，当该两件申请均符合授予专利权的其他条件时，二人应当在收到通知后自行协商确定申请人

【答案】CD

【知识点】同样发明创造的处理

【解析】《专利法》第二十二条第二款规定，新颖性，是指该发明或者实用新型不属于现有技术；也没有任何单位或者个人就同样的发明或者实用新型在申请日以前向国务院专利行政部门提出过申请，并记载在申请日以后公布的专利申请文件或者公告的专利文件中。根据上述规定，选项A中李某的实用新型专利申请A的申请日早于发明专利申请B，实用新型专利申请A构成了发明专利申请B的抵触申请，发明专利申请B因此不具备新颖性。即使李某放弃已经取得的实用新型A的专利权，或修改发明申请B的权利要求，发明申请B均不可能获得授权，故选项A错误。

《专利法》第九条第一款规定，同样的发明创造只能授予一项专利权。但是，同一申请人同日对同样的发明创造既申请实用新型专利又申请发明专利，先获得的实用新型专利权尚未终止，且申请人声明放弃该实用新型专利权的，可以授予发明专利权。《专利法实施细则》第四十一条规定："两个以上的申请人同日（指申请日；有优先权的，指优先权日）分别就同样的发明创造申请专利的，应当在收到国务院专利行政部门的通知后自行协商确定申请人。同一申请人在同日（指申请日）对同样的发明创造既申请实用新型专利又申请发明专利的，应当在申请时分别说明对同样的发明创造已申请了另一专利；未作说明的，依照《专利法》第九条第一款关于同样的发明创造只能授予一项专利权的规定处理。国务院专利行政部门公告授予实用新型专利权，应当公告申请人已依照本条第二款的规定同时申请了发明专利的说明。发明专利申请经审查没有发现驳回理由，国务院专利行政部门应当通知申请人在规定期限内声明放弃实用新型专利权。申请人声明放弃的，国务院专利行政部门应当作出授予发明专利权的决定，并在公告授予发明专利权时一并公告申请人放弃实用新型专利权声明。

申请人不同意放弃的，国务院专利行政部门应当驳回该发明专利申请；申请人期满未答复的，视为撤回该发明专利申请。实用新型专利权自公告授予发明专利权之日起终止。"

根据上述《专利法实施细则》第四十一条的规定，选项B中王某在同日申请发明及实用新型专利但未作说明，此时王某没有机会选择放弃已经取得的实用新型专利权而获得发明申请的授权，只能通过修改发明专利申请权利要求的方式来避免重复授权，故选项B错误。而同日提出发明及实用新型专利申请并作出说明的，则实用新型专利权自同日提交的发明专利申请授权公告之日起终止，故选项C正确。另外，根据《专利法实施细则》第四十一条第一款的规定，选项D正确。

综上，本题正确答案为：C、D。

41. 下列哪些发明不具备创造性？
　　A. 将油漆组合物中的防腐蚀剂去掉，得到不具有防腐蚀功能的油漆，节约了成本
　　B. 将用于衣柜的自动闭合门结构用到书柜中
　　C. 将电子表粘贴在鱼缸上，得到一种带有电子表的鱼缸
　　D. 将已知的杀菌剂X用作抛光剂，实现了抛光效果

【答案】A B C
【知识点】创造性
【解析】《专利法》第二十二条第三款规定，创造性，是指与现有技术相比，该发明具有突出的实质性特点和显著的进步，该实用新型具有实质性特点和进步。《专利审查指南2010》第二部分第四章第2.2节"突出的实质性特点"中规定，发明有突出的实质性特点，是指对所属技术领域的技术人员来说，发明相对于现有技术是非显而易见的。如果发明是所属技术领域的技术人员在现有技术的基础上仅仅通过合乎逻辑的分析、推理或者有限的试验可以得到的，则该发明是显而易见的，也就不具备突出的实质性特点。在《专利审查指南2010》第二部分第四章第4.6.3节"要素省略的发明"中规定，要素省略的发明，是指省去已知产品或者方法中的某一项或多项要素的发明。如果发明省去一项或多项要素后其功能也相应地消失，则该发明不具备创造性。选项A中将油漆组合物中的防腐蚀剂去掉，得到不具有防腐蚀功能的油漆，对于所属技术领域的技术人员来说，完全属于在现有技术的基础上经过合乎逻辑的分析推理即可获得的技术方案，属于《专利审查指南2010》中规定的不具备创造性的要素省略的情形，因而不具备创造性。

《专利审查指南2010》第二部分第四章第4.5节"已知产品的新用途发明"中规定，已知产品的新用途发明，是指将已知产品用于新的目的的发明。在进行已知产品新用途发明的创造性判断时通常需要考虑：新用途与现有用途技术领域的远近、新用途所带来的技术效果等。如果新的用途仅仅是使用了已知材料的已知的性质，则该用途发明不具备创造性。如果新的用途是利用了已知产品新发现的性质，并且产生了预料不到的技术效果，则这种用途发明具有突出的实质性特点和显著的进步，具备创造性。选项B所述的发明所涉及的书柜与现有技术的衣柜二者均属于家具类，技术领域相同，并且"闭合门结构"在书柜中的作用与衣

柜中的作用相同，明显属于《专利审查指南2010》中规定的不具备创造性的"转用"，因而不具备创造性。而选项D所述发明利用了已知产品杀菌剂X的新发现的性质，将其用作抛光剂，产生了预料不到的技术效果，因而具有突出的实质性特点和显著的进步，具备创造性。

《专利审查指南2010》第二部分第四章第4.2节"组合发明"中规定，如果要求保护的发明仅仅是将某些已知产品或方法组合或连接在一起，各自以其常规的方式工作，而且总的技术效果是各组合部分效果之总和，组合后的各技术特征之间在功能上无相互作用关系，仅仅是一种简单的叠加，则这种组合发明不具备创造性。选项C所述发明明显属于《专利审查指南2010》的上述规定的不具备创造性的情形，是现有技术的简单叠加。

综上，本题正确答案为：A、B、C。

42. 下列有关实用性的说法哪些是正确的？
   A. 判断实用性应当以申请日提交的说明书（包括附图）和权利要求书所公开的整体技术内容为依据，而不仅仅局限于权利要求所记载的内容
   B. 某产品的制备方法，其对环境清洁度有苛刻要求，导致实施时成品率极低，所以该制备方法不具备实用性
   C. 具备实用性的发明或者实用新型应该能够制造或使用，并且应当已经实施
   D. 满足实用性要求的技术方案应当符合自然规律并且具有再现性

【答案】AD
【知识点】实用性
【解析】《专利审查指南2010》第二部分第五章第3.1节"审查原则"中规定，审查发明或者实用新型专利申请的实用性时，应当遵循下列原则：（1）以申请日提交的说明书（包括附图）和权利要求书所公开的整体技术内容为依据，而不仅仅局限于权利要求所记载的内容；（2）实用性与所申请的发明或者实用新型是怎样创造出来的或者是否已经实施无关。根据上述规定可知，选项A正确，选项C错误。

《专利审查指南2010》第二部分第五章第3.2.1节"无再现性"中规定，再现性，是指所属技术领域的技术人员，根据公开的技术内容，能够重复实施专利申请中为解决技术问题所采用的技术方案。这种重复实施不得依赖任何随机的因素，并且实施结果应该是相同的。但是，……申请发明或者实用新型专利的产品的成品率低与不具有再现性是有本质区别的。前者是能够重复实施，只是由于实施过程中未能确保某些技术条件（例如环境洁净度、温度等）而导致成品率低；后者则是在确保发明或者实用新型专利申请所需全部技术条件下，所属技术领域的技术人员仍不可能重复实现该技术方案所要求达到的结果。根据上述规定可知，选项B错误。

《专利法》第二十二条第四款规定，实用性，是指该发明或者实用新型能够制造或者使用，并且能够产生积极效果。《专利审查指南2010》第二部分第五章第3.2节"审查基准"中规定，《专利法》第二十二条第四款所说的"能够制造或者使用"是指发明或者实用新型

的技术方案具有在产业中被制造或使用的可能性。满足实用性要求的技术方案不能违背自然规律并且应当具有再现性。故选项D正确。

综上，本题正确答案为：A、D。

43. 某外观设计专利申请的申请日为2010年9月30日，下列哪些设计构成了该申请的现有设计？

　　A. 2010年6月1日申请人本人在中国政府主办的展览会上展出了该外观设计产品
　　B. 2010年7月7日在法国某商场橱窗中陈列的设计
　　C. 2010年9月30日公开在某杂志中的设计
　　D. 2010年8月12日提出申请、2010年12月20日授权公告的中国外观设计专利申请中的设计

【答案】A B
【知识点】现有设计
【解析】《专利法》第二十三条第四款规定，该法所称现有设计，是指申请日以前在国内外为公众所知的设计。选项A的外观设计于专利申请日前以在中国政府主办的展览会上展出的方式为公众所知，选项B的设计于申请日前以在国外的展示方式为公众所知，均属于《专利法》第二十三条第四款规定的现有设计。需要说明的是，虽然选项A的情形可以依据《专利法》第二十四条享受宽限期，但是申请人于专利申请日前在展会上展出行为已使相关设计构成了现有设计。选项D所示外观设计并未在专利申请日前为公众所知，故不属于《专利法》第二十三条第四款规定的现有设计。需要注意的是，选项D所示外观设计属于在该申请日以前向国务院专利行政部门提出申请，并记载在申请日以后公告的专利文件，根据《专利法》第二十三条第一款的规定，其将破坏该申请的新颖性。

《专利审查指南2010》第四部分第五章第2节"现有设计"中规定，现有设计包括申请日以前在国内外出版物上公开发表过、公开使用过或者以其他方式为公众所知的设计。关于现有设计的时间界限、公开方式等参照第二部分第三章第2.1节的规定。根据《专利审查指南2010》第二部分第三章第2.1节"现有技术"中的规定，出版物的印刷日视为公开日。故选项C所示设计的公开日应视为2010年9月30日，即为专利申请日的当天。《专利审查指南2010》第二部分第三章第2.1节"现有技术"中还规定，现有技术的时间界限是申请日，享有优先权的，则指优先权日。广义上说，申请日以前公开的技术内容都属于现有技术，但申请日当天公开的技术内容不包括在现有技术范围内。故选项C的设计不属于现有设计。

综上，本题正确答案为：A、B。

44. 《专利法》第二十三条第三款规定，授予专利权的外观设计不得与他人在申请日以前已经取得的合法权利相冲突，下列哪些属于该规定所指的合法权利？

　　A. 发明、实用新型专利权
　　B. 商标权、著作权

C. 企业名称权

D. 知名商品特有包装或者装潢使用权

【答案】BCD

【知识点】合法权利的类型

【解析】《专利法》第二十三条第三款规定，授予专利权的外观设计不得与他人在申请日以前已经取得的合法权利相冲突。《专利审查指南2010》第四部分第五章第7节"根据专利法第二十三条第三款的审查"中规定，合法权利，是指依照中华人民共和国法律享有并且在涉案专利申请日仍然有效的权利或者权益。包括商标权、著作权、企业名称权（包括商号权）、肖像权以及知名商品特有包装或者装潢使用权等。根据上述规定，很显然选项B、C、D属于《专利法》第二十三条第三款规定中所述的合法权利。而选项A中的发明、实用新型专利权的保护范围是由权利要求所述的技术方案予以限定的，其不会与由图片或照片确定保护范围的外观设计专利权构成冲突。

综上，本题正确答案为：B、C、D。

45. 发明专利申请请求书中出现的下列哪些情形不符合相关规定？

A. 申请人一栏填写为"李力　高级工程师"

B. 发明人一栏填写为"王明 赵伟（不公开姓名）"

C. 联系人一栏填写为"张宇，王量"

D. 发明名称一栏填写为"一种发电装置"

【答案】AC

【知识点】请求书应当满足的要求

【解析】《专利法》第二十六条第二款，请求书应当写明发明或者实用新型的名称，发明人的姓名，申请人姓名或者名称、地址，以及其他事项。《专利审查指南2010》第一部分第一章第4.1.3节"申请人"中对请求书中申请人的填写方式作出规定，根据上述规定可知，申请人是个人的，应当使用本人真实姓名，不得使用笔名或者其他非正式的姓名。姓名中不应当含有学位、职务等称号，例如××博士、××教授等。选项A对申请人的填写，除姓名"李力"外还包含了职称"高级工程师"，故不符合《专利审查指南2010》的上述规定。

《专利审查指南2010》第一部分第一章第4.1.2节"发明人"中规定，发明人应当是个人。发明人可以请求专利局不公布其姓名。提出专利申请时请求不公布发明人姓名的，应当在请求书"发明人"一栏所填写的相应发明人后面注明"（不公布姓名）"。故选项B符合《专利法》及其实施细则，以及《专利审查指南2010》的规定。

《专利审查指南2010》第一部分第一章第4.1.4节"联系人"中规定，联系人只能填写一人。填写联系人的，还需要同时填写联系人的通信地址、邮政编码和电话号码。选项C中的联系人包括二人，不符合《专利审查指南2010》的上述规定。

《专利审查指南2010》第一部分第一章第4.1.1节"发明名称"中规定，请求书中的发明名称和说明书中的发明名称应当一致。发明名称应当简短、准确地表明发明专利申请要求保护的主题和类型。选项D的发明名称符合相关规定。

综上，本题正确答案为：A、C。

46. 一件发明专利申请的权利要求书撰写如下：

"1. 一种方便面的制作方法，包括：将处理干净的蔬菜用沸水烫制成菜糊，用菜糊和水将杂粮粉和匀，制成面条，蒸熟、切块、分排，微波炉加热熟化烘干，最后经风冷干燥即可。

2. 根据权利要求1所述的制作方法，其特征在于：所述的杂粮是大豆、绿豆或豆类。

3. 根据权利要求1和2所述的制作方法，其特征在于：所述的蔬菜是菠菜、西红柿或胡萝卜。

4. 根据权利要求1所述的制作方法，其特征在于：菠菜在烫前要切除根部。"

在上述权利要求均得到说明书支持的情况下，哪些权利要求撰写上存在错误？

A. 权利要求1
B. 权利要求2
C. 权利要求3
D. 权利要求4

【答案】BCD

【知识点】权利要求的撰写要求

【解析】《专利法》第二十六条第四款规定，权利要求书应当以说明书为依据，清楚、简要地限定要求专利保护的范围。《专利审查指南2010》第二部分第二章第3.3节"权利要求的撰写规写"中规定，采用并列选择法概括时，被并列选择概括的具体内容应当是等效的，不得将上位概念概括的内容，用"或者"与其下位概念并列。本试题中，权利要求2对杂粮的进一步限定中，将上位概念"豆类"与其所包含的下位概念的"大豆""绿豆"并列，导致该权利要求的保护范围不清楚。

《专利法实施细则》第二十二条第二款规定，从属权利要求只能引用在前的权利要求。引用两项以上权利要求的多项从属权利要求，只能以择一方式引用在前的权利要求，并不得作为另一项多项从属权利要求的基础。《专利审查指南2010》第二部分第二章第3.3.2节"从属权利要求的撰写规定"中规定，多项从属权利要求是指引用两项以上权利要求的从属权利要求，多项从属权利要求的引用方式，包括引用在前的独立权利要求和从属权利要求，以及引用在前的几项从属权利要求。当从属权利要求是多项从属权利要求时，其引用的权利要求的编号应当用"或"或者其他与"或"同义的择一引用方式表达。本试题中的权利要求3为多项从属权利要求，却以非择一方式引用在先的权利要求1和2，故不符合《专利法实施细则》及《专利审查指南2010》的上述规定。

权利要求4进一步限定的技术特征"菠菜"，在其所引用的权利要求1中未出现，导致该权利要求4限定的技术方案不清楚。

综上，本题正确答案为：B、C、D。

47. 关于发明专利申请权利要求的撰写，下列哪些说法是正确的？

A. 权利要求书中使用的科技术语应当与说明书中的一致，权利要求书中可以有数学式

B. 如果一项权利要求包含了另一项权利要求中的所有技术特征，且对该另一项权利要求的技术方案作进一步限定，则该权利要求为从属权利要求

C. 某独立权利要求为："1.一种茶杯，包括部件A和B，其特征在于：还包括部件C。"其从属权利要求可以对部件C进行限定，但不能再对部件A进行限定

D. 引用两项以上权利要求的多项从属权利要求，可以以择一方式引用在前的权利要求，并不得作为另一项多项从属权利要求的基础

【答案】A D

【知识点】权利要求的撰写

【解析】《专利审查指南2010》第二部分第二章第3.3节"权利要求的撰写规定"中规定，权利要求中使用的科技术语应当与说明书中使用的科技术语一致。权利要求中可以有化学式或者数学式，但是不得有插图。根据上述规定可知，选项A正确。实际上数学式是限定参数特征之间关系的一种常见表达方式，因此在权利要求中允许有数学式。

《专利审查指南2010》第二部分第二章第3.1.2节"独立权利要求和从属权利要求"中规定，如果一项权利要求包含了另一项同类型权利要求中的所有技术特征，且对该另一项权利要求的技术方案作了进一步的限定，则该权利要求为从属权利要求。有时并列独立权利要求也引用在前的独立权利要求，例如，"一种实施权利要求1的方法的装置，……""一种制造权利要求1的产品的方法，……""一种包含权利要求1的部件的设备，……""与权利要求1的插座相配合的插头，……"等。这种引用其他独立权利要求的权利要求是并列的独立权利要求，而不能被看作从属权利要求。根据上述规定可知，一项权利要求包含了另一项权利要求中的所有技术特征，且对该另一项权利要求的技术方案作进一步限定，也不一定就是从属权利要求，其可以是并列独立权利要求，所以选项B的说法不正确。

《专利审查指南2010》第二部分第二章第3.1.2节"独立权利要求和从属权利要求"中规定，从属权利要求中的附加技术特征，可以是对所引用的权利要求的技术特征作进一步限定的技术特征，也可以是增加的技术特征。《专利审查指南2010》第二部分第二章第3.3.2节"从属权利要求的撰写规定"中规定，从属权利要求的限定部分可以对在前的权利要求（独立权利要求或者从属权利要求）中的技术特征进行限定。在前的独立权利要求采用两部分撰写方式的，其后的从属权利要求不仅可以进一步限定该独立权利要求特征部分中的特征，也可以进一步限定前序部分中的特征。根据上述规定可知，选项C的说法不正确。

《专利法实施细则》第二十二条第二款规定，从属权利要求只能引用在前的权利要求。引用两项以上权利要求的多项从属权利要求，只能以择一方式引用在前的权利要求，并不得作为另一项多项从属权利要求的基础。根据该规定可知，多项从属权利要求以择一方式引用在前的权利要求是可以的。另外，根据该规定，多项从属权利要求不得作为另一项多项从属权利要求的基础，故选项D说法正确。

综上，本题正确答案为：A、D。

48. 某涉及生物材料的发明专利申请，申请日为 2015 年 5 月 1 日，优先权日为 2014 年 6 月 1 日，申请人将该生物材料的样品提交到国家知识产权局认可的保藏单位进行保藏，下列手续哪些符合要求？

  A. 提交保藏的日期：2015 年 5 月 1 日，提交保藏证明及存活证明的日期：2015 年 8 月 1 日

  B. 提交保藏的日期：2014 年 6 月 1 日，提交保藏证明及存活证明的日期：2015 年 9 月 1 日

  C. 提交保藏的日期：2014 年 10 月 1 日，提交保藏证明及存活证明的日期：2015 年 8 月 1 日

  D. 提交保藏的日期：2014 年 10 月 1 日，提交保藏证明及存活证明的日期：2015 年 8 月 1 日，同时申请人提交声明表示放弃优先权

【答案】BD

【知识点】生物材料的保藏　期限计算　优先权

【解析】《专利法实施细则》第二十四条规定，申请专利的发明涉及新的生物材料，该生物材料公众不能得到，并且对该生物材料的说明不足以使所属领域的技术人员实施其发明的，除应当符合《专利法》和该细则的有关规定外，申请人还应当办理下列手续：（一）在申请日前或者最迟在申请日（有优先权的，指优先权日），将该生物材料的样品提交国务院专利行政部门认可的保藏单位保藏，并在申请时或者最迟自申请日起 4 个月内提交保藏单位出具的保藏证明和存活证明；期满未提交证明的，该样品视为未提交保藏；……。

选项 A、C 所述情形，因提交保藏的日期晚于优先权日，故保藏手续不符合《专利法实施细则》第二十四条的规定。选项 B 所述情形提交保藏的日期为优先权日，提交保藏证明及存活证明的日期未超过自申请日起 4 个月，故手续符合相关规定。选项 D 所述情形，由于申请人声明放弃优先权，而其提交保藏的日期早于专利申请日，提交保藏证明及存活证明的日期未超过自申请日起 4 个月，故手续符合相关规定。

综上，本题正确答案为：B、D。

49. 下列涉及遗传资源发明专利申请的说法，哪些是正确的？

  A. 对违反法律的规定获取遗传资源，并依赖该遗传资源完成的发明创造，不授予专利权

  B.《专利法》所称依赖遗传资源完成的发明创造，是指利用遗传资源完成的发明创造

  C. 依赖遗传资源完成的发明创造，申请人应当在专利申请文件中说明遗传资源的直接来源和原始来源

  D. 依赖遗传资源完成的发明创造，申请人无法说明直接来源的，可以在申请文件中陈述理由

【答案】AC

【知识点】对涉及遗传资源申请的特殊要求

【解析】《专利法》第五条第二款规定，对违反法律、行政法规的规定获取或者利用遗传

资源，并依赖该遗传资源完成的发明创造，不授予专利权。根据该规定可知，选项 A 正确。《专利法实施细则》第二十六条第一款规定，《专利法》所称遗传资源，是指取自人体、动物、植物或者微生物等含有遗传功能单位并具有实际或者潜在价值的材料；《专利法》所称依赖遗传资源完成的发明创造，是指利用了遗传资源的遗传功能完成的发明创造。根据该规定可知，选项 B 说法不正确，例如，利用遗传资源的遗传功能以外的其他性能完成的发明并不属于《专利法》所称"利用遗传资源完成的发明"。

《专利法》第二十六条第五款规定，依赖遗传资源完成的发明创造，申请人应当在专利申请文件中说明该遗传资源的直接来源和原始来源；申请人无法说明原始来源的，应当陈述理由。根据上述规定可知，申请人应当在专利申请文件中说明该遗传资源的直接来源和原始来源，当申请人无法说明"原始来源"时允许其陈述理由，而对于直接来源，申请人必须在专利申请文件中作出说明。故选项 C 正确，选项 D 不正确。

综上，本题正确答案为：A、C。

50. 下列在外观设计请求书中填写的使用外观设计的产品名称哪些是正确的？
    A. LED 灯
    B. 办公用品
    C. 图形用户界面
    D. 成套沙发

【答案】A D

【知识点】外观设计产品名称

【解析】《专利审查指南2010》第一部分第三章第4.1.1节"使用外观设计的产品名称"中规定，使用外观设计的产品名称应当与外观设计图片或者照片中表示的外观设计相符合，准确、简明地表明要求保护的产品的外观设计。产品名称通常还应当避免下列情形：（1）含有人名、地名、国名、单位名称、商标、代号、型号或以历史时代命名的产品名称；（2）概括不当、过于抽象的名称，例如"文具""炊具""乐器""建筑用物品"等；……（5）以外国文字或无确定的中文意义的文字命名的名称，例如"克莱斯酒瓶"，但已经众所周知并且含义确定的文字可以使用，例如"DVD播放机""LED 灯""USB 集线器"等。根据上述规定，本试题选项 A 虽然包含外国文字"LED"，该文字众所周知且含义确定，故符合要求。选项 B 所示的"办公用品"过于抽象，不符合《专利审查指南2010》的上述规定。选项 C 所述"图形用户界面"不是独立的产品，故不正确。选项 D 所述名称准确、简明，符合要求。

综上，本题正确答案为：A、D。

51. 某外观设计专利在其简要说明中说明请求保护色彩，下列哪些说法是正确的？
    A. 该专利要求保护的外观设计为图片或照片所示包含有色彩的外观设计
    B. 该专利要求保护的外观设计为以色彩设计为设计要点的外观设计
    C. 在判断被诉设计是否落入该专利的保护范围时，应重点考虑色彩对整体视觉效果的

影响

D. 在判断被诉设计是否落入授权专利的保护范围时，应将该专利中的色彩设计以及图片或照片所示其他设计作整体观察、综合判断

【答案】AD

【知识点】外观设计专利权的保护范围

【解析】《专利法》第五十九条第二款规定，外观设计专利权的保护范围以表示在图片或者照片中的该产品的外观设计为准，简要说明可以用于解释图片或者照片所表示的该产品的外观设计。根据该规定可知，选项A、D正确；选项B、C错误。

综上，本题正确答案为：A、D。

52. 某发明专利申请的权利要求如下：

"1. 一种混合器，其特征在于：包括由材料A制成的搅拌器、形状为B形的混合室。

2. 一种制造混合器的方法，所述的混合器包括搅拌器和混合室，其特征在于：搅拌器由材料A制成。

3. 根据权利要求2所述的方法，其特征在于：包括步骤C，将混合室形状制成B形。

4. 一种用权利要求1的混合器制造混凝土的方法，其特征在于：包括将原料送入混合室并进行搅拌的步骤。"

现有技术公开的混合器包括搅拌器及混合室，其中搅拌器由材料A制成。经审查，本发明权利要求1因包括B形混合器而具备创造性，下列说法哪些是正确的？

A. 权利要求1、2之间具有单一性
B. 权利要求1、3之间具有单一性
C. 权利要求3、4之间具有单一性
D. 权利要求1、4之间具有单一性

【答案】BCD

【知识点】发明的单一性

【解析】《专利法》第三十一条第一款，一件发明或者实用新型专利申请应当限于一项发明或者实用新型。属于一个总的发明构思的两项以上的发明或者实用新型，可以作为一件申请提出。《专利法实施细则》第三十四条规定，依照《专利法》第三十一条第一款规定，可以作为一件专利申请提出的属于一个总的发明构思的两项以上的发明或者实用新型，应当在技术上相互关联，包含一个或者多个相同或者相应的特定技术特征，其中特定技术特征是指每一项发明或者实用新型作为整体，对现有技术作出贡献的技术特征。《专利审查指南2010》第二部分第六章第2.1.1节"总的发明构思"中规定，属于一个总的发明构思的两项以上的发明在技术上必须相互关联，这种相互关联是以相同或者相应的特定技术特征表示在它们的权利要求中的。根据上述规定，本试题权利要求1中的"混合室的形状B"是对现有技术作出贡献的特定技术特征，权利要求3中的步骤C与之相应，也为特定技术特征。权利要求2不包含特定技术特征B或C；权利要求4引用了权利要求1，包含了权利要求1中的

技术特征"混合室的形状B",因此权利要求1和3之间具有单一性,权利要求1和4之间具有单一性,权利要求3和4之间具有单一性;权利要求1和2之间不具有单一性,即选项B、C、D正确,选项A错误。

综上,本题正确答案为:B、C、D。

53. 下列哪些选项所示外观设计可以作为一件外观设计专利申请提出?
    A. 轿车和轿车车模的相似外观设计
    B. 设计构思相同的床、床头柜的外观设计
    C. 咖啡杯和咖啡壶的成套产品外观设计,以及与其中的咖啡杯相似的另一款咖啡杯外观设计
    D. 仅有色彩差别的产品包装盒的两项外观设计

【答案】BD

【知识点】外观设计的单一性

【解析】《专利法》第三十一条第二款,一件外观设计专利申请应当限于一项外观设计。同一产品两项以上的相似外观设计,或者用于同一类别并且成套出售或者使用的产品的两项以上外观设计,可以作为一件申请提出。根据上述规定可知,符合单一性要求的外观设计包括两种情形,一是同一产品两项以上的相似外观设计;二是成套出售或者使用的产品的两项以上外观设计。选项A中的"轿车"和"轿车车模"二者属于不同产品,且不是成套出售的产品,故无论二者的外观设计是否相似,均不符合单一性要求。选项B所述的床与床头柜为成套出售产品,且外观设计设计构思相同,故符合单一性要求。

《专利审查指南2010》第一部分第三章第9.2.4节"成套产品中不应包含相似外观设计"中规定,成套产品外观设计专利申请中不应包含某一件或者几件产品的相似外观设计。例如,一项包含餐用杯和碟的成套产品外观设计专利申请中,不应再包括所述杯和碟的两项以上的相似外观设计。由此可见,选项C的外观设计不符合单一性要求。

根据《专利审查指南2010》第四部分第五章第5.2.6.3节"色彩的判断"中的规定,单一色彩的外观设计仅作色彩改变,两者仍属于实质相同的外观设计,故选项D所述仅有色彩差别的产品包装盒的两项外观设计属于"同一产品两项以上的相似外观设计",符合单一性要求。

综上,本题正确答案为:B、D。

54. 下列哪些选项所示申请号为实用新型专利申请?
    A. 201430465498.X
    B. 201290004238.0
    C. 201320278122.1
    D. 201140376384.3

【答案】BC

【知识点】专利申请号标准

【解析】《专利申请号标准》ZC 0006—2003第4.1条中规定，专利申请号用12位阿拉伯数字表示，包括申请年号、申请种类号、申请流水号三个部分。按照由左向右的次序，专利申请号的第1～4位数字表示受理专利申请的年号，第5位数字表示专利申请的种类。第4.3条中规定，专利申请号中的申请种类号用1位数字表示，所使用数字的含义规定如下：1表示发明专利申请；2表示实用新型专利申请；3表示外观设计专利申请；8表示进入中国国家阶段的PCT发明专利申请；9表示进入中国国家阶段的PCT实用新型专利申请。根据上述规定可知，选项A所示为外观设计专利申请，选项B所示为进入中国国家阶段的PCT实用新型专利申请，选项C为实用新型专利申请，而选项D不符合《专利申请号标准》ZC 0006—2003的规范。故选项B、C为实用新型专利申请。

综上，本题正确答案为：B、C。

55. 对于经初步审查符合相关规定的下列发明专利申请，有关公布的说法哪些是正确的？
   A. 申请人请求早日公布的，应当在初审合格后立即予以公布
   B. 申请人未要求提前公布的，则自申请日起满十八个月即行公布，与优先权日无关
   C. 申请人未要求提前公布的，则自优先权日起满十八个月即行公布
   D. 分案申请自提出分案请求之日起满十八个月即行公布

【答案】A C

【知识点】申请日　优先权日　期限的起算日

【解析】《专利法》第三十四条规定，国务院专利行政部门收到发明专利申请后，经初步审查认为符合该法要求的，自申请日起满18个月，即行公布。国务院专利行政部门可以根据申请人的请求早日公布其申请。《专利法实施细则》第十一条规定，除《专利法》第二十八条和第四十二条规定的情形外，《专利法》所称申请日，有优先权的，指优先权日。该细则所称申请日，除另有规定的外，是指《专利法》第二十八条规定的申请日。《专利审查指南2010》第五部分第八章第1.2.1.1节"发明专利申请公布"中规定，发明专利申请经初步审查合格后，自申请日（有优先权的，为优先权日）起满15个月进行公布准备，并于18个月期满时公布。根据上述规定可知，对于享有优先权的发明专利申请，其初步审查合格后的公布日应自优先权日起满18个月，若申请人要求提前公布，则应在初步审查合格后及时公布。所以选项A、C正确，选项B错误。

《专利法实施细则》第四十三条第一款规定，依照该细则第四十二条规定提出的分案申请，可以保留原申请日，享有优先权的，可以保留优先权日，但是不得超出原申请记载的范围。根据该规定可知，分案申请的申请日同原申请的申请日，而分案申请的提出日并不是该分案申请的申请日，故对于分案申请的公布日并非自分案申请的提出日起满18个月。分案申请的公布日期原则上适用《专利法》第三十四条规定，即自申请日起满18个月即行公布，然而实践中，分案申请的提出日往往距离其申请日（同原申请的申请日）较远，甚至已超过18个月，此时应在初步审查合格后及时予以公布。因此选项D错误。

综上，本题正确答案为：A、C。

56. 根据《专利法实施细则》的规定，当事人因不可抗拒的事由延误规定期限并导致权利丧失的，可以在规定的期限内请求恢复权利。以下哪些期限不适用这一规定？

　　A. 优先权期限

　　B. 缴纳年费的期限

　　C. 专利权的期限

　　D. 请求实质审查的期限

【答案】A C

【知识点】期限　耽误期限的处分

【解析】《专利法实施细则》第六条第一款及第五款规定，当事人因不可抗拒的事由而延误《专利法》或者该细则规定的期限或者国务院专利行政部门指定的期限，导致其权利丧失的，自障碍消除之日起2个月内，最迟自期限届满之日起2年内，可以向国务院专利行政部门请求恢复权利。该条第一款和第二款的规定不适用《专利法》第二十四条、第二十九条、第四十二条、第六十八条规定的期限。根据上述规定，不丧失新颖性的宽限期、优先权期限、专利权期限、侵权诉讼时效的期限被延误导致权利丧失的，当事人不能请求恢复。因此选项A、C所示期限被延误的不能请求恢复。

　　综上，本题正确答案为：A、C。

57. 关于费用转换，下列说法哪些是正确的？

　　A. 当事人请求转换费用种类的，应当在转换后费用的缴纳期限内提出请求并附具相应证明

　　B. 费用种类转换的，缴费日不变

　　C. 费用种类转换的，缴费日应确定为当事人提出转换费用请求之日

　　D. 不同专利申请之间的费用不能转换

【答案】A B D

【知识点】费用种类的转换

【解析】《专利审查指南2010》第五部分第二章第6节"费用种类的转换"中规定，对于同一专利申请（或专利）缴纳费用时，费用种类填写错误的，缴纳该款项的当事人可以在转换后费用的缴纳期限内提出转换费用种类请求并附具相应证明，经专利局确认后可以对费用种类进行转换。但不同申请号（或专利号）之间的费用不能转换。费用种类转换的，缴费日不变。根据上述规定，选项A、B、D正确，选项C错误。

　　综上，本题正确答案为：A、B、D。

58. 专利申请人为多人且未委托专利代理机构的，其代表人可以代表全体申请人办理下列哪些手续？

　　A. 委托专利代理

　　B. 答复审查意见通知书

C. 办理延长期限请求

D. 撤回优先权要求

【答案】BC

【知识点】代表人的权利

【解析】《专利审查指南2010》第一部分第一章第4.1.5节"代表人"中规定，除直接涉及共有权利的手续外，代表人可以代表全体申请人办理在专利局的其他手续。直接涉及共有权利的手续包括：提出专利申请，委托专利代理，转让专利申请权、优先权或者专利权，撤回专利申请，撤回优先权要求，放弃专利权等。直接涉及共有权利的手续应当由全体权利人签字或者盖章。根据上述规定，选项A、D涉及共有权利，不能由代表人代理全体申请人办理；选项B、C不涉及共有权利，可以由代表人代理全体申请人办理。

综上，本题正确答案为：B、C。

59. 关于本国优先权，下列哪些说法是正确的？

A. 发明专利申请要求本国优先权的，在先申请既可以是发明专利申请也可以是实用新型专利申请

B. 在后申请的申请人与在先申请中记载的申请人应当一致，不一致的应当在规定期限内提交优先权转让证明

C. 已经授予专利权但尚处于优先权期限内的申请可以作为在后申请的本国优先权基础

D. 因未缴纳申请费被视为撤回但尚处于优先权期限内的申请可以作为在后申请的本国优先权基础

【答案】ABD

【知识点】本国优先权

【解析】《专利法》第二十九条规定，申请人自发明或者实用新型在外国第一次提出专利申请之日起12个月内，或者自外观设计在外国第一次提出专利申请之日起6个月内，又在中国就相同主题提出专利申请的，依照该外国同中国签订的协议或者共同参加的国际条约，或者依照相互承认优先权的原则，可以享有优先权。申请人自发明或者实用新型在中国第一次提出专利申请之日起12个月内，又向国务院专利行政部门就相同主题提出专利申请的，可以享有优先权。《专利法实施细则》第三十二条第二款规定，申请人要求本国优先权，在先申请是发明专利申请的，可以就相同主题提出发明或者实用新型专利申请；在先申请是实用新型专利申请的，可以就相同主题提出实用新型或者发明专利申请。但是，提出后一申请时，在先申请的主题有下列情形之一的，不得作为要求本国优先权的基础：（一）已经要求外国优先权或者本国优先权的；（二）已经被授予专利权的；（三）属于按照规定提出的分案申请的。根据上述规定可知，选项A、D正确，选项C错误。

《专利审查指南2010》第一部分第一章第6.2.2.4节"在后申请的申请人"中规定，要求优先权的在后申请的申请人与在先申请中记载的申请人应当一致；不一致的，在后申请的申请人应当在提出在后申请之日起3个月内提交由在先申请的全体申请人签字或者盖章的优

先权转让证明文件。在后申请的申请人期满未提交优先权转让证明文件，或者提交的优先权转让证明文件不符合规定的，审查员应当发出视为未要求优先权通知书。由此可见，选项B正确。

综上，本题正确答案为：A、B、D。

60. 申请X是申请Y所要求优先权的在先申请。申请X在说明书中记载了由技术特征a、b构成的技术方案，在权利要求书中记载了技术特征b、c构成的技术方案，在说明书摘要中记载了技术特征a、c构成的技术方案。申请Y要求保护的下列哪些技术方案可以要求申请X的优先权？

  A. 技术特征b、c构成的技术方案
  B. 技术特征a、b构成的技术方案
  C. 技术特征a、c构成的技术方案
  D. 技术特征a、b、c构成的技术方案

【答案】A B
【知识点】优先权的核实
【解析】《专利审查指南2010》第二部分第八章第4.6.2节"优先权核实的一般原则"中规定，一般来说，核实优先权是指核查申请人要求的优先权是否能依照《专利法》第二十九条的规定成立。为此，审查员应当在初步审查部门审查的基础上（参见《专利审查指南2010》第一部分第一章第6.2节）核实：（1）作为要求优先权的基础的在先申请是否涉及与要求优先权的在后申请相同的主题；（2）该在先申请是否是记载了同一主题的首次申请；（3）在后申请的申请日是否在在先申请的申请日起12个月内。进行上述第（1）项核实，即判断在后申请中各项权利要求所述的技术方案是否清楚地记载在上述在先申请的文件（说明书和权利要求书，不包括摘要）中。根据上述规定可知，如果要求优先权的在后申请中各项权利要求所述的技术方案清楚地记载在在先申请的说明书和权利要求书中，则在满足其他条件的情况下可以享有优先权。本试题中，选项A、B的技术方案分别记载在在先申请的权利要求书、说明书中，可以享有优先权；而选项C的技术方案仅记载在在先申请的说明书摘要中，不能享有优先权；选项D的技术方案中的各技术特征虽然分别记载在在先申请的权利要求书及说明书中，但是由这些技术特征构成的技术方案并未记载在在先申请的权利要求书或说明书中，故不能享有优先权。

综上，本题正确答案为：A、B。

61. 关于申请人对发明专利申请的修改，以下说法哪些是正确的？

  A. 在提出实质审查请求时，以及收到发明申请进入实质审查阶段通知书之日起3个月内，申请人可以对发明专利申请主动提出修改
  B. 主动修改时，可以扩大原权利要求请求保护的范围，但不能超出原说明书及权利要求书的记载范围

C. 在答复审查意见通知书时对申请文件进行修改的，通常只能针对通知书指出的缺陷进行修改

D. 答复审查意见通知书时对申请文件进行修改的，只要修改文本未超出原说明书及权利要求书的记载范围均应当被接受

【答案】ＡＢＣ

【知识点】发明专利申请的修改

【解析】《专利法》第三十三条规定，申请人可以对其专利申请文件进行修改，但是，对发明和实用新型专利申请文件的修改不得超出原说明书和权利要求书记载的范围，对外观设计专利申请文件的修改不得超出原图片或者照片表示的范围。《专利法实施细则》第五十一条第一款及第三款规定，发明专利申请人在提出实质审查请求时以及在收到国务院专利行政部门发出的发明专利申请进入实质审查阶段通知书之日起的3个月内，可以对发明专利申请主动提出修改。申请人在收到国务院专利行政部门发出的审查意见通知书后对专利申请文件进行修改的，应当针对通知书指出的缺陷进行修改。《专利审查指南2010》第二部分第八章第5.2.1.3节"答复审查意见通知书时的修改方式"中规定，根据《专利法实施细则》第五十一条第三款的规定，在答复审查意见通知书时，对申请文件进行修改的，应当针对通知书指出的缺陷进行修改，如果修改的方式不符合《专利法实施细则》第五十一条第三款的规定，则这样的修改文本一般不予接受。

根据上述规定可知，发明专利申请的申请人只能在法律规定的时机内对申请文件主动进行修改，此时的修改应当符合《专利法》第三十三条的规定，即不得超出原申请文件的记载范围；而针对审查意见通知书的修改，不仅要符合《专利法》第三十三条的规定，而且还要符合《专利法实施细则》第五十一条第三款的规定，即应是针对通知书指出的缺陷进行修改。由此可见，选项Ａ、Ｂ、Ｃ正确，选项Ｄ不正确。

综上，本题正确答案为：Ａ、Ｂ、Ｃ。

62. 对于实用新型专利申请，下列哪些情况可能在初步审查程序中被驳回？

A. 权利要求得不到说明书支持

B. 权利要求所要求保护的技术方案不具备新颖性

C. 权利要求所保护的技术方案不具备单一性

D. 说明书缺少要求保护的产品的形状或构造图

【答案】ＡＢＣＤ

【知识点】实用新型专利申请的初步审查

【解析】《专利法》第四十条规定，实用新型和外观设计专利申请经初步审查没有发现驳回理由的，由国务院专利行政部门作出授予实用新型专利权或者外观设计专利权的决定，发给相应的专利证书，同时予以登记和公告。实用新型专利权和外观设计专利权自公告之日起生效。《专利法实施细则》第四十四条规定，《专利法》第三十四条和第四十条所称初步审查，是指审查专利申请是否具备《专利法》第二十六条或者第二十七条规定的文件和其他必

要的文件，这些文件是否符合规定的格式，并审查下列各项：……（二）实用新型专利申请是否明显属于《专利法》第五条、第二十五条规定的情形，是否不符合《专利法》第十八条、第十九条第一款、第二十条第一款或者该细则第十六条至第十九条、第二十一条至第二十三条的规定，是否明显不符合《专利法》第二条第三款、第二十二条第二款、第四款、第二十六条第三款、第四款、第三十一条第一款、第三十三条或者该细则第二十条、第四十三条第一款的规定，是否依照《专利法》第九条规定不能取得专利权；……。由此可见，选项A涉及的《专利法》第二十六条第四款、选项B涉及的《专利法》第二十二条第二款、选项C涉及的《专利法》第三十一条第一款、选项D涉及的《专利法实施细则》第十七条第五款，均属于实用新型初步审查的内容，如果实用新型专利申请存在不符合上述规定的问题，则在初步审查中均有可能被驳回。

综上，本题正确答案为：A、B、C、D。

63. 关于针对审查意见通知书的答复，下列说法正确的是？
   A. 电子申请的申请人仍可以采用纸件形式提交答复意见
   B. 申请人因正当理由难以在指定期限内作出答复的，可以在期限届满前提出不超过2个月的延期请求
   C. 直接提交给审查员的答复文件不视为正式答复，不具备法律效力
   D. 申请人有两个以上且委托了专利代理机构的，提交答复意见时可以仅由代表人签字

【答案】B C
【知识点】通知书的答复
【解析】《专利审查指南2010》第五部分第十一章第5.5节"需要提交纸件原件的文件"中规定，申请人提出电子申请并被受理的，办理专利申请的各种手续应当以电子文件形式提交。对《专利法》及其实施细则和该指南中规定的必须以原件形式提交的文件，例如，费用减缓证明、专利代理委托书、著录项目变更证明和复审及无效程序中的证据等，应当在《专利法》及其实施细则和该指南中规定的期限内提交纸件原件。根据上述规定可知，电子申请的申请人应当以电子文件形式（而非纸件形式）提交答复意见，故选项A错误。

《专利审查指南2010》第一部分第一章第3.4节"通知书的答复"中规定，申请人因正当理由难以在指定的期限内作出答复的，可以提出延长期限请求。《专利审查指南2010》第五部分第七章第4.1节"延长期限请求"中规定，当事人因正当理由不能在期限内进行或者完成某一行为或者程序时，可以请求延长期限。可以请求延长的期限仅限于指定期限。《专利审查指南2010》第五部分第七章第4.2节"延长期限请求的批准"中规定，延长期限请求由作出相应通知和决定的部门或者流程管理部门进行审批。延长的期限不足1个月的，以1个月计算。延长的期限不得超过2个月。对同一通知或者决定中指定的期限一般只允许延长一次。根据上述规定，选项B正确。

《专利审查指南2010》第二部分第八章第5.1.1节"答复的方式"中规定，申请人的答复应当提交给专利局受理部门。直接提交给审查员的答复文件或征询意见的信件不视为正式

答复，不具备法律效力。故选项 C 正确。

《专利审查指南 2010》第二部分第八章第 5.1.2 节"答复的签署"中规定，申请人未委托专利代理机构的，其提交的意见陈述书或者补正书，应当有申请人的签字或者盖章；申请人是单位的，应当加盖公章；申请人有两个以上的，可以由其代表人签字或者盖章。申请人委托了专利代理机构的，其答复应当由其所委托的专利代理机构盖章，并由委托书中指定的专利代理人签字或者盖章。根据上述规定，选项 D 错误。

综上，本题正确答案为：B、C。

64. 下列关于实用新型专利申请文件的修改，哪些未超出原说明书和权利要求书记载的范围？
    A. 修改从属权利要求的引用部分，改正引用关系上的错误
    B. 在从属权利要求中增加通过测量说明书附图得出的尺寸参数技术特征
    C. 根据最接近的现有技术，对独立权利要求重新划分前序部分与特征部分
    D. 将手绘说明书附图改为内容一致的机械制图

【答案】A C D
【知识点】允许的修改　不允许的修改
【解析】《专利法》第三十三条规定，申请人可以对其专利申请文件进行修改，但是，对发明和实用新型专利申请文件的修改不得超出原说明书和权利要求书记载的范围，对外观设计专利申请文件的修改不得超出原图片或者照片表示的范围。《专利审查指南 2010》第一部分第二章第 8 节"根据专利法第三十三条的审查"中规定，如果申请人对申请文件进行修改时，加入了所属技术领域的技术人员不能从原说明书和权利要求书中直接地、毫无疑义地确定的内容，这样的修改被认为超出了原说明书和权利要求书记载的范围。应当注意的是：对明显错误的更正，不能被认为超出了原说明书和权利要求书记载的范围。所谓明显错误，是指不正确的内容可以从原说明书、权利要求书的上下文中清楚地判断出来，没有作其他解释或者修改的可能。《专利审查指南 2010》第二部分第八章第 5.2.2.1 节"对权利要求书的修改"中规定了允许对权利要求书修改的情形，其中包括："（5）将独立权利要求相对于最接近的现有技术正确划界。这样的修改不会超出原权利要求书和说明书记载的范围，因此是允许的。（6）修改从属权利要求的引用部分，改正引用关系上的错误，使其准确地反映原说明书中所记载的实施方式或实施例。这样的修改不会超出原权利要求书和说明书记载的范围，因此是允许的。"根据上述规定，很显然选项 A、C、D 所述的修改属于上述规定所允许的修改，未超出原始申请文件的记载范围。

《专利审查指南 2010》第二部分第八章第 5.2.3 节"不允许的修改"中规定，作为一个原则，凡是对说明书（及其附图）和权利要求书作出不符合《专利法》第三十三条规定的修改，均是不允许的。具体地说，如果申请的内容通过增加、改变和/或删除其中的一部分，致使所属技术领域的技术人员看到的信息与原申请记载的信息不同，而且又不能从原申请记载的信息中直接地、毫无疑义地确定，那么，这种修改就是不允许的。《专利审查指南

2010》第二部分第八章第5.2.3.1节"不允许的增加"中规定了几种不能允许的增加内容的修改，其中包括："(3) 增加的内容是通过测量附图得出的尺寸参数技术特征。"选项B所述内容明显属于上述规定不允许的增加，超出了原始申请文件的记载范围。

综上，本题正确答案为：A、C、D。

65. 关于分案申请，下列说法正确的是？
   A. 分案申请的类别应当与原申请的类别一致
   B. 收到原申请的驳回决定后提出的分案申请均应被视为未提出
   C. 分案申请与原申请的权利要求书应当分别保护不同的技术方案
   D. 分案申请所要求保护的技术方案不得超出原申请记载的范围

【答案】ACD
【知识点】分案申请
【解析】《专利法实施细则》第四十二条第三款规定，分案的申请不得改变原申请的类别。故选项A正确。

《专利审查指南2010》第一部分第一章第5.1节"分案申请"中规定，对于审查员已发出驳回决定的原申请，自申请人收到驳回决定之日起3个月内，不论申请人是否提出复审请求，均可以提出分案申请；在提出复审请求以后以及对复审决定不服提起行政诉讼期间，申请人也可以提出分案申请。根据上述规定，对于申请人收到原申请的驳回决定后提出的分案申请，需具体情况具体分析，在驳回决定尚未生效的情况下，申请人仍然可以提出分案申请，故选项B错误。

《专利审查指南2010》第二部分第六章第3.2节"分案申请应当满足的要求"中规定，分案以后的原申请与分案申请的权利要求书应当分别要求保护不同的发明；而它们的说明书可以允许有不同的情况。例如，分案前原申请有A、B两项发明；分案之后，原申请的权利要求书若要求保护A，其说明书可以仍然是A和B，也可以只保留A；分案申请的权利要求书若要求保护B，其说明书可以仍然是A和B，也可以只是B。根据上述规定可知，选项C正确。

《专利法实施细则》第四十三条第一款规定，依照该细则第四十二条规定提出的分案申请，可以保留原申请日，享有优先权的，可以保留优先权日，但是不得超出原申请记载的范围。故选项D正确。

综上，本题正确答案为：A、C、D。

66. 下列哪些情况下可以更换专利证书？
   A. 专利证书损坏的
   B. 因专利权的转让发生专利权人名称变更的
   C. 因专利权人更名发生专利权人名称变更的
   D. 依据人民法院关于专利权权属纠纷的生效判决办理变更专利权人手续的

【答案】A D

【知识点】专利证书的更换

【解析】《专利审查指南2010》第五部分第九章第1.2.3节"专利证书的更换"中规定，专利权权属纠纷经地方知识产权管理部门调解或者人民法院调解或者判决后，专利权归还请求人的，在该调解或者判决发生法律效力后，当事人可以在办理变更专利权人手续合格后，请求专利局更换专利证书。专利证书损坏的，专利权人可以请求更换专利证书。专利权终止后，专利局不再更换专利证书。因专利权的转移、专利权人更名发生专利权人姓名或者名称变更的，均不予更换专利证书。根据上述规定，选项A所述专利证书损坏的、选项D所述依据人民法院关于专利权权属纠纷的生效判决办理变更专利权人手续的可以请求更换专利证书；而选项B所述因专利权的转让发生专利权人名称变更的、选项C所述因专利权人更名发生专利权人名称变更的，不属于可以更换专利证书的情况。

综上，本题正确答案为：A、D。

67. 下列关于电子申请的说法哪些是正确的？

A. 一般情况下，专利局以电子文件形式通过电子专利申请系统向电子申请用户发送各种通知书和决定

B. 电子申请用户未及时接收电子文件形式的通知书的，专利局将作出公告送达

C. 自发文日起十五日内申请人未接收电子文件形式的通知书和决定的，专利局可以发出纸件形式的该通知书和决定的副本

D. 电子方式送达的通知和决定，自发文日起满十五日推定为当事人收到日

【答案】A C D

【知识点】电子申请 电子发文

【解析】《专利审查指南2010》第五部分第十一章第6节"电子发文"中规定，专利局以电子文件形式通过电子专利申请系统向电子申请用户发送各种通知书和决定。电子申请用户应当及时接收专利局电子文件形式的通知书和决定。电子申请用户未及时接收的，不作公告送达。自发文日起15日内申请人未接收电子文件形式的通知书和决定的，专利局可以发出纸件形式的该通知书和决定的副本。由此可知，选项A、C正确，选项B不正确。需要注意的是，虽然在申请人自发文日起15日内未接收电子文件形式的通知书和决定的情况下，应申请人的请求专利局可以发出纸件形式的该通知书和决定的副本，但此时通知书和决定的发文日并不改变，相应的期限届满日也并未改变。

《专利审查指南2010》第五部分第六章第2.3节"送达日"中规定，通过邮寄、直接送交和电子方式送达的通知和决定，自发文日起满15日推定为当事人收到通知和决定之日。即电子方式送达的通知书和决定，仍然是自发文日起满15日推定当事人收到，故选项D正确。

综上，本题正确答案为：A、C、D。

68. 关于当事人向国家知识产权局申请行政复议，以下说法正确的是？

　　A. 当事人可以自知道相关具体行政行为之日起 60 日内提出行政复议申请

　　B. 当事人提起行政复议后，应当在规定的期限内缴纳行政复议费

　　C. 行政复议期间，具体行政行为原则上不停止执行

　　D. 针对国家知识产权局作出的具体行政行为，当事人在提起行政复议的同时可以向人民法院提起行政诉讼

【答案】A C

【知识点】行政复议

【解析】《国家知识产权局行政复议规程》第八条第一款规定，公民、法人或者其他组织认为国家知识产权局的具体行政行为侵犯其合法权益的，可以自知道该具体行政行为之日起 60 日内提出行政复议申请。故选项 A 正确。

《国家知识产权局行政复议规程》第三十四条规定，行政复议不收取费用。故选项 B 不正确。

《国家知识产权局行政复议规程》第十九条规定，行政复议期间，具体行政行为原则上不停止执行。行政复议机构认为需要停止执行的，应当向有关部门发出停止执行通知书，并通知复议申请人及第三人。故选项 C 正确。

《国家知识产权局行政复议规程》第九条第二款、第三款规定，向国家知识产权局申请行政复议，复议机构已经依法受理的，在法定行政复议期限内不得向人民法院提起行政诉讼。国家知识产权局受理行政复议申请后，发现在受理前或者受理后当事人向人民法院提起行政诉讼并且人民法院已经依法受理的，驳回行政复议申请。根据上述规定，选项 D 错误。

综上，本题正确答案为：A、C。

69. 针对甲的发明专利权 A，乙提出无效宣告请求，下列哪些情形合议组成员应当自行回避或者当事人有权利请求其回避？

　　A. 合议组主审员是乙的近亲属

　　B. 合议组参审员是该发明专利权 A 在实质审查阶段的审查员

　　C. 合议组组长在乙请求宣告甲的另一项发明专利权 B 无效的案件中担任主审员，且该案审查结论是维持专利权 B 有效

　　D. 合议组组长在乙针对该发明专利权 A 的第一次无效宣告请求案中担任主审员，且该第一次无效宣告案件的审查结论是维持专利权 A 有效

【答案】A B D

【知识点】无效宣告程序中的回避

【解析】《专利法实施细则》第三十七条规定，在初步审查、实质审查、复审和无效宣告程序中，实施审查和审理的人员有下列情形之一的，应当自行回避，当事人或者其他利害关系人可以要求其回避：（一）是当事人或者其代理人的近亲属的；（二）与专利申请或者专利权有利害关系的；（三）与当事人或者其代理人有其他关系，可能影响公正审查和审理的；（四）专利复审委员会成员曾参与原申请的审查的。根据上述规定，选项 A 中，合议组主审

员是请求人乙的近亲属，故应回避；选项B中，参审员参与了该发明专利权A在实质审查阶段的审查，故也应回避。

《专利审查指南2010》第四部分第一章第3.1节"合议组的组成"中规定，专利复审委员会作出维持专利权有效或者宣告专利权部分无效的审查决定以后，同一请求人针对该审查决定涉及的专利权以不同理由或者证据提出新的无效宣告请求的，作出原审查决定的主审员不再参加该无效宣告案件的审查工作。选项C中，合议组组长曾参与审查的是甲的另一项发明专利权B无效宣告案件，故不属于应当回避情形；选项D中，合议组组长曾参与审查的是针对同一发明专利权A的第一次无效宣告请求案，且担任主审员，故应当回避。

综上，本题正确答案为：A、B、D。

70. 甲针对乙的发明专利权A提出无效宣告请求，专利复审委员会经审查作出维持专利权A有效的审查决定，在此情况下，甲采取的下列哪些措施符合相关规定？

A. 依据同样的理由和证据再次提起针对发明专利权A的无效宣告请求，要求专利复审委员会重新成立合议组，重新作出审查决定
B. 依据新的证据或理由向专利复审委员会针对发明专利权A提起新的无效宣告请求
C. 针对已经作出的审查决定向北京市知识产权法院起诉
D. 针对已经作出的审查决定向国家知识产权局申请行政复议

【答案】B C

【知识点】对无效宣告审查决定不服的司法救济 一事不再理审查原则

【解析】《专利法实施细则》第六十六条第二款规定，在专利复审委员会就无效宣告请求作出决定之后，又以同样的理由和证据请求无效宣告的，专利复审委员会不予受理。《专利审查指南2010》第四部分第三章第2.1节"一事不再理原则"中规定，对已作出审查决定的无效宣告案件涉及的专利权，以同样的理由和证据再次提出无效宣告请求的，不予受理和审理。据此，选项A错误。而选项B中的无效宣告虽然是针对同一专利权，但所依据的理由或证据是新的，不属于"一事不再理"的情形，故选项B正确。

《专利法》第四十六条第二款规定，对专利复审委员会宣告专利权无效或者维持专利权的决定不服的，可以自收到通知之日起3个月内向人民法院起诉。《复议规程》第五条规定了不能申请行政复议的情形，包括：……（三）专利权人或者无效宣告请求人对无效宣告审查决定不服的；……。根据上述规定可知，对于专利复审委员会作出的无效宣告审查决定不服的，当事人只能向人民法院提起行政诉讼，而不能向国家知识产权局申请行政复议。并且《最高人民法院关于审理专利纠纷案件适用法律问题的若干规定》（法释〔2015〕4号）第二条第一款规定，专利纠纷第一审案件，由各省、自治区、直辖市人民政府所在地的中级人民法院和最高人民法院指定的中级人民法院管辖。根据上述规定，当事人对于专利复审委员会作出的无效宣告审查决定不服的，只能向北京市知识产权法院提起行政诉讼。故选项C正确，选项D错误。

综上，本题正确答案为：B、C。

71. 申请人李某的发明专利申请因不具备创造性被驳回，李某不服该驳回决定向专利复审委员会提出了复审请求，关于复审合议审查下列哪些说法是正确的？

    A. 如果李某提出复审请求时未修改专利申请文件，专利复审委员会经审查后认为该发明不具备创造性，则可以直接作出维持驳回决定的复审决定

    B. 如果李某提出复审请求时提交的申请文件修改内容超出了原始说明书和权利要求书的记载范围，则专利复审委员会可以依职权对该缺陷进行审查并向李某发出复审通知书

    C. 如果专利复审委员会经审查认定该发明明显是永动机，专利复审委员会最终可以以发明不具备实用性为由维持驳回决定

    D. 如果专利复审委员会经审查认定该发明明显是永动机，专利复审委员会将直接撤销驳回决定，发回原审查部门重新审理

【答案】BC

【知识点】复审请求合议审查中理由和证据的审查　听证原则

【解析】《专利法实施细则》第六十三条规定，专利复审委员会进行复审后，认为复审请求不符合《专利法》和该细则有关规定的，应当通知复审请求人，要求其在指定期限内陈述意见。期满未答复的，该复审请求视为撤回；经陈述意见或者进行修改后，专利复审委员会认为仍不符合《专利法》和该细则有关规定的，应当作出维持原驳回决定的复审决定。《专利审查指南2010》第四部分第一章第2.5节"听证原则"中规定，在作出审查决定之前，应当给予审查决定对其不利的当事人针对审查决定所依据的理由、证据和认定的事实陈述意见的机会，即审查决定对其不利的当事人已经通过通知书、转送文件或者口头审理被告知过审查决定所依据的理由、证据和认定的事实，并且具有陈述意见的机会。根据上述规定，专利复审委员会在复审的合议审查过程中，如拟维持驳回决定，则在作出对复审请求人不利的复审决定前需要先发复审通知书，给予复审请求人进行意见陈述的机会，而不能直接作出维持驳回的复审决定。故选项A错误。

根据《专利法》第三十三条的规定，对发明和实用新型专利申请文件的修改不得超出原说明书和权利要求书记载的范围，是专利申请人在整个专利申请审查过程中，包括复审程序中必须遵守的法律规定。《专利审查指南2010》第四部分第二章第4.2节"修改文本的审查"中也明确规定，在提出复审请求、答复复审通知书（包括复审请求口头审理通知书）或者参加口头审理时，复审请求人可以对申请文件进行修改。但是，所作修改应当符合《专利法》第三十三条和《专利法实施细则》第六十一条第一款的规定。所以在复审程序中，如果复审请求人对申请文件的修改违反了《专利法》第三十三条规定，则合议组应当对缺陷进行审查，并通知复审请求人，故选项B正确。

《专利审查指南2010》第四部分第二章第4.1节"理由和证据的审查"中规定，在复审程序中，合议组一般仅针对驳回决定所依据的理由和证据进行审查。除驳回决定所依据的理由和证据外，合议组发现审查文本中存在下列缺陷的，可以对与之相关的理由及其证据进行审查，并且经审查认定后，应当依据该理由及其证据作出维持驳回决定的审查决定：(1) 足以用在驳回决定作出前已告知过申请人的其他理由及其证据予以驳回的缺陷。(2) 驳回决定

未指出的明显实质性缺陷或者与驳回决定所指出缺陷性质相同的缺陷。例如，驳回决定指出权利要求1不具备创造性，经审查认定该权利要求请求保护的明显是永动机时，合议组应当以该权利要求不符合《专利法》第二十二条第四款的规定为由作出维持驳回决定的复审决定。根据上述规定，如果请求复审的发明明显是永动机，则专利复审委员会应当依职权对该缺陷进行审查，并且最终以发明不具备实用性为由维持驳回决定。所以，选项C正确，选项D错误。

综上，本题正确答案为：B、C。

72. 陈某拥有一项发明专利申请，其中权利要求1及其从属权利要求2涉及一种转笔刀，权利要求3为另一项产品独立权利要求，涉及一种铅笔。实质审查过程中，审查员指出独立权利要求1和3之间缺乏单一性，陈某在答复时删除了权利要求3。最终该申请因权利要求1不具备创造性被驳回。陈某在提出复审请求时对权利要求书进行了修改。下列哪些修改方式符合相关规定？

A. 根据说明书中的实施例进一步限定权利要求1，即将说明书中记载的某技术特征补入权利要求1
B. 删除权利要求1，将从属权利要求2作为新的权利要求1
C. 将权利要求1-2修改为制作转笔刀方法的权利要求
D. 删除权利要求1-2，将原权利要求3作为新的权利要求1

【答案】AB
【知识点】复审请求的合议审查　修改文本的审查
【解析】《专利法实施细则》第六十一条第一款，请求人在提出复审请求或者在对专利复审委员会的复审通知书作出答复时，可以修改专利申请文件；但是，修改应当仅限于消除驳回决定或者复审通知书指出的缺陷。《专利审查指南2010》第四部分第二章第4.2节"修改文本的审查"中规定，根据《专利法实施细则》第六十一条第一款的规定，复审请求人对申请文件的修改应当仅限于消除驳回决定或者合议组指出的缺陷。下列情形通常不符合上述规定：(1)修改后的权利要求相对于驳回决定针对的权利要求扩大了保护范围。(2)将与驳回决定针对的权利要求所限定的技术方案缺乏单一性的技术方案作为修改后的权利要求。(3)改变权利要求的类型或者增加权利要求。(4)针对驳回决定指出的缺陷未涉及的权利要求或者说明书进行修改。但修改明显文字错误，或者修改与驳回决定所指出缺陷性质相同的缺陷的情形除外。据此，选项A、B所示的修改是为克服发明不具备创造性而采取的进一步缩小保护范围的修改，因此是允许的。而选项C、D的修改明显属于上述规定不符合《专利法实施细则》第六十一条第一款的修改的第(3)种和第(2)种情形，不能被接受。

综上，本题正确答案为：A、B。

73. 甲针对某发明专利提出了无效宣告请求，主张(1)依据产品销售发票A1及产品使用说明书A2证明该专利不具备新颖性，(2)依据对比文件D1和D2的结合证明该专利不具备创造性。专利复审委员会经审查认定：（1）由于请求人未能提供 A1 的原件，其真实性不能被确认，故不能证明该专利不具备新颖性；（2）D1、D2 的结合不能证明该专利不具备创造性，故作出维持专利权有效的审查决定。在满足其他受理条件的情况下，针对该发明专利再次提出的下列无效宣告请求哪些应当予以受理？

    A. 甲以产品销售发票 A1 原件及产品使用说明书 A2 相结合证明该专利不具备新颖性

    B. 乙以对比文件 D1、D2 作为证据证明该专利不具备创造性

    C. 丙以对比文件 D1 和对比文件 D3 相结合证明该专利不具备创造性

    D. 甲以对比文件 D2 和对比文件 D3 相结合证明该专利不具备创造性

【答案】A C D

【知识点】无效宣告程序的一事不再理审查原则

【解析】《专利法实施细则》第六十六条第二款规定，在专利复审委员会就无效宣告请求作出决定之后，又以同样的理由和证据请求无效宣告的，专利复审委员会不予受理。《专利审查指南2010》第四部分第三章第2.1节"一事不再理"中规定，对已作出审查决定的无效宣告案件涉及的专利权，以同样的理由和证据再次提出无效宣告请求的，不予受理和审理。如果再次提出的无效宣告请求的理由（简称无效宣告理由）或者证据因时限等原因未被在先的无效宣告请求审查决定所考虑，则该请求不属于上述不予受理和审理的情形。

选项 A 所属的情形，其中再次提出的无效宣告请求所依据的一份证据——产品销售发票，在第一次无效宣告请求中因没有原件而未被考虑，故不属于《专利法实施细则》第六十六条及《专利审查指南2010》所规定的"一事不再理"情形，应予受理。选项 C、D 所属情形，其中再次提出的无效宣告请求所依据的部分证据 D3 是第一次无效请求中未出现的新证据，故不属于"一事不再理"情形，应予受理。选项 B 所属情形，其中再次无效宣告请求所依据的理由和证据均与第一次相同，属于"一事不再理"情形，不应予以受理。

综上，本题正确答案为：A、C、D。

74. 专利权人刘某针对企业甲和乙向法院提起专利侵权民事诉讼，向企业丙发出专利侵权警告律师函。下列说法哪些是正确的？

    A. 企业甲和乙可以共同作为请求人，针对刘某的专利权提出一件无效宣告请求

    B. 企业甲和乙可以委托同一专利代理机构，为甲、乙分别办理无效宣告程序有关事务

    C. 企业丙可以针对刘某的专利权提出无效宣告请求

    D. 企业丁由于未被专利权人刘某提起专利侵权民事诉讼或发出专利侵权警告律师函，故企业丁不能针对刘某的专利权提出无效宣告请求

【答案】B C

【知识点】无效宣告请求的形式审查　请求人资格

【解析】《专利法》第四十五条规定，自国务院专利行政部门公告授予专利权之日起，任何单位或者个人认为该专利权的授予不符合该法有关规定的，可以请求专利复审委员会宣告该专利权无效。根据上述规定，专利权授予后，任何人均可以提出无效宣告请求。所以无论

是被专利权人提起专利侵权民事诉讼的被告甲、乙,还是被发出专利侵权律师警告函的丙,以及既未被提起民事诉讼,也未被发出警告律师函的丁,均可以请求宣告专利权无效。故选项C正确,选项D错误。

《专利审查指南2010》第四部分第三章第3.2节"无效宣告请求人资格"中规定了无效宣告请求不予受理的情形,其中包括:"(4)多个请求人共同提出一件无效宣告请求的,但属于所有专利权人针对其共有的专利权提出的除外。"选项A中,企业甲和乙共同作为请求人提出一件无效宣告请求,不符合上述规定,所以选项A错误;此时企业甲和乙应分别提出无效宣告请求,当然在提出无效宣告请求时,企业甲、乙可以委托同一专利代理机构,为甲、乙分别办理无效宣告程序有关事务,所以选项B正确。

综上,本题正确答案为:B、C。

75. 郑某2010年3月1日就同样的发明创造提交了一项实用新型专利申请和一项发明专利申请,并就存在同日申请作了说明,该实用新型专利申请于2010年9月1日获得授权;其发明专利申请于2011年9月1日被公开,并且经过实质审查在郑某于2012年2月1日放弃了上述实用新型专利权后,于2012年6月1日获得授权。2015年3月1日该发明专利因未交纳年费而终止。在满足其他受理条件的情况下,下列哪些无效宣告请求应当予以受理?

  A. 2010年12月2日李某针对上述实用新型专利权提出无效宣告请求
  B. 2011年11月9日李某针对上述发明专利申请提出无效宣告请求
  C. 2013年1月10日陈某针对上述实用新型专利权提出无效宣告请求
  D. 2015年10月8日刘某针对该发明专利权提出无效宣告请求

【答案】ACD
【知识点】无效宣告请求客体
【解析】《专利法》第四十五条规定,自国务院专利行政部门公告授予专利权之日起,任何单位或者个人认为该专利权的授予不符合该法有关规定的,可以请求专利复审委员会宣告该专利权无效。《专利审查指南2010》第四部分第三章第3.1节"无效宣告请求客体"中规定,无效宣告请求的客体应当是已经公告授权的专利,包括已经终止或者放弃(自申请日起放弃的除外)的专利。无效宣告请求不是针对已经公告授权的专利的,不予受理。《专利审查指南2010》第五部分第九章第2.3节"专利权人放弃专利权"中规定,申请人依据《专利法》第九条第一款和《专利法实施细则》第四十一条第四款声明放弃实用新型专利权的,专利局在公告授予发明专利权时对放弃实用新型专利权的声明予以登记和公告。在无效宣告程序中声明放弃实用新型专利权的,专利局及时登记和公告该声明。放弃实用新型专利权声明的生效日为发明专利权的授权公告日,放弃的实用新型专利权自该日起终止。

根据上述规定可知,无效宣告请求只能针对已经公告授权的专利,包括已经放弃或终止的失效专利,但不可以是尚未授权的专利申请。选项A所述无效宣告请求针对的实用新型专利权已被授权公告,并且此时该专利权尚处于有效状态,故应当受理。虽然选项C所述无效宣告请求所针对的实用新型专利权已经被放弃处于失效状态,以及选项D所述无效宣告请求所针对的发明专利权因未交费而视为放弃也处于失效状态，但仍然可以作为无效宣告请求的对象，均应被受理。选项B所述无效宣告请求针对的发明专利申请尚未被公告授权，故不应被受理。

综上，本题正确答案为：A、C、D。

76. 关于无效宣告程序中的委托手续，下列说法哪些是正确的？
    A. 专利权人在专利申请阶段委托的代为办理专利申请以及专利权有效期内全部专利事务的专利代理机构，可以直接代表专利权人在无效宣告程序中办理相关事务，专利权人无须再提交无效宣告程序授权委托书
    B. 专利权人与多个专利代理机构同时存在委托关系，且未指定收件人的，则在无效宣告程序中最后接受委托的专利代理机构被视为收件人
    C. 请求人委托专利代理机构的，其委托手续应当在专利复审委员会办理
    D. 请求人先后委托了多个代理机构，可以指定其最先委托的专利代理机构作为收件人

【答案】CD
【知识点】委托手续
【解析】《专利审查指南2010》第四部分第三章第3.6节"委托手续"中第（1）、第（2）、第（5）项中规定：（1）……在无效宣告程序中，即使专利权人此前已就其专利委托了在专利权有效期内的全程代理并继续委托该全程代理的机构的，也应当提交无效宣告程序授权委托书。（2）在无效宣告程序中，请求人委托专利代理机构的，或者专利权人委托专利代理机构且委托书中写明其委托权限仅限于办理无效宣告程序有关事务的，其委托手续或者解除、辞去委托的手续应当在专利复审委员会办理，无须办理著录项目变更手续。（5）同一当事人与多个专利代理机构同时存在委托关系的，当事人应当以书面方式指定其中一个专利代理机构作为收件人；未指定的，专利复审委员会将在无效宣告程序中最先委托的专利代理机构视为收件人；……。根据上述规定可知，选项A、B错误，选项C、D正确。

综上，本题正确答案为：C、D。

77. 在无效宣告程序中，专利代理人的哪些行为需要当事人的特别授权？
    A. 代为修改权利要求书
    B. 代为放弃无效宣告请求所依据的部分证据
    C. 代为接收口头审理中当庭转送的文件
    D. 代为撤回无效宣告请求

【答案】AD
【知识点】无效宣告程序中的代理　特殊授权
【解析】《专利审查指南2010》第四部分第三章第3.6节"委托手续"中第（7）项规定：对于下列事项，代理人需要具有特别授权的委托书：(i) 专利权人的代理人代为承认请求人的无效宣告请求；(ii) 专利权人的代理人代为修改权利要求书；(iii) 代理人代为和解；(iv) 请

求人的代理人代为撤回无效宣告请求。由此可见，选项A、D正确，选项B、C错误。

综上，本题正确答案为：A、D。

78. 在无效宣告程序中，实用新型专利权人在答复无效宣告请求受理通知书时对其专利文件进行修改，下列哪些方式是允许的？

  A．删除原独立权利要求，将并列从属于原独立权利要求的三项从属权利要求修改为三项并列的独立权利要求

  B．根据请求人提出的现有技术证据，对独立权利要求重新划分前序部分与特征部分

  C．删除独立权利要求，将从属权利要求作为新的独立权利要求书

  D．删除独立权利要求，将两项并列从属权利要求合并作为新的独立权利要求书，并对说明书作适应性修改

【答案】A C

【知识点】无效宣告程序中专利文件的修改

【解析】《专利法实施细则》第六十九条第一款规定，在无效宣告请求的审查过程中，发明或者实用新型专利的专利权人可以修改其权利要求书，但是不得扩大原专利的保护范围。《专利审查指南2010》第四部分第三章第4.6.1节"修改原则"中规定，发明或者实用新型专利文件的修改仅限于权利要求书，其原则是：(1) 不得改变原权利要求的主题名称。(2) 与授权的权利要求相比，不得扩大原专利的保护范围。(3) 不得超出原说明书和权利要求书记载的范围。(4) 一般不得增加未包含在授权的权利要求书中的技术特征。《专利审查指南2010》第四部分第三章第4.6.2节"修改方式"中规定，在满足上述修改原则的前提下，修改权利要求书的具体方式一般限于权利要求的删除、合并和技术方案的删除。

选项A、C所列的修改是对权利要求书进行的修改，修改方式为删除权利要求，这样的修改符合《专利审查指南2010》的上述规定。选项B的修改方式不符合《专利审查指南2010》规定的修改方式，不能被接受。选项D所列的修改，虽然对权利要求书的修改方式符合《专利审查指南2010》的规定，但根据《专利法实施细则》第六十九条的规定，无效宣告程序中，专利权人仅能修改权利要求书，不能修改说明书，故选项D的修改不符合《专利法实施细则》及《专利审查指南2010》的规定，不能被接受。

综上，本题正确答案为：A、C。

79. 甲于2011年7月1日提交了一项实用新型专利申请，该申请于2011年11月15日被授予专利权，其授权公告的权利要求书包括独立权利要求1及并列从属权利要求2、3，在无效宣告程序中，专利权人删除了原权利要求1-3，将从属权利要求2、3合并形成修改后的独立权利要求1，专利复审委员会于2013年7月30日作出审查决定：在修改后的权利要求1的基础上维持该专利权有效，且双方均未起诉，下列说法正确的是？

  A．原权利要求1-3视为自2011年7月1日即不存在

  B．原权利要求1-3视为自2013年7月30日起不存在

C. 修改后的权利要求1自2011年7月1日起即存在

D. 修改后的权利要求1自2013年7月30日起生效

【答案】AC

【知识点】无效宣告请求审查决定的效力　当事人的处置原则

【解析】《专利审查指南2010》第四部分第三章第2.2节"当事人处置原则"中规定，在无效宣告程序中，专利权人针对请求人提出的无效宣告请求主动缩小专利权保护范围且相应的修改文本已被专利复审委员会接受的，视为专利权人承认大于该保护范围的权利要求自始不符合《专利法》及其实施细则的有关规定，并且承认请求人对该权利要求的无效宣告请求，从而免去请求人对宣告该权利要求无效这一主张的举证责任。根据上述规定，应视为专利权人承认请求人对原权利要求1~3的无效宣告请求。

《专利法》第四十七条第一款规定，宣告无效的专利权视为自始即不存在。《专利审查指南2010》第四部分第三章第5节"无效宣告请求审查决定的类型"中规定，一项专利被宣告部分无效后，被宣告无效的部分应视为自始即不存在。但是被维持的部分（包括修改后的权利要求）也同时应视为自始即存在。根据上述规定可知，选项A、C正确，选项B、D错误。

综上，本题正确答案为：A、C。

80. 下列有关口头审理的说法哪些是正确的?

　　A. 无效宣告请求人可以以需要当面向合议组说明事实为由，请求进行口头审理

　　B. 参加口头审理的每方当事人及其代理人的数量不得超过三人

　　C. 当事人请求审案人员回避的，合议组组长可以宣布中止口头审理

　　D. 若请求人未出席口头审理，则其无效宣告请求视为撤回，该案件的审理结束

【答案】AC

【知识点】口头审理

【解析】《专利审查指南2010》第四部分第四章第2节"口头审理的确定"中规定，无效宣告程序的当事人可以依据下列理由请求进行口头审理：(1)当事人一方要求同对方当面质证和辩论。(2)需要当面向合议组说明事实。(3)需要实物演示。(4)需要请出具过证言的证人出庭作证。故选项A正确。

《专利审查指南2010》第四部分第四章第3节"口头审理的通知"中规定，参加口头审理的每方当事人及其代理人的数量不得超过四人。故选项B错误。

《专利审查指南2010》第四部分第四章第6节"口头审理的中止"中规定了合议组组长可以宣布中止口头审理的情形，其中包括："(1)当事人请求审案人员回避的。"故选项C正确。

《专利法实施细则》第七十条第三款规定，无效宣告请求人对专利复审委员会发出的口头审理通知书在指定的期限内未作答复，并且不参加口头审理的，其无效宣告请求视为撤回；专利权人不参加口头审理的，可以缺席审理。根据该规定，请求人未在规定的期限内答复口头审理通知书，且未出席口头审理的，其无效宣告请求才被视为撤回。此外，《专利法实施细则》第七十二条第二款规定，专利复审委员会作出决定之前，无效宣告请求人撤回其

请求或者其无效宣告请求被视为撤回的，无效宣告请求审查程序终止。但是，专利复审委员会认为根据已进行的审查工作能够作出宣告专利权无效或者部分无效的决定的，不终止审查程序。根据该规定，即使无效宣告请求被视为撤回，但是如果专利复审委员会认为根据已进行的审查工作能够作出宣告专利权无效或者部分无效的决定，则不终止该无效宣告请求的审查程序。故选项 D 错误。

综上，本题正确答案为：A、C。

81. 甲对乙的实用新型专利权提出无效宣告请求，甲提供的证据仅为证人张某在公证人员面前作出书面证言的公证书原件，内容为张某在涉案专利申请日前购买了与涉案专利相同的空调。在口头审理中张某未出庭作证，专利复审委员会当庭调查发现张某不属于确有困难不能出席口头审理作证的情形。下列说法正确的是？

A. 甲提供了该公证书原件，在没有其他证据推翻的情况下，一般应当认定该公证书的真实性

B. 该公证书是由公证人员作出，因此该公证书能证明张某在涉案专利申请日前确实购买过空调

C. 该公证书是由公证人员作出，因此该公证书能证明张某在涉案专利申请日前确实购买了与涉案专利相同的空调

D. 张某未出席口头审理进行作证，其书面证言不能单独作为认定案件事实的依据

【答案】A D

【知识点】证据认定 证人证言 公证文书

【解析】《专利审查指南2010》第四部分第八章第4.2节"证据的核实"中规定，合议组应当根据案件的具体情况，从以下方面审查证据的真实性：（1）证据是否为原件、原物，复印件、复制品与原件、原物是否相符；（2）提供证据的人与当事人是否有利害关系；（3）发现证据时的客观环境；（4）证据形成的原因和方式；（5）证据的内容；（6）影响证据真实性的其他因素。在甲提供了公证书证据的原件的情况下，如果没有相反的证据推翻，则应该认定该公证书的真实性，故选项 A 正确。

然而对于公证书真实性的认可，并不等于对公证书中证人证言所述事实的认可。《专利审查指南2010》第四部分第八章第4.3.1节"证人证言"中规定，专利复审委员会认定证人证言，可以通过对证人与案件的利害关系以及证人的智力状况、品德、知识、经验、法律意识和专业技能等的综合分析作出判断。证人应当出席口头审理作证，接受质询。未能出席口头审理作证的证人所出具的书面证言不能单独作为认定案件事实的依据，但证人确有困难不能出席口头审理作证的除外。证人确有困难不能出席口头审理作证的，专利复审委员会根据前款的规定对其书面证言进行认定。根据上述规定可知，由于证人证言并不是原始客观证据，是证人在事后经过回忆、主观判断、思考后作出的陈述，因此对于证人证言所陈述的内容的真实性需要结合在口头审理中双方当事人以及合议组对证人的质询情况，可以通过对证人与案件的利害关系以及证人的智力状况、品德、知识、经验、法律意识和专业技能等的综

合分析作出判断；如果证人未能出席口头审理，对其证人证言的质证无法进行，则其出具的书面证言不能单独作为认定案件事实的依据，所以选项B、C错误，选项D正确。

综上，本题正确答案为：A、D。

82. 下列关于专利实施许可的说法哪些是正确的？

  A. 专利实施许可合同应当自合同生效之日起三个月内向国家知识产权局申请办理备案手续

  B. 专利实施许可合同的被许可人可以不经专利权人同意在产品的包装上标注专利标记

  C. 独占实施许可合同的被许可人可以单独向人民法院提出诉前责令被申请人停止侵犯专利权行为的申请

  D. 普通实施许可合同的被许可人在专利权人不请求的情况下，可以单独请求管理专利工作的部门处理专利侵权纠纷

【答案】A C

【知识点】专利实施许可　被许可人的权利

【解析】《专利法实施细则》第十四条第二款规定，专利权人与他人订立的专利实施许可合同，应当自合同生效之日起3个月内向国务院专利行政部门备案。故选项A正确。

《专利标识标注办法》第四条规定，在授予专利权之后的专利权有效期内，专利权人或者经专利权人同意享有专利标识标注权的被许可人可以在其专利产品、依照专利方法直接获得的产品、该产品的包装或者该产品的说明书等材料上标注专利标识。由此可见，专利权人以外的其他人标注专利标识的，需要经专利权人同意，故选项B错误。

《最高人民法院关于对诉前停止侵犯专利权行为适用法律问题的若干规定》（法释〔2001〕20号）第一条规定，根据《专利法》第六十一条的规定，专利权人或者利害关系人可以向人民法院提出诉前责令被申请人停止侵犯专利权行为的申请。提出申请的利害关系人，包括专利实施许可合同的被许可人、专利财产权利的合法继承人等。专利实施许可合同被许可人中，独占实施许可合同的被许可人可以单独向人民法院提出申请；排他实施许可合同的被许可人在专利权人不申请的情况下，可以提出申请。故选项C正确。

《专利行政执法办法》第十条规定，请求管理专利工作的部门处理专利侵权纠纷的，应当符合下列条件：（一）请求人是专利权人或者利害关系人；（二）有明确的被请求人；（三）有明确的请求事项和具体事实、理由；（四）属于受案管理专利工作的部门的受案和管辖范围；（五）当事人没有就该专利侵权纠纷向人民法院起诉。第（一）项所称利害关系人包括专利实施许可合同的被许可人、专利权人的合法继承人。专利实施许可合同的被许可人中，独占实施许可合同的被许可人可以单独提出请求；排他实施许可合同的被许可人在专利权人不请求的情况下，可以单独提出请求；除合同另有约定外，普通实施许可合同的被许可人不能单独提出请求。故选项D错误。

综上，本题正确答案为：A、C。

83. 中国内地的甲公司将其在中国境内完成的一项发明创造向国家知识产权局提出发明专利申请并获得授权，现甲公司拟将该发明专利权转让给美国乙公司，下列说法哪些是正确的？

　　A. 甲公司在转让前应当事先获得当地管理专利工作的部门审核批准
　　B. 甲公司与乙公司应当订立书面转让合同
　　C. 办理转让手续时应当出具《技术出口许可证》或《自由出口技术合同登记证书》
　　D. 该专利权的转让自合同签订之日起生效

【答案】B C

【知识点】专利权的转让　向外国人转让专利权的特殊要求

【解析】《专利法》第十条规定，专利申请权和专利权可以转让。中国单位或者个人向外国人、外国企业或者外国其他组织转让专利申请权或者专利权的，应当依照有关法律、行政法规的规定办理手续。转让专利申请权或者专利权的，当事人应当订立书面合同，并向国务院专利行政部门登记，由国务院专利行政部门予以公告。专利申请权或者专利权的转让自登记之日起生效。《专利审查指南2010》第一部分第一章第6.7.2.2节"规定专利申请权（或专利权）转移"中规定：对于发明或者实用新型专利申请（或专利），转让方是中国内地的个人或者单位，受让方是外国人、外国企业或者外国其他组织的，应当出具国务院商务主管部门颁发的《技术出口许可证》或者《自由出口技术合同登记证书》，或者地方商务主管部门颁发的《自由出口技术合同登记证书》，以及双方签字或者盖章的转让合同。

　　根据上述规定可知，中国企业向外国企业转让专利权的，应订立书面合同，并向国务院专利行政部门登记；办理转让登记手续时，除出具书面转让合同外，还应当出具《技术出口许可证》或《自由出口技术合同登记证书》；专利权的转让自登记日起生效。故选项B、C正确，选项A、D错误。

　　综上，本题正确答案为：B、C。

84. 甲公司和乙公司共同拥有一项实用新型专利权，其未对权利的行使进行约定，现甲公司欲以该专利权进行质押融资。下列说法哪些是正确的？

　　A. 该专利权的质押须取得乙公司的同意
　　B. 申请专利权质押登记时，应当向国家知识产权局提交该专利权的评价报告
　　C. 在该专利权的质押期间内可以对该专利权再次进行质押
　　D. 在该专利权的质押期间内转让该专利权的，须取得质权人的同意

【答案】A D

【知识点】专利权质押　共有专利权的行使

【解析】《专利法》第十五条规定，专利申请权或者专利权的共有人对权利的行使有约定的，从其约定。没有约定的，共有人可以单独实施或者以普通许可方式许可他人实施该专利；许可他人实施该专利的，收取的使用费应当在共有人之间分配。除前款规定的情形外，行使共有的专利申请权或者专利权应当取得全体共有人的同意。由此可知，甲公司如将该实用新型专利权质押，则必须经共有权利人乙公司同意，故选项A正确。

《专利权质押登记办法》第七条第一款规定，申请专利权质押登记的，当事人应当向国家知识产权局提交下列文件：（一）出质人和质权人共同签字或者盖章的专利权质押登记申请表；（二）专利权质押合同；（三）双方当事人的身份证明；（四）委托代理的，注明委托权限的委托书；（五）其他需要提供的材料。由此可知，在办理质押登记手续时，无须提交专利权评价报告，故选项B错误。

根据《专利权质押登记办法》第十二条第二款第（十一）项的规定，在申请专利权质押登记时，专利权已被申请质押登记且处于质押期间的，国家知识产权局将作出不予登记的决定。由此可知，对于处在质押期间的专利权不能再次进行质押，故选项C错误。

《专利权质押登记办法》第十六条第一款规定，专利权质押期间，出质人未提交质权人同意转让或者许可实施该专利权的证明材料的，国家知识产权局不予办理专利权转让登记手续或者专利实施合同备案手续。由此可知，出质人在专利权质押期间转让该专利权的，须取得质权人的同意，故选项D正确。

综上，本题正确答案为：A、D。

85. 甲于2010年12月11日向国家知识产权局就同样的发明创造同时提交了发明和实用新型专利申请，且根据《专利法实施细则》第41条进行了说明；实用新型专利申请于2011年6月15日被公告授权；为避免重复授权，甲于2012年10月15日提交了放弃实用新型专利权的声明，国家知识产权局于2013年2月15日针对发明专利申请发出授权通知书并同意甲放弃实用新型专利权，发明专利申请于2013年4月15日被公告授权。下列说法哪些是正确的？

  A. 实用新型专利权自2011年6月15日生效，于2013年2月15日终止

  B. 实用新型专利权自2011年6月15日生效，于2013年4月15日终止

  C. 发明专利权自2013年4月15日生效，实用新型专利权视为自申请日2010年12月11日起即不存在

  D. 发明专利权自2013年4月15日生效，实用新型专利权自该日起终止

【答案】BD

【知识点】专利权的生效日　专利的保护期限　专利权的放弃

【解析】《专利法》第三十九条规定，发明专利申请经实质审查没有发现驳回理由的，由国务院专利行部门作出授予发明专利权的决定，发给发明专利证书，同时予以登记和公告。发明专利权自公告之日起生效。《专利法》第四十条规定，实用新型和外观设计专利申请经初步审查没有发现驳回理由的，由国务院专利行政部门作出授予实用新型专利权或者外观设计专利权的决定，发给相应的专利证书，同时予以登记和公告。实用新型专利权和外观设计专利权自公告之日起生效。《专利法》第四十二条规定，发明专利权的期限为20年，实用新型专利权和外观设计专利权的期限为10年，均自申请日起计算。

《专利法实施细则》第四十一条第二款及第五款规定，同一申请人在同日（指申请日）对同样的发明创造既申请实用新型专利又申请发明专利的，应当在申请时分别说明对同样的发明创造已申请了另一专利；未作说明的，依照《专利法》第九条第一款关于同样的发明创

造只能授予一项专利权的规定处理。实用新型专利权自公告授予发明专利权之日起终止。

《专利审查指南2010》第五部分第九章第2.3节"专利权人放弃专利权"中规定：申请人依据《专利法》第九条第一款和《专利法实施细则》第四十一条第四款声明放弃实用新型专利权的，专利局在公告授予发明专利权时对放弃实用新型专利权的声明予以登记和公告。在无效宣告程序中声明放弃实用新型专利权的，专利局及时登记和公告该声明。放弃实用新型专利权声明的生效日为发明专利权的授权公告日，放弃的实用新型专利权自该日起终止。

根据上述规定，专利权的保护期限自申请日计算；专利权自授权公告日生效。申请人依据《专利法》第九条第一款和《专利法实施细则》第四十一条第四款声明放弃实用新型专利权的声明自发明专利权的授权公告日生效，即放弃的实用新型专利权自该日起终止。

综上，本题正确答案为：B、D。

86. 甲公司拥有一项推荐性行业标准中明示的必要专利技术，乙公司未经甲公司同意，在其制造的产品中使用了该项专利技术，以下说法正确的是？

　　A. 由于该专利已被列入推荐性行业标准，因此乙公司使用该项技术无须支付许可费
　　B. 虽然该专利已被列入推荐性行业标准，但是乙公司使用该项技术应当支付许可费
　　C. 由于该专利已被列入推荐性行业标准，因此乙公司使用该项技术不侵犯甲公司专利权
　　D. 虽然该专利已被列入推荐性行业标准，但乙公司未经同意使用该技术仍然属于侵权行为

【答案】B D
【知识点】推荐性标准中的必要专利　许可他人实施专利的权利
【解析】《最高人民法院关于审理侵犯专利权纠纷案件应用法律若干问题的解释（二）》（法释〔2016〕1号）第二十四条第一款规定，推荐性国家、行业或者地方标准明示所涉必要专利的信息，被诉侵权人以实施该标准无需专利权人许可为由抗辩不侵犯该专利权的，人民法院一般不予支持。根据上述规定可知，使用推荐性行业标准中明示的专利技术仍然需要付费，未经专利权人许可实施推荐性标准中的专利技术仍属于侵权行为，故选项A、C错误，选项B、D正确。

综上，本题正确答案为：B、D。

87. 甲就研磨机获得了一项实用新型专利权，其授权公告的独立权利要求1包括a、b、c、d四个技术特征，以下哪些产品落入该实用新型专利权的保护范围？

　　A. 乙制造的研磨机，包括a、b、c、e四个技术特征，其中技术特征e为记载在甲的授权专利说明书中的特征，并与技术特征d不相同也不等同
　　B. 丙制造的研磨机，包括a、b、c、d'四个技术特征，其中技术特征d'与甲授权专利中的技术特征d等同
　　C. 丁制造的研磨机，包括a、b、c、d、e五个技术特征，其中技术特征e为记载在甲的授权专利说明书中的特征

D. 戊制造的研磨机，仅包括 a、b、c 三个技术特征

【答案】B C

【知识点】专利侵权的判定原则

【解析】《专利法》第五十九条第一款规定，发明或者实用新型专利权的保护范围以其权利要求的内容为准，说明书及附图可以用于解释权利要求的内容。《最高人民法院关于审理侵犯专利权纠纷案件应用法律若干问题的解释》（法释〔2009〕21号）第七条规定，人民法院判定被诉侵权技术方案是否落入专利权的保护范围，应当审查权利人主张的权利要求所记载的全部技术特征。被诉侵权技术方案包含与权利要求记载的全部技术特征相同或者等同的技术特征的，人民法院应当认定其落入专利权的保护范围；被诉侵权技术方案的技术特征与权利要求记载的全部技术特征相比，缺少权利要求记载的一个以上的技术特征，或者有一个以上技术特征不相同也不等同的，人民法院应当认定其没有落入专利权的保护范围。

本题中，选项 A、D 的产品缺少授权专利权利要求中的技术特征 d，故未落入该专利权的保护范围；选项 B、C 的产品包含了授权专利权利要求记载的全部技术特征相同或者等同的技术特征，故落入了专利权的保护范围。

综上，本题正确答案为：B、C。

88. 甲有一项名称为"茶具"的外观设计专利，其包括茶壶和茶杯两件产品；乙在某网购平台上销售茶壶，其销售的茶壶与甲的外观设计专利中的茶壶属于相同的设计，丙从该网购平台购买了乙销售的茶壶供自己使用。以下说法哪些是正确的？

A. 乙销售的茶壶落入甲的专利权保护范围
B. 乙销售的茶壶未落入甲的专利权保护范围
C. 丙购买并使用该茶壶侵犯了甲的专利权
D. 丙购买并使用该茶壶不侵犯甲的专利权

【答案】A D

【知识点】成套产品的外观设计专利侵权判定　外观设计专利权人的权利

【解析】《最高人民法院关于审理侵犯专利权纠纷案件应用法律若干问题的解释（二）》（法释〔2016〕1号）第十五条规定，对于成套产品的外观设计专利，被诉侵权设计与其一项外观设计相同或者近似的，人民法院应当认定被诉侵权设计落入专利权的保护范围。本题中"茶具"外观设计专利是由茶杯、茶壶二项外观设计构成的成套产品，与其中一项外观设计相同即落入该成套产品外观设计专利的保护范围。故选项 A 正确，选项 B 错误。

《专利法》第十一条第二款规定，外观设计专利权被授予后，任何单位或者个人未经专利权人许可，都不得实施其专利，即不得为生产经营目的制造、许诺销售、销售、进口其外观设计专利产品。根据上述规定，购买并使用外观设计专利的产品不构成侵犯外观设计专利权，故选项 C 错误，选项 D 正确。

综上，本题正确答案为：A、D。

89. 某沙发床的外观设计专利，其授权图片所示该沙发具有沙发和床两个变化状态，下列说法哪些是正确的？

  A. 被诉侵权产品为沙发，不能变化为床，该沙发与授权专利中沙发使用状态下的外观设计相同，则落入该外观设计专利权的保护范围

  B. 被诉侵权产品为沙发，不能变化为床，尽管该沙发与授权专利中沙发使用状态下的外观设计相同，也不会落入该外观设计专利权的保护范围

  C. 被诉侵权产品为沙发床，有三个变化状态，且其中两个变化状态分别与授权专利对应的两个变化状态外观设计近似，尽管其第三个变化状态与授权专利任一状态下的外观设计均不近似，其仍然落入该外观设计专利权的保护范围

  D. 被诉侵权产品为沙发床，有三个变化状态，且其中两个变化状态分别与授权专利对应的两个变化状态外观设计近似，第三个变化状态与授权专利任一状态下的外观设计均不近似，则不会落入该外观设计专利权的保护范围

【答案】B C

【知识点】变化状态外观设计专利权的保护范围

【解析】《最高人民法院关于审理侵犯专利权纠纷案件应用法律若干问题的解释（二）》（法释〔2016〕1号）第十七条规定，对于变化状态产品的外观设计专利，被诉侵权设计与变化状态图所示各种使用状态下的外观设计均相同或者近似的，人民法院应当认定被诉侵权设计落入专利权的保护范围；被诉侵权设计缺少其中一种使用状态下的外观设计或者与之不相同也不近似的，人民法院应当认定被诉侵权设计未落入专利权的保护范围。根据该规定，故选项B、C正确，选项A、D错误。

  综上，本题正确答案为：B、C。

90. 北京市的甲公司拥有一项发明专利权，深圳市的乙公司未经甲公司的许可，制造了该专利产品，并在上海市进行公开销售，以下说法正确的是？

  A. 甲公司可以请求北京市知识产权局进行处理

  B. 甲公司可以请求深圳市知识产权局进行处理

  C. 甲公司可以请求上海市知识产权局进行处理

  D. 甲公司可以请求国家知识产权局进行处理

【答案】B C

【知识点】专利权人的权利　管理专利工作部门的地域管辖

【解析】《专利法实施细则》第八十一条第一款规定，当事人请求处理专利侵权纠纷或者调解专利纠纷的，由被请求人所在地或者侵权行为地的管理专利工作的部门管辖。选项B、C中被请求人所在地、侵权行为地的地方知识产权局，根据上述规定有权管辖。而选项A的请求人所在地知识产权局以及选项D的国家知识产权局不具有管辖权。

  综上，本题正确答案为：B、C。

91. 甲公司发现乙公司未经其许可，制造销售了甲公司拥有实用新型专利权的某产品，向法院提起侵权诉讼；乙公司在被诉后向专利复审委员会提起针对甲公司上述专利权的无效宣告请求；专利复审委员会经过审理，作出宣告甲公司上述实用新型专利权全部无效的审查决定；甲公司不服该决定，向法院提起行政诉讼要求撤销该审查决定。下列说法哪些是正确的？

  A. 甲公司提起侵权诉讼时，法院可以要求其提交专利权评价报告
  B. 甲公司在侵权起诉前可以请求当地管理专利工作的部门采取证据保全措施
  C. 根据专利复审委员会作出的无效宣告审查决定，法院可以裁定驳回甲公司的侵权起诉，无须等待针对上述审查决定的行政诉讼结果
  D. 甲公司提起行政诉讼后，乙公司作为第三人参加诉讼

【答案】A C D

【知识点】专利侵权行为的诉前措施　专利管理局的职能　侵权纠纷的审理（是否中止）

【解释】《专利法》第六十一条第二款规定，专利侵权纠纷涉及实用新型专利或者外观设计专利的，人民法院或者管理专利工作的部门可以要求专利权人或者利害关系人出具由国务院专利行政部门对相关实用新型或者外观设计进行检索、分析和评价后作出的专利权评价报告，作为审理、处理专利侵权纠纷的证据。所以选项A正确。

《专利法》第六十七条第一款规定，为了制止专利侵权行为，在证据可能灭失或者以后难以取得的情况下，专利权人或者利害关系人可以在起诉前向人民法院申请保全证据。根据该规定，当事人的采取证据保全措施请求应当向法院提出，并且根据《专利法》及其实施细则、《专利行政执法办法》相关规定可知，地方管理专利工作的部门不受理采取证据保全措施的请求，故选项B错误。

《最高人民法院关于审理侵犯专利权纠纷案件应用法律若干问题的解释（二）》（法释〔2016〕1号）第二条规定，权利人在专利侵权诉讼中主张的权利要求被专利复审委员会宣告无效的，审理侵犯专利权纠纷案件的人民法院可以裁定驳回权利人基于该无效权利要求的起诉。根据上述规定，选项C正确。

《专利法》第四十六条第二款规定，对专利复审委员会宣告专利权无效或者维持专利权的决定不服的，可以自收到通知之日起3个月内向人民法院起诉。人民法院应当通知无效宣告请求程序的对方当事人作为第三人参加诉讼。根据上述规定，甲公司不服专利复审委员会作出的无效宣告请求审查决定提起行政诉讼后，乙公司应作为第三人参加诉讼，故选项D正确。

综上，本题正确答案为：A、C、D。

92. 甲将自己拥有专利保护的一款运动鞋委托乙代工生产，后发现乙未经其许可，自行生产该款运动鞋并对外销售，甲向法院起诉并请求获得赔偿。以下可以作为侵权赔偿数额计算依据的是？

  A. 甲因研发该专利技术所投入的合理成本
  B. 乙因侵权所获得的利益

C. 该专利权的市场评估价值

D. 甲乙双方签订的委托加工合同中约定的专利侵权赔偿条款

【答案】BD

【知识点】侵权赔偿数额的计算方式

【解析】《专利法》第六十五条规定，侵犯专利权的赔偿数额按照权利人因被侵权所受到的实际损失确定；实际损失难以确定的，可以按照侵权人因侵权所获得的利益确定。权利人的损失或者侵权人获得的利益难以确定的，参照该专利许可使用费的倍数合理确定。赔偿数额还应当包括权利人为制止侵权行为所支付的合理开支。权利人的损失、侵权人获得的利益和专利许可使用费均难以确定的，人民法院可以根据专利权的类型、侵权行为的性质和情节等因素，确定给予1万元以上100万元以下的赔偿。

依据上述规定，确定侵犯专利权赔偿数额的依据包括选项B所属侵权人因侵权所获得的利益，故选项B正确。而选项A、C所列研发该专利技术所投入的合理成本、该专利权的市场评估价值，虽然在有些情况下与"专利许可使用费"等有关，但是根据《专利法》第六十五的规定，其并不是确定赔偿数额的直接依据，故选项A、C错误。

《最高人民法院关于审理侵犯专利权纠纷案件应用法律若干问题的解释（二）》（法释〔2016〕1号）第二十八条规定，权利人、侵权人依法预定专利侵权的赔偿数额或者赔偿计算方法，并在专利侵权诉讼中主张依据该约定确定赔偿数额的，人民法院应予支持。故选项D正确。

综上，本题正确答案为：B、D。

93. 甲拥有一项机床的发明专利权，乙未经甲的许可制造了该机床，用于为自己的客户加工零部件，同时将部分机床对外销售；丙不知道该机床为侵权产品，以合理价格购买了该机床用于企业的生产，以下说法哪些是正确的？

A. 乙制造该机床供自己使用的行为不侵犯甲的专利权

B. 丙使用该机床侵犯了甲的专利权

C. 丙能证明其采购机床的合法来源，无须承担赔偿责任

D. 法院根据甲的请求，应当判令乙、丙立即停止使用该机床

【答案】BC

【知识点】专利权人的权利　侵权行为　不承担赔偿责任的情况

【解析】《专利法》第十一条规定，发明和实用新型专利权被授予后，除该法另有规定的以外，任何单位或者个人未经专利权人许可，都不得实施其专利，即不得为生产经营目的制造、使用、许诺销售、销售、进口其专利产品，或者使用其专利方法以及使用、许诺销售、销售、进口依照该专利方法直接获得的产品。根据上述规定，乙的制造、使用行为以经营为目的，构成侵权，故选项A错误。丙的使用行为以经营为目的，构成侵权，选项B正确。

《专利法》第七十条规定，为生产经营目的使用、许诺销售或者销售不知道是未经专利权人许可而制造并售出的专利侵权产品，能证明该产品合法来源的，不承担赔偿责任。据

此，由于丙不知道该机床为侵权产品，并以合理价格购买了该机床用，即能证明机床的合理来源，不承担赔偿责任。选项C正确。

《最高人民法院关于审理侵犯专利权纠纷案件应用法律若干问题的解释（二）》（法释〔2016〕1号）第二十五条规定，为生产经营目的的使用、许诺销售或者销售不知道是未经专利权人许可而制造并售出的专利侵权产品，且举证证明该产品合法来源的，对于权利人请求停止上述使用、许诺销售、销售行为的主张，人民法院应予支持，但被诉侵权产品的使用者举证证明其已支付该产品的合理对价的除外。本题中，丙不知道该机床为侵权产品，以合理价格购买了该机床用于企业的生产，即丙为被诉侵权产品的使用者，且已支付该产品的合理对价，属于司法解释中的除外情形。故选项D错误。

综上，本题正确答案为：B、C。

94. 甲拥有一项X产品实用新型专利权，其向法院起诉乙制造的产品侵犯自己的专利权，以下哪些可以作为乙不侵权抗辩的理由？

  A. 乙用于制造X产品的设备是以合理价格从他人手中购买的
  B. 乙在甲申请专利之前自行完成了研发并开始制造X产品
  C. 乙就其所制造的产品拥有自己的专利权
  D. 乙有证据表明其生产的X产品属于现有技术

【答案】BD
【知识点】专利侵权的判定　不视为侵犯专利权的行为
【解析】根据《专利法》第十一条的规定，未经专利权人许可，为生产经营目的制造其专利产品的即构成侵犯该专利权。乙制造X产品的行为以经营为目的，且未经专利权人许可，故构成侵权，与乙所使用的设备是否通过合法渠道、以合理价格购买无关，故选项A错误。

《专利法》第六十九条规定了不视为侵犯专利权的几种情形，其中包括："（二）在专利申请日前已经制造相同产品、使用相同方法或者已经作好制造、使用的必要准备，并且仅在原有范围内继续制造、使用的"。故选项B正确。

《最高人民法院关于审理侵犯专利权纠纷案件应用法律若干问题的解释（二）》（法释〔2016〕1号）第二十三条规定，被诉侵权技术方案或者外观设计落入在先的涉案专利保护范围，被诉侵权人以其技术方案或者外观设计被授予专利权为由抗辩不侵犯涉案专利权的，人民法院不予支持。故选项C错误。

《专利法》第六十二条规定，在专利侵权纠纷中，被控侵权人有证据证明其实施的技术或者设计属于现有技术或现有设计的，不构成侵犯专利权。故选项D正确。

综上，本题正确答案为：B、D。

95. 甲公司拥有一项产品发明专利权，乙公司未经甲公司许可制造了该专利产品，并在产品上标注了甲公司的专利号；丙公司从乙公司处采购该产品并对外销售。下列哪些说法是正确的？

A. 乙公司和丙公司的行为构成了假冒专利行为
B. 乙公司和丙公司的行为构成了专利侵权行为
C. 管理专利工作的部门查封、扣押乙公司和丙公司产品的，应当经人民法院批准
D. 丙公司若能证明其不知道所销售产品为侵权产品，并且是通过合法途径、以合理价格采购了该产品，则不承担赔偿责任，但应停止销售

【答案】A B D

【知识点】假冒专利的查处　假冒专利行为的法律责任

【解析】《专利法实施细则》第八十四条规定了属于《专利法》第六十三条规定的假冒专利的行为的几种情况，其中包括："（一）在未被授予专利权的产品或者其包装上标注专利标识，专利权被宣告无效后或者终止后继续在产品或者其包装上标注专利标识，或者未经许可在产品或者产品包装上标注他人的专利号；（二）销售第（一）项所述产品。"根据上述规定可知，乙公司未经专利权人甲公司许可在产品上标注甲公司的专利号的行为、丙公司对外销售该产品的行为构成了假冒专利行为，故选项A正确。

根据《专利法》第十一条的规定，发明专利权被授予后，任何单位或者个人未经专利权人许可，都不得为生产经营目的制造、使用、许诺销售、销售、进口其专利产品。根据上述规定，乙公司未经专利权人甲公司许可制造其专利产品、丙公司从乙公司处采购该产品并对外销售的行为侵犯了甲的发明专利权，故选项B正确。

《专利法》第六十四条第一款规定，管理专利工作的部门根据已经取得的证据，对涉嫌假冒专利行为进行查处时，可以询问有关当事人，调查与涉嫌违法行为有关的情况；对当事人涉嫌违法行为的场所实施现场检查；查阅、复制与涉嫌违法行为有关的合同、发票、账簿以及其他有关资料；检查与涉嫌违法行为有关的产品，对有证据证明是假冒专利的产品，可以查封或者扣押。《专利行政执法办法》第三十条第一款规定，管理专利工作的部门查封、扣押涉嫌假冒专利产品的，应当经其负责人批准。根据上述规定，管理专利工作的部门查封、扣押乙公司和丙公司的假冒专利的产品时，应当经其负责人批准，而不必经人民法院批准，故选项C错误。

《专利法实施细则》第八十四条第三款规定，销售不知道是假冒专利的产品，并且能够证明该产品合法来源的，由管理专利工作的部门责令停止销售，但免除罚款的处罚。根据该规定，选项D正确。

综上，本题正确答案为：A、B、D。

96. 甲在乙的发明专利基础上开发了一项具有显著经济意义并有重大技术进步的技术方案，就该技术方案甲申请了发明专利并获得授权，甲实施其发明专利时有赖于乙的发明专利的实施。下列说法哪些是正确的？

A. 甲可以向国务院专利行政部门申请强制许可，说明理由并附具有关证明文件
B. 如果甲与乙就强制许可使用费不能达成协议，可以请求国务院专利行政部门裁决
C. 甲或乙对强制许可使用费的行政裁决不服的，可以提起行政复议

D. 如果甲获得了实施乙专利的强制许可，则乙自动获得实施甲专利的强制许可

【答案】A B

【知识点】专利实施的强制许可

【解析】《专利法》第五十一条规定，一项取得专利权的发明或者实用新型比已经取得专利权的发明或者实用新型具有显著经济意义的重大技术进步，其实施又有赖于前一发明或者实用新型的实施的，国务院专利行政部门根据后一专利权人的申请，可以给予实施前一发明或者实用新型的强制许可。在依照前款规定给予实施强制许可的情形下，国务院专利行政部门根据前一专利权人的申请，也可以给予实施后一发明或者实用新型的强制许可。《专利法》第五十四条规定，依照该法第四十八条第（一）项、第五十一条规定申请强制许可的单位或者个人应当提供证据，证明其以合理的条件请求专利权人许可其实施专利，但未能在合理的时间内获得许可。根据上述规定可知，甲可以向国务院专利行政部门申请强制许可，说明理由并附具有关证明文件，故选择 A 正确。此外根据上述规定，后一专利的专利权人获得前一专利的强制许可，并不必然使得在先专利的专利权人获得后一专利的强制许可，而是需要向国务院专利行政部门提出申请、等待批准后才能获得强制许可，故选项 D 错误。

《专利法》第五十七条规定，取得实施强制许可的单位或者个人应当付给专利权人合理的使用费，或者依照中华人民共和国参加的有关国际条约的规定处理使用费问题。付给使用费的，其数额由双方协商；双方不能达成协议的，由国务院专利行政部门裁决。故选项 B 正确。

《专利法》第五十八条规定，专利权人对国务院专利行政部门关于实施强制许可的决定不服的，专利权人和取得实施强制许可的单位或者个人对国务院专利行政部门关于实施强制许可的使用费的裁决不服的，可以自收到通知之日起 3 个月内向人民法院起诉。《国家知识产权局行政复议规程》第五条规定的不能申请行政复议的情形中包括："（四）专利权人或者专利实施强制许可的被许可人对强制许可使用费的裁决不服的"。根据上述规定可知，甲或乙对强制许可使用费的行政裁决不服的，应该向人民法院提起行政诉讼，而不能向国家知识产权局申请行政复议，故选项 C 错误。

综上，本题正确答案为：A、B。

97. 美籍华人张某长期居住在上海，就其在上海工作期间完成的发明创造提交 PCT 国际申请，下列说法哪些是正确的？

A. 张某可以直接向美国专利商标局提交国际申请

B. 张某可以直接向国家知识产权局提交国际申请

C. 张某可以直接向国际局提交国际申请

D. 该国际申请进入中国国家阶段时，申请人可以要求发明或实用新型专利保护

【答案】B D

【知识点】PCT 申请受理局的确定　保密审查　PCT 申请的保护类型

【解析】《专利合作条约实施细则》第 19.1 条（a）规定，除（b）另有规定外，国际申请应按照申请人的选择，(i) 向申请人是其居民的缔约国的或者代表该国的国家局提出；或

(ii) 向申请人是其国民的缔约国的或者代表该国的国家局提出；(iii) 向国际局提出，而与申请人是其居民或者国民的缔约国无关。

《专利法》第二十条第一款和第二款规定，任何单位或者个人将在中国完成的发明或者实用新型向外国申请专利的，应当事先报经国务院专利行政部门进行保密审查。保密审查的程序、期限等按照国务院的规定执行。中国单位或者个人可以根据中华人民共和国参加的有关国际条约提出专利国际申请。申请人提出专利国际申请的，应当遵守前款规定。《专利法实施细则》第八条第三款规定，向国务院专利行政部门提交专利国际申请的，视为同时提出了保密审查请求。

根据上述规定，张某若要就其在中国完成的发明提出专利国际申请，可以有三种选择：一是依据其居住地所属国，向中国国家知识产权局提出，并且根据《专利法》第二十条及《专利法实施细则》第八条第三款的规定，此时不必单独提出保密审查的请求；二是根据张某的国籍，向美国专利商标局提出，但事先要向中国国家知识产权局提出保密审查的请求；三是向国际局提出，同样事先要向中国国家知识产权局提出保密审查的请求。由此可知，选项B正确；而选项A、C因直接向美国专利商标局或国际局提出专利国际申请，未事先向中国国家知识产权局提出保密审查请求，故错误。

根据《专利法实施细则》第一百零四条的规定，申请人依照该细则第一百零三条的规定办理进入中国国家阶段的手续的，应当以中文提交进入中国国家阶段的书面声明，写明国际申请号和要求获得的专利权类型。《专利法实施细则》第一百一十二条规定，要求获得实用新型专利权的国际申请，申请人可以自进入日起2个月内对专利申请文件主动提出修改。要求获得发明专利权的国际申请，可以按照《专利法实施细则》第五十一条第一款的规定对专利申请文件主动提出修改。由此可见，该国际申请进入中国国家阶段时，申请人可以要求发明或实用新型专利保护，故选项D正确。

综上，本题正确答案为：B、D。

98. 下列哪些情形的国际申请，不能以受理局收到国际申请文件之日作为国际申请日？

A. 申请中没有按规定写明发明人的姓名

B. 申请中未指定任何缔约国

C. 没有缴纳国际申请费和手续费

D. 国际申请没有用规定的语言撰写

【答案】BD

【知识点】国际申请的受理条件

【解析】《专利合作条约》第11条第（1）款规定，受理局应以收到国际申请之日作为国际申请日，但以该局在收到申请时认定该申请符合下列要求为限：(i) 申请人并不因为居所或者国籍的原因而明显缺乏向该受理局提出国际申请的权利；(ii) 国际申请是用规定的语言撰写；(iii) 国际申请至少包括下列项目：(a) 说明是作为国际申请提出的；(b) 至少指定一个缔约国；(c) 按规定方式写明的申请人的姓名或者名称；(d) 有一部分表面上看像是说明书；(e) 有一部分表面上看像是一项或几项权利要求。根据上述规定，选项 B 的申请中未指定任何缔约国，并且选项 D 的国际申请没有用规定的语言撰写属于不应受理的情形，故选项 B、D 正确。而选项 A 的申请中没有按规定写明发明人的姓名、选项 C 的申请没有缴纳国际申请费和手续费，并不影响 PCT 申请被受理。

综上，本题正确答案为：B、D。

99. 王某以英文提交了 PCT 国际申请，其国际申请日为 2011 年 1 月 18 日，优先权日为 2010 年 9 月 15 日，进入中国国家阶段的日期为 2013 年 3 月 1 日。下列说法哪些是正确的？

    A. 在进入中国国家阶段时，申请人应当提交该国际申请的原始说明书和权利要求书的中文译文

    B. 申请人应当于 2013 年 9 月 15 日前提出实质审查请求

    C. 该申请授权后，专利权期限的起算日为 2011 年 1 月 18 日

    D. 该申请授权后，专利权期限的起算日为 2013 年 3 月 1 日

【答案】A B C

【知识点】国际申请日的效力　PCT 国际申请进入中国国家阶段的手续

【解析】《专利法实施细则》第一百零四条规定了申请人办理进入中国国家阶段的手续应当符合的要求，其中第（三）项规定：国际申请以外文提出的，应提交原始国际申请的说明书和权利要求书的中文译文。故选项 A 正确。

《专利法实施细则》第一百零二条规定，按照《专利合作条约》已确定国际申请日并指定中国的国际申请，视为向国务院专利行政部门提出的专利申请，该国际申请日视为《专利法》第二十八条所称的申请日。《专利法》第三十五条第一款规定，发明专利申请自申请日起 3 年内，国务院专利行政部门可以根据申请人随时提出的请求，对其申请进行实质审查；申请人无正当理由逾期不请求实质审查的，该申请即被视为撤回。《专利法实施细则》第十一条规定，除《专利法》第二十八条和第四十二条规定的情形外，《专利法》所称申请日，有优先权的，指优先权日。该细则所称申请日，除另有规定的外，是指《专利法》第二十八条规定的申请日。

本题中，王某的国际申请日为 2011 年 1 月 18 日，优先权日为 2010 年 9 月 15 日，根据上述规定，王某应当自优先权日起 3 年届满前提出实质审查请求，即应于 2013 年 9 月 15 日前提出实质审查请求，故选项 B 正确。

《专利法》第四十二条规定，发明专利权的期限为 20 年，实用新型专利权和外观设计专利权的期限为 10 年，均自申请日起计算。根据该条以及《专利法实施细则》第十一条的规定，发明专利权的期限自申请日起计算，与优先权日、授权日无关，与 PCT 申请进入国家阶段的日期也无关。故选项 C 正确，选项 D 错误。

综上，本题正确答案为：A、B、C。

100. 下列各组表示了国际专利分类表部的类号所指示的部的类名，请判断哪些组存在错误？

A. G部：固定建筑物　　F部：机械工程、照明
B. E部：电学　　　　　C部：化学、冶金
C. A部：人类生活必需　D部：纺织、造纸
D. H部：物理　　　　　B部：作业、运输

【答案】ABD

【知识点】发明和实用新型的国际专利分类

【解析】依据《国际专利分类表》各部的技术领域如下：A部：人类生活必需；B部：作业；运输；C部：化学；冶金；D部：纺织；造纸；E部：固定建筑物；F部：机械工程；照明；G部：物理；H部：电学。

由此可见，选项C所示分类表部的类号所指示的部的类名正确，而选项A、B、D中均有错误。

综上，本题正确答案为：A、B、D。

相关法律知识

答题须知：

1. 本试卷共有 100 题，每题 1 分，总分 100 分。
2. 本试卷要求应试者在机考试卷上选择答案。
3. 本试卷所有试题的正确答案均以现行的法律、法规、规章、相关司法解释和国际条约为准。

一、单项选择题（每题所设选项中只有一个正确答案，多选、错选或不选均不得分）。本部分含 1—30 题，每题 1 分，共 30 分。

1. 根据《民法通则》及相关规定，下列哪项属于民法调整的范围？
   A. 甲税务机关与乙公司之间的税款征收关系
   B. 张某向国家知识产权局提交专利申请产生的关系
   C. 丙公司与丁公司之间订立的买卖合同关系
   D. 庚市工商行政管理局因没收王某侵犯注册商标专用权的商品产生的关系

【答案】C

【知识点】民法的调整对象

【解析】《民法通则》第二条规定，中华人民共和国民法调整平等主体的公民之间、法人之间、公民和法人之间的财产关系和人身关系。本题中，选项 C 属于平等主体的法人之间的财产关系，属于民法的调整对象。选项 A、B、D 均属于行政主体和行政相对人之间的行政法律关系，不属于民法的调整对象。

综上，本题正确答案为：C。

2. 李某是无民事行为能力的精神病人，其近亲属对担任李某的监护人有争议，并且对李某住所地居民委员会的指定不服，向人民法院提起诉讼。根据《民法通则》及相关规定，人民法院一般应按照下列哪项中的顺序指定监护人？
   A. 配偶、父母、成年子女
   B. 配偶、成年子女、父母
   C. 父母、配偶、成年子女
   D. 父母、成年子女、配偶

【答案】A

【知识点】监护

【解析】《民法通则》第十七条规定，无民事行为能力或者限制民事行为能力的精神病人，由下列人员担任监护人：（一）配偶；（二）父母；（三）成年子女；（四）其他近亲属；（五）关系密切的其他亲属、朋友愿意承担监护责任，经精神病人的所在单位或者住所地的居民委员会、村民委员会同意的。对担任监护人有争议的，由精神病人的所在单位或者住所地的居民委员会、村民委员会在近亲属中指定。对指定不服提起诉讼的，由人民法院裁决。没有第一款规定的监护人的，由精神病人的所在单位或者住所地的居民委员会、村民委员会或者民政部门担任监护人。《最高人民法院关于贯彻执行〈中华人民共和国民法通则〉若干问题的意见（试行）》[法（办）发〔1988〕6号] 第十四条第一款规定，人民法院指定监护人时，可以将《民法通则》第十六条第二款中的（一）、（二）、（三）项或者第十七条第一款中的（一）、（二）、（三）、（四）、（五）项规定视为指定监护人的顺序。前一顺序有监护资格的人无监护能力或者对被监护人明显不利的，人民法院可以根据对被监护人有利的原则，从后一顺序有监护资格的人中择优确定。被监护人有识别能力的，应视情况征求被监护人的意见。据此，选项A正确，选项B、C、D错误。

综上，本题正确答案为：A。

3. 根据《民法通则》及相关规定，下列关于宣告死亡和宣告失踪的哪种说法是正确的？
 A. 宣告失踪是宣告死亡的必经程序
 B. 公民因意外事故下落不明，从事故发生之日起满2年的，利害关系人可以向人民法院申请宣告他死亡
 C. 有民事行为能力人在被宣告死亡期间实施的民事行为无效
 D. 宣告失踪的，失踪人所欠税款、债务和应付的其他费用应暂停支付

【答案】B
【知识点】宣告失踪和宣告死亡
【解析】《最高人民法院关于贯彻执行〈中华人民共和国民法通则〉若干问题的意见（试行）》[法（办）发〔1988〕6号] 第二十九条规定，宣告失踪不是宣告死亡的必经程序。公民下落不明，符合申请宣告死亡条件的，利害关系人可以不经申请宣告失踪而直接申请宣告死亡。但利害关系人只申请宣告失踪的，应当宣告失踪；同一顺序的利害关系人，有的申请宣告死亡，有的不同意宣告死亡，则应当宣告死亡。因此，选项A错误。《民法通则》第二十三条第一款规定，公民有下列情形之一的，利害关系人可以向人民法院申请宣告他死亡：（一）下落不明满4年的；（二）因意外事故下落不明，从事故发生之日起满2年的。因此，选项B正确。《民法通则》第二十四条第二款规定，有民事行为能力人在被宣告死亡期间实施的民事行为有效。因此，选项C错误。《民法通则》第二十一第二款规定，失踪人所欠税款、债务和应付的其他费用，由代管人从失踪人的财产中支付。因此，选项D错误。

综上，本题正确答案为：B。

4. 根据《民法通则》及相关规定，下列哪种情形构成不当得利？
 A. 张某走失的宠物狗得到王某的喂养和照顾

B. 某地新建购物商场，使得附近周某的商品房大幅升值
C. 李某在垃圾筒里捡到一台破旧电视并将其搬运回家
D. 顾客王某因银行柜员赵某的工作失误多得100元钱

【答案】D

【知识点】不当得利

【解析】《民法通则》第九十三条规定，没有法定的或者约定的义务，为避免他人利益受损失而进行管理或者服务的，有权要求受益人偿付由此而支付的必要费用。这是有关无因管理的规定。王某喂养和照顾张某走失的宠物狗的行为属于无因管理，不属于不当得利，选项A错误。《民法通则》第九十二条规定，没有合法根据，取得不当利益，造成他人损失的，应当将取得的不当利益返还给受损失的人。这是有关不当得利的规定。周某的商品房周围新建购物商场大幅升值，属于房地产市场运行的自然结果，张某取得收益具有合法依据并且正当，不属于不当得利，选项B错误。李某在垃圾筒里捡到的破旧电视属于遗弃物，其行为不属于不当得利，选项C错误。银行柜员赵某因工作失误多给顾客王某100元钱，王某获得100元钱没有合法根据，其获得不当利益的同时造成了他人的损失，选项D的行为属于不当得利，选项D正确。

综上，本题正确答案为：D。

5. 平等民事主体之间的下列哪种协议适用《合同法》的规定？
   A. 有关收养关系的协议
   B. 有关买卖关系的协议
   C. 有关监护关系的协议
   D. 有关婚姻关系的协议

【答案】B

【知识点】《合同法》的适用范围

【解析】《合同法》第二条第一款规定，该法所称合同是平等主体的自然人、法人、其他组织之间设立、变更、终止民事权利义务关系的协议。因此，选项B的说法正确。《合同法》第二条第二款规定，婚姻、收养、监护等有关身份关系的协议，适用其他法律的规定。因此，选项A、C、D的说法错误。

综上，本题正确答案为：B。

6. 2015年11月1日，李某和赵某签订房屋租赁合同，约定2016年3月1日该合同生效。根据《合同法》及相关规定，下列关于该合同的哪种说法是正确的？
   A. 该合同为附生效期限的合同
   B. 该合同为附终止期限的合同
   C. 该合同为附生效条件的合同
   D. 该合同为附解除条件的合同

【答案】A

【知识点】合同的生效

【解析】《合同法》第四十六条规定，当事人对合同的效力可以约定附期限。附生效期限的合同，自期限届至时生效。附终止期限的合同，自期限届满时失效。《合同法》第四十五条第一款规定，当事人对合同的效力可以约定附条件。附生效条件的合同，自条件成就时生效。附解除条件的合同，自条件成就时失效。李某和赵某约定2016年3月1日该合同生效，明确了合同生效的起始时间，因此属于附生效期限的合同。选项A正确，选项B、C、D错误。

综上，本题正确答案为：A。

7. 甲公司与乙公司签订买卖合同，约定甲公司应于2016年6月1日交货，乙公司应于2016年6月7日付款。2016年5月底，甲公司有确切证据证明乙公司转移财产、抽逃资金以逃避债务，已无支付货款的能力。根据《合同法》及相关规定，下列哪种说法是正确的？

A. 甲公司可以中止履行合同，但应及时通知乙公司

B. 甲公司可以中止履行合同，无须通知乙公司

C. 甲公司可以直接解除合同

D. 甲公司应按合同约定交货，如乙公司不支付货款可追究其违约责任

【答案】A

【知识点】合同的履行

【解析】《合同法》第六十八条规定，应当先履行债务的当事人，有确切证据证明对方有下列情形之一的，可以中止履行：（一）经营状况严重恶化；（二）转移资产、抽逃资金，以逃避债务的；（三）丧失商业信誉；（四）有丧失或者可能丧失履行债务能力的其他情形。当事人没有确切证据中止履行的，应当承担违约责任。《合同法》第六十九条规定，当事人依照该法第六十八条的规定中止履行的，应当及时通知对方。对方提供适当担保时，应当恢复履行。中止履行后，对方在合理期限内未恢复履行能力并且未提供适当担保的，中止履行的一方可以解除合同。因此，选项A正确，选项B、D错误。《合同法》第九十四条规定，有下列情形之一的，当事人可以解除合同：（一）因不可抗力致使不能实现合同目的；（二）在履行期限届满之前，当事人一方明确表示或者以自己的行为表明不履行主要债务；（三）当事人一方迟延履行主要债务，经催告后在合理期限内仍未履行；（四）当事人一方迟延履行债务或者有其他违约行为致使不能实现合同目的；（五）法律规定的其他情形。本题中的情形不属于上述情形，因此，甲公司不能直接解除合同，选项C错误。

综上，本题正确答案为：A。

8. 在一起侵犯专利权的民事诉讼中，人民法院进行了调解，并在双方当事人达成协议后制作了调解书。根据《民事诉讼法》及相关规定，该调解书自何时具有法律效力？

A. 制作完毕时

B. 送达任何一方当事人时
C. 加盖人民法院印章后
D. 经双方当事人签收后

【答案】D

【知识点】民事诉讼的调解

【解析】《民事诉讼法》第九十七条规定，调解达成协议，人民法院应当制作调解书。调解书应当写明诉讼请求、案件的事实和调解结果。调解书由审判人员、书记员署名，加盖人民法院印章，送达双方当事人。调解书经双方当事人签收后，即具有法律效力。因此，选项D正确，选项A、B、C错误。

综上，本题正确答案为：D。

9. 根据《民事诉讼法》及相关规定，因不动产纠纷提起的民事诉讼，由下列哪个人民法院管辖？

A. 不动产所在地人民法院
B. 原告住所地人民法院
C. 被告住所地人民法院
D. 原告经常居住地人民法院

【答案】A

【知识点】专属管辖

【解析】《民事诉讼法》第三十三条规定，下列案件，由该条规定的人民法院专属管辖：（一）因不动产纠纷提起的诉讼，由不动产所在地人民法院管辖；（二）因港口作业中发生纠纷提起的诉讼，由港口所在地人民法院管辖；（三）因继承遗产纠纷提起的诉讼，由被继承人死亡时住所地或者主要遗产所在地人民法院管辖。因此，选项A正确，选项B、C、D错误。

综上，本题正确答案为：A。

10. 根据《民事诉讼法》及相关规定，当事人对人民法院在民事诉讼第一审程序中作出的下列哪种裁定不服的，可以提起上诉？

A. 不准许撤诉的裁定
B. 中止诉讼的裁定
C. 终结执行的裁定
D. 驳回起诉的裁定

【答案】D

【知识点】裁定不服的上诉

【解析】《民事诉讼法》第一百五十四条第一款、第二款规定，裁定适用于下列范围：（一）不予受理；（二）对管辖权有异议的；（三）驳回起诉；（四）保全和先予执行；（五）准许或者不准许撤诉；（六）中止或者终结诉讼；（七）补正判决书中的笔误；（八）中止或者终结执行；(九)撤销或者不予执行仲裁裁决；(十)不予执行公证机关赋予强制执行效力的债权文书；(十一)其他需要裁定解决的事项。对前款第一项至第三项裁定，可以上诉。因此，驳回起诉的裁定可以提起上诉，选项 D 正确。准许或者不准许撤诉、中止或者终结诉讼、中止或者终结执行的裁定均不可以提起上诉，选项 A、B、C 错误。

综上，本题正确答案为：D。

11. 刘某对县公安局作出的罚款决定不服，欲提起行政复议。根据《行政复议法》及相关规定，下列哪种说法是正确的？
   A. 刘某可以在法定期限内口头申请
   B. 刘某必须书面申请
   C. 刘某可以随时提出口头申请
   D. 刘某可以随时提出书面申请

【答案】A

【知识点】行政复议的申请

【解析】《行政复议法》第九条规定，公民、法人或者其他组织认为具体行政行为侵犯其合法权益的，可以自知道该具体行政行为之日起 60 日内提出行政复议申请；但是法律规定的申请期限超过 60 日的除外。因不可抗力或者其他正当理由耽误法定申请期限的，申请期限自障碍消除之日起继续计算。因此，行政复议不能随时提出，需要在法定期限内提出，选项 C、D 错误。《行政复议法》第十一条规定，申请人申请行政复议，可以书面申请，也可以口头申请；口头申请的，行政复议机关应当当场记录申请人的基本情况、行政复议请求、申请行政复议的主要事实、理由和时间。因此，选项 A 正确，选项 B 错误。

综上，本题正确答案为：A。

12. 根据某市政府的决定，该市地税局对个体工商户纳税情况进行检查，该市工商局予以协助。在检查过程中，市工商局发现了李某的不法经营行为，并以自己的名义对李某进行了处罚。李某不服，欲提起行政复议。根据《行政复议法》及相关规定，下列哪项是行政复议被申请人？
   A. 市地税局
   B. 市政府
   C. 市工商局
   D. 市地税局和市工商局

【答案】C

【知识点】行政复议被申请人

【解析】《行政复议法》第十条第四款规定，公民、法人或者其他组织对行政机关的具体行政行为不服申请行政复议的，作出具体行政行为的行政机关是被申请人。对李某行政处罚的行政行为是市工商局作出的，其是行政复议被申请人。因此，选项 C 正确，选项 A、B、D 错误。

综上，本题正确答案为：C。

13. 根据《行政复议法》及相关规定，下列哪种说法是正确的？
    A. 申请人认为行政机关的具体行政行为所依据的地方人民政府规章不合法的，在对具体行政行为申请复议时，可以一并提出对该规章的审查申请
    B. 被申请人在行政复议过程中可以根据需要自行向申请人收集证据
    C. 行政复议决定作出前，申请人要求撤回行政复议申请的，经说明理由，可以撤回
    D. 行政复议期间一律停止执行具体行政行为

【答案】C
【知识点】行政复议的审理
【解析】《行政复议法》第七条规定，公民、法人或者其他组织认为行政机关的具体行政行为所依据的下列规定不合法，在对具体行政行为申请行政复议时，可以一并向行政复议机关提出对该规定的审查申请：（一）国务院部门的规定；（二）县级以上地方各级人民政府及其工作部门的规定；（三）乡、镇人民政府的规定。前款所列规定不含国务院部、委员会规章和地方人民政府规章。规章的审查依据法律、行政法规办理。地方人民政府规章不在可以提请审查的范围之内，因此，选项A错误。《行政复议法》第二十四条规定，在行政复议过程中，被申请人不得自行向申请人和其他有关组织或者个人收集证据。因此，选项B错误。《行政复议法》第二十五条规定，行政复议决定作出前，申请人要求撤回行政复议申请的，经说明理由，可以撤回；撤回行政复议申请的，行政复议终止。因此，选项C正确。《行政复议法》第二十一条规定，行政复议期间具体行政行为不停止执行；但是，有下列情形之一的，可以停止执行：（一）被申请人认为需要停止执行的；（二）行政复议机关认为需要停止执行的；（三）申请人申请停止执行，行政复议机关认为其要求合理，决定停止执行的；（四）法律规定停止执行的。因此，通常情况下，行政复议期间具体行政行为不停止执行。选项D错误。

综上，本题正确答案为：C。

14. 根据《行政诉讼法》及相关规定，王某对某行政机关作出的行政处罚决定不服欲提起行政诉讼，但该行政机关已被撤销，应当以谁为被告？
    A. 行政处罚执法人员
    B. 该行政机关负责人
    C. 该行政机关的上级主管机关
    D. 继续行使该行政机关职权的行政机关

【答案】D
【知识点】行政诉讼被告
【解析】《行政诉讼法》第二十六条第六款规定，行政机关被撤销或者职权变更的，继续行使其职权的行政机关是被告。因此，选项D正确，选项A、B、C错误。

综上，本题正确答案为：D。

15. 根据《行政诉讼法》及相关规定，公民、法人或者其他组织不服行政机关的行政行为，直接向人民法院提起诉讼的，除法律另有规定的外，应当自知道或者应当知道作出该行政行为之日起多长时间内提出？

　　A.1个月
　　B.2个月
　　C.6个月
　　D.12个月

【答案】C

【知识点】起诉的期限、方式和条件

【解析】《行政诉讼法》第四十六条第一款规定，公民、法人或者其他组织直接向人民法院提起诉讼的，应当自知道或者应当知道作出行政行为之日起6个月内提出。法律另有规定的除外。因此，选项C正确，选项A、B、D错误。

综上，本题正确答案为：C。

16. 根据《行政诉讼法》及相关规定，原告向两个以上有管辖权的人民法院提起行政诉讼的，由下列哪个人民法院管辖？

　　A. 最先收到起诉状的人民法院
　　B. 最先收到案件受理费的人民法院
　　C. 最先立案的人民法院
　　D. 该两个人民法院共同上级人民法院指定的人民法院

【答案】C

【知识点】行政诉讼的共同管辖

【解析】《行政诉讼法》第二十一条规定，两个以上人民法院都有管辖权的案件，原告可以选择其中一个人民法院提起诉讼。原告向两个以上有管辖权的人民法院提起诉讼的，由最先立案的人民法院管辖。因此，选项C正确，选项A、B、D错误。

综上，本题正确答案为：C。

17. 某市工商局和公安局共同对某公司作出行政处罚决定，该公司不服，以市工商局为被告向人民法院提起行政诉讼。经过审理，人民法院向原告建议增加市公安局为被告，原告不同意。根据《行政诉讼法》及相关规定，人民法院应当如何处理？

　　A. 依职权追加市公安局为被告
　　B. 通知市公安局以第三人身份参加诉讼
　　C. 裁定驳回起诉
　　D. 判决驳回原告的诉讼请求

【答案】B

【知识点】行政诉讼参加人

【解析】《行政诉讼法》第二十六条第四款规定，两个以上行政机关作出同一行政行为的，共同作出行政行为的行政机关是共同被告。因此，人民法院应当向原告建议追加被告。《最高人民法院关于执行〈中华人民共和国行政诉讼法〉若干问题的解释》（法释〔2000〕8号）第二十三条第二款规定，应当追加被告而原告不同意追加的，人民法院应当通知其以第三人的身份参加诉讼。因此，人民法院应当通知市公安局以第三人身份参加诉讼，选项B正确，选项A、C、D错误。

综上，本题正确答案为：B。

18. 李某以专利代理人常某为原型创作了一部小说。在创作过程中，杨某提供了资金，王某提供了一些咨询意见。根据《著作权法》及相关规定，下列关于该小说作者的哪种说法是正确的？

A. 杨某是作者

B. 王某是作者

C. 李某是作者

D. 常某是作者

【答案】C

【知识点】作者的认定

【解析】《著作权法》第十一条第二款规定，创作作品的公民是作者。《著作权法实施条例》第三条规定，《著作权法》所称创作，是指直接产生文学、艺术和科学作品的智力活动。为他人创作进行组织工作，提供咨询意见、物质条件，或者进行其他辅助工作，均不视为创作。据此，创作小说的李某是作者，杨某、王某和常某均不是作者。因此，选项C正确，选项A、B、D错误。

综上，本题正确答案为：C。

19. 甲小学主持起草2015年学校工作总结并上报区教育局。其间，校办公室主任张某接受该小学指派承担了具体撰写工作。根据《著作权法》及相关规定，下列哪种说法是正确的？

A. 甲小学视为该工作总结的作者

B. 该工作总结的作者是张某，该工作总结的著作权人是甲小学

C. 该工作总结的署名权由张某享有，该工作总结的复制权由甲小学享有

D. 该工作总结的著作权由张某享有

【答案】A

【知识点】著作权归属

【解析】《著作权法》第十一条第三款规定，由法人或者其他组织主持，代表法人或者其他组织意志创作，并由法人或者其他组织承担责任的作品，法人或者其他组织视为作者。2015年学校工作总结是由该小学组织主持代表该小学意志创作的作品，由该小学承担责任，

该小学视为作者。因此，选项A正确，选项B错误。《著作权法》第十一条第一款规定，著作权属于作者，该法另有规定的除外。因此，2015年学校工作总结的著作权属于该小学，该著作权包括署名权等著作人身权和复制权等著作财产权，选项C、D错误。

综上，本题正确答案为：A。

20. 根据《著作权法》及相关规定，下列哪种行为侵犯了著作权人的出租权？
    A. 甲未经著作权人许可，开设店铺出租其购买的武侠小说
    B. 乙未经著作权人许可，开设店铺出租其购买的电视剧光盘
    C. 丙未经著作权人许可，从出租商店租借武侠小说个人阅读
    D. 丁未经著作权人许可，从出租商店租借电视剧光盘个人观看

【答案】B

【知识点】著作权的内容

【解析】《著作权法》第十条第一款规定，著作权包括下列人身权和财产权：……（七）出租权，即有偿许可他人临时使用电影作品和以类似摄制电影的方法创作的作品、计算机软件的权利，计算机软件不是出租的主要标的的除外；因此，未经著作权人许可，有偿许可他人临时使用电影作品和以类似摄制电影的方法创作的作品、计算机软件的行为，是侵犯出租权的行为，选项B正确。出租权的客体是电影作品和以类似摄制电影的方法创作的作品、计算机软件，选项A错误。侵犯出租权的行为是有偿许可他人临时使用，并非从他人处有偿获得作品加以使用，选项C、D错误。

综上，本题正确答案为：B。

21. 作家张某撰写一部短篇小说《专利代理人的幸福生活》，2016年8月9日开始创作，2016年9月9日创作完成，2016年10月9日办理了作品登记，2016年10月30日该作品在杂志上发表。根据《著作权法》及相关规定，该作品著作权从何时起产生？
    A. 2016年8月9日
    B. 2016年9月9日
    C. 2016年10月9日
    D. 2016年10月30日

【答案】B

【知识点】著作权的产生时间

【解析】《著作权法实施条例》第六条规定，著作权自作品创作完成之日起产生。因此，选项B正确，选项A、C、D错误。

综上，本题正确答案为：B。

22. 根据《著作权法》及相关规定，下列哪种行为可以不经著作权人许可，不向其支付报酬？
    A. 教师张某在教学课件中为了说明某一问题，适当引用他人已经发表的某篇论文

B. 王某为说明某一问题，在作品中引用他人未发表的作品

C. 某国家机关为执行公务，使用李某拍摄的并未发表过的照片

D. 甲刊物转载赵某在乙刊物上发表且声明不得转载的一篇论文

【答案】A

【知识点】著作权的限制

【解析】《著作权法》第二十二条规定，在下列情况下使用作品，可以不经著作权人许可，不向其支付报酬，但应当指明作者姓名、作品名称，并且不得侵犯著作权人依照该法享有的其他权利：（一）为个人学习、研究或者欣赏，使用他人已经发表的作品；（二）为介绍、评论某一作品或者说明某一问题，在作品中适当引用他人已经发表的作品；（三）为报道时事新闻，在报纸、期刊、广播电台、电视台等媒体中不可避免地再现或者引用已经发表的作品；（四）报纸、期刊、广播电台、电视台等媒体刊登或者播放其他报纸、期刊、广播电台、电视台等媒体已经发表的关于政治、经济、宗教问题的时事性文章，但作者声明不许刊登、播放的除外；（五）报纸、期刊、广播电台、电视台等媒体刊登或者播放在公众集会上发表的讲话，但作者声明不许刊登、播放的除外；（六）为学校课堂教学或者科学研究，翻译或者少量复制已经发表的作品，供教学或科研人员使用，但不得出版发行；（七）国家机关为执行公务在合理范围内使用已经发表的作品；（八）图书馆、档案馆、纪念馆、博物馆、美术馆等为陈列或者保存版本的需要，复制本馆收藏的作品；（九）免费表演已经发表的作品，该表演未向公众收取费用，也未向表演者支付报酬；（十）对设置或者陈列在室外公共场所的艺术作品进行临摹、绘画、摄影、录像；（十一）将中国公民、法人或者其他组织已经发表的以汉语言文字创作的作品翻译成少数民族语言文字作品在国内出版发行；（十二）将已经发表的作品改成盲文出版。前款规定适用于对出版者、表演者、录音录像制作者、广播电台、电视台的权利的限制。《著作权法》第二十三条第一款规定，为实施九年制义务教育和国家教育规划而编写出版教科书，除作者事先声明不许使用的外，可以不经著作权人许可，在教科书中汇编已经发表的作品片段或者短小的文字作品、音乐作品或者单幅的美术作品、摄影作品，但应当按照规定支付报酬，指明作者姓名、作品名称，并且不得侵犯著作权人依照该法享有的其他权利。选项A属于为介绍、评论某一作品或者说明某一问题，在作品中适当引用他人已经发表的作品，可以不经著作权人许可，不向其支付报酬，选项A正确。选项B、C所引用的作品是他人未发表的作品，选项B、C错误。《著作权法》第三十三条第二款规定，作品刊登后，除著作权人声明不得转载、摘编的外，其他报刊可以转载或者作为文摘、资料刊登，但应当按照规定向著作权人支付报酬。因为选项D中赵某已经在乙刊物上声明不得转载，所以其他报刊在该作品刊登后不能转载。因此，选项D错误。

综上，本题正确答案为：A。

23. 甲制片公司拍摄了电视连续剧《春秋》，乙电视台未经甲公司的许可每天晚上8点到10点播出该电视剧。根据《著作权法》及相关规定，乙电视台侵犯了甲公司著作权中的哪项权利？

A. 展览权

B. 放映权

C. 广播权

D. 表演权

【答案】C

【知识点】著作权的内容

【解析】《著作权法》第十条第一款规定，著作权包括下列人身权和财产权：（一）发表权，即决定作品是否公之于众的权利；（二）署名权，即表明作者身份，在作品上署名的权利；（三）修改权，即修改或者授权他人修改作品的权利；（四）保护作品完整权，即保护作品不受歪曲、篡改的权利；（五）复制权，即以印刷、复印、拓印、录音、录像、翻录、翻拍等方式将作品制作一份或者多份的权利；（六）发行权，即以出售或者赠与方式向公众提供作品的原件或者复制件的权利；（七）出租权，即有偿许可他人临时使用电影作品和以类似摄制电影的方法创作的作品、计算机软件的权利，计算机软件不是出租的主要标的的除外；（八）展览权，即公开陈列美术作品、摄影作品的原件或者复制件的权利；（九）表演权，即公开表演作品，以及用各种手段公开播送作品的表演的权利；（十）放映权，即通过放映机、幻灯机等技术设备公开再现美术、摄影、电影和以类似摄制电影的方法创作的作品等的权利；（十一）广播权，即以无线方式公开广播或者传播作品，以有线传播或者转播的方式向公众传播广播的作品，以及通过扩音器或者其他传送符号、声音、图像的类似工具向公众传播广播的作品的权利；（十二）信息网络传播权，即以有线或者无线方式向公众提供作品，使公众可以在其个人选定的时间和地点获得作品的权利；（十三）摄制权，即以摄制电影或者以类似摄制电影的方法将作品固定在载体上的权利；（十四）改编权，即改变作品，创作出具有独创性的新作品的权利；（十五）翻译权，即将作品从一种语言文字转换成另一种语言文字的权利；（十六）汇编权，即将作品或者作品的片段通过选择或者编排，汇集成新作品的权利；（十七）应当由著作权人享有的其他权利。本题中，乙电视台未经甲公司的许可每天晚上8点到10点播出该电视剧，是未经权利人许可，以有线传播的方式向公众传播或者广播作品的情况，侵犯了权利人的广播权，选项C正确。乙电视台并未公开陈列美术作品、摄影作品的原件或复制件，因此并未侵犯展览权，选项A错误。乙电视台并未通过放映机、幻灯机等技术设备公开再现美术、摄影、电影和以类似摄制电影的方法创作的作品等，因此并未侵犯放映权，选项B错误。乙电视台并未公开表演作品，也未用各种手段公开播送作品的表演，因此并未侵犯表演权，选项D错误。

综上，本题正确答案为：C。

24. 根据《商标法》及相关规定，张某向李某转让注册商标并签订了转让协议，李某自何时起享有该商标专用权？

A. 该商标转让核准后公告之日

B. 向商标局提出转让申请之日

C. 转让协议签订之日

D. 该商标转让核准之日

【答案】A

【知识点】注册商标的转让

【解析】《商标法》第四十二条第四款规定，转让注册商标经核准后，予以公告。受让人自公告之日起享有商标专用权。因此，选项A正确，选项B、C、D错误。

综上，本题正确答案为：A。

25. 张某认为商标局初步审定公告的某商标因缺乏显著特征而不应获得注册，根据《商标法》及相关规定，张某可以自初步审定公告之日起三个月内采取下列哪种措施？

　　A. 张某可以向商标局提出异议

　　B. 张某不是利害关系人或者在先权利人，不得提出异议

　　C. 张某可以向商标评审委员会提出异议

　　D. 张某可以请求商标评审委员会宣告其无效

【答案】A

【知识点】商标异议

【解析】《商标法》第三十三条规定，对初步审定的商标，自公告之日起3个月内，在先权利人、利害关系人认为违反该法第十三条第二款和第三款、第十五条、第十六条第一款、第三十条、第三十一条、第三十二条规定的，或者任何人认为违反该法第十条、第十一条、第十二条规定的，可以向商标局提出异议。公告期满无异议的，予以核准注册，发给商标注册证，并予公告。《商标法》第十一条第一款规定，下列商标不得作为商标注册：……（三）其他缺乏显著特征的。因此，任何人均可以依据商标缺乏显著特征提出商标异议，并不限于在先权利人、利害关系人，选项B错误。任何人认为违反《商标法》第十一条规定的，可以向商标局提出异议，而非向商标评审委员会提出异议，选项A正确，选项C错误。《商标法》第四十四条第一款规定，已经注册的商标，违反该法第十条、第十一条、第十二条规定的，或者是以欺骗手段或者其他不正当手段取得注册的，由商标局宣告该注册商标无效；其他单位或者个人可以请求商标评审委员会宣告该注册商标无效。无效宣告程序针对的是注册商标，而非初步审定公告的商标，选项D错误。

综上，本题正确答案为：A。

26. 根据《商标法》及相关规定，下列哪项不属于县级以上工商行政管理部门对涉嫌商标侵权行为进行查处时可以行使的职权？

　　A. 询问有关当事人

　　B. 对当事人涉嫌从事侵犯他人注册商标专用权活动的场所实施现场检查

　　C. 检查与侵权活动有关的物品

　　D. 对涉嫌侵权人予以拘留

【答案】D

【知识点】侵权行为的行政查处

【解析】《商标法》第六十二条规定，县级以上工商行政管理部门根据已经取得的违法嫌疑证据或者举报，对涉嫌侵犯他人注册商标专用权的行为进行查处时，可以行使下列职权：（一）询问有关当事人，调查与侵犯他人注册商标专用权有关的情况；（二）查阅、复制当事人与侵权活动有关的合同、发票、账簿以及其他有关资料；（三）对当事人涉嫌从事侵犯他人注册商标专用权活动的场所实施现场检查；（四）检查与侵权活动有关的物品；对有证据证明是侵犯他人注册商标专用权的物品，可以查封或者扣押。工商行政管理部门依法行使前款规定的职权时，当事人应当予以协助、配合，不得拒绝、阻挠。在查处商标侵权案件过程中，对商标权属存在争议或者权利人同时向人民法院提起商标侵权诉讼的，工商行政管理部门可以中止案件的查处。中止原因消除后，应当恢复或者终结案件查处程序。因此，选项A、B、C是县级以上工商行政管理部门对涉嫌商标侵权行为进行查处时可以行使的职权，选项D不是县级以上工商行政管理部门对涉嫌商标侵权行为进行查处时可以行使的职权，正确答案为选项D。

综上，本题正确答案为：D。

27. 根据《商标法》及相关规定，商标局经审查对商标异议案件作出决定后，当事人不服的，下列关于救济程序的哪种说法是正确的？

  A. 商标局作出准予注册决定，异议人不服的，可以向商标评审委员会申请复审
  B. 商标局作出准予注册决定，异议人不服的，可以向商标评审委员会申请行政复议
  C. 商标局作出不予注册决定，被异议人不服的，可以向商标评审委员会申请复审
  D. 商标局作出不予注册决定，被异议人不服的，可以直接以商标评审委员会为被告向人民法院提起行政诉讼

【答案】C

【知识点】商标异议救济

【解析】《商标法》第三十五条第二款规定，商标局作出准予注册决定的，发给商标注册证，并予公告。异议人不服的，可以依照该法第四十四条、第四十五条的规定向商标评审委员会请求宣告该注册商标无效。因此，选项A、B错误。《商标法》第三十五条第三款规定，商标局作出不予注册决定，被异议人不服的，可以自收到通知之日起15日内向商标评审委员会申请复审。商标评审委员会应当自收到申请之日起12个月内作出复审决定，并书面通知异议人和被异议人。有特殊情况需要延长的，经国务院工商行政管理部门批准，可以延长6个月。被异议人对商标评审委员会的决定不服的，可以自收到通知之日起30日内向人民法院起诉。人民法院应当通知异议人作为第三人参加诉讼。因此，选项C正确，选项D错误。

综上，本题正确答案为：C。

28. 某商标代理机构未经授权，以自己的名义将被代理人甲公司的商标进行注册，在获得核

准注册后，甲公司可以自该商标注册之日起五年内采取下列哪种措施维护自身合法权益？

A. 请求商标局撤销该注册商标
B. 请求北京知识产权法院宣告该注册商标无效
C. 请求商标评审委员会宣告该注册商标无效
D. 请求商标评审委员会撤销该注册商标

【答案】C

【知识点】当事人请求宣告注册商标无效

【解析】《商标法》第四十五条规定，已经注册的商标，违反该法第十三条第二款和第三款、第十五条、第十六条第一款、第三十条、第三十一条、第三十二条规定的，自商标注册之日起5年内，在先权利人或者利害关系人可以请求商标评审委员会宣告该注册商标无效。对恶意注册的，驰名商标所有人不受5年的时间限制。《商标法》第十五条第一款规定，未经授权，代理人或者代表人以自己的名义将被代理人或者被代表人的商标进行注册，被代理人或者被代表人提出异议的，不予注册并禁止使用。因此，选项C正确，选项A、B、D错误。

综上，本题正确答案为：C。

29. 根据《集成电路布图设计保护条例》的规定，侵犯布图设计专有权引起纠纷的，布图设计权利人或者利害关系人可以请求下列哪个部门处理？

A. 国务院工商行政管理部门
B. 国务院著作权行政管理部门
C. 国务院知识产权行政部门
D. 地方各级管理专利工作的部门

【答案】C

【知识点】处理布图设计侵权纠纷的行政主管部门

【解析】《集成电路布图设计保护条例》第三十一条规定，未经布图设计权利人许可，使用其布图设计，即侵犯其布图设计专有权，引起纠纷的，由当事人协商解决；不愿协商或者协商不成的，布图设计权利人或者利害关系人可以向人民法院起诉，也可以请求国务院知识产权行政部门处理。国务院知识产权行政部门处理时，认定侵权行为成立的，可以责令侵权人立即停止侵权行为，没收、销毁侵权产品或者物品。当事人不服的，可以自收到处理通知之日起15日内依照《中华人民共和国行政诉讼法》向人民法院起诉；侵权人期满不起诉又不停止侵权行为的，国务院知识产权行政部门可以请求人民法院强制执行。应当事人的请求，国务院知识产权行政部门可以就侵犯布图设计专有权的赔偿数额进行调解；调解不成的，当事人可以依照《中华人民共和国民事诉讼法》向人民法院起诉。因此，侵犯其布图设计专有权引起纠纷的，有三种解决途径：一是协商解决；二是向人民法院提起侵权诉讼；三是请求国务院知识产权行政部门处理。因此，选项C正确，选项A、B、D错误。

综上，本题正确答案为：C。

30. 根据《与贸易有关的知识产权协定》的规定，在知识产权保护方面，除该协定规定的特殊情形之外，每一成员给予其他成员国民的待遇不应比其给予本国国民的待遇较为不利。上述规定可以概括为什么原则？

　　A. 对等原则

　　B. 差别待遇原则

　　C. 国民待遇原则

　　D. 最惠国待遇原则

【答案】C

【知识点】《与贸易有关的知识产权协定》的基本原则

【解析】《与贸易有关的知识产权协定》第三条"国民待遇"规定，1. 在知识产权的保护方面，除《巴黎公约》（1967年）、《伯尔尼公约》（1971年）、《罗马公约》或者《关于集成电路的知识产权条约》已经分别规定的例外以外，每一成员给予其他成员国民的待遇不应比其给予本国国民的待遇较为不利。就表演者、录音制品制作者和广播组织而言，这一义务只适用于该协定规定的权利。任何成员欲利用《伯尔尼公约》（1971年）第6条或者《罗马公约》第16条第1款（b）项的规定的，应当向与贸易有关的知识产权理事会作出各该条款所规定的通知。2. 各成员可以利用该条第1款所允许的司法和行政程序方面的例外，包括在成员管辖范围以内指定送达文件的地址或者委派代理人，只要这些例外是为确保遵守与该协定不相抵触的法律和规章所必要，而且这些做法的实施方式对贸易不会构成变相的限制。因此，选项C正确，选项A、B、D错误。

　　综上，本题正确答案为：C。

二、多项选择题（每题所设选项中至少有两个正确答案，多选、少选、错选或不选均不得分）。本部分含31—100题，每题1分，共70分。

31. 根据《民法通则》及相关规定，下列关于民事权利能力和民事行为能力的哪些说法是正确的？

　　A. 十周岁以上的未成年人是限制民事行为能力人，可以进行与他的年龄、智力相适应的民事活动

　　B. 公民从出生时起到死亡时止，具有民事行为能力，依法享有民事权利，承担民事义务

　　C. 法人的民事权利能力和民事行为能力，从法人成立时产生，到法人终止时消灭

　　D. 不能辨认自己行为的精神病人是无民事行为能力人，由他的法定代理人代理民事活动

【答案】ACD

【知识点】民事权利能力　民事行为能力

【解析】《民法通则》第十二条规定，10周岁以上的未成年人是限制民事行为能力人，可以进行与他的年龄、智力相适应的民事活动。因此，选项A正确。《民法通则》第九条规定，公民从出生时起到死亡时止，具有民事权利能力，依法享有民事权利，承担民事义务。

因此，选项B错误。《民法通则》第三十六条第二款规定，法人的民事权利能力和民事行为能力，从法人成立时产生，到法人终止时消灭。因此，选项C正确。《民法通则》第十三条第一款规定，不能辨认自己行为的精神病人是无民事行为能力人，由他的法定代理人代理民事活动。因此，选项D正确。

综上，本题正确答案为：A、C、D。

32. 根据《民法通则》及相关规定，下列哪些属于法人应当具备的条件？
    A. 依法成立
    B. 有必要的财产或者经费
    C. 有自己的名称、组织机构和场所
    D. 能够独立承担民事责任

【答案】ABCD

【知识点】法人应具备的条件

【解析】《民法通则》第三十七条规定，法人应当具备下列条件：（一）依法成立；（二）有必要的财产或者经费；（三）有自己的名称、组织机构和场所；（四）能够独立承担民事责任。因此，选项A、B、C、D正确。

综上，本题正确答案为：A、B、C、D。

33. 根据《民法通则》及相关规定，民事法律行为应当具备下列哪些条件？
    A. 行为人具有相应的民事行为能力
    B. 意思表示真实
    C. 不违反法律或者社会公共利益
    D. 采取书面形式

【答案】ABC

【知识点】民事法律行为的有效要件

【解析】《民法通则》第五十五条规定，民事法律行为应当具备下列条件：（一）行为人具有相应的民事行为能力；（二）意思表示真实；（三）不违反法律或者社会公共利益。因此，选项A、B、C正确。《民法通则》第五十六条规定，民事法律行为可以采用书面形式、口头形式或者其他形式。法律规定用特定形式的，应当依照法律规定。因此，选项D错误。

综上，本题正确答案为：A、B、C。

34. 根据《民法通则》及其他相关规定，下列哪些民事行为无效？
    A. 李某因欠徐某赌债向其出具欠条
    B. 林某是间歇性精神病人，在精神状态正常期间签订了其接受捐赠的合同
    C. 某国有公司经理曹某与宋某恶意串通，将公司财产以明显低价卖给宋某
    D. 12岁的小学生徐某花5元钱在小卖部购买了铅笔和橡皮

【答案】A C

【知识点】无效民事行为

【解析】《民法通则》第五十八条第一款规定，下列民事行为无效：（一）无民事行为能力人实施的；（二）限制民事行为能力人依法不能独立实施的；（三）一方以欺诈、胁迫的手段或者乘人之危，使对方在违背真实意思的情况下所为的；（四）恶意串通，损害国家、集体或者第三人利益的；（五）违反法律或者社会公共利益的；（六）以合法形式掩盖非法目的的。选项A属于该条第（五）项规定的"违反法律或者社会公共利益"的民事行为，选项C属于该条第（四）项规定的"恶意串通，损害国家、集体或者第三人利益"的民事行为，是无效的法律行为，因此，选项A、C正确。《民法通则》第十三条第二款规定，不能完全辨认自己行为的精神病人是限制民事行为能力人，可以进行与他的精神健康状况相适应的民事活动；其他民事活动由他的法定代理人代理，或者征得他的法定代理人的同意。同时，《最高人民法院关于贯彻执行〈中华人民共和国民法通则〉若干问题的意见（试行）》[法（办）发〔1988〕6号]第六条规定，无民事行为能力人、限制民事行为能力人接受奖励、赠与、报酬，他人不得以行为人无民事行为能力、限制民事行为能力为由，主张以上行为无效。因此，选项B的民事行为有效，选项B错误。《民法通则》第十二条第一款规定，10周岁以上的未成年人是限制民事行为能力人，可以进行与他的年龄、智力相适应的民事活动；其他民事活动由他的法定代理人代理，或者征得他的法定代理人的同意。因此，选项D的民事行为有效，选项D错误。

综上，本题正确答案为：A、C。

35. 根据《民法通则》及相关规定，对于代理人在代理权终止后的代理行为，下列哪些说法是正确的？

A. 经过被代理人追认的，被代理人承担民事责任
B. 未经被代理人追认的，行为人承担民事责任
C. 第三人知道代理权已终止还与行为人实施民事行为给他人造成损害的，由第三人和行为人负连带责任
D. 经过被代理人追认的，由行为人和被代理人各承担百分之五十的责任

【答案】A B C

【知识点】无权代理及其法律后果

【解析】《民法通则》第六十六条第一款规定，没有代理权、超越代理权或者代理权终止后的行为，只有经过被代理人的追认，被代理人才承担民事责任。未经被代理人追认的行为，行为人承担民事责任。本人知道他人以本人名义实施民事行为而不作否定表示的，视为同意。因此，选项A、B正确，选项D错误。《民法通则》第六十六条第四款规定，第三人知道行为人没有代理权、超越代理权或者代理权已终止还与行为人实施民事行为给他人造成损害的，由第三人和行为人负连带责任。因此，选项C正确。

综上，本题正确答案为：A、B、C。

36. 甲公司特邀请知名画家张某为公司庆典创作一幅书画作品，并明确约定须由张某亲自创作完成。张某在构思过程中因事务繁忙无法在规定期限内完成作品，遂请其学生王某代为完成画作，但并未告知甲公司，甲公司收到画作后支付给张某约定的画款。根据《民法通则》及相关规定，下列哪些说法是正确的？

  A. 张某因故无法在规定期限内完成作品，可以转委托他人
  B. 张某系为甲公司利益着想，可以转委托他人完成作品
  C. 根据甲公司与张某的约定，该画作应当由张某亲自完成，不能转委托他人
  D. 张某应按照合同亲自完成画作，其请学生王某代为完成画作的行为无效

【答案】CD

【知识点】代理

【解析】根据《民法通则》第六十三条第三款，依照法律规定或者按照双方当事人约定，应当由本人实施的民事法律行为，不得代理。因此，选项A、B错误，选项C正确。《最高人民法院关于贯彻执行〈中华人民共和国民法通则〉若干问题的意见（试行）》[法（办）发〔1988〕6号]第七十八条规定，凡是依法或者依双方的约定必须由本人亲自实施的民事行为，本人未亲自实施的，应当认定行为无效。因此，选项D正确。

  综上，本题正确答案为：C、D。

37. 郁某、施某、兰某各出三分之一价款购买了一台计算机，后郁某和施某未与常年在外打工的兰某商量，将该计算机以市场价卖给了不知情的池某，并平分了卖得的价款。根据《民法通则》及相关规定，下列哪些说法是正确的？

  A. 郁某、施某、兰某对该计算机构成共有关系
  B. 郁某和施某擅自处分该计算机并平分价款的行为，侵犯了兰某的权利
  C. 池某是善意第三人，且有偿取得该计算机的所有权，其合法权益应受到保护
  D. 兰某的损失应由郁某和施某赔偿

【答案】ABCD

【知识点】共有

【解析】《民法通则》第七十八条规定，财产可以由两个以上的公民、法人共有。共有分为按份共有和共同共有。按份共有人按照各自的份额，对共有财产分享权利，分担义务。共同共有人对共有财产享有权利，承担义务。按份共有财产的每个共有人有权要求将自己的份额分出或者转让。但在出售时，其他共有人在同等条件下，有优先购买的权利。因此，选项A正确。《最高人民法院关于贯彻执行〈中华人民共和国民法通则〉若干问题的意见（试行）》[法（办）发〔1988〕6号]第八十九条规定，共同共有人对共有财产享有共同的权利，承担共同的义务。在共同共有关系存续期间，部分共有人擅自处分共有财产的，一般认定无效。但第三人善意、有偿取得该财产的，应当维护第三人的合法权益；对其他共有人的损失，由擅自处分共有财产的人赔偿。因此，选项B、C、D正确。

综上，本题正确答案为：A、B、C、D。

38. 根据《民法通则》及相关规定，下列哪些属于民事责任的承担方式？

　　A. 停止侵害

　　B. 赔礼道歉

　　C. 支付违约金

　　D. 赔偿损失

【答案】ABCD

【知识点】承担民事责任的方式

【解析】《民法通则》第一百三十四条第一款规定，承担民事责任的方式主要有：（一）停止侵害；（二）排除妨碍；（三）消除危险；（四）返还财产；（五）恢复原状；（六）修理、重作、更换；（七）赔偿损失；（八）支付违约金；（九）消除影响、恢复名誉；（十）赔礼道歉。因此，选项A、B、C、D正确。

综上，本题正确答案为：A、B、C、D。

39. 甲公司向乙公司去函表示，"我公司生产的W型路由器，每台单价200元。如果需要请与我公司联系。"乙公司回函，"我公司愿向贵公司订购W型路由器500台，每台单价150元，如无异议，请于一个月内供货。"十天后，甲公司向乙公司发出500台路由器，并要求乙公司按照每台200元的价格付款，乙公司拒收。根据《合同法》及相关规定，下列哪些说法是正确的？

　　A. 甲公司向乙公司的去函是要约

　　B. 甲公司向乙公司的去函是要约邀请

　　C. 乙公司向甲公司的回函是新要约

　　D. 乙公司向甲公司的回函是承诺

【答案】AC

【知识点】要约和承诺

【解析】《合同法》第十四条规定，要约是希望和他人订立合同的意思表示，该意思表示应当符合下列规定：（一）内容具体确定；（二）表明经受要约人承诺，要约人即受该意思表示约束。甲公司向乙公司的去函内容具体确定，表明经乙公司承诺即受该意思表示的约束，因此甲公司向乙公司的去函是要约，选项A正确。《合同法》第十五条第一款规定，要约邀请是希望他人向自己发出要约的意思表示。寄送的价目表、拍卖公告、招标公告、招股说明书、商业广告等为要约邀请。甲公司向乙公司的去函并非希望他人向自己发出要约的意思表示，选项B错误。《合同法》第三十条规定，承诺的内容应当与要约的内容一致。受要约人对要约的内容作出实质性变更的，为新要约。有关合同标的、数量、质量、价款或者报酬、履行期限、履行地点和方式、违约责任和解决争议方法等的变更，是对要约内容的实质性变更。乙公司向甲公司的回函改变了价款，是对要约内容的实质性变更，构成新要约。因此，选项C正确,选项D错误。

综上,本题正确答案为:A、C。

40. 甲公司向乙公司发出要约,欲购买其生产的路由器。要约发出后,甲公司因资金周转困难欲撤回要约。根据《合同法》及相关规定,下列哪些情形下,甲公司发出的要约被撤回?
   A. 撤回要约的通知在要约到达乙公司之前到达乙公司
   B. 撤回要约的通知与要约同时到达乙公司
   C. 撤回要约的通知在要约到达乙公司之后、乙公司发出承诺通知之前到达乙公司
   D. 撤回要约的通知在乙公司发出承诺通知的同时到达乙公司

【答案】AB

【知识点】要约的撤回、撤销

【解析】《合同法》第十七条规定,要约可以撤回。撤回要约的通知应当在要约到达受要约人之前或者与要约同时到达受要约人。因此,选项A、B正确。《合同法》第十八条规定,要约可以撤销。撤销要约的通知应当在受要约人发出承诺通知之前到达受要约人。可见,撤回要约的通知在要约到达受要约人之前或者与要约同时到达受要约人,撤销要约的通知在受要约人发出承诺通知之前到达受要约人,因此,选项C、D错误。

综上,本题正确答案为:A、B。

41. 根据《合同法》及相关规定,下列关于合同变更或者撤销的哪些说法是正确的?
   A. 因重大误解订立的合同,当事人一方有权请求人民法院或者仲裁机构变更或者撤销
   B. 合同被依法撤销的,该合同自人民法院判决撤销之日起丧失法律约束力
   C. 具有撤销权的当事人自知道或者应当知道撤销事由之日起1年内没有行使撤销权的,撤销权消灭
   D. 当事人请求变更的,人民法院可以撤销

【答案】AC

【知识点】可变更、可撤销的合同

【解析】《合同法》第五十四条第一款规定,下列合同,当事人一方有权请求人民法院或者仲裁机构变更或者撤销:(一)因重大误解订立的;(二)在订立合同时显失公平的。因此,选项A正确。《合同法》第五十六条规定,无效的合同或者被撤销的合同自始没有法律约束力。合同部分无效,不影响其他部分效力的,其他部分仍然有效。因此,选项B错误。《合同法》第五十五条规定,有下列情形之一的,撤销权消灭:(一)具有撤销权的当事人自知道或者应当知道撤销事由之日起1年内没有行使撤销权;(二)具有撤销权的当事人知道撤销事由后明确表示或者以自己的行为放弃撤销权。因此,选项C正确。《合同法》第五十四条第三款规定,当事人请求变更的,人民法院或者仲裁机构不得撤销。因此,选项D错误。

综上,本题正确答案为:A、C。

42. 某家具制造商与批发商签订的合同是该家具制造商为了重复使用而预先拟定的合同书,订立合同时并未与该批发商协商相关条款。该合同书中规定,如果因为家具质量原因给消费者造成损害的,家具制造商概不负责。且该责任条款并没有采取合理的方式提请批发商注意。根据《合同法》及相关规定,下列哪些说法是正确的?

  A. 该责任条款是格式条款
  B. 该责任条款无效
  C. 该责任条款有效
  D. 如果家具因为质量原因给消费者造成损害,该家具制造商不负责任

【答案】A B

【知识点】格式条款合同

【解析】《合同法》第三十九条第二款规定,格式条款是当事人为了重复使用而预先拟定,并在订立合同时未与对方协商的条款。该家具制造商与批发商签订的合同是该家具制造商为了重复使用而预先拟定的合同书,订立合同时并未与该批发商协商相关条款,因此,其构成格式条款,选项A正确。《合同法》第四十条规定,格式条款具有该法第五十二条和第五十三条规定情形的,或者提供格式条款一方免除其责任、加重对方责任、排除对方主要权利的,该条款无效。该合同书中规定,如果因为家具质量原因给消费者造成损害的,家具制造商概不负责。这一责任条款无效,选项B正确,选项C、D错误。

  综上,本题正确答案为:A、B。

43. 根据《合同法》及相关规定,当事人在订立合同过程中有下列哪些情形给对方造成损失的,应当承担损害赔偿责任?

  A. 故意提供虚假情况
  B. 假借订立合同,恶意进行磋商
  C. 不正当地使用在订立合同过程中知悉的商业秘密
  D. 泄露在订立合同过程中知悉的商业秘密

【答案】A B C D

【知识点】订立合同过程中的缔约过失责任和保密责任

【解析】《合同法》第四十二条规定,当事人在订立合同过程中有下列情形之一,给对方造成损失的,应当承担损害赔偿责任:(一)假借订立合同,恶意进行磋商;(二)故意隐瞒与订立合同有关的重要事实或者提供虚假情况;(三)有其他违背诚实信用原则的行为。因此,选项A、B正确。《合同法》第四十三条规定,当事人在订立合同过程中知悉的商业秘密,无论合同是否成立,不得泄露或者不正当地使用。泄露或者不正当地使用该商业秘密给对方造成损失的,应当承担损害赔偿责任。因此,选项C、D正确。

  综上,本题正确答案为:A、B、C、D。

44. 根据《合同法》及相关规定,债权人代位行使债务人的债权,应当同时符合哪些条件?

A. 债权人对债务人的债权合法

B. 债务人怠于行使其到期债权，对债权人造成损害

C. 债务人的债权已经到期

D. 债务人的债权不是专属于债务人自身的债权

【答案】A B C D

【知识点】代位权

【解析】《合同法》第七十三条第一款规定，因债务人怠于行使其到期债权，对债权人造成损害的，债权人可以向人民法院请求以自己的名义代位行使债务人的债权，但该债权专属于债务人自身的除外。《最高人民法院关于适用〈中华人民共和国合同法〉若干问题的解释（一）》（法释〔1999〕19号）第十一条规定，债权人依照《合同法》第七十三条的规定提起代位权诉讼，应当符合下列条件：（一）债权人对债务人的债权合法；（二）债务人怠于行使其到期债权，对债权人造成损害；（三）债务人的债权已到期；（四）债务人的债权不是专属于债务人自身的债权。因此，选项A、B、C、D正确。

综上，本题正确答案为：A、B、C、D。

45. 甲公司和乙公司签订了一份服务器买卖合同。在合同履行期间，甲公司拟将其在合同中的全部权利义务转让给丙公司，根据《合同法》及相关规定，下列哪些说法是正确的？

A. 该转让需要经过乙公司同意

B. 该转让需要通知乙公司，但无需经其同意

C. 转让后，乙公司有权向丙公司主张其对甲公司的抗辩

D. 转让后，乙公司不得向丙公司主张其对甲公司的抗辩

【答案】A C

【知识点】债权、债务的转让

【解析】《合同法》第八十八条规定，当事人一方经对方同意，可以将自己在合同中的权利和义务一并转让给第三人，因此，选项A正确，选项B错误。《合同法》第八十五条规定，债务人转移义务的，新债务人可以主张原债务人对债权人的抗辩权。因此，选项C正确，选项D错误。

综上，本题正确答案为：A、C。

46. 根据《合同法》及相关规定，有下列哪些情形的，合同的权利义务终止？

A. 债务已经按照约定履行

B. 合同解除

C. 债务人依法将标的物提存

D. 债权人免除债务

【答案】A B C D

【知识点】抵销

【解析】《合同法》第九十一条规定，由下列情形之一的，合同的权利义务终止：（一）债务已经按照约定履行；（二）合同解除；（三）债务相互抵销；（四）债务人依法将标的物提存；（五）债权人免除债务；（六）债权债务同归于一人；（七）法律规定或者当事人约定终止的其他情形。因此，选项A、B、C、D正确。

综上，本题正确答案为：A、B、C、D。

47. 根据《合同法》及相关规定，下列哪些属于可以并用的违约责任承担方式？
    A. 采取补救措施与赔偿损失
    B. 继续履行与支付违约金
    C. 继续履行与赔偿损失
    D. 双倍返还定金与支付违约金

【答案】A B C

【解析】《合同法》第一百一十二条规定，当事人一方不履行合同义务或者履行合同义务不符合约定的，在履行义务或者采取补救措施后，对方还有其他损失的，应当赔偿损失。因此，选项A、C正确。《合同法》第一百一十四条第三款规定，当事人就延迟履行约定违约金的，违约方支付违约金后，还应当履行债务。因此，选项B正确。《合同法》第一百一十六条规定，当事人既约定违约金，又约定定金的，一方违约时，对方可以选择适用违约金或者定金条款。因此，双倍返还定金与支付违约金是选择适用的违约责任承担方式，不能并用，选项D错误。

综上，本题正确答案为：A、B、C。

48. 甲公司委托乙研究所为其开发一种技术，并签订了一份技术开发合同，但双方没有约定技术成果的归属。乙研究所按约定交付了符合要求的技术成果，并随后就该技术成果申请专利，双方发生纠纷。根据《合同法》及相关规定，下列哪些说法是正确的？
    A. 甲公司享有就该技术成果申请专利的权利
    B. 乙研究所享有就该技术成果申请专利的权利
    C. 如果乙研究所就该技术成果取得专利权，甲公司可以免费实施该专利
    D. 如果乙研究所就该技术成果取得专利权并欲转让该专利权的，甲公司享有以同等条件优先受让的权利

【答案】B C D

【知识点】技术开发合同

【解析】《合同法》第三百三十九条规定，委托开发完成的发明创造，除当事人另有约定的以外，申请专利的权利属于研究开发人。研究开发人取得专利权的，委托人可以免费实施该专利。研究开发人转让专利申请权的，委托人享有以同等条件优先受让的权利。因此，选项B、C、D正确，选项A错误。

综上，本题正确答案为：B、C、D。

49. 甲公司委托乙专利代理机构代为处理本公司专利事务，乙专利代理机构根据委托合同收取报酬。根据《合同法》及相关规定，下列哪些说法是正确的？
    A. 乙机构应当按照甲公司的指示处理委托事务
    B. 乙机构应当按照甲公司的要求报告委托事务的处理情况
    C. 因乙机构的过错给甲公司造成损失的，甲公司可以要求乙机构赔偿损失
    D. 甲公司、乙机构可以随时解除双方之间的委托合同

【答案】ABCD

【知识点】委托合同

【解析】《合同法》第三百九十九条规定，受托人应当按照委托人的指示处理委托事务。需要变更委托人指示的，应当经委托人同意；因情况紧急，难以和委托人取得联系的，受托人应当妥善处理委托事务，但事后应当将该情况及时报告委托人。因此，选项A正确。《合同法》第四百零一条规定，受托人应当按照委托人的要求，报告委托事务的处理情况。委托合同终止时，受托人应当报告委托事务的结果。因此，选项B正确。《合同法》第四百零六条第一款规定，有偿的委托合同，因受托人的过错给委托人造成损失的，委托人可以要求赔偿损失。无偿的委托合同，因受托人的故意或者重大过失给委托人造成损失的，委托人可以要求赔偿损失。因此，选项C正确。《合同法》第四百一十条规定，委托人或者受托人可以随时解除委托合同。因解除合同给对方造成损失的，除不可归责于该当事人的事由以外，应当赔偿损失。因此，选项D正确。

综上，本题正确答案为：A、B、C、D。

50. 根据《民事诉讼法》及相关规定，下列哪些说法是正确的？
    A. 民事诉讼应当遵循诚实信用原则
    B. 人民法院审理民事案件时，当事人有权进行辩论
    C. 人民检察院有权对民事诉讼实行法律监督
    D. 当事人有权在法律规定的范围内处分自己的民事权利和诉讼权利

【答案】ABCD

【知识点】《民事诉讼法》的基本原则

【解析】《民事诉讼法》第十三条规定，民事诉讼应当遵循诚实信用原则。当事人有权在法律规定的范围内处分自己的民事权利和诉讼权利。这就是《民事诉讼法》的诚实信用原则和处分原则。因此，选项A、D正确。《民事诉讼法》第十二条规定，人民法院审理民事案件时，当事人有权进行辩论。这就是《民事诉讼法》的辩论原则。因此，选项B正确。《民事诉讼法》第十四条规定，人民检察院有权对民事诉讼实行法律监督。这就是《民事诉讼法》的监督原则。因此，选项C正确。

综上，本题正确答案为：A、B、C、D。

51. 根据《民事诉讼法》及相关规定，因侵权行为提起的民事诉讼，下列哪些人民法院有管

辖权?

  A. 原告住所地人民法院

  B. 侵权行为实施地人民法院

  C. 侵权结果发生地人民法院

  D. 被告住所地人民法院

【答案】BCD

【知识点】民事诉讼的管辖

【解析】《民事诉讼法》第二十八条规定，因侵权行为提起的诉讼，由侵权行为地或者被告住所地人民法院管辖。《最高人民法院关于适用〈中华人民共和国民事诉讼法〉的解释》（法释〔2015〕5号）第二十四条规定，《民事诉讼法》第二十八条规定的侵权行为地，包括侵权行为实施地、侵权结果发生地。因此，选项B、C、D正确，选项A错误。

  综上，本题正确答案为：B、C、D。

52. 根据《民事诉讼法》及相关规定，对于两个以上人民法院都有管辖权的诉讼，下列哪些说法是正确的？

  A. 先立案的人民法院不得将案件移送给另一个有管辖权的人民法院

  B. 人民法院在立案前发现其他有管辖权的人民法院已先立案的，不得重复立案

  C. 人民法院在立案后发现其他有管辖权的人民法院已先立案的，裁定将案件移送给先立案的人民法院

  D. 人民法院在立案后发现其他有管辖权的人民法院已先立案的，应依法报请上级法院指定管辖

【答案】ABC

【知识点】移送管辖和指定管辖

【解析】《最高人民法院关于适用〈中华人民共和国民事诉讼法〉的解释》（法释〔2015〕5号）第三十六条规定，两个以上人民法院都有管辖权的诉讼，先立案的人民法院不得将案件移送给另一个有管辖权的人民法院。人民法院在立案前发现其他有管辖权的人民法院已先立案的，不得重复立案；立案后发现其他有管辖权的人民法院已先立案的，裁定将案件移送给先立案的人民法院。因此，选项A、B、C正确，选项D错误。

  综上，本题正确答案为：A、B、C。

53. 根据《民事诉讼法》及相关规定，审判人员存在下列哪些情形，当事人有权申请或者要求他们回避？

  A. 是本案诉讼代理人的近亲属的

  B. 接受本案诉讼代理人请客送礼的

  C. 曾经在另一案件中对同一当事人作出不利裁判的

  D. 违反规定会见本案诉讼代理人的

【答案】A B D

【知识点】回避制度

【解析】《民事诉讼法》第四十四条第一款和第二款规定，审判人员有下列情形之一的，应当自行回避，当事人有权用口头或者书面方式申请他们回避：（一）是本案当事人或者当事人、诉讼代理人近亲属的；（二）与本案有利害关系的；（三）与本案当事人、诉讼代理人有其他关系，可能影响对案件公正审理的。审判人员接受当事人、诉讼代理人请客送礼，或者违反规定会见当事人、诉讼代理人的，当事人有权要求他们回避。因此，选项A、B、D正确，选项C错误。

综上，本题正确答案为：A、B、D。

54. 根据《民事诉讼法》及相关规定，下列关于具有专门知识的人出庭的哪些说法是正确的？
    A. 人民法院可以对出庭的具有专门知识的人进行询问
    B. 经法庭准许，当事人可以对出庭的具有专门知识的人进行询问
    C. 经法庭准许，当事人各自申请的具有专门知识的人可以就案件中的有关问题进行对质
    D. 具有专门知识的人可以参与专业问题之外的法庭审理活动

【答案】A B C

【知识点】有专门知识的人出庭

【解析】《最高人民法院关于适用〈中华人民共和国民事诉讼法〉的解释》（法释〔2015〕5号）第一百二十三条规定，人民法院可以对出庭的具有专门知识的人进行询问。经法庭准许，当事人可以对出庭的具有专门知识的人进行询问，当事人各自申请的具有专门知识的人可以就案件中的有关问题进行对质。具有专门知识的人不得参与专业问题之外的法庭审理活动。因此，选项A、B、C正确，选项D错误。

综上，本题正确答案为：A、B、C。

55. 根据《民事诉讼法》及相关规定，下列哪些属于有关社会团体推荐公民担任诉讼代理人应当符合的条件？
    A. 社会团体属于依法登记设立或者依法免予登记设立的非营利性法人组织
    B. 被代理人属于该社会团体的成员，或者当事人一方住所地位于该社会团体的活动地域
    C. 代理事务属于该社会团体章程载明的业务范围
    D. 被推荐的公民是该社会团体的负责人或者与该社会团体有合法劳动人事关系的工作人员

【答案】A B C D

【知识点】诉讼代理人

【解析】《最高人民法院关于适用〈中华人民共和国民事诉讼法〉的解释》（法释〔2015〕5号）第八十七条第一款规定，根据《民事诉讼法》第五十八条第二款第三项规定，有关社会团体推荐公民担任诉讼代理人的，应当符合下列条件：（一）社会团体属于依法登记设立

或者依法免予登记设立的非营利性法人组织；（二）被代理人属于该社会团体的成员，或者当事人一方住所地位于该社会团体的活动地域；（三）代理事务属于该社会团体章程载明的业务范围；（四）被推荐的公民是该社会团体的负责人或者与该社会团体有合法劳动人事关系的工作人员。因此，选项A、B、C、D正确。

综上，本题正确答案为：A、B、C、D。

56. 根据《民事诉讼法》及相关规定，下列关于民事诉讼第一审普通程序的哪些说法是正确的？
   A. 人民法院受理案件后，当事人对管辖权有异议的，应当在提交答辩状期间提出
   B. 被告不提出答辩状的，人民法院应当裁定终止诉讼
   C. 被告经传票传唤，无正当理由拒不到庭的，可以缺席判决
   D. 原告在宣判前申请撤诉的，是否准许，由人民法院裁定

【答案】ACD

【知识点】民事诉讼第一审普通程序

【解析】《民事诉讼法》第一百二十七条第一款规定，人民法院受理案件后，当事人对管辖权有异议的，应当在提交答辩状期间提出。人民法院对当事人提出的异议，应当审查。异议成立的，裁定将案件移送有管辖权的人民法院；异议不成立的，裁定驳回。因此，选项A正确。《民事诉讼法》第一百二十五条第二款规定，被告不提出答辩状的，不影响人民法院审理。因此，选项B错误。《民事诉讼法》第一百四十四条规定，被告经传票传唤，无正当理由拒不到庭的，或者未经法庭许可中途退庭的，可以缺席判决。因此，选项C正确。《民事诉讼法》第一百四十五条第一款规定，宣判前，原告申请撤诉的，是否准许，由人民法院裁定。因此，选项D正确。

综上，本题正确答案为：A、C、D。

57. 根据《民事诉讼法》及相关规定，下列关于民事诉讼第二审程序的哪些说法是正确的？
   A. 第二审人民法院审理上诉案件，可以进行调解
   B. 第二审人民法院审理上诉案件，不得进行调解
   C. 第二审人民法院的判决、裁定，是终审的判决、裁定
   D. 第二审人民法院审理上诉案件，可以到案件发生地进行

【答案】ACD

【知识点】民事诉讼第二审程序

【解析】《民事诉讼法》第一百七十二条规定，第二审人民法院审理上诉案件，可以进行调解。因此，选项A正确，选项B错误。《民事诉讼法》第一百七十五条规定，第二审人民法院的判决、裁定，是终审的判决、裁定。因此，选项C正确。《民事诉讼法》第一百六十九条第二款规定，第二审人民法院审理上诉案件，可以在本院进行，也可以到案件发生地或者原审人民法院所在地进行。因此，选项D正确。

综上，本题正确答案为：A、C、D。

58. 根据《民事诉讼法》及相关规定，下列哪些情形下中止诉讼？
    A. 一方当事人丧失诉讼行为能力，尚未确定法定代理人的
    B. 本案必须以另一案的审理结果为依据，而另一案尚未审结的
    C. 一方当事人因不可抗拒的事由，不能参加诉讼的
    D. 解除收养关系案件的一方当事人死亡的

【答案】A B C

【知识点】诉讼中止　诉讼终结

【解析】《民事诉讼法》第一百五十条第一款规定，有下列情形之一的，中止诉讼：（一）一方当事人死亡，需要等待继承人表明是否参加诉讼的；（二）一方当事人丧失诉讼行为能力，尚未确定法定代理人的；（三）作为一方当事人的法人或者其他组织终止，尚未确定权利义务承受人的；（四）一方当事人因不可抗拒的事由，不能参加诉讼的；（五）本案必须以另一案的审理结果为依据，而另一案尚未审结的；（六）其他应当中止诉讼的情形。因此，选项A、B、C正确。《民事诉讼法》第一百五十一条规定，有下列情形之一的，终结诉讼：（一）原告死亡，没有继承人，或者继承人放弃诉讼权利的；（二）被告死亡，没有遗产，也没有应当承担义务的人的；（三）离婚案件一方当事人死亡的；（四）追索赡养费、扶养费、抚育费以及解除收养关系案件的一方当事人死亡的。选项D是诉讼终结的情形，因此，选项D错误。

综上，本题正确答案为：A、B、C。

59. 根据《民事诉讼法》及相关规定，下列关于民事诉讼审判监督程序的哪些说法是正确的？
    A. 当事人对已经发生法律效力的裁定，认为有错误的，可以向上一级人民法院申请再审
    B. 当事人对已经发生法律效力的调解书，提出证据证明调解违反自愿原则的，可以申请再审
    C. 当事人对已经发生法律效力的解除婚姻关系的判决，不得申请再审
    D. 当事人申请再审的，应当停止判决、裁定的执行

【答案】A B C

【知识点】审判监督程序

【解析】《民事诉讼法》第一百九十九条规定，当事人对已经发生法律效力的判决、裁定，认为有错误的，可以向上一级人民法院申请再审；当事人一方人数众多或者当事人双方为公民的案件，也可以向原审人民法院申请再审。当事人申请再审的，不停止判决、裁定的执行。因此，选项A正确，选项D错误。《民事诉讼法》第二百零一条规定，当事人对已经发生法律效力的调解书，提出证据证明调解违反自愿原则或者调解协议的内容违反法律的，可以申请再审。经人民法院审查属实的，应当再审。因此，选项B正确。《民事诉讼法》第二百零二条规定，当事人对已经发生法律效力的解除婚姻关系的判决、调解书，不得申请再审。因此，选项C正确。

综上，本题正确答案为：A、B、C。

60. 根据《行政复议法》及相关规定，下列哪些情形可以申请行政复议？

　　A. 张某对某行政机关对其作出的罚款决定不服的

　　B. 公务员王某不服其所在行政机关对其作出的撤职处分决定的

　　C. 李某对某行政机关对其作出的扣押财产决定不服的

　　D. 赵某对某行政机关对其作出的行政拘留决定不服的

【答案】ACD

【知识点】行政复议的受案范围

【解析】《行政复议法》第六条规定，有下列情形之一的，公民、法人或者其他组织可以依照该法申请行政复议：（一）对行政机关作出的警告、罚款、没收违法所得、没收非法财物、责令停产停业、暂扣或者吊销许可证、暂扣或者吊销执照、行政拘留等行政处罚决定不服的；（二）对行政机关作出的限制人身自由或者查封、扣押、冻结财产等行政强制措施决定不服的；（三）对行政机关作出的有关许可证、执照、资质证、资格证等证书变更、中止、撤销的决定不服的；（四）对行政机关作出的关于确认土地、矿藏、水流、森林、山岭、草原、荒地、滩涂、海域等自然资源的所有权或者使用权的决定不服的；（五）认为行政机关侵犯合法的经营自主权的；（六）认为行政机关变更或者废止农业承包合同，侵犯其合法权益的；（七）认为行政机关违法集资、征收财物、摊派费用或者违法要求履行其他义务的；（八）认为符合法定条件，申请行政机关颁发许可证、执照、资质证、资格证等证书，或者申请行政机关审批、登记有关事项，行政机关没有依法办理的；（九）申请行政机关履行保护人身权利、财产权利、受教育权利的法定职责，行政机关没有依法履行的；（十）申请行政机关依法发放抚恤金、社会保险金或者最低生活保障费，行政机关没有依法发放的；（十一）认为行政机关的其他具体行政行为侵犯其合法权益的。选项A、D的情形符合上述第（一）项的规定，选项C的情形符合上述第（二）项的规定，因此，选项A、C、D正确。《行政复议法》第八条第一款规定，不服行政机关作出的行政处分或者其他人事处理决定的，依照有关法律、行政法规的规定提出申诉。因此，选项B错误。

综上，本题正确答案为：A、C、D。

61. 下列关于行政复议和行政诉讼的说法哪些是正确的？

　　A. 公民、法人或者其他组织对行政复议决定不服的，可以依法向人民法院提起行政诉讼，但是法律规定行政复议决定为最终裁决的除外

　　B. 人民法院审理行政诉讼案件、行政复议机关受理行政复议申请都应当向申请人收取费用

　　C. 行政诉讼和行政复议都只对具体行政行为是否合法进行审查

　　D. 公民、法人或者其他组织向人民法院提起行政诉讼，人民法院已经依法受理的，不得申请行政复议

【答案】A D

【知识点】行政诉讼与行政复议的区别

【解析】《行政复议法》第五条规定，公民、法人或者其他组织对行政复议决定不服的，可以依照《行政诉讼法》的规定向人民法院提起行政诉讼，但是法律规定行政复议决定为最终裁决的除外。因此，选项A正确。根据《行政诉讼法》第一百零二条的规定，人民法院审理行政案件，应当收取诉讼费用。诉讼费用由败诉方承担，双方都有责任的由双方分担。收取诉讼费用的具体办法另行规定。根据《行政复议法》第三十九条的规定，行政复议机关受理行政复议申请，不得向申请人收取任何费用。因此，选项B错误。《行政诉讼法》第六条规定，人民法院审理行政案件，对行政行为是否合法进行审查。《行政复议法》第七条第一款规定，公民、法人或者其他组织认为行政机关的具体行政行为所依据的下列规定不合法，在对具体行政行为申请行政复议时，可以一并向行政复议机关提出对该规定的审查申请：（一）国务院部门的规定；（二）县级以上地方各级人民政府及其工作部门的规定；（三）乡、镇人民政府的规定。同时，根据《行政复议法》第三条的规定，行政复议机关的职责包括：审查申请行政复议的具体行政行为是否合法与适当、处理或者转送对该法第七条所列有关规定的审查申请。因此，行政复议的对象除具体行政行为外，还包括抽象行政行为，并且对具体行政行为是否适当也进行审查。因此，选项C错误。《行政复议法》第十六条第二款规定，公民、法人或者其他组织向人民法院提起行政诉讼，人民法院已经依法受理的，不得申请行政复议。故选项D正确。

综上，本题正确答案为：A、D。

62. 某专利申请人对国家知识产权局不予受理其申请的决定不服，根据《行政复议法》及相关规定，他可以通过下列哪些途径寻求救济？

A. 向国家知识产权局申请行政复议

B. 向国务院申请行政复议

C. 依法申请行政复议后，对复议决定仍然不服的，可以向人民法院起诉

D. 依法申请行政复议后，对复议决定仍然不服的，可以向国务院申请最终裁决

【答案】A C D

【知识点】行政复议的受理机关

【解析】《行政复议法》第十四条规定，对国务院部门或者省、自治区、直辖市人民政府的具体行政行为不服的，向作出该具体行政行为的国务院部门或者省、自治区、直辖市人民政府申请行政复议。对行政复议决定不服的，可以向人民法院提起行政诉讼；也可以向国务院申请裁决，国务院依照该法的规定作出最终裁决。因此，对国务院部门的具体行政行为不服的，向作出该具体行政行为的国务院部门申请行政复议，选项A正确，选项B错误。对行政复议决定不服的，可以向人民法院提起行政诉讼；也可以向国务院申请裁决，因此，选项C、D正确。

综上，本题正确答案为：A、C、D。

63. 根据《行政复议法》及相关规定，下列关于行政复议受理机关的哪些说法是正确的？

A. 对县交通局的具体行政行为不服的，可以向上一级主管部门申请行政复议

B. 对县交通局的具体行政行为不服的，可以向该县人民政府申请行政复议

C. 对海关的具体行政行为不服的，应当向本级人民政府申请行政复议

D. 对海关的具体行政行为不服的，应当向上一级主管部门申请行政复议

【答案】A B D

【知识点】行政复议的受理机关

【解析】《行政复议法》第十二条规定，对县级以上地方各级人民政府工作部门的具体行政行为不服的，由申请人选择，可以向该部门的本级人民政府申请行政复议，也可以向上一级主管部门申请行政复议。对海关、金融、国税、外汇管理等实行垂直领导的行政机关和国家安全机关的具体行政行为不服的，向上一级主管部门申请行政复议。因为对县级以上地方各级人民政府工作部门的具体行政行为不服的，可以向该部门的本级人民政府申请行政复议，也可以向上一级主管部门申请行政复议，所以选项A、B正确。因为对实行垂直领导的行政机关的具体行政行为不服的，应当向上一级主管部门申请行政复议，因此，选项D正确，选项C错误。

综上，本题正确答案为：A、B、D。

64. 根据《行政复议法》及相关规定，具体行政行为具有下列哪些情形的，行政复议机关可以决定撤销、变更该具体行政行为或者确认该具体行政行为违法？

A. 主要事实不清、证据不足的

B. 违反法定程序的

C. 滥用职权的

D. 具体行政行为明显不当的

【答案】A B C D

【知识点】行政复议决定的种类和效力

【解析】《行政复议法》第二十八条规定，行政复议机关负责法制工作的机构应当对被申请人作出的具体行政行为进行审查，提出意见，经行政复议机关的负责人同意或者集体讨论通过后，按照下列规定作出行政复议决定：（一）具体行政行为认定事实清楚，证据确凿，适用依据明确，程序合法，内容适当的，决定维持；（二）被申请人不履行法定职责的，决定其在一定期限内履行；（三）具体行政行为有下列情形之一的，决定撤销、变更该具体行政行为或者确认该具体行政行为违法；决定撤销、变更该具体行政行为或者确认该具体行政行为违法的，可以责令被申请人在一定期限内重新作出具体行政行为：1.主要事实不清、证据不足的；2.适用依据错误的；3.违反法定程序的；4.超越或者滥用职权的；5.具体行政行为明显不当的。（四）被申请人不按照该法第二十三条的规定提出书面答复、提交当初作出具体行政行为的证据、依据和其他有关材料的，视为该具体行政行为没有证据、依据，

决定撤销该具体行政行为。行政复议机关责令被申请人重新作出具体行政行为的，被申请人不得以同一的事实和理由作出与原具体行政行为相同或者基本相同的具体行政行为。因此，选项A、B、C、D正确。

综上，本题正确答案为：A、B、C、D。

65. 根据《行政复议法》及相关规定，下列关于行政复议的审理哪些说法是正确的？
A. 行政复议原则上采取书面审查
B. 行政复议原则上采取开庭的方式审查
C. 行政复议机关认为有必要时，可以听取申请人、被申请人和第三人的意见
D. 行政复议机关认为有必要时，可以向有关组织和人员调查情况

【答案】ACD
【知识点】行政复议的审理
【解析】《行政复议法》第二十二条规定，行政复议原则上采取书面审查的办法，但是申请人提出要求或者行政复议机关负责法制工作的机构认为有必要时，可以向有关组织和人员调查情况，听取申请人、被申请人和第三人的意见。行政复议原则上采取书面审查的办法，因此，选项A、C、D正确，选项B错误。

综上，本题正确答案为：A、C、D。

66. 根据《行政诉讼法》及相关规定，下列哪些说法是正确的？
A. 人民法院审理行政案件，以事实为依据，以法律为准绳
B. 人民法院审理行政案件，对行政行为是否合理进行审查
C. 人民检察院有权对行政诉讼实行法律监督
D. 当事人在行政诉讼中有权进行辩论

【答案】ACD
【知识点】《行政诉讼法》的基本原则
【解析】《行政诉讼法》第五条规定，人民法院审理行政案件，以事实为根据，以法律为准绳。因此，选项A正确。《行政诉讼法》第六条规定，人民法院审理行政案件，对行政行为是否合法进行审查。因此，选项B错误。《行政诉讼法》第四条第一款规定，人民法院依法对行政案件独立行使审判权，不受行政机关、社会团体和个人的干涉。《行政诉讼法》第十一条规定，人民检察院有权对行政诉讼实行法律监督。因此，选项C正确。《行政诉讼法》第十条规定，当事人在行政诉讼中有权进行辩论。因此，选项D正确。

综上，本题正确答案为：A、C、D。

67. 根据《行政诉讼法》及相关规定，公民、法人或者其他组织对下列哪些事项可以提起行政诉讼？
A. 对行政机关制定、发布的具有普遍约束力的命令不服的

B. 对限制人身自由的行政强制措施不服的

C. 对行政拘留的行政处罚不服的

D. 对行政机关就其工作人员的任免作出的决定不服的

【答案】BC

【知识点】行政诉讼的受案范围、排除范围

【解析】《行政诉讼法》第十三条规定，人民法院不受理公民、法人或者其他组织对下列事项提起的诉讼：（一）国防、外交等国家行为；（二）行政法规、规章或者行政机关制定、发布的具有普遍约束力的决定、命令；（三）行政机关对行政机关工作人员的奖惩、任免等决定；（四）法律规定由行政机关最终裁决的具体行政行为。选项A属于上述第（二）项情况，选项D属于上述第（三）项情况，因此，选项A、D错误。《行政诉讼法》第十二条第一款规定，人民法院受理公民、法人和其他组织提起的下列诉讼：（一）对行政拘留、暂扣或者吊销许可证和执照、责令停产停业、没收违法所得、没收非法财物、罚款、警告等行政处罚不服的；（二）对限制人身自由或者对财产的查封、扣押、冻结等行政强制措施和行政强制执行不服的；（三）申请行政许可，行政机关拒绝或者在法定期限内不予答复，或者对行政机关作出的有关行政许可的其他决定不服的；（四）对行政机关作出的关于确认土地、矿藏、水流、森林、山岭、草原、荒地、滩涂、海域等自然资源的所有权或者使用权的决定不服的；（五）对征收、征用决定及其补偿决定不服的；（六）申请行政机关履行保护人身权、财产权等合法权益的法定职责，行政机关拒绝履行或者不予答复的；（七）认为行政机关侵犯其经营自主权或者农村土地承包经营权、农村土地经营权的；（八）认为行政机关滥用权力排除或者限制竞争的；（九）认为行政机关违法集资、摊派费用或者违法要求履行其他义务的；（十）认为行政机关没有依法发给抚恤金、最低生活保障待遇或者社会保险待遇的；（十一）认为行政机关不依法履行、未按照约定履行或者违法变更、解除政府特许经营协议、土地房屋征收补偿协议等协议的；（十二）认为行政机关侵犯其他人身权、财产权等合法权益的。选项B属于第（二）项的情形，选项C属于第（一）项的情形，因此，选项B、C正确。

综上，本题正确答案为：B、C。

68. 根据《行政诉讼法》及相关规定，下列关于行政诉讼管辖的说法哪些是正确的？

A. 行政案件由最初作出行政行为的行政机关所在地人民法院管辖

B. 经复议的行政案件，可以由复议机关所在地人民法院管辖

C. 海关处理的行政案件，一审由基层人民法院管辖

D. 对国务院部门所作的行政行为提起诉讼的案件一审由中级人民法院管辖

【答案】ABD

【知识点】行政诉讼的地域管辖　级别管辖

【解析】《行政诉讼法》第十八条第一款规定，行政案件由最初作出行政行为的行政机关所在地人民法院管辖。经复议的案件，也可以由复议机关所在地人民法院管辖。因此，选项

A、B正确。《行政诉讼法》第十五条规定，中级人民法院管辖下列第一审行政案件：（一）对国务院部门或者县级以上地方人民政府所作的行政行为提起诉讼的案件；（二）海关处理的案件；（三）本辖区内重大、复杂的案件；（四）其他法律规定由中级人民法院管辖的案件。因此，选项C错误，选项D正确。

综上，本题正确答案为：A、B、D。

69. 根据《行政诉讼法》及相关规定，下列关于行政诉讼被告的哪些说法是正确的？
   A. 经复议的行政案件，复议机关决定维持原行政行为的，作出原行政行为的行政机关和复议机关是共同被告
   B. 经复议的行政案件，复议机关改变原行政行为的，复议机关是被告
   C. 两个以上行政机关共同作出同一行政行为的，其共同上级机关是被告
   D. 行政机关委托的组织所作的行政行为，委托的行政机关是被告

【答案】A B D

【知识点】行政诉讼被告

【解析】《行政诉讼法》第二十六条第二款规定，经复议的案件，复议机关决定维持原行政行为的，作出原行政行为的行政机关和复议机关是共同被告；复议机关改变原行政行为的，复议机关是被告。因此，选项A、B正确。《行政诉讼法》第二十六条第四款规定，两个以上行政机关作出同一行政行为的，共同作出行政行为的行政机关是共同被告。因此，选项C错误。《行政诉讼法》第二十六条第五款规定，行政机关委托的组织所作的行政行为，委托的行政机关是被告。因此，选项D正确。

综上，本题正确答案为：A、B、D。

70. 江某对某行政机关作出的行政处罚决定不服，向人民法院提起行政诉讼。江某认为本案书记员张某、审判员李某与该行政机关有利益关系可能会影响公正审判。根据《行政诉讼法》及相关规定，下列哪些说法是正确的？
   A. 江某有权申请李某回避
   B. 江某无权申请张某回避
   C. 李某的回避，由院长决定
   D. 李某的回避，由审判长决定

【答案】A C

【知识点】回避制度

【解析】《行政诉讼法》第五十五条规定，当事人认为审判人员与本案有利害关系或者有其他关系可能影响公正审判，有权申请审判人员回避。审判人员认为自己与本案有利害关系或者有其他关系，应当申请回避。前两款规定，适用于书记员、翻译人员、鉴定人、勘验人。院长担任审判长时的回避，由审判委员会决定；审判人员的回避，由院长决定；其他人员的回避，由审判长决定。当事人对决定不服的，可以申请复议一次。当事人江某认为审判

人员李某与该行政机关有利益关系可能会影响公正审判，可以申请其回避，选项 A 正确。由于申请回避的规定适用于书记员，因此江某有权申请张某回避，选项 B 错误。审判人员李某的回避应当由院长决定，因此选项 C 正确，选项 D 错误。

综上，本题正确答案为：A、C。

71. 根据《行政诉讼法》及其相关规定，下列哪些可以作为行政诉讼证据？
    A. 视听资料
    B. 电子数据
    C. 鉴定意见
    D. 现场笔录

【答案】ABCD

【知识点】行政诉讼证据的种类

【解析】《行政诉讼法》第三十三条第一款规定，证据包括：（一）书证；（二）物证；（三）视听资料；（四）电子数据；（五）证人证言；（六）当事人的陈述；（七）鉴定意见；（八）勘验笔录、现场笔录。因此，选项 A、B、C、D 正确。

综上，本题正确答案为：A、B、C、D。

72. 根据《行政诉讼法》及相关规定，行政行为有下列哪些情形的，人民法院判决撤销或者部分撤销，并可以判决被告重新作出行政行为？
    A. 主要证据不足的
    B. 适用法律、法规错误的
    C. 行政程序轻微违法，但对原告权利不产生实际影响的
    D. 明显不当的

【答案】ABD

【知识点】撤销判决

【解析】《行政诉讼法》第七十条规定，行政行为有下列情形之一的，人民法院判决撤销或者部分撤销，并可以判决被告重新作出行政行为：（一）主要证据不足的；（二）适用法律、法规错误的；（三）违反法定程序的；（四）超越职权的；（五）滥用职权的；（六）明显不当的。选项 A、B、D 分别符合上述第（一）、第（二）、第（六）项规定的情形，选项 A、B、D 正确。《行政诉讼法》第七十四条第一款规定，行政行为有下列情形之一的，人民法院判决确认违法，但不撤销行政行为：……（二）行政程序轻微违法，但对原告权利不产生实际影响的。……因此，选项 C 错误。

综上，本题正确答案为：A、B、D。

73. 根据《行政诉讼法》及相关规定，下列关于审判监督程序的哪些说法是正确的？
    A. 地方各级人民检察院发现同级人民法院已经发生法律效力的判决遗漏诉讼请求的，可

以向同级人民法院提出抗诉

B. 地方各级人民检察院发现同级人民法院已经发生法律效力的判决遗漏诉讼请求的，可以提请上级人民检察院向同级人民法院提出抗诉

C. 上级人民检察院发现下级人民法院已经发生法律效力的判决遗漏诉讼请求的，应当提出抗诉

D. 最高人民检察院发现各级人民法院已经发生法律效力的判决遗漏诉讼请求的，应当提出抗诉

【答案】BCD

【知识点】行政诉讼的审判监督程序

【解析】《行政诉讼法》第九十三条第一款规定，最高人民检察院对各级人民法院已经发生法律效力的判决、裁定，上级人民检察院对下级人民法院已经发生法律效力的判决、裁定，发现有该法第九十一条规定情形之一，或者发现调解书损害国家利益、社会公共利益的，应当提出抗诉。《行政诉讼法》第九十一条规定，当事人的申请符合下列情形之一的，人民法院应当再审：……（六）原判决、裁定遗漏诉讼请求的；……。因此，选项C、D正确。《行政诉讼法》第九十三条第二款规定，地方各级人民检察院对同级人民法院已经发生法律效力的判决、裁定，发现有该法第九十一条规定情形之一，或者发现调解书损害国家利益、社会公共利益的，可以向同级人民法院提出检察建议，并报上级检察院备案；也可以提请上级人民检察院向同级人民法院提出抗诉。因此，选项A错误，选项B正确。

综上，本题正确答案为：B、C、D。

74. 根据《著作权法》及相关规定，下列哪些属于我国《著作权法》保护的客体？

A. 某专利审查员发表的关于如何答复审查意见通知书的论文

B. 某法律的官方正式英文译文

C. 通过互联网发布的时事新闻

D. 某艺术家表演的杂技艺术

【答案】AD

【知识点】《著作权法》不予保护的客体

【解析】《著作权法》第五条规定，该法不适用于：（一）法律、法规，国家机关的决议、决定、命令和其他具有立法、行政、司法性质的文件，及其官方正式译文；（二）时事新闻；（三）历法、通用数表、通用表格和公式。选项B是法律的官方正式译文，选项C是时事新闻，都不是我国《著作权法》的保护客体。《著作权法》第三条规定，该法所称的作品，包括以下列形式创作的文学、艺术和自然科学、社会科学、工程技术等作品：（一）文字作品；（二）口述作品；（三）音乐、戏剧、曲艺、舞蹈、杂技艺术作品；（四）美术、建筑作品；（五）摄影作品；（六）电影作品和以类似摄制电影的方法创作的作品；（七）工程设计图、产品设计图、地图、示意图等图形作品和模型作品；（八）计算机软件；（九）法律、行政法规规定的其他作品。选项A属于文字作品，选项D属于杂技艺术作品，是我国《著作权法》

的保护客体。

综上，本题正确答案为：A、D。

75. 根据《著作权法》及相关规定，下列关于著作人身权的哪些说法是正确的？

　　A. 署名权是表明作者身份，在作品上署名的权利
　　B. 修改权是修改或者授权他人修改作品的权利
　　C. 作者死亡后，有继承人的，署名权由其继承人继承
　　D. 作者死亡后，有继承人的，修改权由其继承人保护

【答案】ABD

【知识点】著作人身权

【解析】《著作权法》第十条第一款规定，著作权包括下列人身权和财产权：（一）发表权，即决定作品是否公之于众的权利；（二）署名权，即表明作者身份，在作品上署名的权利；（三）修改权，即修改或者授权他人修改作品的权利；（四）保护作品完整权，即保护作品不受歪曲、篡改的权利；……。因此，选项A、B正确。《著作权法》第十九条第一款规定，著作权属于公民的，公民死亡后，其该法第十条第一款第（五）项至第（十七）项规定的权利在该法规定的保护期内，依照《继承法》的规定转移。署名权是专属于著原始作权人的著作人身权，不可以继承，因此，选项C错误。《著作权法实施条例》第十五条第一款规定，作者死亡后，其著作权中的署名权、修改权和保护作品完整权由作者的继承人或者受遗赠人保护。因此，选项D正确。

综上，本题正确答案为：A、B、D。

76. 根据《著作权法》及相关规定，作者的下列哪些权利的保护期不受限制？

　　A. 发表权
　　B. 署名权
　　C. 修改权
　　D. 保护作品完整权

【答案】BCD

【知识点】著作权的保护期

【解析】《著作权法》第二十条规定，作者的署名权、修改权、保护作品完整权的保护期不受限制。因此，选项B、C、D正确。《著作权法》第二十一条规定，公民的作品，其发表权、该法第十条第一款第（五）项至第（十七）项规定的权利的保护期为作者终生及其死亡后五十年，截止于作者死亡后第五十年的12月31日；如果是合作作品，截止于最后死亡的作者死亡后第五十年的12月31日。法人或者其他组织的作品、著作权（署名权除外）由法人或者其他组织享有的职务作品，其发表权、该法第十条第一款第（五）项至第（十七）项规定的权利的保护期为五十年，截止于作品首次发表后第五十年的12月31日，但作品自创作完成后五十年内未发表的，该法不再保护。电影作品和以类似摄制电影的方法创作的作

品、摄影作品，其发表权、该法第十条第一款第（五）项至第（十七）项规定的权利的保护期为五十年，截止于作品首次发表后第五十年的12月31日，但作品自创作完成后五十年内未发表的，该法不再保护。因此，发表权的保护期限具有明确限制，选项A错误。

综上，本题正确答案为：B、C、D。

77. 唐某创作了一幅国画，交给某慈善机构拍卖，所得款项全部用于救助失学儿童。齐某在拍卖会上以80万元的价格购得该画。根据《著作权法》及相关规定，下列哪些说法是正确的？
    A. 齐某享有该画的复制权
    B. 齐某享有该画原件的所有权
    C. 齐某享有该画原件的展览权
    D. 齐某享有该画的发表权

【答案】B C
【知识点】原件所有权转移的作品著作权归属
【解析】《著作权法》第十一条第一款规定，著作权属于作者，该法另有规定的除外。《著作权法》第十八条规定，美术等作品原件所有权的转移，不视为作品著作权的转移，但美术作品原件的展览权由原件所有人享有。唐某创作了该幅国画，美术作品原件所有权转移不视为作品著作权转移，因此，唐某享有该画的著作权，齐某并不享有复制权、发表权等著作权，因此，选项A、D错误。由于美术作品原件的展览权由原件所有人享有，因此，选项B、C正确。

综上，本题正确答案为：B、C。

78. 根据《著作权法》及相关规定，下列哪些属于表演者对其表演享有的权利？
    A. 表明表演者身份
    B. 保护表演形象不受歪曲
    C. 许可他人从现场直播和公开传送其现场表演，并获得报酬
    D. 许可他人出租录有其表演的录音录像制品，并获得报酬

【答案】A B C
【知识点】表演者权
【解析】《著作权法》第三十八条第一款规定，表演者对其表演享有下列权利：（一）表明表演者身份；（二）保护表演形象不受歪曲；（三）许可他人从现场直播和公开传送其现场表演，并获得报酬；（四）许可他人录音录像，并获得报酬；（五）许可他人复制、发行录有其表演的录音录像制品，并获得报酬；（六）许可他人通过信息网络向公众传播其表演，并获得报酬。因此，选项A、B、C正确。《著作权法》第四十二条第一款规定，录音录像制作者对其制作的录音录像制品，享有许可他人复制、发行、出租、通过信息网络向公众传播并获得报酬的权利；权利的保护期为五十年，截止于该制品首次制作完成后第五十年的12月31日。因此，许可他人出租录有其表演的录音录像制品并获得报酬是录音录像制作者享有的权利，选项D错误。

综上，本题正确答案为：A、B、C。

79. 根据《著作权法》及相关规定，因侵犯著作权行为提起的民事诉讼，可以由哪些人民法院管辖？

　　A. 侵权行为的实施地人民法院
　　B. 侵权复制品储藏地人民法院
　　C. 侵权复制品查封扣押地人民法院
　　D. 被告住所地人民法院

【答案】A B C D

【知识点】著作权侵权纠纷的管辖

【解析】《最高人民法院关于审理著作权民事纠纷案件适用法律若干问题的解释》（法释〔2002〕31号）第四条规定，因侵犯著作权行为提起的民事诉讼，由《著作权法》第四十六条、第四十七条所规定侵权行为的实施地、侵权复制品储藏地或者查封扣押地、被告住所地人民法院管辖。前款规定的侵权复制品储藏地，是指大量或者经营性储存、隐匿侵权复制品所在地；查封扣押地，是指海关、版权、工商等行政机关依法查封、扣押侵权复制品所在地。因此，选项A、B、C、D正确。

综上，本题正确答案为：A、B、C、D。

80. 根据《著作权法》及相关规定，下列哪些属于侵犯著作权承担的民事责任？

　　A. 停止侵害
　　B. 赔偿损失
　　C. 消除影响
　　D. 赔礼道歉

【答案】A B C D

【知识点】侵犯著作权的民事责任

【解析】《著作权法》第四十八条规定，有下列侵权行为的，应当根据情况，承担停止侵害、消除影响、赔礼道歉、赔偿损失等民事责任；同时损害公共利益的，可以由著作权行政管理部门责令停止侵权行为，没收违法所得，没收、销毁侵权复制品，并可处以罚款；情节严重的，著作权行政管理部门还可以没收主要用于制作侵权复制品的材料、工具、设备等；构成犯罪的，依法追究刑事责任：（一）未经著作权人许可，复制、发行、表演、放映、广播、汇编、通过信息网络向公众传播其作品的，该法另有规定的除外；（二）出版他人享有专有出版权的图书的；（三）未经表演者许可，复制、发行录有其表演的录音录像制品，或者通过信息网络向公众传播其表演的，该法另有规定的除外；（四）未经录音录像制作者许可，复制、发行、通过信息网络向公众传播其制作的录音录像制品的，该法另有规定的除外；（五）未经许可，播放或者复制广播、电视的，该法另有规定的除外；（六）未经著作权人或者与著作权有关的权利人许可，故意避开或者破坏权利人为其作品、录音录像制品等采取的保护著作权或者与著作权有关的权利的技术措施的，法律、行政法规另有规定的除外；（七）未经著作权人或者与著作权有关的权利人许可，故意删除或者改变作品、录音录像制品等的权利管理电子信息的，法律、行政法规另有规定的除外；（八）制作、出售假冒他人署名的作品的。因此，选项A、B、C、D正确。

综上，本题正确答案为：A、B、C、D。

81. 根据《计算机软件保护条例》的规定，计算机软件著作权的保护不延及下列哪些内容？
   A. 开发软件所用的思想
   B. 开发软件所用的处理过程
   C. 开发软件所用的操作方法
   D. 开发软件所用的数学概念

【答案】A B C D

【知识点】软件著作权的客体

【解析】《计算机软件保护条例》第六条规定，该条例对软件著作权的保护不延及开发软件所用的思想、处理过程、操作方法或者数学概念等。因此，选项A、B、C、D正确。

综上，本题正确答案为：A、B、C、D。

82. 根据《商标法》及相关规定，哪些属于不得作为商标注册的三维标志？
   A. 使商品具有实质性价值的形状
   B. 仅由商品自身的性质产生的形状
   C. 为获得技术效果而需有的商品形状
   D. 缺乏显著特征，也未能经过使用取得显著特征的

【答案】A B C D

【知识点】注册商标的组成要素

【解析】《商标法》第十二条规定，以三维标志申请注册商标的，仅由商品自身的性质产生的形状、为获得技术效果而需有的商品形状或者使商品具有实质性价值的形状，不得注册。因此，选项A、B、C正确。《商标法》第十一条规定，下列标志不能作为商标注册：（一）仅有本商品的通用名称、图形、型号的；（二）仅直接表示商品的质量、主要原料、功能、用途、重量、数量及其他特点的；（三）其他缺乏显著特征的。前款所列标志经过使用取得显著特征，并便于识别的，可以作为商标注册。因此，选项D正确。

综上，本题正确答案为：A、B、C、D。

83. 根据《商标法》及相关规定，下列哪些标志不得作为商标使用？
   A. 带有民族歧视性的
   B. 带有欺骗性，容易使公众对商品的产地产生误认的
   C. 仅直接表示商品的质量的

D. 同某国的国旗近似且未获得该国政府同意的

【答案】A B D

【知识点】不得作为商标使用的标志和不得作为商标注册的标志

【解析】《商标法》第十条规定，下列标志不得作为商标使用：……（二）同外国的国家名称、国旗、国徽、军旗等相同或者近似的，但经该国政府同意的除外；……（六）带有民族歧视性的；（七）带有欺骗性，容易使公众对商品的质量等特点或者产地产生误认的；……因此，选项A、B、D正确。《商标法》第十一条规定，下列标志不得作为商标注册：（一）仅有本商品的通用名称、图形、型号的；（二）仅直接表示商品的质量、主要原料、功能、用途、重量、数量及其他特点的；（三）其他缺乏显著特征的。前款所列标志经过使用取得显著特征，并便于识别的，可以作为商标注册。因此，选项C在并未经过使用取得显著特征的情况下不得作为商标注册，不属于不得作为商标使用的标志，选项C错误。

综上，本题正确答案为：A、B、D。

84. 根据《商标法》及相关规定，下列哪些说法是正确的？
   A. 商标注册申请人可以通过一份申请就多个类别的商品申请注册同一商标
   B. 商标注册申请人不得通过一份申请就多个类别的商品申请注册同一商标
   C. 商标注册申请等文件可以以数据电文方式提出
   D. 商标注册申请等文件不得以数据电文方式提出

【答案】A C

【知识点】商标注册的申请

【解析】《商标法》第二十二条规定，商标注册申请人应当按规定的商品分类表填报使用商标的商品类别和商品名称，提出注册申请。商标注册申请人可以通过一份申请就多个类别的商品申请注册同一商标。因此，选项A正确。《商标法》第二十二条规定，商标注册申请等文件，可以以书面方式或者数据电文方式提出。因此，选项C正确。

综上，本题正确答案为：A、C。

85. 根据《商标法》及相关规定，注册商标作下列哪些变更应当办理变更手续，但不需要重新提交商标注册申请？
   A. 变更申请人的名义
   B. 变更申请人的地址
   C. 变更申请人的代理人
   D. 改变注册商标标志

【答案】A B C

【知识点】注册商标的变更

【解析】《商标法》第四十一条规定，注册商标需要变更注册人的名义、地址或者其他注册事项的，应当提出变更申请。《商标法实施条例》第十七条规定，申请人变更其名义、地址、代理人、文件接收人或者删减指定的商品的，应当向商标局办理变更手续。因此，选项A、B、C正确。《商标法》第二十四条规定，注册商标需要改变其标志的，应当重新提出注册申请。因此，选项D错误。

综上，本题正确答案为：A、B、C。

86. 根据《商标法》及相关规定，对初步审定公告的商标，自公告之日起三个月内，在先权利人、利害关系人可以基于下列哪些理由提起异议？

  A. 就类似商品申请注册的商标是摹仿他人未在中国注册的驰名商标，容易导致混淆的

  B. 就相同商品申请注册的商标是翻译他人未在中国注册的驰名商标，容易导致混淆的

  C. 申请商标注册损害他人现有的在先权利的

  D. 以不正当手段抢先注册他人已经使用并有一定影响的商标的

【答案】A B C D

【知识点】异议理由

【解析】《商标法》第三十三条规定，对初步审定公告的商标，自公告之日起3个月内，在先权利人、利害关系人认为违反该法第十三条第二款和第三款、第十五条、第十六条第一款、第三十条、第三十一条、第三十二条规定的，或者任何人认为违反该法第十条、第十一条、第十二条规定的，可以向商标局提出异议。公告期满无异议的，予以核准注册，发给商标注册证，并予公告。《商标法》第十三条第二款规定，就相同或者类似商品申请注册的商标是复制、摹仿或者翻译他人未在中国注册的驰名商标，容易导致混淆的，不予注册并禁止使用。因此，就相同或者类似商品申请注册的商标是摹仿、翻译他人未在中国注册的驰名商标，容易导致混淆的，在先权利人、利害关系人可以向商标局提出异议，选项A、B正确。《商标法》第三十二条规定，申请商标注册不得损害他人现有的在先权利，也不得以不正当手段抢先注册他人已经使用并有一定影响的商标。因此，申请商标注册损害他人现有的在先权利的，或者以不正当手段抢先注册他人已经使用并有一定影响的商标的，在先权利人、利害关系人可以向商标局提出异议，选项C、D正确。

综上，本题正确答案为：A、B、C、D。

87. 根据《商标法》及相关规定，注册商标有下列哪些情形的，任何单位或者个人可以向商标局申请撤销该商标？

  A. 商标注册人在使用注册商标过程中自行改变注册商标

  B. 商标注册人在使用注册商标过程中自行改变注册人名义

  C. 注册商标成为其核定使用的商品的通用名称

  D. 没有正当理由连续三年不使用

【答案】C D

【知识点】注册商标的撤销

【解析】《商标法》第四十九条规定，商标注册人在使用注册商标的过程中，自行改变注

册商标、注册人名义、地址或者其他注册事项的,由地方工商行政管理部门责令限期改正;期满不改正的,由商标局撤销其注册商标。注册商标成为其核定使用的商品的通用名称或者没有正当理由连续3年不使用的,任何单位或者个人可以向商标局申请撤销注册商标。商标局应当自收到申请之日起9个月内作出决定。有特殊情况需要延长的,经国务院工商行政管理部门批准,可以延长3个月。因此,选项A、B错误,选项C、D正确。

综上,本题正确答案为:C、D。

88. 根据《商标法》及相关规定,下列关于注册商标无效宣告的哪些说法是正确的?
    A. 已经注册的商标是以欺骗手段取得注册的,由商标局宣告该注册商标无效
    B. 已经注册的商标是以欺骗手段取得注册的,商标局以外的其他单位或者个人无权请求宣告该注册商标无效
    C. 商标局作出宣告注册商标无效的决定,应当书面通知当事人
    D. 当事人对商标局作出的宣告注册商标无效的决定不服的,可以向商标评审委员会申请复审

【答案】A C D

【知识点】注册商标的无效宣告

【解析】《商标法》第四十四条第一款规定,已经注册的商标,违反该法第十条、第十一条、第十二条规定的,或者是以欺骗手段或者其他不正当手段取得注册的,由商标局宣告该注册商标无效;其他单位或者个人可以请求商标评审委员会裁定宣告该注册商标无效。因此,选项A正确,选项B错误。《商标法》第四十四条第二款规定,商标局作出宣告注册商标无效的决定,应当书面通知有关当事人。当事人对商标局的决定不服的,可以自收到通知之日起15日内向商标评审委员会申请复审。……因此,选项C、D正确。

综上,本题正确答案为:A、C、D。

89. 根据《商标法》及相关规定,下列关于注册商标转让的哪些说法是正确的?
    A. 转让人和受让人应当签订转让协议
    B. 转让人和受让人应当共同向商标局提出申请
    C. 受让人应当保证使用该注册商标的商品质量
    D. 商标注册人对其在同一种商品上注册的近似的商标,无须一并转让

【答案】A B C

【知识点】注册商标的转让

【解析】《商标法》第四十二条第一款规定,转让注册商标的,转让人和受让人应当签订转让协议,并共同向商标局提出申请。受让人应当保证使用该注册商标的商品质量。因此,选项A、B、C正确。《商标法》第四十二条第二款规定,转让注册商标的,商标注册人对其在同一种商品上注册的近似的商标,或者在类似商品上注册的相同或者近似的商标,应当一并转让。因此,选项D错误。

综上，本题正确答案为：A、B、C。

90. 根据《商标法》及相关规定，下列哪些行为属于侵犯注册商标专用权的行为？
    A. 未经商标注册人的许可，在同一种商品上使用与其注册商标相同的商标的
    B. 未经商标注册人的许可，在同一种商品上使用与其注册商标近似的商标，容易导致混淆的
    C. 未经商标注册人的许可，在类似商品上使用与其注册商标相同的商标，容易导致混淆的
    D. 未经商标注册人的许可，在类似商品上使用与其注册商标近似的商标，容易导致混淆的

【答案】A B C D
【知识点】商标侵权行为
【解析】《商标法》第五十七条规定，有下列行为之一的，均属侵犯注册商标专用权：（一）未经商标注册人的许可，在同一种商品上使用与其注册商标相同的商标的；（二）未经商标注册人的许可，在同一种商品上使用与其注册商标近似的商标，或者在类似商品上使用与其注册商标相同或者近似的商标，容易导致混淆的；（三）销售侵犯注册商标专用权的商品的；（四）伪造、擅自制造他人注册商标标识或者销售伪造、擅自制造的注册商标标识的；（五）未经商标注册人同意，更换其注册商标并将该更换商标的商品又投入市场的；（六）故意为侵犯他人商标专用权行为提供便利条件，帮助他人实施侵犯商标专用权行为的；（七）给他人的注册商标专用权造成其他损害的。因此，选项A、B、C、D正确。

综上，本题正确答案为：A、B、C、D。

91. 根据《反不正当竞争法》及相关规定，经营者的下列哪些行为属于不正当竞争行为？
    A. 假冒他人的注册商标
    B. 擅自使用他人知名商品特有的包装装潢，造成和他人的知名商品相混淆，使购买者误认为是该知名商品的
    C. 以低于成本的价格销售鲜活商品
    D. 以明示入账的方式给交易对方折扣

【答案】A B
【知识点】不正当竞争行为
【解析】《反不正当竞争法》第五条规定，经营者不得采用下列不正当手段从事市场交易，损害竞争对手：（一）假冒他人的注册商标；（二）擅自使用知名商品特有的名称、包装、装潢，或者使用与知名商品近似的名称、包装、装潢，造成和他人的知名商品相混淆，使购买者误认为是该知名商品；（三）擅自使用他人的企业名称或者姓名，引人误认为是他人的商品；（四）在商品上伪造或者冒用认证标志、名优标志等质量标志，伪造产地，对商品质量作引人误解的虚假表示。因此，选项A、B正确。《反不正当竞争法》第十一条规定，

经营者不得以排挤竞争对手为目的，以低于成本的价格销售商品。有下列情形之一的，不属于不正当竞争行为：（一）销售鲜活商品；（二）处理有效期限即将到期的商品或者其他积压的商品；（三）季节性降价；（四）因清偿债务、转产、歇业降价销售商品。因此，选项C错误。《反不正当竞争法》第八条规定，经营者不得采用财物或者其他手段进行贿赂以销售或者购买商品。在账外暗中给予对方单位或者个人回扣的，以行贿论处；对方单位或者个人在账外暗中收受回扣的，以受贿论处。经营者销售或者购买商品，可以以明示方式给对方折扣，可以给中间人佣金。经营者给对方折扣、给中间人佣金的，必须如实入账。接受折扣、佣金的经营者必须如实入账。因此，选项D错误。

综上，本题正确答案为：A、B。

92. 甲公司在某地电视台投放广告，宣称"甲公司原装进口实木地板质量佳、服务好"，同时捏造虚伪事实宣称"乙公司生产的木地板甲醛严重超标"。此后，乙公司木地板销量锐减。经查明，甲公司生产的实木地板是用国内木材加工而成。根据《反不正当竞争法》及相关规定，下列关于该广告行为的哪些说法是正确的？

　　A. 甲公司宣称"甲公司原装进口实木地板质量佳、服务好"的行为是不正当竞争行为
　　B. 甲公司宣称"甲公司原装进口实木地板质量佳、服务好"的行为是正当竞争行为
　　C. 甲公司宣称"乙公司生产的木地板甲醛严重超标"的行为是不正当竞争行为
　　D. 甲公司宣称"乙公司生产的木地板甲醛严重超标"的行为是正当竞争行为

【答案】A C

【知识点】不正当竞争的概念和种类

【解析】《反不正当竞争法》第九条第一款规定，经营者不得利用广告或者其他方法，对商品的质量、制作成分、性能、用途、生产者、有效期限、产地等作引人误解的虚假宣传。因此，选项A正确，选项B错误。《反不正当竞争法》第十四条规定，经营者不得捏造、散布虚伪事实，损害竞争对手的商业信誉、商品声誉。因此，选项C正确，选项D错误。

综上，本题正确答案为：A、C。

93. 根据《植物新品种保护条例》及相关规定，下列关于品种权保护期限的说法哪些是正确的？

　　A. 品种权的保护期限自授权之日起算
　　B. 品种权的保护期限自申请之日起算
　　C. 林木品种权的保护期限为20年
　　D. 果树品种权的保护期限为15年

【答案】A C

【知识点】品种权的保护期限

【解析】《植物新品种保护条例》第三十四条规定，品种权的保护期限，自授权之日起，藤本植物、林木、果树和观赏树木为20年，其他植物为15年。因此，选项A、C正确，选

项B、D错误。

综上，本题正确答案为：A、C。

94. 根据《植物新品种保护条例》及相关规定，下列哪些行为可以不经品种权人许可，不向其支付使用费？

　　A. 利用授权品种进行育种及其他科研活动
　　B. 农民自繁自用授权品种的繁殖材料
　　C. 为商业目的将该授权品种的繁殖材料重复使用于生产另一品种的繁殖材料
　　D. 为商业目的生产该授权品种的繁殖材料

【答案】A B
【知识点】不需要经品种权人许可的使用
【解析】《植物新品种保护条例》第十条规定，在下列情况下使用授权品种的，可以不经品种权人许可，不向其支付使用费，但是不得侵犯品种权人依照该条例享有的其他权利：（一）利用授权品种进行育种及其他科研活动；（二）农民自繁自用授权品种的繁殖材料。因此，选项A、B正确。《植物新品种保护条例》第六条规定，完成育种的单位或者个人对其授权品种，享有排他的独占权。任何单位或者个人未经品种权所有人许可，不得为商业目的生产或者销售该授权品种的繁殖材料，不得为商业目的将该授权品种的繁殖材料重复使用于生产另一品种的繁殖材料；但是，该条例另有规定的除外。因此，选项C、D错误。

综上，本题正确答案为：A、B。

95. 根据《集成电路布图设计保护条例》及相关规定，集成电路布图设计权利人享有下列哪些专有权？

　　A. 对受保护的布图设计的全部进行复制
　　B. 对受保护的布图设计中的任何具有独创性的部分进行复制
　　C. 将受保护的布图设计投入商业利用
　　D. 将含有受保护的布图设计的集成电路投入商业利用

【答案】A B C D
【知识点】布图设计权利人的专有权
【解析】《集成电路布图设计保护条例》第七条规定，布图设计权利人享有下列专有权：（一）对受保护的布图设计的全部或者其中任何具有独创性的部分进行复制；（二）将受保护的布图设计、含有该布图设计的集成电路或者含有该集成电路的物品投入商业利用。因此，选项A、B、C、D正确。

综上，本题正确答案为：A、B、C、D。

96. 根据《保护工业产权巴黎公约》的规定，下列哪些属于工业产权的保护对象？

　　A. 商标

B. 厂商名称
C. 货源标记或原产地名称
D. 专利

【答案】ABCD

【知识点】工业产权的范围

【解析】《保护工业产权巴黎公约》第一条（2）规定，工业产权的保护对象有专利、实用新型、工业品外观设计、商标、服务标记、厂商名称、货源标记或原产地名称，和制止不正当竞争。因此，选项A、B、C、D正确。

综上，本题正确答案为：A、B、C、D。

97. 根据《保护工业产权巴黎公约》的规定，下列哪些说法是正确的？

    A. 成员国国民在某一成员国申请的专利，与在其他成员国或者非成员国就同一发明所取得的专利相互独立
    B. 成员国国民就同一发明在优先权期限内向不同成员国申请的专利，在某一成员国被驳回的，在其他成员国亦必须被驳回
    C. 成员国可以以专利产品的销售受到本国法律禁止为理由，拒绝授予专利权
    D. 成员国不得以专利产品的销售受到本国法律禁止为理由，拒绝授予专利权

【答案】AD

【知识点】专利的独立性

【解析】《保护工业产权巴黎公约》第四条之二规定，（1）本联盟国家的国民向本联盟各国申请的专利，与在其他国家，不论是否本联盟的成员国，就同一发明所取得的专利是互相独立的。（2）上述规定，应从不受限制的意义来理解，特别是指在优先权期间内申请的各项专利，就其无效和丧失权利的理由以及其正常的期间而言，是互相独立的。（3）该规定应适用于在其开始生效时已经存在的一切专利。（4）在有新国家加入的情况下，该规定应同样适用于加入时各方面已经存在的专利。（5）在本联盟各国，因享有优先权的利益而取得的专利的期限，与没有优先权的利益而申请或授予的专利的期限相同。因此，选项A正确，选项B错误。《保护工业产权巴黎公约》第四条之四规定，不得以专利产品的销售或依专利方法制造的产品销售受到本国法律的禁止或限制为理由，而拒绝授予专利或使专利无效。因此，选项C错误，选项D正确。

综上，本题正确答案为：A、D。

98. 根据《保护工业产权巴黎公约》的规定，下列哪些说法是正确的？

    A. 要求优先权的，应当在各成员国规定的期限内提出要求优先权的声明
    B. 成员国可以要求作出优先权声明的任何人提交以前提出的申请的副本
    C. 作为产生优先权的基础的首次申请可以是与正规的国家申请相当的任何申请
    D. 成员国可以准许根据实用新型申请的优先权提出工业品外观设计申请

【答案】ABCD

【知识点】享有优先权的条件 优先权的期限

【解析】《保护工业产权巴黎公约》第四条D（1）规定，任何人希望利用以前提出的一项申请的优先权的，需要作出声明，说明提出该申请的日期和受理该申请的国家。每一国家应确定必须作出该项声明的最后日期。因此，选项A正确。《保护工业产权巴黎公约》第四条D（3）规定，本联盟国家可以要求作出优先权声明的任何人提交以前提出的申请（说明书、附图等）的副本。该副本经原受理申请的机关证实无误后，不需要任何认证，并且无论如何可以在提出后一申请后3个月内随时提交，不需缴纳费用。本联盟国家可以要求该副本附有上述机关出具的载明申请日的证明书和译文。因此，选项B正确。《保护工业产权巴黎公约》第四条A（2）规定，依照本联盟任何国家的本国立法，或依照本联盟各国之间缔结的双边或多边条约，与正规的国家申请相当的任何申请，应当被承认为产生优先权。因此，选项C正确。《保护工业产权巴黎公约》第四条E（1）规定，依靠以实用新型申请为基础的优先权而在一个国家提出工业品外观设计申请的，优先权期间应与工业品外观设计规定的优先权期间一样。因此，选项D正确。

综上，本题正确答案为：A、B、C、D。

99. 根据《与贸易有关的知识产权协定》的规定，下列哪些说法是正确的？
   A. 各成员可以将商标的实际使用作为提交商标注册申请的条件
   B. 各成员不应将商标的实际使用作为提交商标注册申请的条件
   C. 各成员可以规定使用是维持商标注册的必要条件
   D. 各成员不应规定使用是维持商标注册的必要条件

【答案】BC

【知识点】《与贸易有关的知识产权协定》之商标可保护的客体

【解析】《与贸易有关的知识产权协定》第十五条第三款规定，各成员可以将可否注册取决于使用。然而，不应将商标的实际使用作为提交注册申请的条件。所以，选项A错误，选项B正确。根据《与贸易有关的知识产权协定》第十九条的规定，如果使用是维持注册的必要条件，只有在至少连续3年不使用以后，才可以取消其注册，除非商标所有人表明有妨碍这种使用的正当理由。因此，选项C正确，选项D错误。

综上，本题正确答案为：B、C。

100. 根据《与贸易有关的知识产权协定》的规定，下列哪些属于针对侵权行为规定的民事救济措施？
   A. 监禁
   B. 责令停止侵权
   C. 损害赔偿
   D. 责令侵权人向权利持有人支付适当的律师费用

【答案】BCD

【知识点】知识产权执法

【解析】《与贸易有关的知识产权协定》第六十一条规定，各成员应当规定刑事程序和刑罚，至少适用于故意的具有商业规模的假冒商标或盗版案件。可以采用的救济应包括足以起威慑作用的监禁和/或罚金，其处罚水准应当与同样严重的犯罪所适用的处罚水准相一致。在适当情形，可以采取的救济还应当包括对侵权货物以及主要用于犯罪的任何材料和工具的扣押、没收和销毁。各成员可以规定，刑事程序和刑罚应当适用于其他侵犯知识产权的案件，尤其是故意侵权并且具有商业规模的案件。因此，监禁属于刑罚，不属于民事救济措施，选项A错误。《与贸易有关的知识产权协定》第四十四条第一款规定，司法机关应有权命令当事人停止侵权，除其他外，有权在海关放行后立即阻止那些涉嫌侵犯知识产权的进口货物进入其管辖范围内的商业渠道。对于有关的人在知悉或者有合理的根据应当知悉从事这些主题的交易会导致侵犯知识产权之前所获得或订购的此类主题，各成员没有义务授予司法机关这样的权力。因此，选项B正确。《与贸易有关的知识产权协定》第四十五条第一款规定，如果侵权人明知或有合理的根据应知其从事了侵权活动，司法机关应当有权责令侵权人向权利持有人支付足以补偿权利持有人由于侵权人侵犯其知识产权而所损失的损害赔偿金。因此，选项C正确。《与贸易有关的知识产权协定》第四十五条第二款规定，司法机关还应当有权责令侵权人向权利持有人支付费用，其中可以包括适当的律师费用。在适当情形下，即使侵权人并非明知或有合理的根据应知其从事了侵权活动，各成员仍可以授权司法机关责令返还利润，和/或支付法律预先规定的损害赔偿金。因此，选项D正确。

综上，本题正确答案为：B、C、D。

专利代理实务

答题须知

1. 答题时请以现行、有效的法律和法规的规定为准。

2. 作为考试，应试者在完成题目时应当接受并仅限于本试卷所提供的事实，并且无须考虑素材的真实性、有效性问题。

3. 本专利代理实务试题包括第一题、第二题、第三题和第四题，满分150分。

应试者应当将各题答案按顺序清楚地撰写在相对应的答题区域内。

试题说明

第一题： 客户A公司拟对B公司的发明专利（下称涉案专利）提出无效宣告请求，为此，A公司向你所在的代理机构提供了涉案专利（附件1）和对比文件1~3，以及A公司技术人员撰写的无效宣告请求书（附件2），请你具体分析客户所撰写的无效宣告请求书中的各项无效宣告理由是否成立，并将结论和具体理由以信函的形式提交给客户。

第二题： 请你根据客户提供的材料为客户撰写一份无效宣告请求书，在无效宣告请求书中要明确无效宣告请求的范围、理由和证据，要求以《专利法》及其实施细则中的有关条、款、项作为独立的无效宣告理由提出，并结合给出的材料具体说明。

第三题： 客户A公司同时向你所在的代理机构提供了技术交底材料（附件3），希望就该技术申请实用新型专利。请你综合考虑涉案专利和对比文件1~3所反映的现有技术，为客户撰写实用新型专利申请的权利要求书。

第四题： 简述你撰写的独立权利要求相对于涉案专利解决的技术问题和取得的技术效果。

附件1（涉案专利）：

(19) 中华人民共和国国家知识产权局

(12) 发明专利

(45) 授权公告日 2016.02.11

(21) 申请号 201311234567.x
(22) 申请日 2013.09.04
(73) 专利权人 B公司

（其余著录项目略）

权利要求书

1. 一种茶壶，包括壶身、壶嘴、壶盖及壶把，其特征在于：壶盖底面中央可拆卸地固定有一个向下延伸的搅拌棒，搅拌棒的端部可拆卸地固定有搅拌部。

2. 根据权利要求1所述的茶壶，其特征在于：所述搅拌部为一叶轮，所述叶轮的底部沿径向方向设有齿板。

3. 根据权利要求1或2所述的茶壶，其特征在于：所述齿板上设有多个三角形凸齿。

4. 一种茶壶，包括壶身、壶嘴、壶盖及壶把，其特征在于：壶身上设有弦月形护盖板。

说 明 书

茶 壶

本发明涉及品茗茶壶的改良。

一般茶叶在冲泡过程中，茶叶经常聚集在茶壶底部，需要长时间浸泡才能伸展出味。当需要迅速冲泡茶叶的时候，有人会使用搅拌棒或者筷子对茶壶里面的茶叶进行搅拌。这样既不方便，也不卫生。

再者，茶壶在倾倒过程中，壶盖往往向前滑动，容易使得茶水溢出，甚至烫伤他人。

本发明的主要目的是提供一种具有搅拌工具的茶壶。所述搅拌工具可拆卸地固定在壶盖底面中央，并向壶身内部延伸。

本发明的另一个目的是提供一种具有护盖板的茶壶。所述护盖板呈弦月型，位于壶身靠近壶嘴的前沿开口部分，并覆盖部分壶盖。

图1为本发明的茶壶的立体外观图；

图2为本发明的茶壶的立体分解图。

如图1、图2所示，本发明的茶壶包括有壶身1、壶嘴2、带有抓手的壶盖3、壶把4及搅拌工具5。搅拌工具5包括搅拌棒11和作为搅拌部的叶轮12。壶身1内可放入茶叶，并供茶叶在冲泡后具有伸展空间。壶盖3的底面中央安装有一个六角螺母。搅拌棒11的两端具有螺纹，其一端旋进六角螺母，从而实现与壶盖3的可拆卸安装，另一端与叶轮12螺纹连接。由于搅拌工具为可拆卸结构，因此易于安装和更换。

壶身1上设置有一弦月形护盖板13，该护盖板13从壶身1近壶嘴2的前缘开口部位沿壶盖3的周向延伸，并覆盖部分壶盖3，护盖板13可以防止壶盖在茶水倾倒过程中向前滑动，从而防止茶水溢出。

使用时，先在壶身1内置入茶叶等冲泡物，倾斜壶盖3，使搅拌工具5置于壶身1内，然后向下将壶盖3置于护盖板13的下方。旋转壶盖3，搅拌工具5随着壶盖3的转动而转动，实现对壶身1内的茶叶及茶水搅拌。

为了更好地对茶叶进行搅拌，可在叶轮12的底部设置齿板。如图1、图2所示，在叶轮12的底部，沿径向向外延伸设有若干个齿板14，每个齿板14上至少设有两个三角形凸齿，配合搅拌工具在茶壶内的旋转，三角形的尖锐凸齿可以进一步搅拌壶身内的茶叶。

说 明 书 附 图

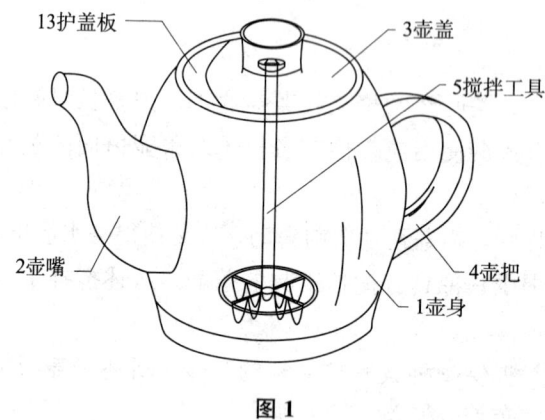

图 1

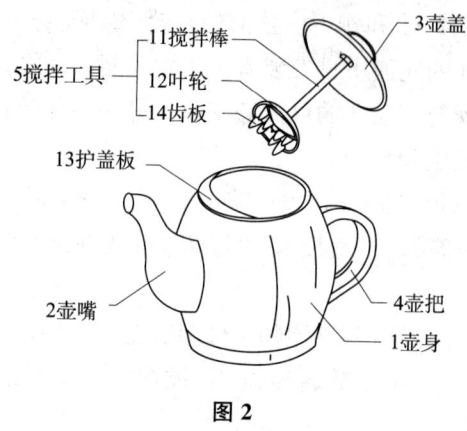

图 2

对比文件1：

(19) 中华人民共和国国家知识产权局

(12) 实用新型专利

(45) 授权公告日 2014.05.09

(21) 申请号 201320123456.5
(22) 申请日 2013.08.22
(73) 专利权人 赵××

(其余著录项目略)

说 明 书

一种多功能杯子

本实用新型涉及一种盛装饮用液体的容器，具体地说是一种多功能杯子。

人们在冲泡奶粉、咖啡等饮品时，由于水温及其他各种因素的影响，固体饮品不能迅速溶解，容易形成结块，影响口感。

本实用新型的目的在于提供一种多功能杯子。该杯子具有使固体物迅速溶解、打散结块的功能。

图1为本实用新型的多功能杯子的第一实施例的结构示意图；

图2为本实用新型的多功能杯子的第二实施例的结构示意图。

如图1所示，本实用新型的多功能杯子包括：杯盖21A、搅拌棒22A和杯体23A，搅拌棒22A位于杯盖21A的内侧，并与杯盖一体成型。搅拌棒22A的端部可插接一桨形搅拌部24A。

图2示出了本实用新型的多功能杯子的另一个实施例，包括杯盖21B、搅拌棒22B和杯体23B。所述搅拌棒22B的头部呈圆柱形。杯盖21B的内侧设有内径与搅拌棒22B的头部外径相同的插槽，搅拌棒22B的头部插入至杯盖21B的插槽内。搅拌棒22B采用可弯折的材料制成，其端部弯折出一个搅拌匙以形成搅拌部，从而方便搅拌。

使用时，取下杯盖，向杯内放入奶粉、咖啡等固态饮料并注入适宜温度的水，盖上杯盖，握住杯体，转动杯盖，此时搅拌棒也随杯盖的旋转而在杯体内转动，从而使固态饮料迅速溶解，防止结块产生，搅拌均匀后取下杯盖，直接饮用饮品即可。

说 明 书 附 图

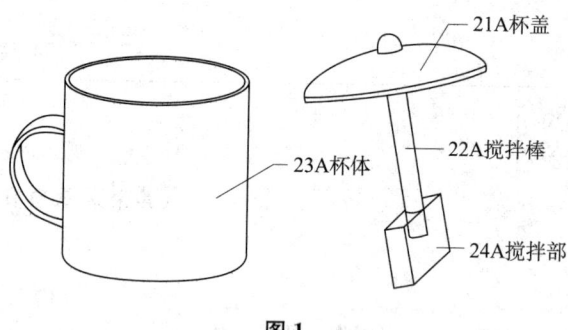

图 1

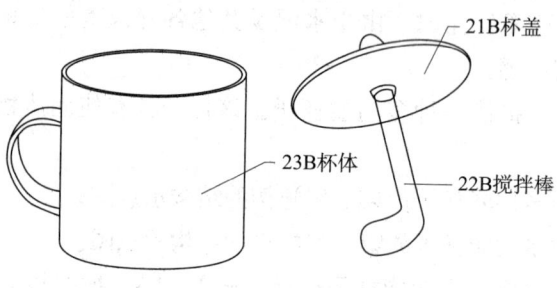

图 2

对比文件 2：

(19) 中华人民共和国国家知识产权局

(12) 实用新型专利

(45) 授权公告日　2011.03.23

(21) 申请号　201020789117.7
(22) 申请日　2010.04.04
(73) 专利权人　孙××

(其余著录项目略)

说　明　书

　　本实用新型涉及一种新型泡茶用茶壶。
　　泡茶时，经常发生部分茶叶上下空间展开不均匀不能充分浸泡出味的情况，影响茶水的口感。
　　本实用新型的目的是提供一种具有搅拌匙的茶壶。
　　图1为本实用新型的茶壶的立体外观图；
　　图2为本实用新型的茶壶的剖视图。
　　如图1所示，本实用新型的茶壶包括有壶身30、壶嘴31、壶盖32及壶把33。壶盖32的底面中央一体成型有一向下延伸的搅拌匙34，此搅拌匙34呈偏心弯曲状，在壶盖32盖合在壶身30时，可伸置在壶身30内部。
　　如图2所示，在壶身30内置茶叶等冲泡物时，搅棒匙34随壶盖32转动，由于搅拌匙34呈偏心弯曲状，弯曲部分可以加速茶壶内的茶叶在上下方向上运动，从而对壶身30内的茶叶及茶水搅拌，使冲泡过程不致有茶叶长时间聚集在茶壶的底部，从而提高冲泡茶水的口感。

说 明 书 附 图

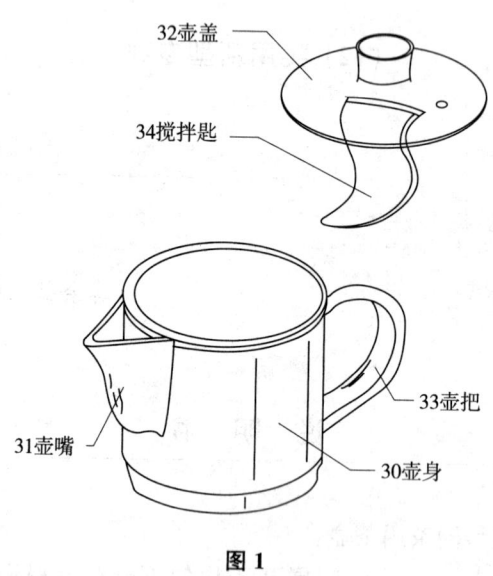

图 1

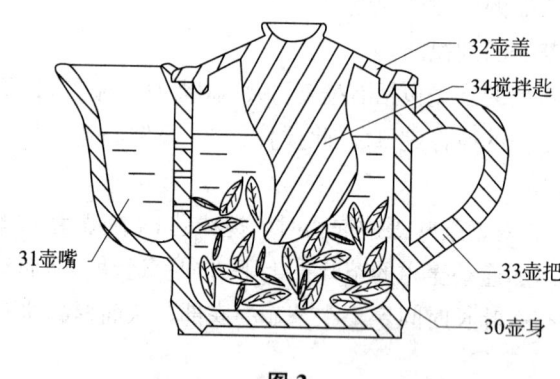

图 2

对比文件3：

(19) 中华人民共和国国家知识产权局

(12) 实用新型专利

(45) 授权公告日　2000.10.19

(21) 申请号 99265446.9
(22) 申请日 1999.11.10
(73) 专利权人　钱××　　　　　　　　　　　　　　（其余著录项目略）

说　明　书

茶　杯

本实用新型有关一种具有改良结构的新型茶杯。

传统茶杯在冲泡茶叶时需要耗费较多的冲泡时间才能将茶叶冲开饮用。

本实用新型的目的是提供一种新型茶杯，其能够通过对冲泡中的茶叶的搅拌来加速茶叶的冲泡。

图1是本实用新型的茶杯的剖视图。

如图1所示，本实用新型改良结构的茶杯，具有一杯体40、杯盖41、塞杆42，以及塞部43。塞杆42可拆卸地固定安装在杯盖41的下表面上。塞杆42的下端部插接有一个塞部43，塞部43表面包覆有滤网，底部沿径向方向上设有两片微弧状的压片2B。塞部43可与圆柱形杯体40配合，作为供茶叶的搅拌及过滤的结构装置。

该茶杯在实际应用时，配合杯盖41的旋转操作，塞部43底部设有的压片2B搅拌、搅松置放于杯体40底部的茶叶，方便地完成茶叶的冲泡工作。

由于塞杆42、塞部43与杯盖41之间均采用可拆卸连接，一方面，当茶杯没有浸泡茶叶时，可以将用于搅拌的塞杆42、塞部43取下；另一方面，如果出现了零件损坏的情况，可以进行更换。

说 明 书 附 图

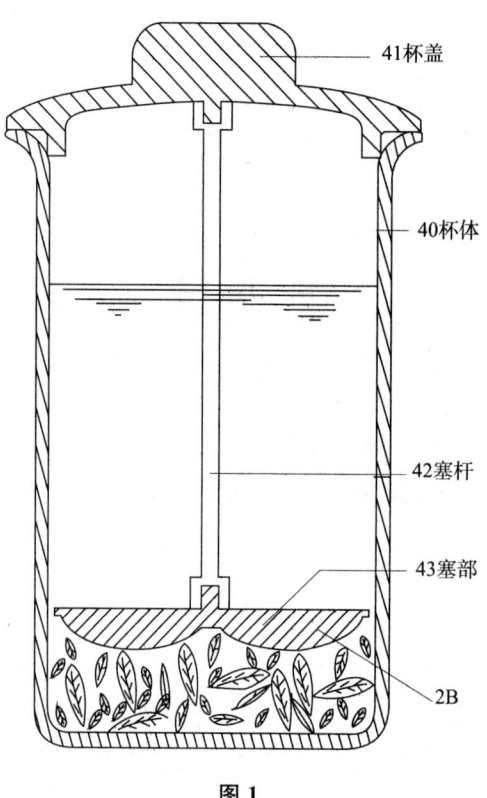

图1

附件2（客户撰写的无效宣告请求书）：

无效宣告请求书：
（一）关于新颖性和创造性

1. 对比文件1与涉案专利涉及相近的技术领域，其说明书的附图1所示的实施例公开了一种多功能杯子包括：杯盖21A、搅拌棒22A和杯体23A，搅拌棒22A位于杯盖21A的内侧，并与杯盖一体成型。搅拌棒22A的端部可插接一桨形搅拌部24A。附图2示出了另一个实施例，包括杯盖21B、搅拌棒22B和杯体23B，所述搅拌棒22B的头部呈圆柱形。杯盖21B的内侧设有内径与搅拌棒22B的头部外径相同的插槽，搅拌棒22B的头部插入至杯盖21B的插槽内。搅拌棒22B采用可弯折的材料制成，其端部弯折出一个搅拌匙以形成搅拌部。因此，实施例一公开了可拆卸的搅拌部，实施例二公开了可拆卸的搅拌棒，对比文件1公开了权利要求1的全部特征，权利要求1相对于对比文件1不具备新颖性。

2. 对比文件2公开了一种茶壶，并具体公开了本实用新型的茶壶包括有壶身30、壶嘴31、壶盖32及壶把33。壶盖32的底面中央一体成型有一向下延伸的搅拌匙34，此搅拌匙34呈偏心弯曲状，在壶盖32盖合在壶身30时，可伸置在壶身30内部。因此其公开了权利要求1的全部技术特征，二者属于相同的技术领域，解决了同样的技术问题，并且达到了同样的技术效果，因此权利要求1相对于对比文件2不具备新颖性。

3. 对比文件2公开了一种带有搅拌匙的茶壶，对比文件3公开了一种改良结构的茶杯，二者结合公开了权利要求2的全部技术特征，因此权利要求2相对于对比文件2和对比文件3不具备创造性。

（二）其他无效理由

4. 权利要求1没有记载搅拌部的具体结构，因此缺少必要技术特征。

5. 权利要求3保护范围不清楚。

6. 权利要求1的特定技术特征是壶盖底面中央可拆卸地固定有一个向下延伸的搅拌棒，搅拌棒的端部可拆卸地固定有搅拌部，从而实现对茶叶的搅拌；权利要求4的特定技术特征是壶身上设有弦月形护盖板，以防止壶盖向前滑动，权利要求4与权利要求1不属于一个总的发明构思，没有单一性。

因此请求宣告涉案专利全部无效。

附件3（技术交底材料）：

茶叶在冲泡过程中，一般需要数十秒到数分钟左右，才能使其味道浸出。保证茶叶的浸出时间，对于泡出香味浓郁的茶水非常重要。当突然来了客人需要泡茶时，往往会因为茶叶的浸出时间不足，而造成茶水的色、香、味过于清淡。对此，通常采取的方法都是用筷子或勺子放入茶壶搅拌。但是，一方面，寻找合适的搅拌工具很不方便，另一方面，使用后的搅拌工具没有固定地方放置，经常被随意地放在桌上，很不卫生。

在现有技术的基础上，我公司提出一种改进的茶壶。

如图1所示的茶壶，在壶身101的侧面设有壶嘴102和壶把103。壶身101的上部开口处具有壶盖104。壶盖104的中央安装有抓手105。在抓手105的旁边有一个穿透壶盖的通气孔H，在通气孔H中贯穿地插入一搅拌工具110。

如图2所示，搅拌工具110具有杆部111、搅拌部112和把手114。杆部111可自由地穿过通气孔H，并可在通气孔H内拉动和旋转。杆部111的前端可拆卸地安装有把手114，后端一体成型有搅拌部112。搅拌部112的形状可以采用现有搅拌工具的形状，但这样的形状在茶水中的移动速度慢，不利于茶叶的快速浸出。优选地，搅拌部112为螺旋形，在杆部111的轴向上保持规定的间距而螺旋形延伸。螺旋的内侧空间还可以容纳水质改良剂。例如，将由天然石头做成的球体放入搅拌部112，可以从球体溶出矿物质成分，使茶的味道更加温和。

使用茶壶时，如图1所示，在壶身101内放入茶叶，倒入适量的热水浸泡茶叶。在茶壶中倒入热水后，立即盖上壶盖104。在盖着壶盖104的状态下，拉动和旋转搅拌工具110。在茶壶内，随搅拌工具110的运动，茶叶在热水中移动，茶叶的成分迅速在整个热水中扩散。将搅拌工具110上下移动时，搅拌部112还可以起到泵的作用，在茶壶内部促使茶水产生对流，因此，可以高效泡出味道浓郁且均匀的茶水。

图3示出了另一种搅拌工具210。搅拌工具210具有杆部211、搅拌部212和把手214。把手214与杆部211可拆卸连接，杆部211的轴周围伸出螺旋形的叶片板形成螺旋形的搅拌部212，所述杆部211与所述搅拌部212一体成型。

图4为另一种结构的搅拌工具310。搅拌工具310具有杆部311、搅拌部312和把手314。杆部311与把手314一体成型，与搅拌部312之间可拆卸连接。搅拌部312的上端固定有十字接头316。杆部311的下端插入十字接头316的突出部。搅拌部312可以使用弹性材料制成，由于弹性材料的作用，螺旋形搅拌部容易变形，搅拌更容易进行。

带有搅拌工具的茶壶，结构简单，成本低廉，操作方便。将搅拌工具穿入通气孔H，拉动和旋转把手，杆部带动搅拌部对壶身内的茶水和茶叶进行搅拌，使容器内有效地产生对流，方便地完成茶叶的冲泡。其利用了茶壶上现有的通气孔，将搅拌工具安装在茶壶上，不需要改变茶壶的结构就可以方便卫生地实现对茶叶的搅拌操作。

技术交底材料附图

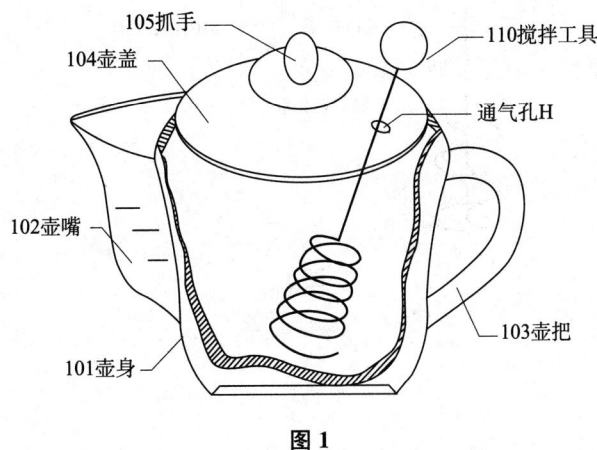

图 1

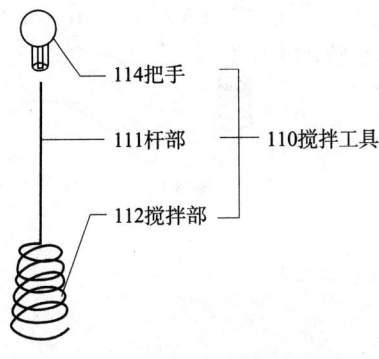

图 2

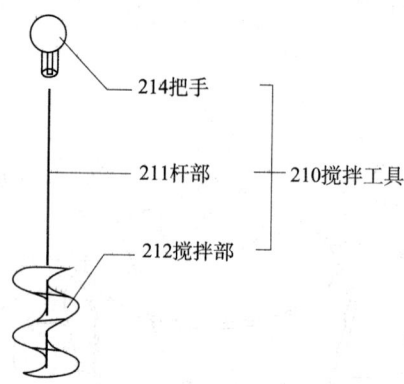

图 3

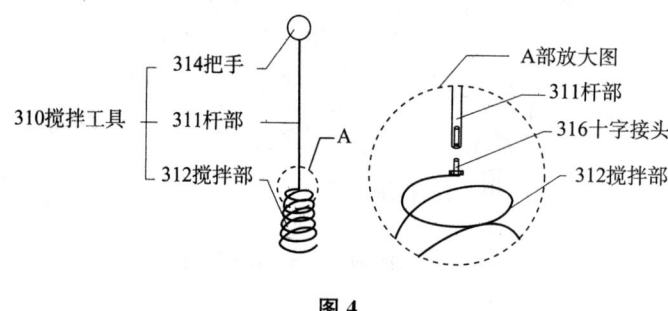

图 4

2016年专利代理实务题答题要点及参考答案

一、总体考虑

2016年"专利代理实务"科目考试试题包括无效实务和申请实务两个部分，共4道题目。第一题和第二题为无效实务部分。第一题要求应试者根据客户提供的资料具体分析客户自行撰写的无效宣告请求书中的各项无效宣告理由是否成立，并将具体意见以信函的形式提交给客户。该题重点考查应试者对于专利代理实务中应知应会的重点法条的理解和运用能力，要求应试者全面、正确地判断题述理由是否符合《专利法实施细则》第六十五条第二款规定的范围，并对其具体理由是否成立、撰写是否合适等内容作出判断。第二题要求应试者根据客户提供的资料撰写无效宣告请求书。该题全面考查了应试者对于专利代理实务中经常涉及的几个基本法律概念，包括新颖性、创造性、权利要求是否得到说明书的支持等内容的掌握程度以及灵活运用的能力。应试者作为无效宣告请求人的代理人，要条理清晰、有理有据地分析客户提供的资料，选择无效宣告成功可能性最大的证据，并提出最具说服力的理由。第三题和第四题为申请实务部分。第三题采用撰写权利要求书这种专利代理实务中最基本的形式，主要考查应试者撰写权利要求书的基本技巧，要求在满足《专利法》及《专利法实施细则》有关规定的前提下，撰写合适范围的独立权利要求，逻辑清楚、层次分明的从属权利要求，以及实用新型权利要求中涉及材料特征的权利要求的撰写。此题一方面要求应试者具有总结归纳的能力，为客户寻求最合理范围的专利保护；另一方面也要求应试者能够撰写出有层次、有梯度、逻辑严谨、结构清楚的从属权利要求，从而保证权利的稳定性。第四题要求应试者分析其在第三题中撰写的独立权利要求相对于最接近的现有技术所解决的技术问题和产生的技术效果，实质上是从另一个角度考查了应试者对于创造性的把握，以及应试者在撰写独立权利要求时对技术内容的掌握情况。

二、分析客户所撰写的无效宣告请求书中的各项理由是否成立

2016年"专利代理实务"科目考试的第一题要求应试者根据题目给出的资料，对于客户自行撰写的无效宣告请求书中涉及的各项无效宣告理由是否成立给出意见。该题目中共给出4份资料：涉案专利以及客户提供的对比文件1～3。

在具体分析各项无效宣告理由是否成立之前，应试者需要认真阅读题目中给出的4份素材，全面了解涉案专利以及所有对比文件的相关内容，并按照以下思路和步骤进行分析。

（一）分析客户提供的涉案专利的权利要求书

涉案专利的权利要求书共计4项权利要求，其中有2项独立权利要求。独立权利要求1涉及一种具有搅拌工具的茶壶，从属权利要求2、3分别是对搅拌部以及其上的叶轮的进一步限定。通过茶壶上的搅拌工具可以对聚集在茶壶底部的茶叶进行搅拌，从而使其尽快地浸泡出味。独立权利要求4涉及一种具有弦月形护盖板的茶壶，设置在壶身靠近壶嘴的前缘开

口部位，并沿壶盖的周向延伸的弦月形护盖板可以防止茶壶在倾倒过程中壶盖向前滑动，避免茶水溢出。

(二) 分析客户提供的对比文件

对于对比文件的分析需要从两个方面入手。一方面，在时间上，需要考察客户提供的对比文件是否构成涉案专利的现有技术，或者是否属于申请在先、公开（公告）在后的专利申请或者专利文件；另一方面，在内容上，需要考察这些对比文件是否能够影响涉案专利的权利要求的新颖性和/或创造性，以及是否构成抵触申请。

在时间上，对比文件1是申请在先、公开在后的中国专利文件，仅能用来评价权利要求的新颖性。对比文件2和对比文件3均构成了涉案专利的现有技术，可以用来评价权利要求的新颖性和创造性。

在内容上，对比文件1公开了一种多功能杯子，并公开了两个实施例：第一实施例的多功能杯子包括杯盖、搅拌棒和杯体，搅拌棒位于杯盖的内侧，并与杯盖一体成型。搅拌棒的端部可插接一桨形搅拌部。第二实施例的杯子包括杯盖、搅拌棒和杯体。搅拌棒的头部呈圆柱形。杯盖的内侧设有内径与搅拌棒的头部外径相同的插槽，搅拌棒的头部插入至杯盖的插槽内。搅拌棒采用可弯折的材料制成，其端部弯折出一个搅拌匙以形成搅拌部，从而方便搅拌。由此可见，对比文件1与涉案专利所涉及的并不是相同的技术领域，对比文件1没有公开权利要求1中的一种茶壶，包括壶身、壶嘴、壶盖及壶把，也没有公开在壶盖底面中央可拆卸地固定有一个向下延伸的搅拌棒，搅拌棒的端部可拆卸地固定有搅拌部，即对比文件1并没有公开权利要求1的技术方案，因此对比文件1不构成权利要求1的抵触申请。

对比文件2公开了一种茶壶，包括有壶身、壶嘴、壶盖及壶把。壶盖的底面中央一体成型有一向下延伸的搅拌匙，此搅拌匙呈偏心弯曲状，在壶盖盖合在壶身时，可伸置在壶身内部。

对比文件2与权利要求1涉及相同的技术领域，通过对比分析，权利要求1与对比文件2的区别在于权利要求1的壶盖底面中央可拆卸地固定有一个向下延伸的搅拌棒，搅拌棒的端部可拆卸地固定有搅拌部，而对比文件2中的搅拌匙与壶盖一体成型。

对比文件3公开了一种具有改良结构的茶杯，具有杯体、杯盖、塞杆，以及塞部。塞杆可拆卸地固定安装在杯盖的下表面上。塞杆的下端部插接有一个塞部，塞部表面包覆有滤网，底部沿径向方向上设有两片微弧状的压片2B。塞部可与圆柱形杯体配合，作为供茶叶的搅拌及过滤的结构装置。

对比文件3虽然公开的是一种茶杯，不是权利要求1所涉及的茶壶，但是二者涉及的均是用于冲泡茶叶的容器，属于相近的技术领域。而且对比文件3公开了用于对冲泡中茶叶进行搅拌的塞杆、塞部与杯盖之间均采用可拆卸连接的技术方案。

在对题述的3份对比文件进行分析的基础上，需要进一步判断对比文件2和对比文件3是否有结合的技术启示，从而才能判断题述理由是否成立。

(三)分析客户撰写的无效宣告请求书中涉及的各项理由

新颖性的评价需要把握两个基本原则：(1)同样的发明或者实用新型。在进行新颖性判断时，要求涉案专利的权利要求与对比文件的技术领域、所解决的技术问题、技术方案和预期效果实质相同，重点是判断技术方案是否实质上相同。(2)单独对比。在新颖性判断中，不能将几项现有技术或者一份对比文件中的多项技术方案进行组合对比。

如前所述，对比文件1所公开的内容与权利要求1的技术方案不是同样的发明，因此对比文件1不是权利要求1的抵触申请，不破坏权利要求1的新颖性。

题目中的理由1认为对比文件1既公开了壶盖与搅拌棒的可拆卸连接，又公开了搅拌部与搅拌棒的可拆卸连接，因此权利要求1相对于对比文件1不具备新颖性，实际上是将对比文件1中的两个实施例相结合来进行新颖性的评价，违反了新颖性判断中的单独对比原则，因此该项理由不能成立。

如前所述，对比文件2虽然与权利要求1涉及相同的技术领域，但是其技术方案存在区别，导致二者也不能构成相同的发明，因此题目中的理由2，即权利要求1相对于对比文件2不具备新颖性的理由也是不成立的。

而创造性的评价，需要根据最接近的现有技术，确定发明或实用新型实际解决的技术问题，并判断现有技术是否存在采用区别特征的技术启示。

通过对对比文件2的分析可以确定，权利要求1与对比文件2的区别在于：权利要求1的壶盖底面中央可拆卸地固定有一个向下延伸的搅拌棒，搅拌棒的端部可拆卸地固定有搅拌部，而对比文件2中的搅拌匙与壶盖一体成型。由上述区别特征确定权利要求1实际解决的技术问题是如何实现搅拌工具的安装和更换。为了解决搅拌工具安装和更换的问题，对比文件3公开了塞杆42、塞部43与杯盖41之间均采用可拆卸连接。一方面，当茶杯没有浸泡茶叶时，可以将用于搅拌的塞杆42、塞部43取下。另一方面，如果出现了零件损坏的情况，可以进行更换。由此可见，对于本领域技术人员来说，在对比文件3技术方案的启示下，很容易想到，为了解决对比文件2中存在的技术问题，将其中一体成型的搅拌结构替换为如对比文件3公开的可拆卸结构，从而得出权利要求1的技术方案。因此，可以认为现有技术在整体上存在相应的技术启示，权利要求1相对于对比文件2和对比文件3的结合不具备创造性。

对比文件3还公开了塞部的底部沿径向方向上设有两片微弧状的压片2B，从而实现对茶叶进行搅拌。因此，权利要求2相对于对比文件2和对比文件3的结合不具备创造性的理由是成立的。

但是题目中的理由3仅给出了结论，没有分析具体的理由。根据《专利法实施细则》第六十五条第一款的规定，在无效宣告程序中，需要结合证据对提出的无效宣告请求理由进行具体说明，所以尽管该项理由成立，但还需要对其具体理由陈述意见。

题目中的理由4考查应试者对《专利法实施细则》第二十条第二款的理解和运用能力。必要技术特征是指，发明或实用新型为解决其技术问题不可缺少的技术特征，其总和足以构成发明或实用新型的技术方案，使之区别于背景技术中所述的其他技术方案。判断某一技术特征是否是必要技术特征应当从发明或实用新型所解决的技术问题出发并考虑说明书描述的整体内容，不应简单地将实施例中的技术特征直接认定为必要技术特征。题目中的理由4是不成立的。

题目中的理由5是成立的，但也没有具体说明理由，不符合《专利法实施细则》第六十五条第一款的规定。

题目中的理由6考查的是应试者是否能够准确理解《专利法实施细则》第六十五条第二款规定的无效宣告请求的范围。根据上述规定，当事人不能以权利要求之间缺乏单一性为由提出无效宣告请求。

第一题参考答案

尊敬的A公司：

很高兴贵方委托我代理机构代为办理有关请求宣告专利号为201311234567.x、名称为"茶壶"的发明专利无效宣告请求的有关事宜，经仔细阅读贵方提供的附件1~2以及对比文件1~3，我方认为附件中各项理由是否成立的结论和理由如下：

1. 权利要求1相对于对比文件1不具备新颖性的理由不成立

理由是：对比文件1是申请在先、公开在后的中国专利文件，仅能用来评价权利要求的新颖性。

但是对比文件1公开的技术方案不能评价权利要求1的新颖性。原因如下：

在内容上，对比文件1公开了一种多功能杯子，并公开了两个实施例：第一实施例的多功能杯子包括杯盖、搅拌棒和杯体，搅拌棒位于杯盖的内侧，并与杯盖一体成型。搅拌棒的端部可插接一桨形搅拌部。第二实施例的杯子包括杯盖、搅拌棒和杯体。搅拌棒的头部呈圆柱形。杯盖的内侧设有内径与搅拌棒的头部外径相同的插槽，搅拌棒的头部插入至杯盖的插槽内。搅拌棒采用可弯折的材料制成，其端部弯折出一个搅拌匙以形成搅拌部，从而方便搅拌。由此可见，对比文件1与涉案专利所涉及的并不是相同的技术领域，对比文件1没有公开权利要求1中的一种茶壶，包括壶身、壶嘴、壶盖及壶把，也没有公开在壶盖底面中央可拆卸地固定有一个向下延伸的搅拌棒，搅拌棒的端部可拆卸地固定有搅拌部，即对比文件1并没有公开权利要求1的技术方案，因此对比文件1不构成权利要求1的抵触申请。

附件2指出对比文件1的两个实施例分别公开了权利要求1特征部分的全部技术特征，实际上是使用了对比文件1的两个实施例的结合来评述权利要求1的新颖性，违反了新颖性判断的单独对比原则。

2. 权利要求1相对于对比文件2不具备新颖性的理由不成立

对比文件2的公开日早于涉案专利的申请日，构成了现有技术。其公开了一种带有搅拌匙的茶壶，但是其中的搅拌匙与壶盖是一体成型的，对比文件2没有公开权利要求1的全部技术特征，二者的技术方案实质不同，因此对比文件2不能评价权利要求1的新颖性。

3. 使用对比文件2和对比文件3的结合可以评价权利要求2的创造性，理由成立

但是根据《专利法实施细则》第六十五条第一款的规定，无效宣告请求人应当具体说明无效宣告请求的理由，提交证据的，应当结合所提交的证据具体说明。因此，针对以不符合《专利法》第二十二条第三款有关创造性的规定为由提出的无效宣告请求，应当指明最接近的现有技术，说明证据的组合方式，并结合涉案专利与对比文件的技术方案进行比较分析。

另外，鉴于之前关于权利要求1不具备新颖性的理由不成立，这里还需要指出权利要求1相对于对比文件2和对比文件3的结合不具备创造性的无效理由。❶

4. 权利要求1缺少必要技术特征的理由不成立

根据附件1说明书背景部分的记载：现有技术中存在的问题是使用搅拌棒或者筷子对茶壶里边的茶叶进行搅拌不方便不卫生，权利要求1通过在壶盖底面中央可拆卸地固定有一个向下延伸的搅拌棒，搅拌棒的端部可拆卸地固定有搅拌部。因此权利要求1的技术方案能够解决背景技术存在的技术问题，是一个完整的技术方案，不缺少必要技术特征。而搅拌部的具体结构能够进一步提高搅拌效率，是在权利要求1的技术方案的基础上的进一步限定，不是必要技术特征。

5. 权利要求3的保护范围不清楚，理由成立

权利要求3引用权利要求1的技术方案缺乏引用基础，导致该技术方案不清楚。权利要求3引用权利要求2的技术方案是清楚的。

6. 权利要求4因缺乏单一性而应当被宣告无效的理由不成立

根据《专利法实施细则》第六十五条第二款的规定，在无效宣告程序中，单一性不是无效宣告请求的理由，因此不能以权利要求之间不具备单一性为由提出无效宣告请求。

三、撰写无效宣告请求书

2016年"专利代理实务"科目考试的第二题要求应试者根据题目给出的素材为客户撰写无效宣告请求书，说明可提出无效宣告请求的范围、理由和证据。

应试者在认真阅读题目中给出的资料，全面了解涉案专利以及所有对比文件的相关内容以后，按照以下思路和步骤进行分析。

---

❶ 本题仅要求应试者对于附件2中所涉及的各项理由是否成立作答，因此在本题的答案中不要求应试者具体分析对比文件2结合对比文件3评价权利要求1、2创造性的理由。

（一）分析客户提供的对比文件是否需要作为证据提交以及与证据相关的无效理由

如前所述，对比文件1虽然在时间上可以用来考虑评价权利要求的新颖性，但是通过分析其所涉及的技术领域以及两个实施例所公开的技术方案可知，不能构成涉案专利的抵触申请，因此对比文件1将不作为此次无效宣告请求的证据使用。

而对比文件2和对比文件3的结合将影响权利要求1~2的创造性，因此对比文件2和对比文件3将作为评价权利要求1、2的创造性的证据提交。

通过对对比文件2和对比文件3的分析可知，对比文件2和对比文件3中均没有公开如权利要求3所述的搅拌部的齿板上设有多个三角形凸齿的技术特征，也没有公开独立权利要求4所述的在壶身上设有弦月形护盖板的茶壶的技术方案。因此根据目前掌握的证据，不能以权利要求3、4缺少新颖性或创造性为由提出无效宣告请求。

（二）分析涉案专利的权利要求书是否存在其他可以提出无效宣告请求的缺陷

通过分析可知，权利要求3引用权利要求1的技术方案不清楚。

权利要求4限定了壶身上设有弦月形护盖板，根据说明书的记载：壶身1上设置有一弦月形护盖板13，该护盖板13从壶身1近壶嘴2的前缘开口部位沿壶盖3的周向延伸，并覆盖部分壶盖3，护盖板13可以防止壶盖在茶水倾倒过程中向前滑动，从而防止茶水溢出。由此可见，说明书中公开了一种具体的结构，弦月形护盖板只有设置在说明书记载的位置和延伸方向上，才能缩小护盖板与壶盖之间的缝隙，防止茶水溢出。而权利要求4的技术方案显然是在说明书公开内容的基础上概括了一个较宽的保护范围，涵盖了不能实现发明目的的技术方案，因此权利要求4得不到说明书的支持，不符合《专利法》第二十六条第四款的规定。

（三）确定无效宣告请求的范围、理由和证据的使用

在前述分析的基础上，可以确定无效宣告请求的范围、理由和证据为：权利要求1~2相对于对比文件2和对比文件3的结合不具备创造性；权利要求3引用权利要求1的技术方案不清楚，不符合《专利法》第二十六条第四款的规定；权利要求4没有以说明书为依据，不符合《专利法》第二十六条第四款的规定。因此，请求宣告权利要求1、2、4以及权利要求3引用权利要求1的技术方案无效。

（四）准备无效宣告请求书的撰写

第二题参考答案

根据《专利法》第四十五条和《专利法实施细则》第六十五条的规定，请求人请求宣告专利号为ZL201311234567.x、名称为"茶壶"的发明专利（以下简称该专利）部分无效，具体理由如下。

1. 关于证据

请求人提交如下对比文件作为证据使用：

对比文件2：专利号为ZL201020789117.7的实用新型专利说明书，授权公告日为2011年3月23日；

对比文件3：专利号为ZL99265446.9的实用新型专利说明书，授权公告日为2000年10月19日。

2. 权利要求1相对于对比文件2和对比文件3的结合不具备创造性，不符合《专利法》第二十二条第三款的规定

权利要求1涉及一种茶壶，对比文件2作为最接近的现有技术，公开了一种茶壶，并具体公开了以下技术特征（参见说明书第8～第10行、附图1）：本实用新型的茶壶包括有壶身30、壶嘴31、壶盖32及壶把33。壶盖32的底面中央一体成型有一向下延伸的搅拌匙34，此搅拌匙34呈偏心弯曲状，在壶盖32盖合在壶身30时，可伸置在壶身30内部。

权利要求1与对比文件2的区别在于：权利要求1的壶盖底面中央可拆卸地固定有一个向下延伸的搅拌棒，搅拌棒的端部可拆卸地固定有搅拌部；而对比文件2中的搅拌匙与壶盖一体成型。由上述区别技术特征确定权利要求1实际解决的技术问题是如何实现搅拌工具的安装和更换。

对比文件3公开了一种茶杯，并具体公开了以下技术特征（参见说明书第6～第9行、附图1）：本实用新型改良结构的茶杯，具有一杯体40、杯盖41、塞杆42，以及塞部43。塞杆42可拆卸地固定安装在杯盖41的下表面上。塞杆42的下端部插接有一个塞部43，塞部43表面包覆有滤网，底部沿径向方向上设有两片微弧状的压片2B。塞部43可与圆柱形杯体40配合，作为供茶叶的搅拌及过滤的结构装置。由于塞杆42、塞部43与杯盖41之间均采用可拆卸连接，一方面，当茶杯没有浸泡茶叶时，可以将用于搅拌的塞杆42、塞部43取下；另一方面，如果出现了零件损坏的情况，可以进行更换。

对于本领域的技术人员来说，为了解决搅拌工具的安装和更换的问题，可以采用对比文件3所公开的两端可拆卸的搅拌工具，其在对比文件3中的作用与区别特征在权利要求1中的作用是相同的。因此，对比文件3给出了将两端可拆卸的搅拌工具应用到对比文件2以解决上述技术问题的技术启示，因此对于本领域技术人员来说，将对比文件2和对比文件3相结合得到权利要求1的技术方案是显而易见的，权利要求1没有突出的实质性特点和显著的进步，不具备创造性，不符合《专利法》第二十二条第三款的规定。

3. 权利要求2不具备《专利法》第二十二条第三款规定的创造性

从属权利要求2的附加技术特征进一步限定了"所述搅拌部为一叶轮，所述叶轮的底部沿径向方向设有齿板"。对比文件3公开了塞部43可与圆柱形杯体40配合，作为供茶叶的搅拌及过滤的结构装置。塞部的底部沿径向方向上设有两片微弧

状的压片 2B。上述技术特征在对比文件 3 中所起的作用与其在权利要求 2 中所起的作用相同，都是为了对茶叶进行搅拌，因此在其所引用的权利要求 1 不具备创造性的情况下，权利要求 2 相对于对比文件 2 和对比文件 3 的结合也不具备创造性，不符合《专利法》第二十二条第三款的规定。

4. 从属权利要求 3 引用权利要求 1 的技术方案不清楚，不符合《专利法》第二十六条第四款的规定

权利要求 3 是对齿板的进一步限定，其中的"齿板"在独立权利要求 1 中没有记载，因此权利要求 3 引用权利要求 1 的技术方案缺乏引用基础，导致其保护范围不清楚，不符合《专利法》第二十六条第四款的规定。

5. 权利要求 4 得不到说明书的支持，不符合《专利法》第二十六条第四款的规定

权利要求 4 限定了壶身上设有弦月形护盖板，根据说明书的记载，壶身 1 上设置有一弦月形护盖板 13，该护盖板 13 从壶身 1 近壶嘴 2 的前缘开口部位沿壶盖 3 的周向延伸，并覆盖部分壶盖 3，护盖板 13 可以防止壶盖在茶水倾倒过程中向前滑动，从而防止茶水溢出。由此可见，说明书中公开了一种具体的结构，弦月形护盖板只有设置在说明书记载的位置和延伸方向上，才能缩小护盖板与壶盖之间的缝隙，防止茶水溢出。而权利要求 4 的方案显然是在说明书公开内容的基础上概括了一个较宽的保护范围，涵盖了不能实现发明目的的技术方案，因此权利要求 4 得不到说明书的支持，不符合《专利法》第二十六条第四款的规定。

综上所述，请求宣告专利号为 ZL201311234567.x、名称为"茶壶"的发明专利的权利要求 1、2，权利要求 3 引用权利要求 1 的技术方案，权利要求 4 无效。

四、撰写权利要求书

2016 年"专利代理实务"科目考试的第三题要求应试者根据题目给出的素材为客户撰写实用新型专利申请的权利要求书。在撰写权利要求书时，应试者应当认真阅读、全面了解技术交底材料和现有技术的相关内容，撰写出既符合《专利法》和《专利法实施细则》相关规定，又能最大化地维护客户利益的权利要求书。在答题时可以按照以下的思路和步骤。

（一）确定技术交底材料相对于现有技术所解决的技术问题

本试题中，涉案专利及对比文件 1~3 均构成了技术交底材料的现有技术。虽然现有技术中的茶壶或杯子均带有搅拌工具，但是这些搅拌工具均固定连接在杯盖和/或壶盖上或者与壶盖一体成型，这样在进行搅拌操作时，只能在水平方向上旋转杯盖，不能在上下方向对聚集在茶壶底部的茶叶进行搅拌，使得搅拌既不充分，也不方便。技术交底材料中记载了 3 个实施例，这 3 个实施例均利用了现有茶壶杯盖上的通气孔，将搅拌工具放置在该通气孔中，从而方便搅拌工具在通气孔中的旋转与拉动。

（二）确定独立权利要求的保护范围

独立权利要求应当从整体上反映发明的技术方案，记载解决技术问题的必要技术特征。为了达到使客户的利益最大化的目标，应试者不能简单地照抄技术交底材料中的实施方式，应当对其中的实施方式进行适当概括，以避免所撰写的权利要求的保护范围太小。

如前所述，与现有技术相比，技术交底材料中的3个实施例尽管涉及不同结构的搅拌部以及搅拌工具与茶壶的不同连接方式，但是都是将搅拌工具插入通气孔中，因此可以确定撰写的独立权利要求的最大保护范围。

（三）根据实施例撰写适当数量的从属权利要求

为了形成较好的保护梯度，应当根据实施例的具体内容撰写从属权利要求。本次考试没有要求应试者撰写分案申请，但要求将技术交底材料中的3个实施例进行总结归纳，撰写出一个最合适范围的独立权利要求，以及适当数量的从属权利要求。3个实施例之间内容互有交叉，又各自不同，应试者需要在正确、全面理解技术交底材料的基础上，理清思路，正确构架从属权利要求的结构和顺序，并调整权利要求之间的引用关系，避免从属权利要求保护范围不清楚的情况出现。

第三题参考答案

1. 一种茶壶，包括壶身、壶嘴、壶把、壶盖和搅拌工具，所述壶盖上设置有一个穿透壶盖面的通气孔，其特征在于：所述搅拌工具穿过所述通气孔，并在通气孔中拉动和旋转。

2. 如权利要求1所述的茶壶，其特征在于：所述搅拌工具包括把手、杆部和搅拌部。

3. 如权利要求2所述的茶壶，其特征在于：所述搅拌部为螺旋形搅拌部。

4. 如权利要求3所述的茶壶，其特征在于：所述螺旋形搅拌部是在杆部的轴向上保持规定的间距而螺旋形延伸形成的。

5. 如权利要求4所述的茶壶，其特征在于：所述螺旋形搅拌部的内部可容纳球状水质改良剂。

6. 如权利要求3所述的茶壶，其特征在于：所述螺旋形搅拌部是在杆部的轴周围伸出螺旋形的叶片板而形成的。

7. 如权利要求2~6任意一项所述的茶壶，其特征在于：所述杆部和搅拌部一体成型，所述把手与所述杆部可拆卸连接。

8. 如权利要求2~5任意一项所述的茶壶，其特征在于：所述杆部和把手一体成型，所述杆部和搅拌部之间可拆卸连接。

9. 如权利要求8所述的茶壶，其特征在于：所述搅拌部的前端固定有十字接头，所述杆部的前端插入十字接头的突出部。

10. 如权利要求 9 所述的茶壶，其特征在于：所述搅拌部由弹性材料制成。

五、技术问题和技术效果分析

2016 年"专利代理实务"科目考试的第四题要求应试者说明所撰写的独立权利要求相对于涉案专利解决的技术问题和达到的技术效果。

这道题目的设置是提醒应试者，在对技术交底材料进行理解和分析时，要注意从解决的技术问题出发，考虑其能够达到的技术效果，撰写出能够获得最大保护范围的独立权利要求。并且确定解决的技术问题也是创造性判断"三步法"的重要一步，通过该道题目的设置，也考查了应试者对于"三步法"的掌握情况。

第四题参考答案

涉案专利的茶壶在壶盖底面中央可拆卸地固定有一个搅拌工具，仅能够通过旋转壶盖带动搅拌工具的旋转而搅拌茶叶，使得茶叶浸泡不均匀，权利要求 1 所要解决的技术问题就是由涉案专利的茶壶与搅拌工具的固定连接而造成的茶叶搅拌不均匀的问题。

权利要求 1 中搅拌工具可贯穿地穿过壶盖上的通气孔，在通气孔中不仅可以旋转操作，还可以上下拉动。这样搅拌工具可以起到泵的作用，使得茶壶下部的水可以流动到茶壶上部，从而达到更加方便、均匀地冲泡茶叶的技术效果。

2017年全国专利代理人资格考试试题解析

专利法律知识

2017年全国专利代理人资格考试试题解析

答题须知：
1. 本试卷共有100题，每题1.5分，总分150分。
2. 本试卷要求应试者在机考试卷上选择答案。
3. 本试卷所有试题的正确答案均以现行的法律、法规、规章、相关司法解释和国际条约为准。

一、单项选择题（每题所设选项中只有一个正确答案，多选、错选或不选均不得分。本部分含1—30题，每题1.5分，共45分。）

1. 下列哪个机关依法具有处理侵犯专利权纠纷的职能？
   A. 省、自治区、直辖市人民政府设立的管理专利工作的部门
   B. 县人民政府设立的管理专利工作的部门
   C. 设区的市人民政府
   D. 国家知识产权局

【答案】A

【知识点】地方管理专利工作的部门及其主要职能

【解析】《专利法》第六十条规定，未经专利权人许可，实施其专利的，即侵犯其专利权，引起纠纷的，由当事人协商解决；不愿协商或者协商不成的，专利权人或者利害关系人可以向人民法院起诉，也可以请求管理专利工作的部门处理。……《专利法实施细则》第七十九条规定，《专利法》和该细则所称的管理专利工作的部门，是指由省、自治区、直辖市人民政府以及专利管理工作量大又有实际处理能力的设区的市人民政府设立的管理专利工作的部门。由此可知，选项A正确。

综上，本题正确答案为：A。

2. 2015年11月10日，张某与甲电子技术公司终止了劳动合同，之后，张某于2016年12月8日作出了一项与其在甲电子技术公司的本职工作相关的发明创造。那么就该发明创造申请专利的权利属于谁？
   A. 甲公司
   B. 甲公司和张某
   C. 张某
   D. 由甲公司和张某协商决定

【答案】C

【知识点】职务发明创造的判断

【解析】《专利法》第六条第一款、第二款规定，执行本单位的任务或者主要是利用本单位的物质技术条件所完成的发明创造为职务发明创造。职务发明创造申请专利的权利属于该单位；申请被批准后，该单位为专利权人。非职务发明创造，申请专利的权利属于发明人或者设计人；申请被批准后，该发明人或者设计人为专利权人。

《专利法实施细则》第十二条第一款规定，《专利法》第六条所称执行本单位的任务所完成的职务发明创造，是指：（一）在本职工作中作出的发明创造；（二）履行本单位交付的本职工作之外的任务所作出的发明创造；（三）退休、调离原单位后或者劳动、人事关系终止后1年内作出的，与其在原单位承担的本职工作或者原单位分配的任务有关的发明创造。本题中，尽管张某离开甲电子技术公司后作出了与其在甲电子技术公司的本职工作有关的发明创造，但是其已经离开该公司1年以上，所以该发明创造不属于职务发明创造，就其申请专利的权利不属于甲电子技术公司，而应属于发明人张某。由此可知，选项C正确。

综上，本题正确答案为：C。

3. 王某拥有一项实用新型专利权，2017年5月5日，王某和张某签订了专利权转让合同，但没有到国家知识产权局进行登记。此后，王某又于2017年7月3日与刘某签订了专利权转让合同，并于2017年7月14日到国家知识产权局进行了登记。2017年8月1日国家知识产权局对该项专利权的转让进行了公告。那么下列哪个说法是正确的？

　　A. 该专利权的转让自2017年5月5日起生效
　　B. 该专利权的转让自2017年7月3日起生效
　　C. 该专利权的转让自2017年7月14日起生效
　　D. 该专利权的转让自2017年8月1日起生效

【答案】C

【知识点】专利权转让生效的条件

【解析】《专利法》第十条第三款规定，转让专利申请权或者专利权的，当事人应当订立书面合同，并向国务院专利行政部门登记，由国务院专利行政部门予以公告。专利申请权或者专利权的转让自登记之日起生效。由此可知，选项C正确。

综上，本题正确答案为：C。

4. 张某向国家知识产权局提交了一项发明专利申请，2017年7月4日，国家知识产权局向张某发出了授予发明专利权通知书，2017年8月4日，张某到国家知识产权局办理了登记手续，同日国家知识产权局对其专利权进行了登记，并于2017年8月17日进行了公告，2017年8月24日，张某收到了国家知识产权局颁发的专利证书。那么，张某的专利权应当自何时生效？

　　A. 2017年7月4日
　　B. 2017年8月4日
　　C. 2017年8月17日

D. 2017 年 8 月 24 日

【答案】C

【知识点】专利权的生效时间

【解析】《专利法》第三十九条规定，发明专利申请经实质审查没有发现驳回理由的，由国务院专利行政部门作出授予发明专利权的决定，发给发明专利证书，同时予以登记和公告。发明专利权自公告之日起生效。由此可知，选项 C 正确。

综上，本题正确答案为：C。

5. 下列哪个说法是正确的？
　　A. 年满 60 周岁的专利代理人，不能作为合伙人或股东发起设立新专利代理机构
　　B. 从事过一年以上的科学技术工作或者法律工作的中国公民，可以申请专利代理人资格
　　C. 对年龄超过 70 周岁的人员，不能颁发专利代理人执业证
　　D. 未满 18 周岁的中国公民，可以申请专利代理人资格

【答案】C

【知识点】申请专利代理人资格的条件　申请专利代理人执业证的条件和程序

【解析】《专利代理管理办法》第五条规定，专利代理机构的合伙人或者股东应当符合下列条件：（一）具有专利代理人资格；（二）具有 2 年以上在专利代理机构执业的经历；（三）能够专职从事专利代理业务；（四）申请设立专利代理机构时的年龄不超过 65 周岁；（五）品行良好。由此可知，选项 A 错误。《专利代理条例》第十五条规定，拥护中华人民共和国宪法，并具备下列条件的中国公民，可以申请专利代理人资格：（一）18 周岁以上，具有完全的民事行为能力；（二）高等院校理工科专业毕业（或者具有同等学历），并掌握一门外语；（三）熟悉《专利法》和有关的法律知识；（四）从事过 2 年以上的科学技术工作或者法律工作。由此可知，选项 B、D 错误。《专利代理管理办法》第二十一条规定，颁发专利代理人执业证应当符合下列条件：（一）具有专利代理人资格；（二）能够专职从事专利代理业务；（三）不具有专利代理或专利审查经历的人员在专利代理机构中连续实习满 1 年，并参加上岗培训；（四）由专利代理机构聘用；（五）颁发时的年龄不超过 70 周岁；（六）品行良好。由此可知，选项 C 正确。

综上，本题正确答案为：C。

6. 专利代理人李某在代理过程中未履行职责，给委托人造成了经济损失，那么下列哪个说法是正确的？
　　A. 由李某所在的代理机构承担赔偿责任，李某无须承担赔偿责任
　　B. 由李某承担赔偿责任，其所在的代理机构无须承担赔偿责任
　　C. 李某所在的代理机构承担赔偿责任后，可以按一定比例向李某追偿
　　D. 李某的行为情节严重的，由其所在的专利代理机构给予批评教育

【答案】C

【知识点】对专利代理人和专利代理机构的惩罚

【解析】《专利代理条例》第二十五条规定，专利代理人有下列行为之一，情节轻微的，由其所在的专利代理机构给予批评教育。情节严重的，可以由其所在的专利代理机构解除聘任关系，并收回其专利代理人工作证；由省、自治区、直辖市专利管理机关给予警告或者由中国专利局给予吊销专利代理人资格证书处罚：（一）不履行职责或者不称职以致损害委托人利益的；（二）泄露或者剽窃委托人的发明创造内容的；（三）超越代理权限，损害委托人利益的；（四）私自接受委托，承办专利代理业务，收取费用的。前款行为，给委托人造成经济损失的，专利代理机构承担经济赔偿责任后，可以按一定比例向该专利代理人追偿。根据上述规定可知，选项A、B、D错误，选项C正确。

综上，本题正确答案为：C。

7. 代表人可以代表全体申请人在国家知识产权局办理下列哪种手续？
   A. 提出专利申请
   B. 委托专利代理
   C. 转让专利申请权
   D. 答复补正通知书

【答案】D

【知识点】代表人的权利

【解析】《专利审查指南2010》第一部分第一章第4.1.5节中规定，除直接涉及共有权利的手续外，代表人可以代表全体申请人办理在专利局的其他手续。直接涉及共有权利的手续包括：提出专利申请，委托专利代理，转让专利申请权、优先权或者专利权，撤回专利申请，撤回优先权要求，放弃专利权等。直接涉及共有权利的手续应当由全体权利人签字或者盖章。由此可知，本题中，选项A、B、C所述的提出专利申请、委托专利代理、转让专利申请权三种手续均需要全体申请人签字或盖章才能办理，选项D所述的答复补正通知书可以由代表人办理，故选项D正确。

综上，本题正确答案为：D。

8. 关于申请日的确定，以下说法正确的是？
   A. 向国家知识产权局受理处窗口直接递交的分案申请，以收到日为申请日
   B. 通过邮局邮寄递交到国家知识产权局受理处的专利申请，以寄出的邮戳日为申请日
   C. 通过速递公司递交到国家知识产权局受理处的专利申请，以寄出的邮戳日为申请日
   D. 通过邮局邮寄到国家知识产权局收发室的专利申请，以收发室收到日为申请日

【答案】B

【知识点】申请日的确定

【解析】《专利法》第二十八条规定，国务院专利行政部门收到专利申请文件之日为申请日。如果申请文件是邮寄的，以寄出的邮戳日为申请日。《专利审查指南2010》第五部分第

三章第 2.3.1 节 (3) 规定, 通过邮局邮寄递交到专利局受理处或者代办处的专利申请, 以信封上的寄出邮戳日为申请日。通过速递公司递交到专利局受理处或者代办处的专利申请, 以收到日为申请日。邮寄或者递交到专利局非受理部门或者个人的专利申请, 其邮寄日或者递交日不具有确定申请日的效力, 如果该专利申请被转送到专利局受理处或者代办处, 以受理处或者代办处实际收到日为申请日。分案申请以原申请的申请日为申请日, 并在请求书上记载分案申请递交日。故选项 A、C、D 错误, 选项 B 正确。

综上, 本题正确答案为: B。

9. 以下哪种情况不需要进行向外国申请专利的保密审查?
   A. 外国公司将在中国完成的发明向外国申请专利
   B. 外国个人将在中国完成的发明提交 PCT 国际申请
   C. 中国公司将在中国完成的实用新型向外国申请专利
   D. 中国个人将在中国完成的外观设计向外国申请专利

【答案】D

【知识点】向外申请专利的保密审查

【解析】《专利法》第二十条第一款规定, 任何单位或者个人将在中国完成的发明或者实用新型向外国申请专利的, 应当事先报经国务院专利行政部门进行保密审查。根据该规定, 只要申请专利的发明或者实用新型是在中国完成的, 就需要进行向外国申请专利的保密审查, 而不论是中国申请人还是外国申请人, 故选项 A 中的申请需要进行向外国申请专利的保密审查。上述规定也限定了向外国申请专利时需要进行保密审查的发明创造类型, 即发明或实用新型, 因此选项 C 中的申请需要进行向外国申请专利的保密审查, 选项 D 中的申请不需要进行向外国申请专利的保密审查。

《专利法》第二十条第二款规定, 中国单位或者个人可以根据中华人民共和国参加的有关国际条约提出专利国际申请。申请人提出专利国际申请的, 应当遵守前款规定。故选项 B 中的申请需要进行向外国申请专利的保密审查。

综上, 本题正确答案为: D。

10. 申请人于 2017 年 6 月 1 日通过邮局向国家知识产权局寄出一份 PCT 国际申请。国家知识产权局于 2017 年 6 月 9 日收到该申请。经审查发现, 申请人提交了请求书、说明书和权利要求书, 但未提交摘要, 且未在请求书上签字。后申请人于 2017 年 7 月 6 日补交经申请人签字的请求书替换页, 于 2017 年 7 月 7 日补交摘要, 则该 PCT 申请的国际申请日是?
   A. 2017 年 6 月 1 日
   B. 2017 年 6 月 9 日
   C. 2017 年 7 月 6 日
   D. 2017 年 7 月 7 日

【答案】B

【知识点】国际申请日的确定

【解析】《专利合作条约》第11条（1）规定，受理局应以收到国际申请之日作为国际申请日，但以该局在收到申请时认定该申请符合下列要求为限：……(iii)国际申请至少包括以下项目：(a)说明是作为国际申请提出的；(b)至少指定一个缔约国；(c)按规定方式写明的申请人的姓名或者名称；(d)有一部分表面上看像是说明书；(e)有一部分表面上看像是一项或几项权利要求。《专利合作条约》第14条（1）(a)规定，受理局应检查国际申请是否有下列缺陷，即：(i)国际申请没有按细则的规定签字；……(iv)国际申请没有摘要。……第14条（1）(b)规定，如果受理局发现上述缺陷，应要求申请人在规定期限内改正该国际申请，期满不改正的，该申请即被视为撤回，并由受理局作相应的宣布。本题中，国家知识产权局收到申请文件的日期是2017年6月9日，该申请文件包括请求书、权利要求书和说明书，已经符合《专利合作条约》第11条规定的确定国际申请日的必要文件提交要求。申请人未在请求书上签字且未提交摘要属于《专利合作条约》第14条规定的形式缺陷，并不影响国际申请日的确定。故选项B正确。

综上，本题正确答案为：B。

11. 一件PCT国际申请，国际申请日是2017年3月29日，优先权日是2016年4月11日。国际检索单位于2017年7月17日将国际检索报告传送给国际局和申请人。根据《专利合作条约》第19条的规定，对权利要求书提出修改的最晚期限是？

A. 2017年8月11日
B. 2017年9月17日
C. 2017年10月15日
D. 2018年2月11日

【答案】B

【知识点】根据《专利合作条约》第19条提出修改权利要求书的期限

【解析】《专利合作条约实施细则》第46.1条"期限"规定，条约第19条所述的期限应为自国际检索单位将国际检索报告传送给国际局和申请人之日起2个月，或者自优先权日起16个月，以后到期为准；但国际局在适用的期限届满后收到根据条约第19条所作修改的，如果该修改在国际公布的技术准备工作完成之前到达国际局，应认为国际局已在上述期限的最后一日收到该修改。故选项B正确。

综上，本题正确答案为：B。

12. PCT国际申请在办理进入中国国家阶段手续时，如果核苷酸和/或氨基酸序列表部分纸页在（　　）页以上，申请人可以只提交符合规定的计算机可读形式的序列表。

A. 100页
B. 200页
C. 300页

D. 400页

【答案】D

【知识点】进入中国国家阶段时对序列表的形式要求

【解析】《专利审查指南2010》第三部分第一章第3.2.1节中规定，在国际阶段，国际申请说明书中包含纸页在400页以上的核苷酸和/或氨基酸序列表部分的，在进入国家阶段时可以只提交符合规定的计算机可读形式的序列表。故选项D正确。

综上，本题正确答案为：D。

13. 提出实用新型专利申请时，如果没有附图，国家知识产权局将如何处理？

A. 发出补正通知书要求申请人补交附图

B. 发出审查意见通知书要求申请人补交附图

C. 不予受理，并发出不予受理通知书

D. 予以处理，并发出受理通知书

【答案】C

【知识点】实用新型专利申请必须有附图

【解析】《专利法实施细则》第三十九条规定，实用新型专利申请无附图的，国务院专利行政部门不予受理，并通知申请人。据此，选项C正确，选项D不正确。对于选项A和选项B，按照《专利审查指南2010》第一部分第二章第3.2节中的规定，初步审查中，对于申请文件存在可以通过补正克服的缺陷的专利申请，审查员应发出补正通知书，认为申请文件存在不可能通过补正克服的明显实质性缺陷，应当发出审查意见通知书。因此，补正通知书和审查意见通知书是针对已受理的申请发出的，对于不予受理的申请，不发出补正通知书和审查意见通知书，因此选项A、B均不正确。

综上，本题正确答案为：C。

14. 下列哪一主题属于实用新型的保护客体？

A. 一种生活晾绳

B. 动物标本

C. 一种玻璃水

D. 织物中掺入荧光粉而形成的荧光织物

【答案】A

【知识点】实用新型专利的保护客体

【解析】《专利法》第二条第三款规定，实用新型，是指对产品的形状、构造或者其结合所提出的适于实用的新的技术方案。《专利审查指南2010》第一部分第二章第6.1节进一步规定，根据《专利法》第二条第三款的规定，实用新型专利只保护产品。所述产品应当是经过产业方法制造的，有确定形状、构造且占据一定空间的实体。选项A中的"生活晾绳"产生必须经过一定的产业方法制造，而不是自然存在的，有确定形状构造并占据一定空间的实体，因而属于产品的范畴。选项B是自然存在的生物，其来源于自然界，且没有经过任何产业加工，因此它不是实用新型所保护的产品。选项C是一种无确定形状的液态物质，其形状不能作为实用新型产品的形状。《专利审查指南2010》第一部分第二章第6.2节进一步规定，根据《专利法》第二条第三款的规定，实用新型应当是针对产品的形状和/或构造所提出的改进。产品的构造是指产品的各个组成部分的安排、组织和相互关系。复合层可以认为是产品的构造，产品的渗碳层、氧化层等属于复合层结构。

物质的分子结构、组分、金相结构等不属于实用新型专利给予保护的产品的构造。在选项D的荧光织物中，荧光粉与织物没有形成两个特定的结构层，二者的混杂组成不属于实用新型意义上的产品构造。

综上，本题正确答案为：A。

15. 关于实用新型专利权评价报告，下列说法哪个是正确的？

   A. 实用新型专利申请人可以在答复审查意见通知书期间请求对该专利申请作出专利权评价报告，国家知识产权局可应此请求作出评价报告

   B. 对于被专利复审委员会宣告全部无效的实用新型专利，专利权人或者利害关系人可以请求国家知识产权局对该专利权作出评价报告

   C. 专利权人对于应其请求作出的评价报告结论不服的，由利害关系人再次向国家知识产权局提出评价请求后，国家知识产权局可再次作出专利权评价报告

   D. 专利权评价报告作出后，对该专利提出无效宣告请求的请求人可以查阅并复制该评价报告

【答案】D
【知识点】专利权评价报告
【解析】按照《专利法实施细则》第五十六条第一款以及第五十七条的规定，专利权人或者利害关系人可以在实用新型的授权决定公告后，请求作出专利权评价报告，且评价报告仅作出一份，专利权评价报告作出后，任何单位或者个人都可以查阅或者复制。据此，选项D正确，由于专利申请尚未获得授权公告，因而该请求将被视为未提出，选项A不正确。由于专利权评价报告仅作出一份，因此选项C也不正确。对于选项B，《专利审查指南2010》第五部分第十章第2.1节中规定，针对已被专利复审委员会宣告全部无效的实用新型专利提出的专利权评价报告请求，将被视为未提出，因而该选项不正确。

综上，本题正确答案为：D。

16. 下列关于外观设计专利申请中提交的图片或照片，不符合规定的是？

   A. 图片的绘制使用双点划线来表示细长物品的省略部分

   B. 在图片中用指示线表示剖切位置和剖切方向

   C. 对需要依靠衬托物来清楚显示产品外观设计的申请，拍摄照片时保留了衬托物

   D. 对产品设计中不要求进行专利保护的结构采用虚线绘制

【答案】D

【知识点】图片或者照片的缺陷

【解析】根据《专利审查指南2010》第一部分第三章第4.2.4节的规定，在外观设计专利申请中提交绘制视图的，对于细长物品，可以使用两条平行的双点划线或者自然断裂线断开的画法来表示省略了细长物品中间一段的长度。如果提交了剖视图，应有表示剖切位置的剖切位置线、符号和方向，因此选项A、B正确。根据《专利审查指南2010》第一部分第三章第4.2.3节的规定，在外观设计专利申请中提交照片视图的，一般来说照片中的产品通常应当避免包含内装物或者衬托物，但对于必须依靠内装物或者衬托物才能清楚地显示产品的外观设计时，允许保留内装物或衬托物，因此选项C正确。由于目前我国还没有外观设计的局部保护制度，因此图片的绘制应当使用粗细均匀的实线，而不允许在视图中对不要求专利保护的结构采用虚线绘制的方式表达。《专利审查指南2010》第一部分第三章第4.2.4节也明确规定，外观设计专利申请的图片或者照片中不应包含有虚线。因此选项D正确。

综上，本题正确答案为：D。

17. 下列哪个情形不属于《专利法》第二十三条第二款所述的"现有设计特征"？

A. 现有设计的形状、图案、色彩要素或者其结合
B. 现有设计的产品名称
C. 现有设计的某组成部分的设计
D. 现有设计整体外观设计产品中的零部件的设计

【答案】B

【知识点】现有设计特征的含义

【解析】《专利审查指南2010》第四部分第五章第6节中规定，《专利法》第二十三条第二款所述的现有设计特征是指现有设计的部分设计要素或者其结合，并列举了选项A、选项C和选项D等情形；而选项B属于在确定产品种类时可参考认定产品用途的情形之一。

综上，本题正确答案为：B。

18. 下列不属于外观设计专利权评价报告所涉及内容的有？

A. 外观设计是否属于《专利法》第五条或者第二十五条规定的不授予专利权的情形
B. 外观设计是否属于《专利法》第二条第四款规定的客体
C. 外观设计是否符合《专利法》第二十三条第三款的规定
D. 外观设计专利文件的修改是否符合《专利法》第三十三条的规定

【答案】C

【知识点】外观设计专利权评价报告的内容

【解析】根据《专利审查指南2010》第五部分第十章第3.2.2节的规定，外观设计专利权评价所涉及的内容包括：是否属于《专利法》第五条或者第二十五条规定的不授予专利权的情形；是否属于《专利法》第二条第四款规定的客体；是否符合《专利法》第二十三条第

一款和第二款的规定；是否符合《专利法》第二十七条第二款的规定；专利文件的修改是否符合《专利法》第三十三条的规定；分案的外观设计专利是否符合《专利法实施细则》第四十三条第一款的规定，是否符合《专利法》第九条的规定。故选项A、B、D的内容为专利权评价报告涉及的内容。而对于《专利法》第二十三条第三款是否与他人的在先权利相冲突，不属于外观设计专利权评价报告的内容。

综上，本题正确答案为：C。

19. 以下说法哪个是正确的？
    A. 一种超强超短激光及其发生器均可获得发明专利保护
    B. 塑料薄膜和其制备方法均可获得实用新型专利保护
    C. 带有人民币图案的窗帘的外观设计可获得外观设计专利保护
    D. 以上说法都错误

【答案】D

【知识点】专利的客体

【解析】《专利法》第二条第二款规定，发明，是指对产品、方法或者其改进所提出的新的技术方案。《专利审查指南2010》第二部分第一章第2节中规定，气味或者诸如声、光、电、磁、波等信号或者能量也不属于《专利法》第二条第二款规定的客体。由此可知，选项A错误。《专利法》第二条第三款规定，实用新型，是指对产品的形状、构造或者其结合所提出的适于实用的新的技术方案，并不包括方法。由此可知，选项B错误。《专利法》第五条第一款规定，对违反法律、社会公德或者妨害公共利益的发明创造，不授予专利权。带有人民币图案的窗帘的外观设计，因违反《中国人民银行法》，不能被授予专利权。由此可知，选项C错误。

综上，本题正确答案为：D。

20. 关于现有技术的说法，哪个是正确的？
    A. 专利法意义上的出版物仅限于纸件出版物
    B. 云南白药的保密配方一旦泄露，即属于现有技术
    C. 能够使公众得知技术内容的馈赠和交换不属于使用公开
    D. 印有"内部资料"字样的出版物一定不属于公开出版物

【答案】B

【知识点】现有技术

【解析】《专利法》第二十二条第五款规定，该法所称现有技术，是指申请日以前在国内外为公众所知的技术。现有技术包括在申请日（有优先权的，指优先权日）以前在国内外出版物上公开发表、在国内外公开使用或者以其他方式为公众所知的技术。根据《专利审查指南2010》第二部分第三章第2.1.2.1节的规定，出版物公开可以是各种印刷的、打字的纸件，也可以是用电、光、磁、照相等方法制成的视听资料，还可以是以其他形式存在的资

料，如存在于互联网或其他在线数据库中的资料等。出版物公开的载体，纸件只是其中一种。由此可知，选项A错误。《专利审查指南2010》第二部分第三章第2.1节规定，处于保密状态的技术内容不属于现有技术。然而，如果负有保密义务的人违反规定、协议或者默契泄露秘密，导致技术内容公开，使公众能够得知这些技术，这些技术也就构成了现有技术的一部分。由此可知，选项B正确。《专利审查指南2010》第二部分第三章第2.1.2.2节中规定，使用公开的方式包括能够使公众得知其技术内容的制造、使用、销售、进口、交换、馈赠、演示、展出等方式，馈赠和交换属于使用公开的方式。由此可知，选项C错误。《专利审查指南2010》第二部分第三章第2.1.2.1节中规定，印有"内部资料""内部发行"等字样的出版物，确系在特定范围内发行并要求保密的，不属于公开出版物。由此可知，印有"内部资料"字样的出版物并未要求保密的，则属于公开出版物，选项D错误。

综上，本题正确答案为：B。

21. 向国家知识产权局提出的两件发明专利申请甲、乙，如果甲申请构成了乙申请的抵触申请，以下哪个说法正确？

　　A. 甲申请只需摘要中记载了乙申请权利要求书内容即可构成乙申请的抵触申请
　　B. 甲申请可以是进入中国国家阶段的国际专利申请
　　C. 甲申请可作为评价乙申请创造性的对比文件
　　D. 甲申请的申请人必须与乙申请的申请人不同

【答案】B

【知识点】抵触申请

【解析】《专利审查指南2010》第二部分第三章第2.2节规定，在发明或者实用新型新颖性的判断中，由任何单位或者个人就同样的发明或者实用新型在申请日以前向专利局提出并且在申请日以后（含申请日）公布的专利申请文件或者公告的专利文件损害该申请日提出的专利申请的新颖性。为描述简便，在判断新颖性时，将这种损害新颖性的专利申请，称为抵触申请。在确定是否为破坏新颖性的抵触申请时，应当将本申请与在先专利或专利申请的全文，包括权利要求书和说明书（包括附图）进行比较，摘要是说明书记载内容的概述，仅是一种技术信息，不具有法律效力，比较的内容不包括摘要。由此可知，选项A错误。《专利审查指南2010》第二部分第三章第2.2节规定，抵触申请还包括满足以下条件的进入了中国国家阶段的国际专利申请，即申请日以前由任何单位或者个人提出、并在申请日之后（含申请日）由专利局作出公布或公告的且为同样的发明或者实用新型的国际专利申请。由此可知，选项B正确。《专利法》第二十二条第五款规定，该法所称现有技术是指申请日以前在国内外为公众所知的技术。抵触申请在申请日以前没有公开，不属于现有技术，在评价发明创造性时不予考虑。由此可知，选项C错误。法律对作为抵触申请的申请人没有限制，可以包括申请人相同的情况。由此可知，选项D错误。

综上，本题正确答案为：B。

22. 甲向国家知识产权局提出发明专利申请，要求保护一种智能手表，申请日为2016年7月18日，以下关于宽限期的说法正确的是？

    A. 乙于2016年5月1日未经申请人甲的同意泄露其专利申请的内容，申请人甲于2016年7月28日得知此事，其应当在2016年10月28日之前提出要求不丧失新颖性宽限期的声明，并附具证明材料

    B. 甲于2016年1月1日在第×届全国电子学术会议上首次发表了该智能手表的技术方案，并于2016年2月1日在广交会上公开展出了其智能手表，则该申请仍可以享有宽限期

    C. 甲于2016年2月1日在第×届全国电子学术会议上首次发表了该智能手表的技术方案，乙独立做出了同样的智能手表，并在2016年3月1日提出了专利申请，但由于甲提出宽限期声明，甲仍可以取得专利权

    D. 申请人于2016年2月1日在第×届全国电子学术会议上首次发表了该智能手表的技术方案，乙独立做出了同样的智能手表，并在2016年3月1日提出专利申请，但2016年2月1日智能手表技术方案的公开破坏了乙的申请的新颖性，乙的申请不能被授予专利权

【答案】D

【知识点】宽限期

【解析】《专利审查指南2010》第一部分第一章第6.3.3节规定，申请专利的发明创造在申请日以前6个月内他人未经申请人而泄露其内容，若申请人在申请日前已获知，应当在提出专利申请时在请求书中声明，并在自申请日起2个月内提交证明材料。若申请人在申请日以后得知的，应当在得知情况后2个月内提出要求不丧失新颖性宽限期的声明，并附具证明材料。选项A超过了2个月，由此可知，选项A错误。《专利审查指南2010》中第二部分第三章第5节规定，发生《专利法》第二十四条规定的任何一种情形之日起6个月内，申请人提出申请之前，发明创造再次被公开的，再次公开属于上述三种情况的，该申请不会因此而丧失新颖性，但是，宽限期自发明创造的第一次公开之日起计算。从2016年1月1日第一次公开开始计算，到申请日2016年7月18日已经超过6个月，甲的申请不享有所述宽限期。由此可知，选项B错误。《专利审查指南2010》第二部分第三章第5节规定，宽限期和优先权的效力是不同的。宽限期仅仅是把一定期限内申请人（包括发明人）的某些公开，或者第三人从申请人或发明人那里以合法手段或者不合法手段得来的发明创造的某些公开，认为是不损害该专利申请新颖性和创造性的公开。实际上，发明创造公开以后已经成为现有技术，只是这种公开在一定期限内对申请人的专利申请来说不视为影响其新颖性和创造性的现有技术，并不是把发明创造的公开日看作专利申请的申请日。所以，从公开之日至提出申请的期间，如果第三人独立地作出了同样的发明创造，而且在申请人提出专利申请以前提出了专利申请，那么根据先申请原则，申请人就不能取得专利权。当然，由于申请人（包括发明人）的公开，该发明创造成为现有技术，因此第三人的申请没有新颖性，也不能取得专利权。由此可知，选项C错误，选项D正确。

综上，本题正确答案为：D。

23. 以下说法正确的是？
    A. 医生处方具有实用性
    B. 一种烹调方法属于智力活动的规则和方法，不能授予专利权
    C. 一种通过化学试剂诱导微生物随机突变产生新微生物菌株的方法，具有实用性
    D. 从某县某地的土壤中分离筛选出一种具有特殊功能的微生物，具有实用性

【答案】D
【知识点】判断实用性的原则和基准
【解析】《专利法》第二十二条第四款规定，实用性，是指该发明或者实用新型能够制造或者使用，并且能够产生积极效果。《专利审查指南2010》第二部分第十章第7.2节规定，医生处方，指医生根据具体病人的病情所开的药方，医生处方没有实用性。由此可知，选项A错误。《专利审查指南2010》第二部分第十章第7.1节规定，依赖于厨师的技术、创作等不确定因素导致不能重复实施的烹调方法不适于在产业上应用，也不具备实用性。由此可知，选项B错误。《专利审查指南2010》第二部分第十章第9.4.3.2节规定，通过物理、化学方法进行人工诱变生产新微生物的方法主要依赖于微生物在诱变条件下所产生的随机突变，这种突变实际上是DNA复制过程中的一个或者几个碱基的变化，然后从中筛选出具有某种特征的菌株。由于碱基变化是随机的，因此即使清楚记载了诱变条件，也很难通过重复诱变条件而得到完全相同的结果。这种方法在绝大多数情况下不符合《专利法》第二十二条第四款的规定。由此可知，选项C错误。选项D的主题为微生物，因其已经被分离出来且具有特定用途，其具有实用性。由此可知，选项D正确。

综上，本题正确答案为：D。

24. 以下哪种撰写方式不会导致所在的权利要求保护范围不清楚？
    A. 组合物中含有20%－35%（重量）组分A
    B. 传动器由金属制成，最好是铜
    C. 化合物A和化合物B在高温下反应
    D. 操作温度为30－60摄氏度，例如45摄氏度

【答案】A
【知识点】权利要求的撰写
【解析】《专利法》第二十六条第四款规定，权利要求书应当以说明书为依据，清楚、简要地限定要求专利保护的范围。同时依据《专利审查指南2010》第二部分第二章第3.2.2节规定，选项A中的括号在相关技术领域具有通常含义，不会导致权利要求保护范围不清楚，选项B中的"最好"以及选项D中的"例如"导致一项权利要求中出现了不同的保护范围，选项C中的"高温"含义不确定。由此可知，选项A正确，选项B、C、D错误。

综上，本题正确答案为：A。

25. 一项被驳回申请有多个申请人和多个发明人，关于其复审请求的下述哪种说法是正确的？

    A. 任何一个或几个申请人提出复审请求都应当被受理
    B. 任何一个或几个发明人提出复审请求都应当被受理
    C. 只有所有的申请人共同提出复审请求才应当被受理
    D. 只有所有的申请人和发明人共同提出复审请求才应当被受理

【答案】C

【知识点】复审请求人

【解析】《专利审查指南2010》第四部分第二章第2.2节中规定，被驳回申请的申请人可以向专利复审委员会提出复审请求。……被驳回申请的申请人属于共同申请人的，如果复审请求人不是全部申请人，专利复审委员会应当通知复审请求人在指定期限内补正；期满未补正的，其复审请求视为未提出。根据上述规定，提出复审请求的是申请人而非发明人，因此选项B、D错误。驳回申请的申请人属于共同申请人的，必须由全部申请人提出复审请求，因此选项C正确，选项A错误。

综上，本题正确答案为：C。

26. 专利申请人对驳回决定不服的，可以通过下列哪种程序进行救济？

    A. 复议程序
    B. 复审程序
    C. 申诉程序
    D. 异议程序

【答案】B

【知识点】复审程序

【解析】《专利法》第四十一条规定，国务院专利行政部门设立专利复审委员会。专利申请人对国务院专利行政部门驳回申请的决定不服的，可以自收到通知之日起3个月内，向专利复审委员会请求复审。专利复审委员会复审后，作出决定，并通知专利申请人。专利申请人对专利复审委员会的复审决定不服的，可以自收到通知之日起3个月内向人民法院起诉。根据上述规定，复审程序是专利申请人对国务院专利行政部门驳回申请的决定不服的唯一救济途径，所以选项B正确。

综上，本题正确答案为：B。

27. 某专利申请由于权利要求1不具备创造性而被驳回，且该申请仅有一项权利要求，申请人提出复审请求时欲对权利要求书进行修改。下列哪种修改方式可被接受？

    A. 权利要求1不变，增加从属权利要求2，权利要求2未超出原权利要求书和说明书记载的范围
    B. 对权利要求1进行了修改，修改后的权利要求1相对于驳回决定针对的权利要求1扩

大了保护范围，但并未超出原说明书记载的范围

C. 对权利要求1进行进一步限定，新增加了说明书的某一技术特征，未超出原说明书记载的范围

D. 为消除不具备创造性的缺陷，将原产品类权利要求1修改为方法类权利要求，修改内容未超出原说明书记载的范围

【答案】C

【知识点】复审阶段对修改文本的审查

【解析】《专利审查指南2010》第四部分第二章第4.2节中规定，在提出复审请求、答复复审通知书（包括复审请求口头审理通知书）或者参加口头审理时，复审请求人可以对申请文件进行修改。但是，所作修改应当符合《专利法》第三十三条和《专利法实施细则》第六十一条第一款的规定。根据《专利法实施细则》第六十一条第一款的规定，复审请求人对申请文件的修改应当仅限于消除驳回决定或者合议组指出的缺陷。下列情形通常不符合上述规定：(1)修改后的权利要求相对于驳回决定针对的权利要求扩大了保护范围。(2)将与驳回决定针对的权利要求所限定的技术方案缺乏单一性的技术方案作为修改后的权利要求。(3)改变权利要求的类型或者增加权利要求。(4)针对驳回决定指出的缺陷未涉及的权利要求或者说明书进行修改。但修改明显文字错误，或者修改与驳回决定所指出缺陷性质相同的缺陷的情形除外。根据上述规定，选项A并未针对权利要求1，且增加了权利要求2，属于情形(4)和(3)。选项B扩大了保护范围，属于情形(1)。选项D改变了权利要求的类型，属于情形(3)。选项A、B、D均属于上述不符合规定的情形，因此选项C正确。

综上，本题正确答案为：C。

28. 无效宣告程序是专利（　　），依（　　）而启动的程序。

A. 申请提交之后　申请人的请求
B. 申请审查中　专利局的职权
C. 公告授权后　专利复审委员会的职权
D. 公告授权后　任何单位或个人的请求

【答案】D

【知识点】无效宣告程序的性质

【解析】《专利法》第四十五条规定，自国务院专利行政部门公告授予专利权之日起，任何单位或者个人认为该专利权的授予不符合该法有关规定的，可以请求专利复审委员会宣告该专利权无效。由此可见，提起无效宣告请求应针对已授权专利，因此选项A、B错误。无效宣告程序是依任何单位或个人的请求而启动的，因此选项C错误，选项D正确。

综上，本题正确答案为：D。

29. 无效宣告理由仅限于以下哪项规定的理由？

A.《专利法实施细则》第四十四条第一款

B.《专利法实施细则》第六十五条第二款

C.《专利法实施细则》第六十条第一款

D.《专利法实施细则》第六十三条第二款

【答案】B

【知识点】对无效宣告请求理由的形式审查

【解析】《专利审查指南2010》第四部分第三章第3.3节（2）明确规定了对无效宣告请求理由的形式审查，即"无效宣告理由仅限于专利法实施细则第六十五条第二款规定的理由，并且应当以专利法及其实施细则中有关的条、款、项作为独立的理由提出。无效宣告理由不属于专利法实施细则第六十五条第二款规定的理由的，不予受理"。

综上，本题正确答案为：B。

30. 无效宣告请求人在提出无效宣告请求时提交的证据有技术设计图纸，在一个月内补充的证据有日本专利文献及其中文译文，并在口头审理时提交了硕士论文、《日汉技术手册》和技术人员的书面证言作为证据，请求人结合上述证据详细阐述了被请求专利不具有新颖性和创造性的理由。以下说法哪些是正确的？

A. 专利复审委员会应对请求人提交的所有证据均予以考虑

B. 专利复审委员会应对请求人在口头审理时提交的证据均不予考虑

C. 专利复审委员会应对请求人在口头审理时提交的硕士论文和《日汉技术手册》予以考虑

D. 专利复审委员会应对请求人在口头审理时提交的书面证言不予考虑

【答案】D

【知识点】无效宣告请求中对请求人举证的规定

【解析】《专利审查指南2010》第四部分第三章第4.3.1节明确了无效宣告请求审查中对请求人举证期限的规定，特别是对第（2）点中的第（ii）点的考查，具体为"（ii）在口头审理辩论终结前提交技术词典、技术手册和教科书等所属技术领域中的公知常识性证据或者用于完善证据法定形式的公证文书、原件等证据，并在该期限内结合该证据具体说明相关无效宣告理由的"。请求人提交的证据中只有《日汉技术手册》属于公知常识类证据，可以在口头审理结束前提交。硕士论文及技术人员的书面证言在口头审理时提交已经超出了请求日起1个月的补充证据的期限，合议组不应予以考虑。

综上，本题正确答案为：D。

二、多项选择题（每题所设选项中至少有两个正确答案，多选、少选、错选或不选均不得分。本部分含31—100题，每题1.5分，共105分。）

31. 下列关于发明人、设计人的说法哪些是正确的？

A. 职务发明创造的发明人在其发明被授予专利权后有权获得奖励

B. 发明人或设计人有在专利文件中不公开自己姓名的权利

C. 发明人或设计人有在专利文件中写明自己是发明人或者设计人的权利

D. 职务发明创造的发明人在其发明被授予专利权后无权自行实施

【答案】A B C D

【知识点】发明人或设计人的署名权　职务发明创造的发明人或设计人获得奖酬的权利及相关规定

【解析】《专利法》第十六条规定，被授予专利权的单位应当对职务发明创造的发明人或者设计人给予奖励；发明创造专利实施后，根据其推广应用的范围和取得的经济效益，对发明人或者设计人给予合理的报酬。由此可知，选项A正确。《专利审查指南2010》第一部分第一章第4.1.2节规定，发明人可以请求专利局不公布其姓名。由此可知，选项B正确。《专利法》第十七条第一款规定，发明人或者设计人有权在专利文件中写明自己是发明人或者设计人。由此可知，选项C正确。根据《专利法》第十一条的规定，发明专利权被授予后，除该法另有规定的以外，任何单位或者个人未经专利权人许可，都不得实施其专利。职务发明的专利权属于单位，发明人未经专利权人许可也不得擅自实施该专利。因此选项D正确。

综上，本题正确答案为：A、B、C、D。

32. 李某作为发明人完成了一项职务发明创造，其所在的甲公司就此项发明创造提出了发明专利申请。那么，以下哪些说法是正确的？

A. 在提出专利申请后，李某请求不公布其姓名，则应当提交李某签字或盖章的书面声明

B. 在提出专利申请时，李某请求不公布其姓名，则应当在请求书"发明人"一栏所填写的李某姓名后注明"（不公布姓名）"

C. 李某不公布其姓名的请求被批准后，专利局在专利公报、专利单行本中不公布其姓名，但在专利证书中公布其姓名

D. 在专利申请进入公报编辑后，李某请求不公布其姓名，则李某的请求将视为未提出

【答案】A B D

【知识点】发明人或设计人的署名权

【解析】《专利审查指南2010》第一部分第一章第4.1.2节规定，发明人可以请求专利局不公布其姓名。提出专利申请时请求不公布发明人姓名的，应当在请求书"发明人"一栏所填写的相应发明人后面注明"（不公布姓名）"。不公布姓名的请求提出之后，经审查认为符合规定的，专利局在专利公报、专利申请单行本、专利单行本以及专利证书中均不公布其姓名，并在相应位置注明"请求不公布姓名"字样，发明人也不得再请求重新公布其姓名。提出专利申请后请求不公布发明人姓名的，应当提交由发明人签字或者盖章的书面声明，但是专利申请进入公布准备后才提出该请求的，视为未提出请求，审查员应当发出视为未提出通知书。由此可知，选项A、B、D正确，选项C错误。

综上，本题正确答案为：A、B、D。

33. 下列哪些情形中专利申请人的填写不符合规定？

  A. 正式全称为北京某电子科技股份有限公司的企业在提交的专利申请中，专利申请人一栏填写的是"北京某电子公司"

  B. 某大学提交的专利申请中，专利申请人一栏填写的是"某大学科研处"

  C. 外国某大学教授约翰·史密斯提交的专利申请中，专利申请人一栏填写的是"约翰·史密斯教授"

  D. 张某在其提交的专利申请中，专利申请人一栏填写的是其笔名"风行"

【答案】A B C D

【知识点】中国内地申请人　外国申请人

【解析】《专利审查指南2010》第一部分第一章第4.1.3.1节规定，申请人是中国单位或者个人的，应当填写其名称或者姓名、地址、邮政编码、组织机构代码或者居民身份证件号码。申请人是个人的，应当使用本人真实姓名，不得使用笔名或者其他非正式的姓名。申请人是单位的，应当使用正式全称，不得使用缩写或者简称。申请人是单位的，可以推定该发明是职务发明，该单位有权提出专利申请，除非该单位的申请人资格明显有疑义的，例如填写的单位是××大学科研处或者××研究所××课题组，才需要发出补正通知书，通知申请人提供能够表明其具有申请人资格的证明文件。由此可知，选项A、B、D错误。《专利审查指南2010》第一部分第一章第4.1.3.2节规定，申请人是个人的，其中文译名中可以使用外文缩写字母，姓和名之间用圆点分开，圆点置于中间位置，例如M·琼斯。姓名中不应当含有学位、职务等称号，例如××博士、××教授等。由此可知，选项C错误。

  综上，本题正确答案为：A、B、C、D。

34. 下列哪些人可以在中国申请专利？

  A. 在法国境内设有营业所的泰国人

  B. 在我国境内只设有代表处的英国公司

  C. 在我国境内有经常居所的无国籍人

  D. 营业所设在德国的企业

【答案】A B C D

【知识点】外国申请人

【解析】《专利法》第十八条规定，在中国没有经常居所或者营业所的外国人、外国企业或外国其他组织在中国申请专利的，依照其所属国同中国签订的协议或者共同参加的国际条约，或者依照互惠原则，根据该法办理。《专利审查指南2010》第一部分第一章第4.1.3.2节规定，在确认申请人是在中国没有经常居所或者营业所的外国人、外国企业或者外国其他组织后，应当审查请求书中填写的申请人国籍、注册地是否符合下列三个条件之一：（1）申请人所属国同我国签订有相互给予对方国民以专利保护的协议；（2）申请人所属国是《保护工业产权巴黎公约》（以下简称《巴黎公约》）成员国或者世界贸易组织成员；（3）申请人所属国依互惠原则给外国人以专利保护。申请人是个人的，以国籍或者经常居所来确定；申请人是企业或者其他组织的，以注册地来确定。中国于1985年3月19日加入《巴黎公约》，根据《巴黎公约》规定的国民待遇原则，该公约所有成员国的国民（自然人、法人和其他组织）都有权在我国申请专利。非公约成员国的国民，如果在某一公约成员国内有住所或者真实有效的工商业营业所，也有权在我国申请专利。法国、英国、德国均是《巴黎公约》成员国，由此可知，选项A、B、D正确。在中国有经常居所或者营业所的外国人、外国企业或者外国其他组织可以在中国申请专利。由此可知，选项C正确。

综上，本题正确答案为：A、B、C、D。

35. 某公司员工王某在本职工作中独立完成了一项发明创造。该公司就该发明创造提交了发明专利申请，在提交的专利申请文件中将王某和总经理李某署名为共同发明人。在发明专利权授予1年后，发给王某5000元人民币作为奖金。此外，该公司每年从获得的实施许可费200万元中拿出10万元和1万元分别支付给王某和李某作为报酬。下列哪些说法是正确的？

    A. 该公司给予王某奖金的时间符合法定期限
    B. 该公司不应当将李某署名为发明人
    C. 该公司给予王某5000元的奖金符合法定标准
    D. 该公司给予王某10万元的报酬符合法定标准

【答案】BC

【知识点】职务发明的发明人或设计人获得奖酬的权利及相关规定　发明人或设计人的定义

【解析】《专利法实施细则》第七十七条第一款规定，被授予专利权的单位未与发明人、设计人约定也未在其依法制定的规章制度中规定《专利法》第十六条规定的奖励的方式和数额的，应当自专利权公告之日起3个月内发给发明人或者设计人奖金。一项发明专利的奖金最低不少于3000元；一项实用新型专利或者外观设计专利的奖金最低不少于1000元。根据上述规定，在没有约定的情况下，给予发明人的奖励应该自专利权公告之日起3个月内发放，而且不得低于3000元。由此可知，选项A错误，选项C正确。《专利法实施细则》第十三条规定，《专利法》所称发明人或者设计人，是指对发明创造的实质性特点作出创造性贡献的人。在完成发明创造过程中，只负责组织工作的人、为物质技术条件的利用提供方便的人或者从事其他辅助工作的人，不是发明人或者设计人。本题中，王某独立完成该发明创造，李某并没有对发明创造的实质性特点作出创造性贡献。由此可知，选项B正确。《专利法实施细则》第七十八条规定，被授予专利权的单位未与发明人、设计人约定也未在其依法制定的规章制度中规定《专利法》第十六条规定的报酬的方式和数额的，在专利权有效期限内，实施发明创造专利后，每年应当从实施该项发明或者实用新型专利的营业利润中提取不低于2%或者从实施该项外观设计专利的营业利润中提取不低于0.2%，作为报酬给予发明人或者设计人，或者参照上述比例，给予发明人或者设计人一次性报酬；被授予专利权的单位许可其他单位或者个人实施其专利的，应当从收取的使用费中提取不低于10%，作为报酬给予发明人或者设计人。本题中，给予发明人王某10万元报酬低于法定标准。由此可知，选项 D 错误。

综上，本题正确答案为：B、C。

36. 以下哪些说法不符合我国《专利法》的规定？

  A. 除《专利法》另有规定外，发明专利权人有权禁止他人为生产经营目的许诺销售其专利产品

  B. 除《专利法》另有规定外，方法发明专利权人有权禁止他人为生产经营目的制造与依照其专利方法直接获得的产品相同的产品

  C. 除《专利法》另有规定外，实用新型专利权人有权禁止他人为生产经营目的许诺销售、销售、进口其专利产品

  D. 除《专利法》另有规定外，外观设计专利权人有权禁止他人为生产经营目的制造、使用、销售其专利产品

【答案】BD

【知识点】禁止他人未经许可实施专利的权利

【解析】《专利法》第十一条规定，发明和实用新型专利权被授予后，除该法另有规定的以外，任何单位或者个人未经专利权人许可，都不得实施其专利，即不得为生产经营目的制造、使用、许诺销售、销售、进口其专利产品，或者使用其专利方法以及使用、许诺销售、销售、进口依照该专利方法直接获得的产品。外观设计专利权被授予后，任何单位或者个人未经专利权人许可，都不得实施其专利，即不得为生产经营目的制造、许诺销售、销售、进口其外观设计专利产品。根据上述规定可知，选项 A、C 的说法符合我国《专利法》的规定。另外，根据上述规定可知，方法发明专利权人有权禁止他人为生产经营目的制造依照其专利方法直接获得的产品，但并不能禁止他人利用其他方法制造相同的产品，由此可知，选项 B 错误。根据上述规定，外观设计专利权人并不能禁止他人为生产经营目的使用其专利产品，由此可知，选项 D 错误。

综上，本题正确答案为：B、D。

37. 在办理专利申请权或专利权的转让手续时，下列哪些情形应当出具国务院商务主管部门颁发的"技术出口许可证"或者"自由出口技术合同登记证书"，或者地方商务主管部门颁发的"自由出口技术合同登记证书"？

  A. 上海一家国有企业与美国一家公司共同向国家知识产权局提交了一件发明专利申请，之后将该专利申请权转让给一家日本公司

  B. 北京某大学教授王某向国家知识产权局提交了一件发明专利申请并获得了专利权，其在英国期间，将该专利权转让给一家英国公司

  C. 重庆某民营公司向国家知识产权局提交了一件外观设计专利申请并获得了专利权，之后其将该专利权转让给一家韩国公司

  D. 天津市民张某向国家知识产权局提交了一件发明专利申请并获得了专利权，之后其将

该专利权转让给一家在中国内地注册的外资公司

【答案】AB

【知识点】向外国人转让专利申请权和专利权的特殊要求

【解析】《专利法》第十条第二款规定，中国单位或者个人向外国人、外国企业或者外国其他组织转让专利申请权或者专利权的，应当依照有关法律、行政法规的规定办理手续。该条所称的"中国单位"是指按照中国法律成立而具有中国国籍的单位，不仅包括全民所有制企业、集体所有制企业、股份有限公司、有限责任公司，还包括中外合资企业、中外合作企业和外商独资企业。《专利审查指南2010》第一部分第一章第6.7.2.2节规定，……（ii）对于发明或者实用新型专利申请（或专利），转让方是中国内地的个人或者单位，受让方是外国人、外国企业或者外国组织的，应当出具国务院商务主管部门颁发的"技术出口许可证"或者"自由出口技术合同登记证书"，或者地方商务主管部门颁发的"自由出口技术合同登记证书"，以及双方签字或者盖章的转让合同。……中国内地的个人或者单位与外国人、外国企业或者外国其他组织作为共同转让方，受让方是外国人、外国企业或者外国其他组织的，适用本项（ii）的规定处理。由此可知，选项A、B正确。

综上，本题正确答案为：A、B。

38. 下列哪些情况下，专利权质押合同不予登记？

　　A. 出质人与专利登记簿记载的专利权人不一致的
　　B. 专利权已经终止的
　　C. 专利权处于年费缴纳滞纳期的
　　D. 专利权已被启动无效宣告程序的

【答案】ABCD

【知识点】出质登记的办理

【解析】《专利权质押登记办法》第十二条第二款规定，经审查发现有下列情形之一的，国家知识产权局作出不予登记的决定，并向当事人发送专利权质押不予登记通知书：（一）出质人与专利登记簿记载的专利权人不一致的；（二）专利权已终止或者已被宣告无效的；（三）专利申请尚未被授予专利权的；（四）专利权处于年费缴纳滞纳期的；（五）专利权已被启动无效宣告程序的；（六）因专利权的归属发生纠纷或者人民法院裁定对专利权采取保全措施，专利权的质押手续被暂停办理的；（七）债务人履行债务的期限超过专利权有效期的；（八）质押合同约定在债务履行期届满质权人未受清偿时，专利权归质权人所有的；（九）质押合同不符合该办法第九条规定的；（十）以共有专利权出质但未取得全体共有人同意的；（十一）专利权已被申请质押登记且处于质押期间的；（十二）其他应当不予登记的情形。由此可知，选项A、B、C、D均正确。

综上，本题正确答案为：A、B、C、D。

39. 发明专利申请公布后至专利权授予前他人使用该发明不支付适当费用的，在专利权授予后，专利权人可以起诉。关于诉讼时效，下列哪些说法是错误的？

A. 如果在授权前专利权人已经得知或者应当得知他人使用该发明，诉讼时效从授权之日起计算

B. 诉讼时效从专利权人得知或应当得知他人使用该发明之日起计算

C. 专利权人要求支付使用费的诉讼时效是1年

D. 诉讼时效从他人使用该发明之日起计算

【答案】CD

【知识点】诉讼时效

【解析】《专利法》第六十八条第二款规定，发明专利申请公布后至专利权授予前使用该发明未支付适当使用费的，专利权人要求支付使用费的诉讼时效为2年，自专利权人得知或者应当得知他人使用其发明之日起计算，但是，专利权人于专利权授予之日前即已得知或者应当得知的，自专利权授予之日起计算。由此可知，选项C、D错误。

综上，本题正确答案为：C、D。

40. 下列关于专利保护期限计算的那些说法是正确的？

A. 分案申请获得专利权后，其专利权保护期限自分案申请递交日起算

B. 国际申请进入中国国家阶段获得授权后，其专利权保护期限自国际申请日起算

C. 享有外国优先权的专利申请获得授权后，其专利权保护期限自优先权日起算

D. 享有国内优先权的专利申请获得授权后，其专利保护期限自提出申请之日起算

【答案】BD

【知识点】专利权保护期限的计算方式

【解析】《专利法》第二十八条规定，国务院专利行政部门收到专利申请文件之日为申请日。如果申请文件是邮寄的，以寄出的邮戳日为申请日。《专利法》第四十二条规定，发明专利权的期限为20年，实用新型专利权和外观设计专利权的期限为10年，均自申请日起计算。《专利审查指南2010》第五部分第三章第2.3.2.1节规定，对符合受理条件的分案申请，专利局应当受理，给出专利申请号，以原申请的申请日为申请日，并记载分案申请递交日。由此可知，分案申请的保护期限自原申请的申请日起计算，故选项A错误。《专利法实施细则》第一百零二条规定，按照《专利合作条约》已确定国际申请日并指定中国的国际申请，视为向国务院专利行政部门提出的专利申请，该国际申请日视为《专利法》第二十八条所称的申请日。由此可知，选项B正确。《专利法实施细则》第十一条第一款规定，除《专利法》第二十八条和第四十二条规定的情形外，《专利法》所称申请日，有优先权的，指优先权日。由此可知，选项C错误，选项D正确。

综上，本题正确答案为：B、D。

41. 刘某于2015年通过了全国专利代理人资格考试，于2016年7月到某代理公司工作，2017年9月申请获得了专利代理人执业证。刘某的下列哪些行为符合相关规定？

A．刘某作为申请人于 2016 年 6 月向国家知识产权局提交了一件外观设计专利申请

B．刘某在该代理公司任职期间，到另一家专利代理公司兼职从事有关专利事务方面的咨询工作

C．刘某在该代理公司任职期间，在国家知识产权局将其代理的一件发明专利申请公布后，将该专利申请的内容告诉了其好友

D．刘某在该代理公司任职期间，以自己的名义接受好友的委托，代理其提交了一件实用新型专利申请，并收取了代理费

【答案】A C

【知识点】专利代理人执业纪律和职业道德

【解析】《专利代理条例》第二十条规定，专利代理人在从事专利代理业务期间和脱离专利代理业务后 1 年内，不得申请专利。刘某 2016 年 7 月才到某代理公司工作，在从事专利代理工作之前是可以申请专利的。由此可知，选项 A 正确。《专利代理条例》第十八条第一款规定，专利代理人不得同时在两个以上专利代理机构从事专利代理业务。提供专利事务方面的咨询属于专利代理业务，由此可知，选项 B 错误。《专利代理条例》第二十三条规定，专利代理人对其在代理业务活动中了解的发明创造的内容，除专利申请已经公布或者公告的以外，负有保守秘密的责任。由此可知，选项 C 正确。《专利代理条例》第十七条规定，专利代理人必须承办专利代理机构委派的专利代理工作，不得自行接受委托。由此可知，选项 D 错误。

综上，本题正确答案为：A、C。

42．申请设立专利代理机构应当提交下列哪些材料？

A．设立专利代理机构申请表

B．专利代理机构的合伙协议书或者章程

C．验资证明

D．专利代理人资格证和身份证复印件

【答案】A B D

【知识点】专利代理机构的设立

【解析】《专利代理管理办法》第八条第一款规定，设立专利代理机构应当提交下列申请材料：（一）设立专利代理机构申请表；（二）专利代理机构的合伙协议书或者章程；（三）专利代理人资格证和身份证的复印件；（四）人员简历及人事档案存放证明和离退休证件复印件；（五）办公场所和工作设施的证明；（六）其他必要的证明材料。由此可知，选项 A、B、D 正确，选项 C 错误。

综上，本题正确答案为：A、B、D。

43．以下哪些情况可以请求恢复权利？

A．未在期限内答复补正通知书而造成视为撤回的

B. 未在期限内提交不丧失新颖性宽限期的证明文件而造成视为未要求不丧失新颖性宽限期的

C. 分案申请的原申请要求了优先权，而分案申请在提出时未填写优先权声明的

D. 作为本国优先权的在先申请已经被视为撤回的

【答案】A B C

【知识点】请求恢复权利

【解析】《专利法实施细则》第六条第二款及第五款规定，除前款规定的情形外，当事人因其他正当理由延误《专利法》或者该细则规定的期限或者国务院专利行政部门指定的期限，导致其权利丧失的，可以自收到国务院专利行政部门的通知之日起2个月内向国务院专利行政部门请求恢复权利。该条第一款和第二款的规定不适用《专利法》第二十四条、第二十九条、第四十二条、第六十八条规定的期限。选项A为延误了指定的期限，B选项为延误了《专利法实施细则》第三十条第三款规定的期限，可以请求恢复，故选项A、B正确。

《专利审查指南2010》第一部分第一章第6.2.5节规定，视为未要求优先权并属于下列情形之一的，申请人可以根据《专利法实施细则》第六条的规定请求恢复要求优先权的权利：……（4）分案申请的原申请要求了优先权。故选项C正确。

《专利审查指南2010》第一部分第一章第6.2.2.5节规定，申请人要求本国优先权的，其在先申请自在后申请提出之日起即视为撤回。……被视为撤回的在先申请不得请求恢复。故选项D错误。

综上，本题正确答案为：A、B、C。

44. 一件发明专利申请，申请日是2017年3月3日，优先权日是2016年4月5日，申请人欲提交实质审查请求，以下说法正确的是?

A. 申请人应当最晚于2019年4月5日前提出实质审查请求

B. 申请人应当最晚于2020年3月3日前提出实质审查请求

C. 申请人可以在提出实质审查请求时提交对申请的主动修改文件

D. 申请人成功办理费用减缴手续的，实质审查请求费可以减缴

【答案】A C D

【知识点】实质审查请求

【解析】《专利审查指南2010》第一部分第一章第6.4.1节规定，实质审查请求应当在自申请日（有优先权的，指优先权日）起3年内提出，并在此期限内缴纳实质审查费。故选项A正确，选项B错误。

《专利法实施细则》第五十一条第一款规定，发明专利申请人在提出实质审查请求时以及在收到国务院专利行政部门发出的发明专利申请进入实质审查阶段通知书之日起的3个月内，可以对发明专利申请主动提出修改。故选项C正确。

《专利审查指南2010》第五部分第二章第3.1节规定，可以减缴的费用种类：（1）申请费（不包括公布印刷费、申请附加费）；（2）发明专利申请实质审查费；（3）复审费；……

故选项D正确。

综上，本题正确答案为：A、C、D。

45. 申请人于2017年5月15日提交一件发明专利申请，并于2017年5月22日收到受理通知书。该申请要求了一项美国优先权，优先权日为2016年6月3日，则以下关于在先申请文件副本的说法正确的是？

　　A. 应当在2017年8月15日前提交在先申请文件副本
　　B. 应当在2017年8月22日前提交在先申请文件副本
　　C. 应当提交在先申请文件副本的中文题录译文
　　D. 国家知识产权局通过电子交换等途径从该受理机构获得在先申请文件副本的，可以视为申请人提交了经该受理机构证明的在先申请文件副本

【答案】ACD
【知识点】要求外国优先权
【解析】《专利法》第三十条规定，申请人要求优先权的，应当在申请的时候提出书面声明，并且在3个月内提交第一次提出的专利申请文件的副本。本题中申请的申请日是2017年5月15日，因此提交在先申请文件副本的期限届满日为2017年8月15日，故选项A正确，选项B错误。

《专利审查指南2010》第五部分第一章第3.3节中规定，当事人在提交外文证明文件、证据材料时（例如优先权证明文本、转让证明等），应当同时附具中文题录译文，审查员认为必要时，可以要求当事人在规定的期限内提交全文中文译文或者摘要中文译文。故选项C正确。

《专利法实施细则》第三十一条第一款规定，……依照国务院专利行政部门与该受理机构签订的协议，国务院专利行政部门通过电子交换等途径从该受理机构获得在先申请文件副本的，视为申请人提交了经该受理机构证明的在先申请文件副本。故选项D正确。

综上，本题正确答案为：A、C、D。

46. 申请人甲提交了一份专利申请，后欲将该申请转让给乙，乙想委托代理机构办理专利相关事务。这种情况下应当如何办理著录项目变更手续，以下说法正确的是？

　　A. 办理手续时，应当提交两份著录项目变更申报书
　　B. 办理手续时，应当提交申请权由甲转让给乙的转让证明以及乙与代理机构签订的专利代理委托书
　　C. 申请人应当自提出著录项目变更申报书后2个月内缴纳变更费250元
　　D. 该手续可以由乙委托的专利代理机构办理

【答案】BD
【知识点】著录项目变更
【解析】《专利审查指南2010》第一部分第一章第6.7.1.1节中规定，办理著录项目变更手续应当提交著录项目变更申报书。一件专利申请的多个著录项目同时发生变更的，只需提

交一份著录项目变更申报书。由此可知，选项 A 错误。

《专利审查指南 2010》第一部分第一章第 6.7.2.2 节 (2) 中规定，申请人（或专利权人）因权利的转让或者赠与发生权利转移提出变更请求的，应当提交转让或者赠与合同。《专利审查指南 2010》第一部分第一章 6.7.2.4 节 (4) 中规定，专利申请权（或专利权）转移的，变更后的申请人（或专利权人）委托新专利代理机构的，应当提交变更后的全体申请人（或专利权人）签字或者盖章的委托书。由此可知，办理该项手续，需要提交申请人甲签字或盖章的、将权利转让给乙的转让证明，以及乙与代理机构签订的专利代理委托书。故选项 B 正确。

《专利法实施细则》第九十九条第三款规定，著录项目变更费、专利权评价报告请求费、无效宣告请求书应当自提出请求之日起 1 个月内缴纳。同时《专利审查指南 2010》第一部分第一章第 6.7.1.2 节中规定，申请人请求变更发明人和/或申请人（或专利权人）的，应当缴纳著录项目变更手续费 200 元，请求变更专利代理机构和/或专利代理人的，应当缴纳著录项目变更手续费 50 元。由此可知，申请人应当自提出著录项目变更申报书后 1 个月内缴纳变更费 250 元，故选项 C 错误。

《专利审查指南 2010》第一部分第一章第 6.7.1.4 节中规定，未委托专利代理机构的，著录项目变更手续应当由申请人（或专利权人）或者其代表人办理；已委托专利代理机构的，应当由专利代理机构办理。因权利转移引起的变更，也可以由新的权利人或者其委托的专利代理机构办理。由此可知，选项 D 正确。

综上，本题正确答案为：B、D。

47. 申请人甲于 2017 年 2 月 20 日提交了一项发明专利申请，该申请要求了两项外国优先权，优先权日分别是 2016 年 4 月 5 日和 2016 年 6 月 10 日，该申请被受理后，申请人发现在申请时忘记在请求书和说明书中写明生物材料的样品信息，保藏日是 2016 年 5 月 20 日，如果申请人想补入该生物材料样品信息，应当如何办理手续？

A. 申请人应当于 2017 年 6 月 20 日前办理补正手续

B. 办理该手续时应当提交修改后的请求书以及该生物材料的样品保藏证明和存活证明

C. 该申请中，保藏日期晚于最早优先权日，因此生物材料的内容不能享有任何优先权

D. 申请人可以声明撤回部分优先权要求或者声明该保藏证明涉及的生物材料的内容不要求享有优先权，以满足保藏日的要求

【答案】A B D

【知识点】涉及生物材料申请的审查

【解析】《专利法实施细则》第二十四条第一款第（三）项规定，涉及生物材料样品保藏的专利申请应当在请求书和说明书中写明该生物材料的分类命名（注明拉丁文名称）、保藏该生物材料样品的单位名称、地址、保藏日期和保藏编号；申请时未写明的，应当自申请日起 4 个月内补正，期满未补正的，视为未提交保藏。在选项 A 中，申请人办理该补正手续的时间是自申请日起 4 个月期限的最后一天之前，故选项 A 正确。

《专利法实施细则》第二十四条第一款第（一）项规定，在申请日前或者最迟在申请日（有优先权的，指优先权日），将该生物材料的样品提交国务院专利行政部门认可的保藏单位保藏，并在申请时或者最迟自申请日起4个月内提交保藏单位出具的保藏证明和存活证明。故选项B正确。

《专利审查指南2010》第一部分第一章5.2.1节规定，保藏证明写明的保藏日期在所要求的优先权日之后，并且在申请日之前的，审查员应当发出办理手续补正通知书，要求申请人在指定的期限内撤回优先权要求或者声明该保藏证明涉及的生物材料的内容不要求享受优先权，期满未答复或者补正后仍不符合规定的，审查员应当发出生物材料样品视为未保藏通知书。在该申请中，保藏日仅晚于第一项优先权的优先权日，该保藏涉及的生物材料的内容仍可享有第二项优先权。故选项C错误，选项D正确。

综上，本题正确答案为：A、B、D。

48. 以下哪一个期限是以申请日起算的？
　　A. 发明专利申请的公布时间
　　B. 专利权的保护期限
　　C. 专利年度的计算
　　D. 提交实质审查请求书的期限

【答案】BC

【知识点】期限的起算日

【解析】《专利审查指南2010》第五部分第八章第1.2.1.1节中规定，发明专利申请经初步审查合格后，自申请日（有优先权的，为优先权日）起满15个月进行公布准备，并于18个月期满时公布。由此可知，如果有优先权，则公布日期是自优先权日起满18个月，故选项A错误。

《专利法》第四十二条规定，发明专利权的期限为20年，实用新型专利权和外观设计专利权的期限是10年，均自申请日起算。故选项B正确。

《专利审查指南2010》第五部分第九章2.2.1.1节中规定，专利年度从申请日起算，与优先权日、授权日无关，与自然年度也没有必然联系。故选项C正确。

《专利审查指南2010》第一部分第一章第6.4.1节中规定，实质审查请求应当在自申请日（有优先权的，指优先权日）起3年内提出，并在此期限内缴纳实质审查费。故选项D错误。

综上，本题正确答案为：B、C。

49. 2017年4月1日之后，对于已经公布但尚未公告授予专利权的发明专利申请案卷，可以查阅和复制的案卷内容包括？
　　A. 申请文件以及与申请直接有关的手续文件
　　B. 公布文件

C. 在初步审查程序中向申请人发出的通知书和决定书、申请人对通知书的答复意见正文

D. 在实质审查程序中向申请人发出的通知书、检索报告和决定书

【答案】A B C D

【知识点】允许查阅和复制的内容

【解析】《专利审查指南2010》（经2017年4月1日生效的国家知识产权局令第74号修改）第五部分第四章第5.2节（2）中规定对于已经公布但尚未公告授予专利权的发明专利申请案卷，可以查阅和复制该专利申请案卷中的有关内容，包括：申请文件，与申请直接有关的手续文件，公布文件，在初步审查程序中向申请人发出的通知书和决定书、申请人对通知书的答复意见正文，以及在实质审查程序中向申请人发出的通知书、检索报告和决定书。故选项A、B、C、D所述内容均为允许查阅和复制的内容。

综上，本题正确答案为：A、B、C、D。

50. 以下关于电子申请的特殊规定正确的是？

　　A. 电子申请的代表人应当是电子申请的注册用户

　　B. 电子申请的各种手续应当以电子形式提交，必要时应当在规定的期限内提交纸件原件

　　C. 电子申请受理范围包括：发明、实用新型和外观设计专利申请，进入国家阶段的国际申请以及复审和无效宣告请求

　　D. 国家知识产权局电子专利申请系统收到符合《专利法》及其实施细则规定的专利申请文件之日为申请日

【答案】A B C D

【知识点】电子申请的特殊规定

【解析】《专利审查指南2010》第五部分第十一章第2.1节中规定，申请人有两人以上且未委托专利代理机构的，以提交电子申请的电子申请用户为代表人。《专利审查指南2010》第五部分第十一章第2节规定，电子申请用户是指已经与国家知识产权局签订电子专利申请系统用户注册协议，办理了有关注册手续，获得用户代码和密码的申请人和专利代理机构。可以直接向国家知识产权局提交电子申请的申请人必须是已经注册的电子申请用户，故选项A正确。

《专利审查指南2010》第五部分第十一章第5.5节中规定，申请人提出电子申请并被受理的，办理专利申请的各种手续应当以电子文件形式提交。对《专利法》及其实施细则和该指南中规定的必须以原件形式提交的文件，例如，费用减缓证明、专利代理委托书、著录项目变更证明和复审及无效程序中的证据等，应当在《专利法》及其实施细则和该指南中规定的期限内提交纸件原件。故选项B正确。

《专利审查指南2010》第五部分第十一章第4节中规定，电子申请受理范围包括：(1)发明、实用新型和外观设计专利申请。(2)进入国家阶段的国际申请。(3)复审和无效宣告请求。故选项C正确。

《专利审查指南2010》第五部分第十一章第4.2节中规定，专利局电子专利申请系统收

到电子文件的日期为递交日。专利局电子专利申请系统收到符合《专利法》及其实施细则规定的专利申请文件之日为申请日。故选项D正确。

综上，本题正确答案为：A、B、C、D。

51. 如果国际检索单位认为一件PCT国际申请没有满足发明单一性的要求，则下列说法哪些是正确的？

    A. 申请人未在规定期限内缴纳检索附加费的，国际检索单位应当宣布不作出国际检索报告

    B. 申请人在规定期限内缴纳检索附加费的，国际检索单位应当对国际申请的全部权利要求作出国际检索报告

    C. 申请人在规定期限内缴纳检索附加费和异议费的，如果异议成立，检索附加费和异议费将被退回

    D. 申请人未在规定期限内缴纳检索附加费的，且在进入中国国家阶段后，未按规定缴纳单一性恢复费的，申请人不得提出分案申请

【答案】BCD

【知识点】国际检索单位的程序　分案申请

【解析】《专利合作条约》第17条"国际检索单位的程序"规定，……（3）（a）如果国际检索单位认为国际申请不符合细则中规定的发明单一性的要求，该检索单位应要求申请人缴纳附加费。国际检索单位应对国际申请的权利要求中首先提到的发明（"主要发明"）部分作出国际检索报告；在规定期限内付清要求的附加费后，再对国际申请中已经缴纳该项费用的发明部分作出国际检索报告。故选项A错误，选项B正确。

《专利合作条约实施细则》第40条"缺乏发明单一性（国际检索）"之40.2"附加费"规定，……（c）任何申请人可以在缴纳附加费时提出异议，即附一说明理由的声明，说明该国际申请符合发明单一性的要求或者说明要求缴纳的附加费数额过高。该项异议应由设立在国际检索单位机构内的一个复核组进行审查，在其认为异议有理由的限度内，应将附加费的全部或者一部分退还申请人。根据申请人的请求，异议及其决定的文本应连同国际检索报告一起通知指定局。……（e）……如果（c）所述的复核组认为异议完全成立，异议费应当退还给申请人。故选项C正确。

《专利法实施细则》第一百一十五条第二款规定，在国际阶段，国际检索单位或者国际初步审查单位认为国际申请不符合《专利合作条约》规定的单一性要求时，申请人未按照规定缴纳附加费，导致国际申请某些部分未经国际检索或者未经国际初步审查，在进入中国国家阶段时，申请人要求将所述部分作为审查基础，国务院专利行政部门认为国际检索单位或者国际初步审查单位对发明单一性的判断正确的，应当通知申请人在指定期限内缴纳单一性恢复费。期满未缴纳或者未足额缴纳的，国际申请中未经检索或者未经国际初步审查的部分视为撤回。《专利法实施细则》第四十二条第一款规定，一件专利申请包括两项以上发明、实用新型或者外观设计的，申请人可以在该细则第五十四条第一款规定的期限届满前，向国

务院专利行政部门提出分案申请；但是，专利申请已经被驳回、撤回或者视为撤回的，不能提出分案申请。《专利审查指南2010》第三部分第二章第5.5节中规定，对于申请人因未缴纳单一性恢复费而删除的发明，根据《专利法实施细则》第一百一十五条第二款、第四十二条第一款的规定，申请人不得提出分案申请。故选项D正确。

综上，本题正确答案为：B、C、D。

52. 在PCT国际申请体系中，中国国家知识产权局承担以下哪些职能？
   A. 受理PCT国际申请
   B. 负责PCT国际申请的公布出版
   C. 作为国际检索单位，制定国际检索报告
   D. 作为国际初步审查单位，制定专利性国际初步报告

【答案】ACD

【知识点】国家知识产权局的职能

【解析】《专利合作条约实施细则》第19条"主管受理局"之19.1"在哪里申请"（a）规定，除（b）另有规定之外，国际申请应按照申请人的选择，(i) 向申请人是其居民的缔约国的或者代表该国的国家局提出；或 (ii) 向申请人是其国民的缔约国的或者代表该国的国家局提出；(iii) 向国际局提出，而与申请人是其居民或者国民的缔约国无关。《关于中国实施〈专利合作条约〉的规定》第四条第一款规定，专利局作为国际申请的受理局，负责受理中国国民，或者在中国有经常居所或者营业所的外国人、外国企业或外国其他组织提出的国际申请，并按照条约、条约实施细则和条约行政规程的规定对该国际申请进行检查和处理。故选项A正确。

《专利合作条约》第21条"国际公布"之（1）规定，国际局应公布国际申请。故选项B错误。

《专利合作条约》第16条"国际检索单位"规定，(1) 国际检索应由国际检索单位进行。该单位可以是一个国家局，或者是一个政府间组织，如国际专利机构，其任务包括对作为申请主题的发明提出现有技术的文献检索报告。……《关于中国实施〈专利合作条约〉的规定》第九条第一款规定，专利局作为国际申请的主管国际检索单位，应当按照条约、条约实施细则、条约行政规程以及专利局与国际局依照条约第十六条第三款签订的协议的规定对该申请进行国际检索。故选项C正确。

《专利合作条约》第32条"国际初步审查单位"之（2）规定，受理局（指第31条（2）(a)所述的要求的情形)和大会（指第31条（2）(b)所述的要求的情形)应按照有关的国际初步审查单位与国际局之间适用的协议，确定一个或几个主管初步审查的国际初步审查单位。《关于中国实施〈专利合作条约〉的规定》第十三条第一款规定，专利局作为国际申请的主管国际初步审查单位，应当按照条约、条约实施细则、条约行政规程以及专利局与国际局根据条约第三十二条签订的协议的规定对国际申请进行国际初步审查。故选项D正确。

综上，本题正确答案为：A、C、D。

53. 根据《专利合作条约》的规定，允许申请人在国家阶段提出复查请求的情况包括？
   A. 受理局拒绝给予国际申请日
   B. 受理局宣布国际申请已被视为撤回
   C. 国际检索单位宣布不作出国际检索报告
   D. 国际局由于在规定期限内没有收到国际申请的登记本而宣布该申请被视为撤回

【答案】A B D
【知识点】国家阶段的复查
【解析】《专利合作条约》第25条"指定局的复查"规定，(1)(a)如果受理局拒绝给予国际申请日，或者宣布国际申请已被视为撤回，或者如果国际局已经按第12条(3)作出认定，国际局应该根据申请人的请求，立即将档案中任何文件的副本送交申请人指明的任何指定局。……其中第12条(3)规定，如果国际局在规定的期限内没有收到登记本，国际申请即被视为撤回。

综上，本题正确答案为：A、B、D。

54. 对于一件涉及生物材料的PCT国际申请，如果申请人请求进入中国国家阶段，则下列说法哪些是正确的？
   A. 申请人应当在国际阶段对生物材料样品的保藏作出说明，包括保藏单位名称和地址、保藏日期、保藏编号
   B. 申请人应当在进入声明中指明记载生物材料样品保藏事项的文件以及在该文件中的具体记载位置
   C. 申请人未在进入声明中指明生物材料样品保藏事项的，应当自进入日起4个月内补正，期满未补正的，该申请视为撤回
   D. 申请人应当自进入日起4个月内提交生物材料样品保藏证明和存活证明，期满未提交的，该申请视为撤回

【答案】A B
【知识点】生物材料样品的保藏
【解析】《专利合作条约实施细则》第13条之二.3"记载：内容；未作记载或者说明"规定，(a)对保藏的生物材料的记载应说明下列事项：(i)进行保藏的保藏单位的名称和地址；(ii)在该单位保藏生物材料的日期；(iii)该单位对保藏物给予的入藏号；……故选项A正确。

《专利法实施细则》第一百零八条第一款规定，申请人按照《专利合作条约》的规定，对生物材料样品的保藏已作出说明的，视为已经满足了该细则第二十四条第（三）项的要求。申请人应当在进入中国国家阶段声明中指明记载生物材料样品保藏事项的文件以及在该文件中的具体记载位置。故选项B正确。

《专利法实施细则》第一百零八条第二款规定，申请人在原始提交的国际申请的说明书中已记载生物材料样品保藏事项，但是没有在进入中国国家阶段声明中指明的，应当自进入

日起4个月内补正。期满未补正的，该生物材料视为未提交保藏。故选项C错误。

《专利法实施细则》第一百零八条第三款规定，申请人自进入日起4个月内向国务院专利行政部门提交生物材料样品保藏证明和存活证明的，视为在该细则第二十四条第（一）项规定的期限内提交。《专利审查指南2010》第三部分第一章第5.5.3节规定，由于国际申请的特殊程序，提交生物材料样品保藏证明和存活证明的期限是自进入日起4个月。对保藏证明和存活证明内容的审查，适用该指南第一部分第一章第5.2.1节的规定。即在自申请日起4个月内，申请人未提交生物材料存活证明，又没有说明未能提交该证明的正当理由的，该生物材料样品视为未提交保藏，审查员应当发出生物材料样品视为未保藏通知书。故选项D错误。

综上，本题正确答案为：A、B。

55. 申请人在韩国提出了一件PCT国际申请，国际申请日是2015年3月2日。申请人在国际阶段办理了恢复优先权手续，经审查合格后确定的优先权日是2014年2月14日。该PCT国际申请于2016年8月14日进入中国国家阶段。下列说法哪些是正确的？

  A. 如果该申请被授予专利权，则专利权的期限自2014年2月14日起计算
  B. 进入中国国家阶段后，申请人可以要求增加一项新的优先权，该在先申请的申请日为2014年4月11日
  C. 对于一项因在国际阶段未提供在先申请的申请号，进入声明中仍未写明在先申请的申请号而被视为未要求的优先权，申请人可以在进入中国国家阶段后请求恢复该项优先权
  D. 如果作为优先权基础的在先申请是一件中国国家申请，应当看作要求本国优先权

【答案】CD
【知识点】PCT申请在中国国家阶段的优先权要求
【解析】《专利法》第四十二条规定，发明专利权的期限为20年，实用新型和外观设计专利权的期限为10年，均自申请日起计算。《专利法实施细则》第一百零二条规定，按照《专利合作条约》已确定国际申请日并指定中国的国际申请，视为向国务院专利行政部门提出的专利申请，该国际申请日视为《专利法》第二十八条所称的申请日。因此，本题中，专利权的期限应当自2015年3月2日起计算，故选项A错误。

《专利审查指南2010》第三部分第一章第5.2.1节中规定，进入国家阶段不允许提出新的优先权要求。故选项B错误。

《专利审查指南2010》第三部分第一章第5.2.5节中规定，国际申请在进入国家阶段后，由于下述情形之一导致视为未要求优先权的，可以根据《专利法实施细则》第六条的规定请求恢复要求优先权的权利：(1) 申请人在国际阶段没有提供在先申请的申请号，进入声明中仍未写明在先申请的申请号……。故选项C正确。

《专利审查指南2010》第三部分第一章第5.2.6节中规定，在先申请是在中国提出的，要求优先权的国际申请进入国家阶段，应当看作要求本国优先权。故选项D正确。

综上，本题正确答案为：C、D。

56. 关于PCT国际申请在中国国家阶段提交的译文，下列说法哪些是正确的？

A. 国际申请以外文提出的，在进入国家阶段时，应当提交原始国际申请的说明书、权利要求书、摘要和附图中的文字的译文

B. 审查基础文本声明中提及国际阶段的修改的，应当自进入日起2个月内提交该修改文件的译文

C. 申请人可以在国家知识产权局做好公布发明专利申请或者公告实用新型专利权的准备工作之前，或是在收到国家知识产权局发出的发明专利申请进入实质审查阶段通知书之日起3个月内主动提出改正译文错误

D. 基于国际申请授予的专利权，译文有误时，以国家知识产权局授权时的保护范围为准

【答案】A B C

【知识点】PCT国家阶段提交的译文

【解析】《专利法实施细则》第一百零四条规定，申请人依照该细则第一百零三条的规定办理进入中国国家阶段的手续的，应当符合下列要求：……（三）国际申请以外文提出的，提交原始国际申请的说明书和权利要求书的中文译文……（五）国际申请以外文提出的，提交摘要的中文译文，有附图和摘要附图的，提交附图副本和摘要附图副本，附图中有文字的，将其替换为对应的中文文字；国际申请以中文提出的，提交国际公布文件中的摘要和摘要附图副本。故选项A正确。

《专利法实施细则》第一百零六条规定，国际申请在国际阶段作过修改，申请人要求以经修改的申请文件为基础进行审查的，应当自进入日起2个月内提交修改部分的中文译文。《专利审查指南2010》第三部分第一章第3.1.6节中规定，审查基础文本声明中提及国际阶段的修改的，应当自进入日起2个月内提交该修改文件的译文。故选项B正确。

《专利法实施细则》第一百一十三条第一款规定，申请人发现提交的说明书、权利要求书或者附图中的文字的中文译文存在错误的，可以在下列规定期限内依照原始国际申请文本提出改正：（一）在国务院专利行政部门做好公布发明专利申请或者公告实用新型专利权的准备工作之前；（二）在收到国务院专利行政部门发出的发明专利申请进入实质审查阶段通知书之日起3个月内。故选项C正确。

《专利法实施细则》第一百一十七条规定，基于国际申请授予的专利权，由于译文错误，致使依照《专利法》第五十九条规定确定的保护范围超出国际申请的原文所表达的范围的，以依据原文限制后的保护范围为准；致使保护范围小于国际申请的原文所表达的范围的，以授权时的保护范围为准。故选项D错误。

综上，本题正确答案为：A、B、C。

57. 下列关于PCT国际申请的说法哪些是正确的？

A. 申请人可以依据《专利合作条约》提交PCT国际申请，也可以依据《保护工业产权巴黎公约》直接向外国提交专利申请

B. 国际初步审查程序是PCT国际申请的必经程序

C. 国际检索单位书面意见和专利性国际初步报告是国际单位对作为国际申请主题的发明是否有新颖性、创造性和工业实用性提出的初步的、无约束力的意见

D. 有些PCT国际申请的主题，如原子核变换方法，即使国际单位经检索认为其具备新颖性和创造性，也无法在中国获得专利权

【答案】A C D

【知识点】PCT国际申请制度的基本特点

【解析】《专利合作条约》第3条"国际申请"中规定，(1)在任何缔约国，保护发明的申请都可以按照该条约作为国际申请提出。……另外，根据《保护工业产权巴黎公约》的国民待遇原则，在工业产权保护方面，公约各成员国必须在法律上给予公约其他成员国相同于其该国国民的待遇；即使是非成员国国民，只要他在公约某一成员国内有住所，或有真实有效的工商营业所，亦应给予相同于该国国民的待遇。故选项A正确。

《专利合作条约》第31条"要求国际初步审查"中规定，(1)经申请人要求，对国际申请应按下列规定和细则进行国际初步审查。……国际初步审查程序是国际阶段的可选程序，如果申请人未要求国际初步审查的，则不进行国际初步审查。故选项B错误。

《专利审查指南2010》第三部分第二章第5.1节中规定，国际申请的国际初步审查是根据《专利合作条约》第33条（1）的规定对请求保护的发明看起来是否有新颖性、是否有创造性（非显而易见性）和是否有工业实用性提出初步的无约束力的意见。故选项C正确。

《专利审查指南2010》第三部分第二章第5.2节中规定，进入国家阶段的国际申请属于《专利法》第五条或《专利法》第二十五条规定不授予专利权的发明创造（例如赌博工具、原子核变换方法）的，即使其申请主题不属于《专利合作条约实施细则》第39条规定所排除的内容，也不能被授予专利权。故选项D正确。

综上，本题正确答案为：A、C、D。

58. 一件PCT国际申请，国际申请日是2017年6月1日。申请人在国际阶段办理了恢复优先权手续，经审查合格后确定的优先权日是2016年5月14日。下列说法哪些是正确的？

A. 申请人最迟应当在2019年1月14日前办理进入中国国家阶段手续

B. 申请人最迟应当在2020年2月1日前办理进入中国国家阶段手续

C. 该PCT申请如果要求获得发明专利，申请人最迟应当在2019年5月14日前提出实质审查请求

D. 该PCT申请如果要求获得发明专利，申请人最迟应当在2020年6月1日前提出实质审查请求

【答案】A D

【知识点】办理进入国家阶段手续和提出实质审查请求的期限 恢复优先权的保留

【解析】《专利法实施细则》第一百零三条规定，国际申请的申请人应当在《专利合作条约》第2条所称的优先权日起30个月内，向国务院专利行政部门办理进入中国国家阶段的手续；申请人未在该期限内办理该手续的，在缴纳宽限费后，可以在自优先权日起32个月

内办理进入中国国家阶段的手续。《专利审查指南2010》第三部分第一章第2节中规定，因中国对《专利合作条约》及其实施细则的有关规定作出保留，而使国际申请的优先权在国家阶段不成立的，办理进入国家阶段手续的期限仍按照原最早优先权日起算。故申请人最迟应当在自优先权日2016年5月14日起32个月内办理进入国家阶段手续，即最迟应当在2019年1月14日前办理进入国家阶段手续。故选项A正确，选项B错误。

《专利审查指南2010》第三部分第一章第5.2.1节中规定，因中国对《专利合作条约》及其实施细则的有关规定作出保留，专利局对国际申请在国际阶段恢复的优先权（例如，国际申请日在该优先权日起12个月之后、14个月之内）不予认可，相应的优先权要求在中国不发生效力，审查员应当针对该项优先权要求发出视为未要求优先权通知书。本题中的PCT申请的申请日在其所要求的优先权日起12个月之后、14个月之内，其优先权要求在中国不发生效力，如果该PCT申请指定了中国的发明专利，则申请人最迟应当在自申请日2017年6月1日起3年内，即2020年6月1日之前提出实质审查请求。故选项C错误，选项D正确。

综上，本题正确答案为：A、D。

59. 下列有关实用新型专利申请的说法，哪些是正确的？
   A. 实用新型专利权的期限为10年，自授权公告之日起计算
   B. 在初步审查中，国家知识产权局应当对实用新型是否明显不具备新颖性进行审查
   C. 属于一个总的发明构思的两项以上的实用新型，可以作为一件实用新型专利申请提出
   D. 对于不需要补正就符合初步审查要求的实用新型专利申请，国家知识产权局可以直接作出授予实用新型专利权的决定

【答案】BCD
【知识点】实用新型的审查
【解析】《专利法》第四十二条规定，实用新型专利权的期限为10年，自申请日起算。因此，选项A说法不正确。根据《专利法实施细则》第四十四条第一款的规定，初步审查需要审查实用新型专利申请是否明显不符合《专利法》第二十二条第二款的规定，因此选项B正确。根据《专利法》第三十一条第一款的规定，属于一个总的发明构思的两项以上实用新型，可以作为一件申请提出。因此选项C正确。《专利审查指南2010》第一部分第二章第3.1节规定，实用新型专利申请经初步审查没有发现驳回理由的，审查员应当作出授予实用新型专利权的通知。能够授予专利权的实用新型专利申请包括不需要补正就符合初步审查要求的专利申请，以及经过补正符合初步审查要求的专利申请。因此选项D正确。

综上，本题正确答案为：B、C、D。

60. 涉及实用新型的以下说法，哪些是不正确的？
   A. 自申请日起3个月内，实用新型专利申请人对申请文件提出的修改属于主动修改，专利局应予以接受

B. 相同主题的外观设计专利申请可以作为实用新型专利申请的本国优先权基础

C. 分案申请可以作为实用新型专利申请的本国优先权基础

D. 申请人在修改实用新型的申请文件时，即使是对明显错误的更正，这样的修改也将超出原说明书和权利要求书记载的范围

【答案】A B C D

【知识点】实用新型的初步审查

【解析】根据《专利法实施细则》第五十一条第二款的规定，实用新型专利申请人自申请日起2个月内，可以进行主动修改。由于主动修改的期限并非申请日起的3个月内，因而选项A中的说法是不正确。根据《专利审查指南2010》第一部分第一章第6.2.2.1节的规定，对于本国优先权，在先申请应当是发明或者实用新型专利申请，不能是外观设计专利申请，也不应当是分案申请，分案申请由于不是首次申请，不能作为优先权基础，因此选项B、C的说法是错误的。根据《专利审查指南2010》第一部分第二章第8节的规定，修改过程中对明显错误的更正，不能被认为是超出了原说明书和权利要求书记载的范围。因而，选项D的说法是错误的。

综上，本题正确答案为：A、B、C、D。

61. 关于实用新型的保护客体，以下说法正确的是？

A. 将若干一次性水杯摆放成有利于运动员拿取的楔形，这样的水杯造型产品属于实用新型保护客体

B. 含有无确定形状的水银或酒精的温度计，属于实用新型的保护客体

C. 一种带有棱柱形蜡烛的音乐开关，随着蜡烛的熔化变形而实现电路的转换，该开关属于实用新型的保护客体

D. 堆积成圆台状的建筑沙子属于实用新型的保护客体

【答案】B C

【知识点】实用新型保护客体

【解析】根据《专利法》第二条第三款的规定，实用新型专利只保护产品。所述产品应当是经过产业方法制造的，有确定形状、构造且占据一定空间的实体。对于实用新型保护客体中的"形状"，《专利审查指南2010》第一部分第二章第6.2.1节规定，不能以摆放、堆积等方法获得的非确定的形状作为产品的形状特征。由于选项A、D中的形状特征属于以摆放、堆积形成的形状，不符合实用新型保护客体的相关规定。《专利审查指南2010》第一部分第二章第6.2节还规定，允许实用新型产品中的某个技术特征为无确定形状的物质，且产品的形状可以是在某种特定情况下所具有的确定的空间形状。选项B、C中的产品就属于该节中所规定的情形，因而属于实用新型保护客体。

综上，本题正确答案为：B、C。

62. 李某于2015年4月1日向国家知识产权局提交了一份关于塑料肥皂盒的实用新型申请。

该肥皂盒底部具有用于排出积水的椭圆孔，该申请于2015年7月15日获得授权公告，在后续评价该实用新型专利创造性的过程中，下列哪些技术文献不适于作为判断该专利创造性的对比文件？

  A．由某企业于2015年3月23日提出申请、并于2015年9月28日公布的发明专利申请，该申请公开了一种具有长方孔的储物盒，长方孔用于排出积水

  B．于2014年3月公开的某美国专利文件，其公开了一种底部具有椭圆形开孔的齿轮箱，椭圆形开孔用于通风散热

  C．于1994年5月出版的某塑料行业期刊，其中一篇文章介绍了一种注塑成型设备，并公开了使用该设备制造底部具有排水槽的肥皂盒的工艺过程

  D．于2013年8月公开了中国专利文件，其公开了一种与洗手池固定在一起的陶瓷肥皂盒，该肥皂盒底部具有镂空的排水孔

【答案】A B

【知识点】实用新型创造性的判断

【解析】按照《专利审查指南2010》第四部分第六章第4节的规定，判断实用新型创造性的概念、原则、基准参照发明创造性的判断方法，但在技术启示的判断上，需注意技术领域和现有技术数量的区别。对于本题来说，选项A中的专利文件虽然申请日早于该专利，但其公开日晚于该专利，不能在创造性判断中作为现有技术文件使用。选项B中的专利文件与该专利不属于相同技术领域，且该现有技术也不属于与该专利相近或相关的技术领域，因此该文件也不适于在创造性判断中使用。选项C、D中的现有技术属于与该专利相同或相近的技术领域，且公开在申请日前，可与其他现有技术进行结合来判断该专利的创造性。

综上，本题正确答案为：A、B。

63．下列在请求书中写明的使用外观设计的产品名称哪些不正确？

  A．带有图形用户界面的手机

  B．手动工具

  C．祛皱美白精华素包装瓶

  D．小米运动手环

【答案】B C D

【知识点】使用外观设计的产品名称

【解析】《专利审查指南2010》第一部分第三章第4.1.1节规定了使用外观设计产品名称应该避免的若干情形。选项B的手动工具属于过于上位的名称，选项C的祛皱美白精华素包装瓶属于描述了技术效果的名称，选项D小米运动手环属于含有产品商标的名称，选项B、C、D均属于在产品名称中应当避免出现的情形，因此选项B、C、D中外观设计的产品名称均不正确。对于要求保护的产品中带有图形用户界面的，应当在产品名称中同时写明包含"界面"的关键词及其应用的具体产品，因此选项A中外观设计的产品名称正确。

综上，本题正确答案为：B、C、D。

64. 下列各图是一款食物料理机的外观设计专利申请的视图，已知主视图和立体图正确，下列哪些视图明显错误？

    A. 左视图

    B. 右视图

    C. 俯视图

    D. 仰视图

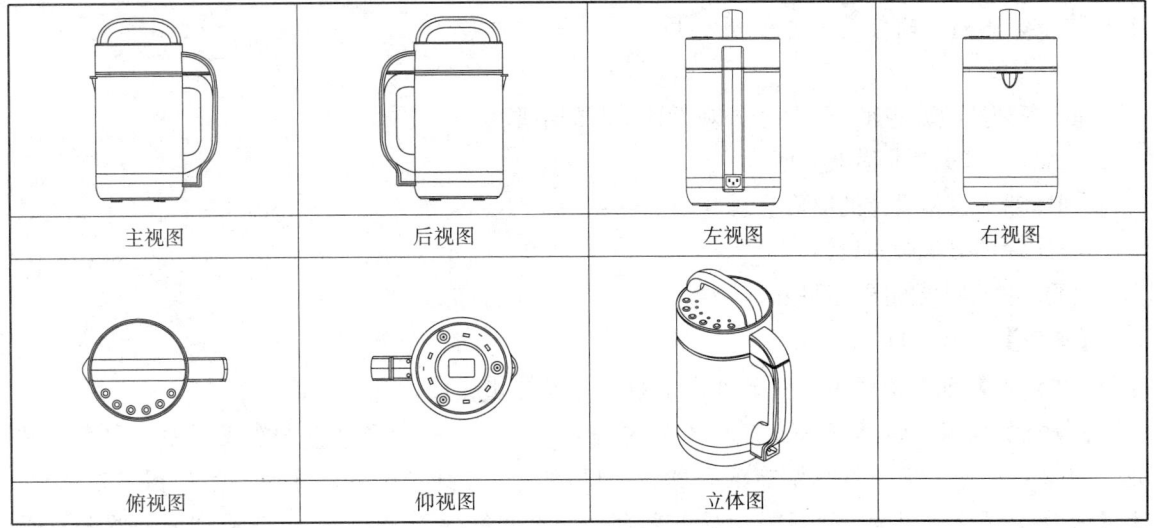

【答案】A B C D

【知识点】外观设计图片或者照片的缺陷

【解析】《专利审查指南 2010》第一部分第三章第 4.2.4 节规定了属于"图片或照片的缺陷"的情形。已知主视图和立体图正确，从主视图的壶把手可知，左视图和右视图的视图名称互为颠倒。俯视图的控制按钮与立体图不对应，比立体图缺少了六个小圆形结构。仰视图方向错误，应该旋转 180 度。因此选项 A、B、C、D 中的视图都存在明显错误。

综上，本题正确答案为：A、B、C、D。

65. 下列哪些内容可以在外观设计简要说明中写明？

    A. 一个玻璃水杯，写明该产品由透明材料制成

    B. 一套茶具，写明套件 1 为茶壶，套件 2 为茶杯，套件 3 为茶碟

    C. 一款汽车，写明其为新能源动力驱动

    D. 一幅花布，写明其单元图案为四方连续无限定边界并请求保护色彩

【答案】A B D

【知识点】《专利法实施细则》第二十八条、《专利审查指南 2010》第一部分第三章简要说明的撰写要求

【解析】《专利审查指南 2010》第一部分第三章第 4.3 节规定了应当在"简要说明"中写

明的内容。如果产品的外观设计由透明材料或者具有特殊视觉效果的新材料制成，必要时应当在简要说明中写明，选项A正确。如果外观设计产品属于成套产品，必要时应当写明各套件所对应的产品名称，因此选项B正确。对于花布、壁纸等平面产品，必要时应当描述平面产品中的单元图案两方连续或者四方连续等无限定边界的情况，因此选项D正确。简要说明中不得使用商业性宣传用语，也不能用来说明产品的性能和内部结构，选项C属于对产品性能的说明，因此选项C不正确。

综上，本题正确答案为：A、B、D。

66. 下列选项哪些属于不授予外观设计专利的情形？
A.《王者荣耀》游戏界面
B. 带有网格设计的屏幕壁纸
C. 手机开机画面设计
D. 网站网页的图文排版

【答案】ABCD

【知识点】审查指南第一部分第三章第7.4节的外观设计专利申请审查

【解析】国家知识产权局公布的第68号令，内容是关于修改《专利审查指南2010》的决定，将第一部分第三章第7.4节第一段第（11）项原文由"产品通电后显示的图案，例如，电子表表盘显示的图案、手机显示屏上显示的图案、软件界面等"，修改成"游戏界面以及与人机交互无关或与实现产品功能无关的产品显示装置所显示的图案，例如，电子屏幕壁纸、开关机画面、网站网页的图文排版"。选项A属于游戏界面，选项B、C、D属于与人机交互无关或与实现产品功能无关的产品显示装置所显示的图案。所以，选项A、B、C、D均不能授予专利权。

综上，本题正确答案为：A、B、C、D。

67. 下列哪些情况属于涉案专利与对比设计相比是实质相同的外观设计？
A. 仅在于具体的叶片数不同的两个百叶窗
B. 仅在于底部的支脚设计不同的两个冰箱
C. 一个正方形包装盒和带有相同图案和色彩的圆形包装盒
D. 电影院中五连排座椅和十五连排座椅

【答案】ABCD

【知识点】外观设计实质相同

【解析】《专利审查指南2010》第四部分第五章第5.1.2节规定，外观设计实质相同的判断仅限于相同或者相近种类的产品外观设计。对于产品种类不相同也不相近的外观设计，不进行涉案专利与对比设计是否实质相同的比较和判断，即可认定涉案专利与对比设计不构成实质相同，例如，毛巾和地毯的外观设计。相近种类的产品是指用途相近的产品。例如，玩具和小摆设的用途是相近的，两者属于相近种类的产品。应当注意的是，当产品具有多种用途时，如果其中部分用途相同，而其他用途不同，则二者应属于相近种类的产品。如带 MP3 的手表与手表都具有计时的用途，二者属于相近种类的产品。如果一般消费者经过对涉案专利与对比设计的整体观察可以看出，二者的区别仅属于下列情形，则涉案专利与对比设计实质相同：(1) 其区别在于施以一般注意力不能察觉到的局部的细微差异，例如，百叶窗的外观设计仅有具体叶片数不同；(2) 其区别在于使用时不容易看到或者看不到的部位，但有证据表明在不容易看到部位的特定设计对于一般消费者能够产生引人瞩目的视觉效果的情况除外；(3) 其区别在于将某一设计要素整体置换为该类产品的惯常设计的相应设计要素，例如，将带有图案和色彩的饼干桶的形状由正方体置换为长方体；(4) 其区别在于将对比设计作为设计单元按照该种类产品的常规排列方式作重复排列或者将其排列的数量作增减变化，例如，将影院座椅成排重复排列或者将其成排座椅的数量作增减；(5) 其区别在于互为镜像对称。其中，选项 A 属于情形 (1)，选项 B 属于情形 (2)，选项 C 属于情形 (3)，选项 D 属于情形 (4)。

综上，本题正确答案为：A、B、C、D。

68.《专利法》第二十三条第三款中授予专利权的外观设计不得与他人在申请日前取得的合法权利相冲突中的合法权利的类型是包括以下哪项？

  A. 商号权

  B. 在先专利权

  C. 肖像权

  D. 著作权

【答案】A C D

【知识点】《专利法》第二十三条第三款所称的合法权利

【解析】《专利审查指南2010》第四部分第五章第 7 节中规定，一项外观设计专利权被认定与他人在申请日（有优先权的，指优先权日）之前已经取得的合法权利相冲突的，应当宣告该项外观设计专利权无效。合法权利，是指依照中华人民共和国法律享有并且在涉案专利申请日仍然有效的权利或者权益，包括商标权、著作权、企业名称权（包括商号权）、肖像权以及知名商品特有包装或者装潢使用权等。其中选项 A、C、D 属于上述规定的合法权利，而选项 B 是在先专利权，不适用《专利法》第二十三条第三款的审查。

综上，本题正确答案为：A、C、D。

69. 根据《专利法实施细则》第五十六条第一款的规定，专利权人或者利害关系人可以请求国家知识产权局作出专利权评价报告，下列哪些属于利害关系人？

  A. 专利实施独占许可合同的被许可人

  B. 专利权人授予起诉权的专利实施普通许可合同的被许可人

  C. 无效宣告请求人

  D. 被控侵权人

【答案】A B

【知识点】专利权评价报告的请求人资格

【解析】《专利审查指南2010》第五部分第十章第2.2节中规定，根据《专利法实施细则》第五十六条第一款的规定，专利权人或者利害关系人可以请求国家知识产权局作出专利权评价报告。其中，利害关系人是指有权根据《专利法》第六十条的规定就专利侵权纠纷向人民法院起诉或者请求管理专利工作的部门处理的人，例如专利实施独占许可合同的被许可人和由专利权人授予起诉权的专利实施普通许可合同的被许可人。根据上述规定可知，专利权评价报告的请求人是可以对专利权主张权利的人，显然选项C、D的无效宣告请求人和被控侵权人不属于此列，而选项A、B所述人员符合上述规定。

综上，本题正确答案为：A、B。

70. 下列有关说明书摘要的说法哪些是正确的？

    A. 说明书摘要仅是一种技术情报，不具有法律效力
    B. 说明书摘要属于发明或者实用新型原始记载的内容
    C. 说明书摘要不能用来解释专利权的保护范围
    D. 有附图的专利申请，申请人还应当提供一幅最能说明该发明或者实用新型技术特征的附图作为摘要附图

【答案】A C D

【知识点】说明书摘要

【解析】《专利审查指南2010》第二部分第二章第2.4节中规定，摘要是说明书公开内容的概述，它仅是一种技术情报，不具有法律效力。摘要的内容不属于发明或者实用新型原始记载的内容，不能作为以后修改说明书或者权利要求书的根据，也不能用来解释专利权的保护范围。由此可知，选项A、C正确，选项B错误。根据《专利法实施细则》第二十三条第二款的规定，有附图的专利申请，还应当提供一幅最能说明该发明或者实用新型技术特征的附图。由此可知，选项D正确。

综上，本题正确答案为：A、C、D。

71. 下列权利要求的主题名称中，不能清楚表明其类型的是？

    A. 用于钢水浇铸的模具
    B. 空调作为空气净化机的应用
    C. 一种电话机及其制造方法
    D. 一种改进的除草技术

【答案】C D

【知识点】权利要求的类型

【解析】《专利审查指南2010》第二部分第二章第3.1.1节规定，按照性质划分，权利要求有两种基本类型，产品权利要求和方法权利要求。第一种基本类型的权利要求包括人类技术生

产的物（产品、设备），第二种基本类型的权利要求包括有时间过程要素的活动（方法、用途）。属于物的权利要求有物品、物质、材料、工具、装置、设备等权利要求，属于活动的权利要求有制造方法、使用方法、通信方法、处理方法以及将产品用于特定用途的方法等权利要求。选项 A 的类型是产品，选项 B 涉及一种应用，用途发明属于方法发明。选项 C、D 并不能清楚地表明权利要求的类型是产品还是方法。由此可知，选项 A、B 错误，选项 C、D 正确。

综上，本题正确答案为：C、D。

72. 以下关于说明书的说法正确的是？
    A. 说明书中不得使用商品名称
    B. 说明书中不得使用"如权利要求……所述的……"一类的引用语
    C. 说明书中不得使用商业性宣传用语
    D. 说明书中不得采用自定义词

【答案】B C

【知识点】说明书的撰写

【解析】《专利法实施细则》第十七条第三款明确规定，发明或者实用新型说明书应当用词规范、语句清楚，并且不得使用"如权利要求……所述的……"一类的引用语，也不得使用商业性宣传用语。由此可知，选项 B、C 正确。《专利审查指南 2010》第二部分第二章第 2.2.7 节规定，说明书中无法避免使用商品名称时，其后应当注明其型号、规格、性能及制造单位。说明书中，必要时可以采用自定义词，在这种情况下，应当给出明确的定义或者说明。由此可知，选项 A、D 错误。

综上，本题正确答案为：B、C。

73. 关于分案申请，以下说法正确的是？
    A. 分案申请的内容不得超出原申请记载的范围
    B. 分案申请的权利要求书与分案以后的原申请的权利要求书应当分别要求保护不同的发明
    C. 分案申请的说明书与分案以后的原申请的说明书必须相同
    D. 分案申请应当在其说明书的起始部分说明本申请是哪一件申请的分案申请

【答案】A B D

【知识点】分案申请

【解析】根据《专利法实施细则》第四十三条的规定，分案申请不得超出原申请记载的范围。《专利审查指南 2010》第二部分第六章第 3.2 节中规定，分案申请应当在其说明书的起始部分，即发明所属技术领域之前，说明本申请是哪一件申请的分案申请，……分案以后的原申请与分案申请的权利要求书应当分别要求保护不同的发明；而它们的说明书可以允许有不同的情况。由此可知，选项 A、B、D 正确，选项 C 错误。

综上，本题正确答案为：A、B、D。

74. 钟某的下列有关肺病的预防与治疗方面研究成果中，哪些属于不授予专利权的申请？
   A. 雾霾导致肺癌发生率明显上升的发现
   B. 发明了一套促进肺气肿患者康复的理疗仪器
   C. 发明了一种精确诊断早期肺癌的方法
   D. 发明了一种治疗肺结核的中成药制品

【答案】A C

【知识点】不予授予专利权的主题

【解析】根据《专利法》第二十五条第一款第（一）项规定，科学发现不能被授予专利权，因此选项 A 不能授予专利权。由此可知，选项 A 正确。根据《专利法》第二十五条第一款第（三）项规定，疾病的诊断和治疗的方法不能授予专利权，因此选项 C 不能授予专利权。由此可知，选项 C 正确。《专利审查指南2010》第二部分第一章第4.3节中规定，用于实施疾病诊断和治疗方法的仪器或装置，以及在疾病诊断和治疗方法中使用的物质或材料属于可被授予专利权的客体，因此选项 B、D 不属于不授予专利权的主题。由此可知，选项 B、D 错误。

综上，本题正确答案为：A、C。

75. 以下关于新颖性判断正确的是？
   A. 一种抗拉强度为530MPa钢板相对于抗拉强度为350MPa的普通钢板具有新颖性
   B. 一种用于抗病毒的化合物 X 与一种用作洗涤剂的化合物 X 相比具有新颖性
   C. 一种使用 X 方法制作的玻璃杯与一种用 Y 方法制作的玻璃杯相比一定具有新颖性
   D. 一种厚度为25～30mm的托板与一种厚度为30mm的托板相比不具有新颖性

【答案】A D

【知识点】判断新颖性的原则和基准

【解析】根据《专利审查指南2010》第二部分第三章第3.2.5节的规定，对于包含性能、参数、用途、制备方法等特征的产品权利要求新颖性的判断，应当考虑权利要求中的性能、参数特征是否隐含了要求保护的产品具有某种特定结构和/或组成。如果该性能、参数隐含了要求保护的产品具有区别于对比文件产品的结构和/或组成，则该权利要求具备新颖性。选项 A 中的两种钢板采用了参数限定，二者抗拉强度的不同隐含了具有不同的结构和组成，因而其具有新颖性。由此可知，选项 A 正确。选项 B 用于抗病毒的化合物 X 与用作洗涤剂的化合物 X 相比，虽然用途改变，但决定其本质特性的化学结构式并没有任何变化，因此用于抗病毒的化合物 X 不具备新颖性。由此可知，选项 B 错误。选项 C 中，尽管制作玻璃杯的方法不同，但是所属技术领域的技术人员并不能确定方法的不同必然导致产品具有不同的特定结构和/或组成，选项 C 给出的信息不足以进行新颖性判断。由此可知，选项 C 错误。《专利审查指南2010》第二部分第三章第3.2.4节中规定，对比文件公开的数值或者数值范围落在上述限定的技术特征的数值范围内，将破坏要求保护的发明或者实用新型的新颖性。30mm落入了25～30mm的范围内。由此可知，选项 D 正确。

综上，本题正确答案为：A、D。

76. 下列对于创造性中有关突出的实质性特点的说法，正确的是？
   A. 判断发明是否具有突出的实质性特点，需要站位本领域技术人员来判断发明相对于现有技术是否显而易见
   B. 判断发明是否显而易见，需要本领域技术人员从最接近的现有技术和发明实际解决的技术问题出发进行判断
   C. 对于转用发明而言，只有所述转用能够产生预料不到的技术效果，该转用发明才具有突出的实质性特点和显著的进步
   D. 只要发明的产品在商业上获得成功时，则这类发明具有突出的实质性特点和显著的进步，具备创造性

【答案】A B
【知识点】突出的实质性特点
【解析】《专利法》第二十二条第三款规定，创造性，是指与现有技术相比，该发明具有突出的实质性特点和显著的进步，该实用新型具有实质性特点和进步。《专利审查指南2010》第二部分第四章第3.2.1节中规定，判断发明是否具有突出的实质性特点，就是要判断对本领域的技术人员来说，要求保护的发明相对于现有技术是否显而易见。由此可知，选项A正确。《专利审查指南2010》第二部分第四章第3.2.1.1节中规定，判断要求保护的发明对本领域的技术人员来说是否显而易见，要从最接近的现有技术和发明实际解决的技术问题出发，判断要求保护的发明对本领域的技术人员来说是否显而易见。由此可知，选项B正确。《专利审查指南2010》第二部分第四章第4.4节中规定，在进行转用发明的创造性判断时通常需要考虑：转用的技术领域的远近、是否存在相应的技术启示、转用的难易程度、是否需要克服技术上的困难、转用所带来的技术效果等。如果这种转用能够产生预料不到的技术效果，或者克服了原技术领域中未曾遇到的困难，则这种转用发明具有突出的实质性特点和显著的进步，具备创造性。根据上述规定可知，预料不到的技术效果并非衡量转用发明具备创造性的必要条件。由此可知，选项C错误。《专利审查指南2010》第二部分第四章第5.4节中规定，当发明的产品在商业上获得成功时，如果这种成功是发明的技术特征直接导致的，则一方面反映了发明具有有益效果，另一方面也说明了发明是非显而易见的，因而这类发明具有突出的实质性特点和显著的进步，具备创造性。根据上述规定可知，对于取得了商业上成功的发明的创造性，还需判断这种商业成功是否是发明的技术特征直接导致的。由此可知，选项D错误。

综上，本题正确答案为：A、B。

77. 关于实质审查程序中主动修改时机，以下说法错误的是？
   A. 申请人在提出实质审查请求时，可以对发明专利申请进行主动修改
   B. 申请人在收到国务院专利行政部门发出的发明专利申请进入实质审查阶段通知书之日

起的4个月内，可以对发明专利申请进行主动修改

C. 申请人在发明专利申请授权前，都可以对发明专利申请进行主动修改

D. 申请人在收到国务院专利行政部门发出的第一次审查意见通知书后，可以对发明专利申请进行主动修改

【答案】BCD

【知识点】修改的时机

【解析】《专利法实施细则》第五十一条第一款规定，发明专利申请人在提出实质审查请求时以及收到国务院专利行政部门发出的发明专利申请进入实质审查阶段通知书之日起的3个月内，可以对发明专利申请主动提出修改。由此可知，主动修改时机仅为发明专利申请人在提出实质审查请求时，以及收到国务院专利行政部门发出的发明专利申请进入实质审查阶段通知书之日起的3个月内。因此，选项A说法正确，选项B、C、D说法错误。

综上，本题正确答案为：B、C、D。

78. 关于专利申请实用性的判断，以下说法正确的是？

A. 实用性要求专利申请主题必须能够在产业上制造或使用，因此，专利申请主题为产品的，该产品都需要由机器设备来制造

B. 一种产品的生产方法，但其成品率极低，仅有0.6%，因此属于发明无再现性，不具备实用性

C. 实用性的判断应当以申请日提交的说明书（包括附图）和权利要求书所公开的整体技术内容为依据，而不仅仅局限于权利要求所记载的内容

D. 即使专利申请请求保护的产品已经投入生产和销售，也不可依此判断该申请符合有关实用性的规定

【答案】CD

【知识点】判断实用性的原则和基准

【解析】《专利法》第二十二条第四款规定，实用性，是指该发明或者实用新型能够制造或者使用，并且能够产生积极效果。《专利审查指南2010》第二部分第五章第2节中规定，在产业上能够制造或者使用的技术方案，是指符合自然规律、具有技术特征的任何可实施的技术方案。这些方案并不一定意味着必须使用机器设备。由此可知，选项A错误。根据《专利审查指南2010》第二部分第五章第3.2.1节的规定，发明或实用新型专利的产品的成品率低与不具有再现性有本质区别的，成品率低是能够重复实施；不具有再现性是在确保发明或实用新型专利申请所需全部技术条件下，所属技术领域技术人员仍不可能重复实现该技术方案所要求达到的结果。因此，成品率低就无实用性的说法错误。由此可知，选项B错误。《专利审查指南2010》第二部分第五章第3.1节中规定，审查发明或者实用新型专利申请的实用性时，应当遵循下列原则：（1）以申请日提交的说明书（包括附图）和权利要求书所公开的整体技术内容为依据，而不仅仅局限于权利要求所记载的内容；（2）实用性与所申请的发明或者实用新型是怎样创造出来的或者是否已经实施无关。由此可知，选项C、D

正确。

综上，本题正确答案为：C、D。

79. 甲公司向国家知识产权局提交了一件申请日为2016年1月12日，公开日为2016年8月25日的发明专利申请，该申请请求保护一种产品A，以下哪几个选项构成该申请的抵触申请文件？

A. 乙公司向国家知识产权局提交的一件申请日为2016年1月12日，公开日为2016年7月20日的发明专利申请，该申请请求保护一种产品A

B. 乙公司向国家知识产权局提交的一件申请日为2015年7月20日，公开日为2016年1月12日的发明专利申请，该申请请求保护一种产品A

C. 甲公司向国家知识产权局提交的一件申请日为2015年9月30日，公开日为2016年1月12日的发明专利申请，该申请请求保护一种产品A

D. 甲公司向国家知识产权局提交的一件申请日为2015年9月30日，公开日为2016年2月20日的发明专利申请，该申请在说明书实施例中公开了产品A

【答案】BCD

【知识点】构成抵触申请的条件

【解析】《专利法》第二十二条第二款规定，新颖性，是指该发明或者实用新型不属于现有技术；也没有任何单位或者个人就同样的发明或者实用新型在申请日以前向国务院专利行政部门提出过申请，并记载在申请日以后公布的专利申请文件或者公告的专利文件中。《专利审查指南2010》第二部分第三章第2.2节进一步明确了抵触申请的判断原则，由任何单位或者个人就同样的发明或者实用新型在申请日以前向专利局提出并且在申请日以后（含申请日）公布的专利申请文件或者公告的专利文件损害该申请日提出的专利申请的新颖性。选项A两件申请的申请日相同，因此不属于抵触申请文件。由此可知，选项A错误。在判断是否属于抵触申请时对在先申请的申请人没有任何限制，可以是任何单位或者个人。由此可知，选项B、C、D正确。

综上，本题正确答案为：B、C、D。

80. 甲公司2015年8月26日就同样的发明创造提出了一项实用新型专利申请和一项发明专利申请，申请人也已在申请时分别作出说明，2015年12月26日实用新型专利申请获得授权且一直维持有效。以下哪些说法正确？

A. 作为同样发明创造的发明专利申请可以直接被授权

B. 作为同样发明创造的发明专利申请进行修改权利要求后，可能会被授权

C. 如果在发明专利申请授权前，甲公司因不缴纳年费导致实用新型专利权已终止，作为同样发明创造的发明专利申请可以被授权

D. 如果在实用新型专利申请授权前，甲公司提交了撤回实用新型专利申请声明并且该撤回声明已经生效，如果该发明申请符合授予专利权的其他条件，该发明专利申请可以

被授权

【答案】BD

【知识点】对一件专利申请和一项专利权的处理

【解析】《专利法》第九条第一款规定，同样的发明创造只能授予一项专利权。但是，同一申请人同日对同样的发明创造既申请实用新型专利又申请发明专利，先获得的实用新型专利权尚未终止，且申请人声明放弃实用新型专利权的，可以授予发明专利权。《专利审查指南2010》第二部分第三章第6.2.2节中规定，对于同一申请人同日（仅指申请日）对同样的发明创造既申请实用新型又申请发明专利的，在先获得的实用新型专利权尚未终止，并且申请人在申请时分别作出说明的，除通过修改发明专利申请外，还可以通过放弃实用新型专利权避免重复授权。由此可知，同日申请的实用新型授权后，发明专利申请可以通过修改申请，或通过放弃实用新型专利权获得发明专利的授权。由此可知，选项A错误，选项B正确。另外，根据《专利法》第九条的规定，只有在先获得的实用新型专利权尚未终止，申请人才可以通过放弃实用新型获得发明专利授权。由此可知，选项C错误。《专利法》第三十二条规定，申请人可以在被授予专利权之前随时撤回其专利申请。申请人在其专利申请被授予专利权之前撤回其实用新型专利申请，避免了重复授权，此时发明专利申请可以被授权。由此可知，选项D正确。

综上，本题正确答案为：B、D。

81. 以下说法是正确的？

A. 对于申请人在申请日之后补交的实验数据，因不是原说明书和权利要求书记载的内容，审查员不应予以考虑

B. 判断说明书是否充分公开，应当以原说明书和权利要求书记载的内容为准

C. 对于申请人在申请日之后补交的实验数据，只有在申请人证明了其是在申请日前完成的情况下，审查员才应予以考虑

D. 申请人在申请日之后补交的实验数据所证明的技术效果应当是所属技术领域的技术人员能够从专利申请公开的内容中得到的

【答案】BD

【知识点】充分公开　补交实验数据的审查原则

【解析】2017年发布的《国家知识产权局关于修改〈专利审查指南〉的决定》（国家知识产权局令第74号）规定，在《专利审查指南2010》第二部分第十章第3节中新增第3.5节，内容如下：判断说明书是否充分公开，以原说明书和权利要求书记载的内容为准。对于申请日之后补交的实验数据，审查员应当予以审查。补交实验数据所证明的技术效果应当是所属技术领域的技术人员能够从专利申请公开的内容中得到的。由此可知，选项B、D正确，选项A、C错误。

综上，本题正确答案为：B、D。

82. 以下关于所属技术领域的技术人员的说法哪些是错误的?
   A. 他应当是所属技术领域的本科以上学历的人员
   B. 他应当知晓申请日或者优先权日之前所属技术领域所有的普通技术知识
   C. 他也可以具有创造性能力
   D. 他应当具有应用申请日或者优先权日之前常规实验手段的能力

【答案】A C
【知识点】本领域技术人员的判断
【解析】《专利审查指南2010》第二部分第四章第2.4节中规定，所属技术领域的技术人员，也可称为本领域的技术人员，是指一种假设的"人"，假定他知晓申请日或者优先权日之前所属技术领域所有的普通技术知识，能够获知该领域中所有的现有技术，并且具有应用该日期之前常规实验手段的能力，但他不具有创造能力。由此可知，所属技术领域的技术人员的概念与学历无关，选项A错误，同时他没有任何的创造能力，选项C选项错误。选项B、D正确。

综上，本题正确答案为：A、C。

83. 申请人在提出实质审查请求时对申请文件作出的以下哪些修改是不被允许的?
   A. 在说明书中补入所属技术领域的技术人员不能直接从原始申请中导出的有益效果
   B. 在说明书中补入原权利要求书和说明书未记载的实验数据以说明发明的有益效果
   C. 将仅在摘要中记载的技术方案补入说明书中
   D. 将原附图中的公知技术附图更换为最接近现有技术的附图

【答案】A B C
【知识点】专利申请文件的修改
【解析】根据《专利法》第三十三条的规定，申请人可以对其专利申请文件进行修改，但是，对发明和实用新型专利申请文件的修改不得超出原说明书和权利要求书记载的范围。《专利审查指南2010》第二部分第八章第5.2.1.1节中进一步规定，原说明书和权利要求书记载的范围包括原说明书和权利要求书文字记载的内容、根据原说明书和权利要求书文字记载的内容以及说明书附图能直接地、毫无疑义地确定的内容。即原说明书和权利要求书记载的范围并不包括说明书摘要中记载的内容，由此可知，选项C所述的修改是不被允许的。《专利审查指南2010》第二部分第八章第5.2.3.1节规定，不能允许的增加内容的修改，包括下述几种。……(5)补入了所属技术领域的技术人员不能直接从原始申请中导出的有益效果。(6)补入实验数据以说明发明的有益效果，……(7)增补原说明书中未提及的附图，一般是不允许的；如果增补背景技术的附图，或者将原附图中的公知技术附图更换为最接近现有技术的附图，则应当允许。由此可知，选项A、B所述的修改不被允许，选项D所述的修改应被允许。

综上，本题正确答案为：A、B、C。

84. 申请人王某向专利局提交的发明申请公布后，另一家企业提交了多篇与该专利申请相关的文献，并提出了该申请不应当被授予专利权的意见。以下说法正确的是？

  A．只有申请人王某或者利害关系人有权就该申请向国务院专利行政部门提出意见

  B．该企业提交的文献和意见应当存入该申请文档中，供审查员在实质审查时考虑

  C．如果该企业提交的相关文献和意见是在审查员发出授予专利权的通知之后收到的，可以不必考虑

  D．专利局应当将该意见的处理情况通知该企业

【答案】B C

【知识点】公众意见的处理

【解析】《专利法实施细则》第四十八条规定，自发明专利申请公布之日起至公告授予专利权之日止，任何人均可以对不符合《专利法》规定的专利申请向国务院专利行政部门提出意见，并说明理由。《专利审查指南2010》第二部分第八章第4.9节规定，任何人对不符合《专利法》规定的发明专利申请向专利局提出的意见，应当存入该申请文档中供审查员在实质审查时考虑。如果公众的意见是在审查员发出授予专利权的通知之后收到的，就不必考虑。专利局对公众意见的处理情况，不必通知提出意见的公众。由此可知，选项B、C正确，选项A、D错误。

  综上，本题正确答案为：B、C。

85．以下涉及计算机程序的发明专利的权利要求，哪些是《专利法》第二十五条规定的不授予专利权的情形？

  A．一种机器识别算法本身

  B．一种用源代码限定的计算机程序

  C．一种U盘，其上存储有计算机程序，其特征在于，该程序被处理器执行时实现数据获取和数据处理的步骤

  D．一种狼人杀的游戏规则

【答案】A B D

【知识点】涉及计算机程序发明的保护客体判断

【解析】《专利法》第二十五条第一款第（二）项规定，对于智力活动的规则和方法不授予专利权。《专利审查指南2010》（根据国家知识产权局令第74号修正）第二部分第九章第2节中规定，如果一项权利要求仅仅涉及一种算法或数学计算规则，或者计算机程序本身或仅仅记录在载体上的计算机程序本身，或者游戏的规则和方法等，则该权利要求属于智力活动的规则和方法，不属于专利保护的客体。由此可知，选项A、D正确。根据《专利审查指南2010》第二部分第九章第1节和第2节的规定，计算机程序本身包括源程序和目标程序，采用源代码限定的计算机程序权利要求属于计算机程序本身，而采用计算机流程步骤限定的可读存储介质权利要求不被认为是计算机程序本身。由此可知，选项B正确，选项C错误。

  综上，本题正确答案为：A、B、D。

86. 针对本案，合议组于 2012 年 12 月 10 日发出撤销驳回决定的复审决定，复审请求人于 2012 年 12 月 22 日收到该决定，下列说法中哪些是不正确的？

　　A. 复审请求人可以在 2013 年 3 月 22 日之前向人民法院起诉

　　B. 由于 2013 年 3 月 10 日是星期日，因此，复审请求人最晚可以在 2013 年 3 月 11 日之前向人民法院起诉

　　C. 复审请求人可以向国家知识产权局提出行政复议

　　D. 复审请求人不能向人民法院起诉

【答案】BCD

【知识点】复审决定的终止　起诉期限

【解析】《专利法》第四十一条第二款规定，专利申请人对专利复审委员会的复审决定不服的，可以自收到通知之日起 3 个月内向人民法院起诉。根据上述规定，即使复审结论对复审请求人有利，但如果复审请求人对上述决定例如事实认定不服仍可以向人民法院起诉。另外，根据上述规定，复审请求人向法院起诉的期限是自收到复审决定之日其 3 个月，而不是自复审决定发出之日起 3 个月。《专利法实施细则》第四条第三款规定，国务院专利行政部门邮寄的各种文件，自文件发出之日起满 15 日，推定为当事人收到文件之日。本试题中的复审决定于 2012 年 12 月 10 日发出，复审决定发出日起满 15 日为推定收到日即 2012 年 12 月 25 日，起诉的最晚期限是 2013 年 3 月 25 日，3 月 22 日在 3 月 25 日之前，因此复审请求人"可以"在 2013 年 3 月 22 日之前向人民法院起诉。据此，选项 A 是正确的，选项 B 是错误的。

　　《国家知识产权局行政复议规程》第五条规定，对下列情形之一，不能申请行政复议：……（二）复审请求人对复审请求审查决定不服的；……。因此选项 C 的说法不正确。根据《专利法》第四十一条的规定可知，选项 D 的说法不正确。

　　综上，本题正确答案为：B、C、D。

87. 关于复审请求的形式审查，以下说法正确的是？

　　A. 复审请求人应当提交复审请求书，说明理由，必要时还应当附具有关证据

　　B. 复审请求人在收到驳回决定之日起三个月内提出了复审请求，但在此期限内未缴纳或者未缴足复审费的，其复审请求视为未提出

　　C. 复审请求人在专利复审委员会办理委托手续，但提交的委托书中未写明委托权限仅限于办理复审程序有关事务的，应当在指定期限内补正，期满未补正的，视为未委托

　　D. 复审请求视为未提出或者不予受理的，专利复审委员会应当发出复审请求视为未提出通知书或者复审请求不予受理通知书，通知复审请求人

【答案】ABCD

【知识点】复审请求的形式审查

【解析】《专利审查指南 2010》第四部分第二章第 2.4 节（1）规定，复审请求人应当提交复审请求书，说明理由，必要时还应当附具有关证据。《专利审查指南 2010》第四部分第

二章第2.5节（1）规定，复审请求人在收到驳回决定之日起3个月内提出了复审请求，但在此期限内未缴纳或者未缴足复审费的，其复审请求视为未提出。《专利审查指南2010》第四部分第二章第2.6节（1）规定，复审请求人在专利复审委员会办理委托手续，但提交的委托书中未写明委托权限仅限于办理复审程序有关事务的，应当在指定期限内补正；期满未补正的，视为未委托。《专利审查指南2010》第四部分第二章第2.7节（2）规定，复审请求视为未提出或者不予受理的，专利复审委员会应当发出复审请求视为未提出通知书或者复审请求不予受理通知书，通知复审请求人。根据上述规定可知，选项A、B、C、D均是正确的。

综上，本题正确答案为：A、B、C、D。

88. 关于复审程序中的请求原则，下列说法正确的是？
   A. 复审程序应基于当事人的请求启动
   B. 请求人在专利复审委员会作出复审请求审查决定前撤回其请求的，复审程序终止
   C. 请求人撤回其请求的，复审程序终止，但是专利复审委员会认为根据已进行的审查工作能够作出撤销驳回决定的除外
   D. 请求人在审查决定已经发出后撤回请求的，不影响审查决定的有效性

【答案】A B D
【知识点】复审程序的请求原则
【解析】《专利审查指南2010》第四部分第一章第2.3节中规定，复审程序和无效宣告程序均应当基于当事人的请求启动。请求人在专利复审委员会作出复审请求或者无效宣告请求审查决定前撤回其请求的，其启动的审查程序终止；但对于无效宣告请求，专利复审委员会认为根据已进行的审查工作能够作出宣告专利权无效或者部分无效的决定的除外。请求人在审查决定的结论已宣布或者书面决定已经发出之后撤回请求的，不影响审查决定的有效性。据此，选项A、B、D正确，选项C错误。

综上，本题正确答案为：A、B、D。

89. 复审请求人在复审程序中何时可以对申请文件进行修改？
   A. 提出复审请求
   B. 答复复审通知书
   C. 参加口头审理
   D. 在复审程序中的任意时间

【答案】A B C
【知识点】复审程序中的修改时机
【解析】《专利审查指南2010》第四部分第二章第4.2节中规定，在提出复审请求、答复复审通知书（包括复审请求口头审理通知书）或者参加口头审理时，复审请求人可以对申请文件进行修改。据此规定可以看出，复审请求人的修改时机有三个，即选项A、B、C，而

非任意时间。因此选项 D 是错误的，其他均是正确的。

综上，本题正确答案为：A、B、C。

90. 复审案件合议组成员有下列何种情形的，应当自行回避或当事人有权请求其回避？

   A. 曾参与原申请的审查的
   B. 与专利申请有利害关系的
   C. 是当事人或者其代理人近亲属的
   D. 与当事人或者其代理人有其他关系，可能影响公正审查和审理的

【答案】A B C D

【知识点】回避制度

【解析】《专利法实施细则》第三十七条规定，在初步审查、实质审查、复审和无效宣告程序中，实施审查和审理的人员有下列情形之一的，应当自行回避，当事人或者其他利害关系人可以要求其回避：（一）是当事人或者其代理人的近亲属的；（二）与专利申请或者专利权有利害关系的；（三）与当事人或者其代理人有其他关系，可能影响公正审查和审理的；（四）专利复审委员会成员曾参与原申请的审查的。根据上述规定，选项 A、B、C、D 分别对应于情形（四）、（二）、（一）和（三），因此均是正确的。

综上，本题正确答案为：A、B、C、D。

91. 在复审请求审查过程中，在下列哪些情形下，合议组应当发出复审通知书或进行口头审理？

   A. 复审决定将维持原驳回决定的
   B. 需要引入驳回决定未提出的理由或者证据的
   C. 复审请求的理由成立，将撤销原驳回决定的
   D. 需要复审请求人进一步提供证据或者对有关问题予以阐明的

【答案】A B D

【知识点】复审通知书和口头审理

【解析】《专利审查指南 2010》第四部分第二章第 4.3 节中规定，根据《专利法实施细则》第六十三条的规定，有下列情形之一的，合议组应当发出复审通知书（包括复审请求口头审理通知书）或者进行口头审理：（1）复审决定将维持驳回决定。（2）需要复审请求人依照《专利法》及其实施细则和《专利审查指南 2010》有关规定修改申请文件，才有可能撤销驳回决定。（3）需要复审请求人进一步提供证据或者对有关问题予以说明。（4）需要引入驳回决定未提出的理由或者证据。根据上述规定，选项 A、B、D 分别对应于上述情形（1）、（4）和（3），是正确的；选项 C 中审查结论有利于复审请求人，此时可以直接作出复审决定，因此是错误的。

综上，本题正确答案为：A、B、D。

92. 关于复审请求案件的范围，下列说法正确的是？
    A. 对发明初步审查程序中驳回专利申请的决定不服而请求复审的案件
    B. 对实用新型初步审查程序中驳回专利申请的决定不服而请求复审的案件
    C. 对外观设计初步审查程序中驳回专利申请的决定不服而请求复审的案件
    D. 对发明实质审查程序中驳回专利申请的决定不服而请求复审的案件

【答案】ＡＢＣＤ

【知识点】复审请求案件的范围

【解析】《专利审查指南2010》第四部分第一章第1节中规定，根据《专利法》第四十一条的规定，专利复审委员会对复审请求进行受理和审查，并作出决定。复审请求案件包括对初步审查和实质审查程序中驳回专利申请的决定不服而请求复审的案件。选项A、B、C均是对初步审查驳回决定不服的情形，选项D属于对实质审查驳回决定不服的情形。根据上述规定可知上述各项均为复审请求的范围，因此均是正确的。

综上，本题正确答案为：A、B、C、D。

93. 无效宣告程序中关于证据的质证，以下哪些说法是正确的？
    A. 证据应当具有新颖性、合法性和真实性，合议组在确定证据具有以上三性之后可以将其作为认定事实的依据
    B. 证据应当具有新颖性、合法性、真实性和公开性，合议组在确定证据具有以上性质之后可以将其作为认定事实的依据
    C. 质证时当事人应当针对证据的证明力有无以及证明力的大小，进行质疑、说明和辩驳
    D. 质证的过程应当围绕证据的关联性、合法性、真实性进行

【答案】ＣＤ

【知识点】证据的质证

【解析】《专利审查指南2010》第四部分第八章第4.1节规定，证据应当由当事人质证，未经质证的证据，不能作为认定案件事实的依据。质证时，当事人应当围绕证据的关联性、合法性、真实性，针对证据证明力有无以及证明力大小，进行质疑、说明和辩驳。根据上述规定，作为认定案件事实依据的证据，在程序上应当经过当事人的质证；另外，对于证据资格的审核认定应围绕证据的"关联性、合法性、真实性"，而非证据的"新颖性、合法性、真实性"，因此选项A、B错误。根据《专利审查指南2010》的上述规定可知，选项C、D正确。

综上，本题正确答案为：C、D。

94. 无效宣告程序中关于公知常识，以下哪些说法是正确的？
    A. 无效程序中一方当事人甲主张某技术手段是本领域公知常识，另一方当事人乙不予认可，则甲对其主张承担举证责任
    B. 教科书记载的技术内容可用来证明某项技术手段是本领域的公知常识

C. 技术手册记载的技术内容可用来证明某项技术手段是本领域的公知常识

D. 技术词典记载的技术内容不能用来证明某项技术手段是本领域的公知常识

【答案】A B C

【知识点】公知常识

【解析】《专利审查指南2010》第四部分第八章第4.3.3节中规定，主张某技术手段是本领域公知常识的当事人，对其主张承担举证责任。该当事人未能举证证明或者未能充分说明该技术手段是本领域公知常识，并且对方当事人不予认可的，合议组对该技术手段是本领域公知常识的主张不予支持。当事人可以通过教科书或者技术词典、技术手册等工具书记载的技术内容来证明某项技术手段是本领域的公知常识。据此，选项A、B和C均正确。根据上述规定，公知常识性证据包括技术辞典，因此选项D错误。

综上，本题正确答案为：A、B、C。

95. 无效宣告程序中关于证据，以下哪些说法是正确的？

A. 对于互联网证据，公众能够浏览互联网信息的最早时间为该互联网信息的公开时间，一般以互联网信息的发布时间为准

B. 申请日后形成或公开的证据，不能作为现有技术的证据使用

C. 专利复审委员会在案件审查中不需要有关单位或者专家对案件中涉及的技术内容和问题提供咨询性意见

D. 在无效宣告程序中，当事人在提交样品等不作为证据的物品时，有权以书面方式请求在其案件审结后取走该物品

【答案】A D

【知识点】证据的其他规定

【解析】《专利审查指南2010》第四部分第八章第5.1节中规定，公众能够浏览互联网信息的最早时间为该互联网信息的公开时间，一般以互联网信息的发布时间为准。据此，选项A是正确的。《专利审查指南2010》第四部分第八章第5.2节中规定，申请日后（含申请日）形成的记载有使用公开或者口头公开内容的书证，或者其他形式的证据可以用来证明专利在申请日前使用公开或者口头公开。在判断上述证据的证明力时，形成于专利公开前（含公开日）的证据的证明力一般大于形成于专利公开后的证据的证明力。据此，选项B是错误的。《专利审查指南2010》第四部分第八章第5.3节中规定，专利复审委员会可以根据需要邀请有关单位或者专家对案件中涉及的技术内容和问题提供咨询性意见，必要时可以委托有关单位进行鉴定，所需的费用根据案件的具体情况由专利复审委员会或者当事人承担。据此，选项C是错误的。《专利审查指南2010》第四部分第八章第5.4节中规定，在无效宣告程序中，当事人在提交样品等不作为证据的物品时，有权以书面方式请求在其案件审结后取走该物品。据此，选项D是正确的。

综上，本题正确答案为：A、D。

96. 以下不属于无效宣告请求客体的是哪几项？
    A. 经过实审审查，被专利局驳回的专利申请
    B. 已经被人民法院生效判决维持的无效宣告请求审查决定宣告全部无效的专利权
    C. 因未缴纳年费已被终止的专利权
    D. 同一申请人于同日就同样的发明创造既申请了实用新型又申请了发明专利，在发明专利申请授权之前申请人声明自发明专利申请授权公告之日起放弃的实用新型专利权

【答案】A B

【知识点】无效宣告请求客体的形式审查

【解析】《专利审查指南2010》第四部分第三章第3.1节中规定，无效宣告请求的客体应当是已经公告授权的专利，包括已经终止或者放弃（自申请日起放弃的除外）的专利。无效宣告请求不是针对已经公告授权的专利的，不予受理。专利复审委员会作出宣告专利权全部或者部分无效的审查决定后，当事人未在收到该审查决定之日起3个月内向人民法院起诉或者人民法院生效判决维持该审查决定的，针对已被该决定宣告无效的专利权提出的无效宣告请求不予受理。由此可见，选项A属于复审请求的客体，而非无效宣告请求的客体，选项B是已被无效的专利权，也不属于无效宣告请求的客体，而选项C、D的专利权虽已终止或放弃，但在终止或放弃之前专利权均存续了一段时间，仍可被提起无效宣告请求，属于无效宣告请求客体。

综上，本题正确答案为：A、B。

97. 下列哪些理由不能作为宣告专利权无效的理由？
    A. 专利权人未在规定期限内缴纳年费
    B. 权利要求之间不具备单一性
    C. 权利要求书未以说明书为依据
    D. 专利申请委托手续不符合相关规定

【答案】A B D

【知识点】对无效宣告请求中无效宣告请求理由的形式审查

【解析】《专利法实施细则》第六十五条第二款规定，前款所称无效宣告请求的理由，是指被授予专利的发明创造不符合《专利法》第二条、第二十条第一款、第二十二条、第二十三条、第二十六条第三款、第四款、第二十七条第二款、第三十三条或者该细则第二十条第二款、第四十三条第一款的规定，或者属于《专利法》第五条、第二十五条的规定，或者依照《专利法》第九条规定不能取得专利权。上述选项中只有选项C属于《专利法实施细则》第六十五条第二款规定的可以宣告专利权无效的理由，而选项A、B、D所述事项均不能作为宣告专利权无效的理由。

综上，本题正确答案为：A、B、D。

98. 在无效宣告程序中，专利代理人处理下列哪些事项时，需要具有特别授权的委托书？

A. 专利权人的代理人代为承认请求人的无效宣告请求

B. 专利权人的代理人代为修改权利要求书

C. 代理人代为和解

D. 请求人的代理人代为撤回无效宣告请求

【答案】A B C D

【知识点】特别授权的权项

【解析】《专利审查指南2010》第四部分第三章第3.6节中规定，……(7) 对于下列事项，代理人需要具有特别授权委托书：(i) 专利权人的代理人代为承认请求人的无效宣告请求；(ii) 专利权人的代理人代为修改权利要求书；(iii) 代理人代为和解；(iv) 请求人的代理人代为撤回无效宣告请求。由此可见，上述选项A、B、C和D所述事项均需要具有当事人特别授权的委托书。

综上，本题正确答案为：A、B、C、D。

99. 在无效宣告程序中，专利权人可以通过以下哪些方式对权利要求书进行修改？

A. 删除权利要求

B. 删除技术方案

C. 明显错误的修正

D. 在权利要求中补入其他权利要求中记载的一个或多个技术特征

【答案】A B C D

【知识点】无效宣告程序中专利文件的修改方式

【解析】《专利法实施细则》第六十九条第一款规定，在无效宣告请求的审查过程中，发明或者实用新型专利的专利权人可以修改其权利要求书，但是不得扩大原专利的保护范围。《专利审查指南2010》（经国家知识产权局令第74号修改）第四部分第三章第4.6.2节中规定，在满足上述修改原则的前提下，修改权利要求书的具体方式一般限于权利要求的删除、技术方案的删除、权利要求的进一步限定、明显错误的修正。……权利要求的进一步限定是指在权利要求中补入其他权利要求中记载的一个或多个技术特征，以缩小保护范围。因此，以上选项A、B、C、D所述的修改均属于在无效宣告程序中专利权人可以进行的修改。

综上，本题正确答案为：A、B、C、D。

100. 在无效宣告程序中，专利权人可在何时以删除以外的方式修改权利要求书？

A. 在专利复审委员会作出审查决定之前的任何时候

B. 针对无效宣告请求书的答复期限内

C. 针对请求人增加的无效宣告理由的答复期限内

D. 针对专利复审委员会引入的请求人未提及的无效宣告理由或者证据的答复期限内

【答案】B C D

【知识点】无效宣告程序中专利文件修改方式的限制

【解析】《专利审查指南2010》（经国家知识产权局令第74号修改）第四部分第三章第4.6.3节中规定，在专利复审委员会作出审查决定之前，专利权人可以删除权利要求或者权利要求中包括的技术方案。仅在下列三种情形的答复期限内，专利权人可以以删除以外的方式修改权利要求书：(1) 针对无效宣告请求书。(2) 针对请求人增加的无效宣告理由或者补充的证据。(3) 针对专利复审委员会引入的请求人未提及的无效宣告理由或者证据。可见，专利权人仅可在上述三种情形的答复期限内以删除以外的方式修改权利要求书，专利复审委员会作出审查决定之前，仅可以删除的方式修改权利要求书。因此，选项A错误，选项B、C、D正确。

综上，本题正确答案为：B、C、D。

相关法律知识

答题须知：

1. 本试卷共有 100 题，每题 1 分，总分 100 分。
2. 本试卷要求应试者在机考试卷上选择答案。
3. 本试卷所有试题的正确答案均以现行的法律、法规、规章、相关司法解释和国际条约为准。

一、单项选择题（每题所设选项中只有一个正确答案，多选、错选或不选均不得分）。本部分含 1—30 题，每题 1 分，共 30 分。

1. 根据《民法通则》及相关规定，下列哪种法律关系属于民法调整的范围？
   A. 张某向国家工商行政管理总局商标局提出商标注册申请产生的法律关系
   B. 王某请求交警队退还其多缴的违章罚款产生的法律关系
   C. 李某向当地科技局申请科技型中小企业创新基金产生的法律关系
   D. 甲公司将其专利申请权转让给乙公司产生的法律关系

【答案】D

【知识点】民法的调整对象

【解析】《民法通则》第二条规定，中华人民共和国民法调整平等主体的公民之间、法人之间、公民和法人之间的财产关系和人身关系。本题中，选项 D 属于平等主体的法人之间的财产关系，属于民法调整的范围。选项 A、B、C 属于行政主体和行政相对人之间的行政法律关系，不属于民法调整的范围。

综上，本题正确答案为：D。

2. 根据《民法通则》及相关规定，下列哪种民事主体享有姓名权？
   A. 法人
   B. 公民
   C. 个体工商户
   D. 个人合伙

【答案】B

【知识点】人身权的种类和内容

【解析】《民法通则》第九十九条第一款规定，公民享有姓名权，有权决定、使用和依照规定改变自己的姓名，禁止他人干涉、盗用、假冒。因此，选项 B 的说法正确。《民法通则》第九十九条第二款规定，法人、个体工商户、个人合伙享有名称权，企业法人、个体工商户、个人合伙有权使用、依法转让自己的名称。因此，选项A、C、D的说法错误。

综上，本题正确答案为：B。

3. 陈某夫妇因意外事故双亡，二人的儿子陈畅刚刚年满3周岁。根据《民法通则》及相关规定，下列关于陈畅的监护人的哪种说法是错误的？

　　A. 可以由陈畅的祖父母、外祖父母中的一人或数人担任监护人
　　B. 对担任监护人有争议的，可以由陈畅住所地的居民委员会在近亲属中指定
　　C. 陈畅的祖父被指定担任监护人后，可以自行变更监护人
　　D. 若关系密切的其他亲属、朋友愿意承担监护责任，经陈畅住所地的居民委员会同意，也可以作为陈畅的监护人

【答案】C

【解析】《民法通则》第十六条第二款规定，未成年人的父母已经死亡或者没有监护能力的，由下列人员中有监护能力的人担任监护人：（一）祖父母、外祖父母；（二）兄、姐；（三）关系密切的其他亲属、朋友愿意承担监护责任，经未成年人的父、母的所在单位或者未成年人住所地的居民委员会、村民委员会同意的。《最高人民法院关于贯彻执行〈中华人民共和国民法通则〉若干问题的意见（试行）》[法（办）发〔1988〕6号]第十四条第二款规定，监护人可以是一人，也可以是同一顺序中的数人。因此，选项A的说法正确，选项D的说法正确。《民法通则》第十六条第三款规定，对担任监护人有争议的，由未成年人的父、母的所在单位或者未成年人住所地的居民委员会、村民委员会在近亲属中指定。对指定不服提起诉讼的，由人民法院裁决。可见，只有对由未成年人的父、母的所在单位或者未成年人住所地的居民委员会、村民委员会在近亲属中指定的监护人有异议的，方可向法院起诉，因此选项B的说法正确。《最高人民法院关于贯彻执行〈中华人民共和国民法通则〉若干问题的意见（试行）》第十八条规定，监护人被指定后，不得自行变更。擅自变更的，由原被指定的监护人和变更后的监护人承担监护责任。因此，选项C的说法错误。

综上，本题正确答案为：C。

4. 根据《民法通则》及相关规定，下列关于诉讼时效的哪种说法是正确的？

　　A. 过了诉讼时效期间，义务人履行义务后又以超过诉讼时效为由翻悔的，应当予以支持
　　B. 超过诉讼时效期间，当事人自愿履行的，不受诉讼时效限制
　　C. 诉讼时效中止的，从中止时效的原因消除之日起，诉讼时效期间重新计算
　　D. 诉讼时效因提起诉讼而中断，从中断的原因消除之日起，诉讼时效期间继续计算

【答案】B

【知识点】诉讼时效的期间　诉讼时效的中止　诉讼时效的中断

【解析】《最高人民法院关于贯彻执行〈中华人民共和国民法通则〉若干问题的意见（试行）》[法（办）发〔1988〕6号]第一百七十一条规定，过了诉讼时效期间，义务人履行义务后，又以超过诉讼时效为由翻悔的，不予支持。因此，选项A的说法错误。《民法通则》

第一百三十八条规定，超过诉讼时效期间，当事人自愿履行的，不受诉讼时效限制。因此，选项B的说法正确。《民法通则》第一百三十九条规定，在诉讼时效期间的最后6个月内，因不可抗力或者其他障碍不能行使请求权的，诉讼时效中止。从中止时效的原因消除之日起，诉讼时效期间继续计算。可见，诉讼时效中止的，从中止时效的原因消除之日起，诉讼时效期间继续计算，而非重新计算。因此，选项C的说法错误。《民法通则》第一百四十条规定，诉讼时效因提起诉讼、当事人一方提出要求或者同意履行义务而中断。从中断时起，诉讼时效期间重新计算。因此，选项D的说法错误。

综上，本题正确答案为：B。

5. 根据《合同法》及相关规定，下列哪种情形适用《合同法》的规定？
  A. 商标权人林某与某公司签订的商标权转让协议
  B. 张某与某福利院签订的收养该福利院孤儿的协议
  C. 房屋征收部门对被征收人郑某作出的征收决定及其补偿决定
  D. 刘某与徐某签订的解除婚姻关系协议

【答案】A
【知识点】《合同法》的适用范围
【解析】《合同法》第二条第一款规定，该法所称合同是平等主体的自然人、法人、其他组织之间设立、变更、终止民事权利义务关系的协议。因此，选项A的说法正确。由于房屋征收部门对被征收人作出的决定不属于平等主体之间的协议，因此选项C的说法错误。《合同法》第二条第二款规定，婚姻、收养、监护等有关身份关系的协议，适用其他法律的规定。因此，选项B、D的说法错误。

综上，本题正确答案为：A。

6. 北京甲公司和上海乙公司签订汽车买卖合同，约定甲公司组装生产并向乙公司出售500辆汽车。甲公司遂与丙公司签订零部件买卖合同，向丙公司购买组装生产汽车所需要的车轮。丙公司与丁公司签订车轮的运输合同，运输途中，由于丁公司驾驶员的疏忽发生交通事故致货物受损，由此甲公司无法交货。根据《合同法》及相关规定，下列哪种说法是正确的？
  A. 乙公司有权请求甲公司承担违约责任
  B. 乙公司有权请求丙公司承担违约责任
  C. 乙公司有权请求丁公司承担违约责任
  D. 乙公司有权请求丁公司驾驶员承担违约责任

【答案】A
【知识点】违约责任的承担方式
【解析】《合同法》第一百二十一条规定，当事人一方因第三人的原因造成违约的，应当向对方承担违约责任。当事人一方和第三人之间的纠纷，依照法律规定或者按照约定解决。甲公司因丙公司的原因造成违约，应当向对方承担违约责任。因此，选项A的说法正确，选项B、C、D的说法错误。

综上，本题正确答案为：A。

7. 根据《合同法》及相关规定，下列关于专利实施许可合同的哪种说法是正确的？
   A. 专利实施许可合同可以采用口头形式
   B. 专利权有效期限届满的，专利权人仍然可以就该专利与他人订立专利实施许可合同
   C. 专利权被宣布无效的，专利权人仍然可以就该专利与他人订立专利实施许可合同
   D. 专利实施许可合同的让与人应当按照约定许可受让人实施专利，交付实施专利有关的技术资料，提供必要的技术指导

【答案】D

【知识点】技术转让合同

【解析】《合同法》第三百四十二条规定，技术转让合同包括专利权转让、专利申请权转让、技术秘密转让、专利实施许可合同。技术转让合同应当采用书面形式。因此，选项A的说法错误。《合同法》第三百四十四条规定，专利实施许可合同只在该专利权的存续期间内有效。专利权有效期限届满或者专利权被宣布无效的，专利权人不得就该专利与他人订立专利实施许可合同。因此，选项B、C的说法错误。《合同法》第三百四十五条规定，专利实施许可合同的让与人应当按照约定许可受让人实施专利，交付实施专利有关的技术资料，提供必要的技术指导。因此，选项D的说法正确。

综上，本题正确答案为：D。

8. 在某专利侵权纠纷民事诉讼中，专利权人申请人民法院通知具有专门知识的人张某出庭，代表当事人对专利侵权技术比对涉及的专业问题在法庭上提出意见。根据《民事诉讼法》及相关规定，下列关于该意见的哪种说法是正确的？
   A. 该意见视为证人证言
   B. 该意见视为当事人的陈述
   C. 该意见视为鉴定意见
   D. 该意见视为勘验笔录

【答案】B

【知识点】有专门知识的人出庭

【解析】《最高人民法院关于适用〈中华人民共和国民事诉讼法〉的解释》（法释〔2015〕5号）第一百二十二条规定，当事人可以依照《民事诉讼法》第七十九条的规定，在举证期限届满前申请一至二名具有专门知识的人出庭，代表当事人对鉴定意见进行质证，或者对案件事实所涉及的专业问题提出意见。具有专门知识的人在法庭上就专业问题提出的意见，视为当事人的陈述。人民法院准许当事人申请的，相关费用由提出申请的当事人负担。因此，选项B的说法正确，选项A、C、D的说法错误。

综上，本题正确答案为：B。

9. 某消费者权益保护协会认为，某手机生产商在手机出厂前预装大量程序，并且未告知消费者卸载方式。该消费者权益保护协会以上述行为侵害众多消费者合法权益、损害社会公共利益为由提起公益诉讼。根据《民事诉讼法》及相关规定，下列哪种说法是正确的？

　　A. 本案可以由侵权行为地或者被告住所地中级人民法院管辖
　　B. 作为公益诉讼案件原告的该消费者权益保护协会一律不得申请撤诉
　　C. 人民法院不得对该公益诉讼案件进行调解
　　D. 该公益诉讼案件的当事人不能和解

【答案】A

【知识点】公益诉讼

【解析】《最高人民法院关于适用〈中华人民共和国民事诉讼法〉的解释》（法释〔2015〕5号）第二百八十五条第一款规定，公益诉讼案件由侵权行为地或者被告住所地中级人民法院管辖，但法律、司法解释另有规定的除外。因此，选项A的说法正确。《最高人民法院关于适用〈中华人民共和国民事诉讼法〉的解释》第二百九十条规定，公益诉讼案件的原告在法庭辩论终结后申请撤诉的，人民法院不予准许。可见，公益诉讼原告享有撤诉权，但撤诉应当在法庭辩论终结前，因此B选项是错误的。《最高人民法院关于适用〈中华人民共和国民事诉讼法〉的解释》第二百八十九条第一款规定，对公益诉讼案件，当事人可以和解，人民法院可以调解。因此，选项C、D的说法错误。

　　综上，本题正确答案为：A。

10. 根据《民事诉讼法》及相关规定，下列关于民事诉讼调解的哪种说法是正确的？
　　A. 能够即时履行的案件调解达成协议，人民法院可以不制作调解书
　　B. 调解维持收养关系的案件调解达成协议，人民法院应当制作调解书
　　C. 当事人对已经发生法律效力的解除婚姻关系的调解书，可以申请再审
　　D. 调解书送达前一方反悔的，人民法院可以留置送达该调解书

【答案】A

【知识点】民事诉讼的调解

【解析】《民事诉讼法》第九十八条第一款规定，下列案件调解达成协议，人民法院可以不制作调解书：（一）调解和好的离婚案件；（二）调解维持收养关系的案件；（三）能够即时履行的案件；（四）其他不需要制作调解书的案件。根据上述第（三）项的规定，选项A的说法正确；根据上述第（二）项的规定，选项B的说法错误。《民事诉讼法》第二百零二条规定，当事人对已经发生法律效力的解除婚姻关系的判决、调解书，不得申请再审。因此，选项C的说法错误。《民事诉讼法》第九十九条规定，调解未达成协议或者调解书送达前一方反悔的，人民法院应当及时判决。因此，选项D的说法错误。

　　综上，本题正确答案为：A。

11. 根据《民事诉讼法》及相关规定，人民法院受理案件后，当事人对管辖权有异议的，应

当在何时提出？

　　A. 提交答辩状期间

　　B. 法庭调查期间

　　C. 法庭辩论终结前

　　D. 人民法院作出判决前

【答案】A

【知识点】管辖权异议

【解析】《民事诉讼法》第一百二十七条第一款规定，人民法院受理案件后，当事人对管辖权有异议的，应当在提交答辩状期间提出。人民法院对当事人提出的异议，应当审查。异议成立的，裁定将案件移送有管辖权的人民法院；异议不成立的，裁定驳回。因此，选项A的说法正确，选项B、C、D的说法错误。

　　综上，本题正确答案为：A。

12. 根据区政府加强安全生产的决定，某区质量技术监督局和安全生产监督管理局对安全隐患企业进行联合检查。在检查过程中，因某企业特种设备未办理登记、设备设施不符合生产标准和安全生产要求，两局以共同的名义对其作出罚款决定，该企业不服，欲提起行政复议。根据《行政复议法》及相关规定，其应向哪个机构申请行政复议？

　　A. 该区质量技术监督局

　　B. 该区安全生产监督管理局

　　C. 该区政府

　　D. 所属市政府

【答案】C

【知识点】行政复议被申请人

【解析】《行政复议法》第十五条第（四）项规定，对两个或者两个以上行政机关以共同的名义作出的具体行政行为不服的，向其共同上一级行政机关申请行政复议。区质量技术监督局和安全生产监督管理局的共同上一级行政机关为区政府。因此，选项C的说法正确，选项A、B、D的说法错误。

　　综上，本题正确答案为：C。

13. 根据《行政复议法》及相关规定，下列哪种情形可以申请行政复议？

　　A. 王某对某行政机关作出的冻结其财产的行政强制措施决定不服的

　　B. 公务员李某对其所在的行政机关对其作出的记大过行政处分不服的

　　C. 赵某对某行政机关就其与周某之间的民事纠纷作出的调解不服的

　　D. 曾某对某地方人民政府规章不服的

【答案】A

【知识点】行政复议的受案范围

【解析】《行政复议法》第六条规定，有下列情形之一的，公民、法人或者其他组织可以依照该法申请行政复议：（一）对行政机关作出的警告、罚款、没收违法所得、没收非法财物、责令停产停业、暂扣或者吊销许可证、暂扣或者吊销执照、行政拘留等行政处罚决定不服的；（二）对行政机关作出的限制人身自由或者查封、扣押、冻结财产等行政强制措施决定不服的；（三）对行政机关作出的有关许可证、执照、资质证、资格证等证书变更、中止、撤销的决定不服的；（四）对行政机关作出的关于确认土地、矿藏、水流、森林、山岭、草原、荒地、滩涂、海域等自然资源的所有权或者使用权的决定不服的；（五）认为行政机关侵犯合法的经营自主权的；（六）认为行政机关变更或废止农业承包合同，侵犯其合法权益的；（七）认为行政机关违法集资、征收财物、摊派费用或者违法要求履行其他义务的；（八）认为符合法定条件，申请行政机关颁发许可证、执照、资质证、资格证等证书，或者申请行政机关审批、登记有关事项，行政机关没有依法办理的；（九）申请行政机关履行保护人身权利、财产权利、受教育权利的法定职责，行政机关没有依法履行的；（十）申请行政机关依法发放抚恤金、社会保险金或者最低生活保障费，行政机关没有依法发放的；（十一）认为行政机关的其他具体行政行为侵犯其合法权益的。在选项A中，王某对某行政机关作出的冻结其财产的行政强制措施决定不服，属于上述条文第（二）项规定的情形，可以申请行政复议，因此选项A的说法正确。《行政复议法》第八条规定，不服行政机关作出的行政处分或者其他人事处理决定的，依照有关法律、行政法规的规定提出申诉。不服行政机关对民事纠纷作出的调解或者其他处理，依法申请仲裁或者向人民法院提起诉讼。因此，选项B、C的说法错误。《行政复议法》第七条规定，公民、法人或者其他组织认为行政机关的具体行政行为所依据的下列规定不合法，在对具体行政行为申请行政复议时，可以一并向行政复议机关提出对该规定的审查申请：（一）国务院部门的规定；（二）县级以上地方各级人民政府及其工作部门的规定；（三）乡、镇人民政府的规定。前款所列规定不含国务院部、委员会规章和地方人民政府规章。规章的审查依照法律、行政法规办理。因此，选项D的说法错误。

综上，本题正确答案为：A。

14. 某公司认为某具体行政行为侵犯了其合法权益，根据《行政复议法》及相关规定，该公司通常可以自知道该具体行政行为之日起多长时间内提出行政复议申请？

A. 30日

B. 60日

C. 90日

D. 1年

【答案】B

【知识点】提出行政复议申请的期限

【解析】《行政复议法》第九条第一款规定，公民、法人或者其他组织认为具体行政行为侵犯其合法权益的，可以自知道该具体行政行为之日起60日内提出行政复议申请；但是法律规定的申请期限超过60日的除外。因此，选项B的说法正确，选项A、C、D的说法错误。

综上，本题正确答案为：B。

15. 根据《行政诉讼法》及相关规定，因不动产提起的行政诉讼，由下列哪个人民法院管辖？

　　A. 被告所在地人民法院

　　B. 原告所在地人民法院

　　C. 被告的上级组织所在地人民法院

　　D. 不动产所在地人民法院

【答案】D

【知识点】地域管辖

【解析】《行政诉讼法》第二十条规定，因不动产提起的行政诉讼，由不动产所在地人民法院管辖。因此，选项 D 的说法正确，选项 A、B、C 的说法错误。

综上，本题正确答案为：D。

16. 某公司不服某县工商行政管理局作出的吊销企业法人营业执照的行政处罚，向所在市工商行政管理局申请复议，该市工商行政管理局改为罚款 1 万元，该公司仍然不服，欲提起行政诉讼。根据《行政诉讼法》及相关规定，下列关于被告的哪种说法是正确的？

　　A. 应当以该县工商行政管理局为被告

　　B. 应当以该市工商行政管理局为被告

　　C. 应当以该县工商行政管理局和该市工商行政管理局为共同被告

　　D. 应当以该县人民政府为被告

【答案】B

【知识点】行政诉讼被告

【解析】《行政诉讼法》第二十六条第二款规定，经复议的案件，复议机关决定维持原行政行为的，作出原行政行为的行政机关和复议机关是共同被告；复议机关改变原行政行为的，复议机关是被告。因此，选项 B 的说法正确，选项 A、C、D 的说法错误。

综上，本题正确答案为：B。

17. 某人民法院自收到行政诉讼起诉状之日起 7 日内不能决定是否应予立案受理，根据《行政诉讼法》及相关规定，下列哪种说法是正确的？

　　A. 该人民法院应当先予受理

　　B. 该人民法院应当裁定不予受理

　　C. 该人民法院应当判决驳回原告的诉讼请求

　　D. 该人民法院应当裁定驳回起诉

【答案】A

【知识点】行政诉讼起诉与受理

【解析】《最高人民法院关于执行〈中华人民共和国行政诉讼法〉若干问题的解释》（法

释〔2000〕8号）第三十二条第二款规定，7日内不能决定是否受理的，应当先予受理；受理后经审查不符合起诉条件的，裁定驳回起诉。因此，选项A的说法正确，选项B、C、D的说法错误。

综上，本题正确答案为：A。

18. 根据《著作权法》及相关规定，下列哪种属于我国《著作权法》保护的客体？
　　A.《民法总则》的官方正式译文
　　B. 某电视台报道的时事新闻
　　C. 通用数表
　　D. 某9岁儿童创作的日记

【答案】D

【知识点】著作权的客体

【解析】《著作权法》第五条规定，该法不适用于：（一）法律、法规，国家机关的决议、决定、命令和其他具有立法、行政、司法性质的文件，及其官方正式译文；（二）时事新闻；（三）历法、通用数表、通用表格和公式。选项A、B、C分别属于上述第（一）项、第（二）项、第（三）项，都不是本题的正确答案。同时，《著作权法》第三条规定，该法所称的作品，包括以下列形式创作的文学、艺术和自然科学、社会科学、工程技术等作品：（一）文字作品；（二）口述作品；（三）音乐、戏剧、曲艺、舞蹈、杂技艺术作品；（四）美术、建筑作品；（五）摄影作品；（六）电影作品和以类似摄制电影的方法创作的作品；（七）工程设计图、产品设计图、地图、示意图等图形作品和模型作品；（八）计算机软件；（九）法律、行政法规规定的其他作品。选项D属于该规定中第（一）项的文字作品，且是否属于《著作权法》保护客体与作者的民事行为能力无关，因此，选项D的说法正确。

综上，本题正确答案为：D。

19. 根据《著作权法》及相关规定，下列哪种作品的著作权人享有出租权？
　　A. 武侠小说
　　B. 戏剧剧本
　　C. 计算机软件
　　D. 美术作品

【答案】C

【知识点】著作财产权

【解析】《著作权法》第十条第一款规定，著作权包括下列人身权和财产权：……（七）出租权，即有偿许可他人临时使用电影作品和以类似摄制电影的方法创作的作品、计算机软件的权利，计算机软件不是出租的主要标的的除外；……。《计算机软件保护条例》第八条规定，软件著作权人享有下列各项权利：……（六）出租权，即有偿许可他人临时使用软件的权利，但是软件不是出租的主要标的的除外；……。因此，选项C的说法正确，选项 A、B、D 的说法错误。

综上，本题正确答案为：C。

20. 某公司主持起草新的绩效考核办法，该公司人力资源部王某接受公司指派承担了具体撰写工作，并上报该公司董事会审议通过。根据《著作权法》及相关规定，下列哪种说法是正确的？

    A. 该公司视为该绩效考核办法的作者
    B. 该绩效考核办法的作者是王某，该绩效考核办法的著作权人也是王某
    C. 该绩效考核办法的作者是王某，该绩效考核办法的著作权人是该公司
    D. 该绩效考核办法的署名权由王某享有，该绩效考核办法的复制权由该公司享有

【答案】A
【知识点】作者的认定
【解析】《著作权法》第十一条第三款规定，由法人或者其他组织主持，代表法人或者其他组织意志创作，并由法人或者其他组织承担责任的作品，法人或者其他组织视为作者。新的绩效考核办法由该公司主持，代表该公司意志创作，并由该公司承担责任，属于法人作品，该公司视为该绩效考核办法的作者。因此，选项 A 的说法正确，选项 B 的说法错误。同时，《著作权法》第十一条第一款规定，著作权属于作者，该法另有规定的除外。可见，该绩效考核办法的著作权人是该公司，署名权、复制权等均由该公司享有。选项 C、D 的说法错误。

综上，本题正确答案为：A。

21. 根据《著作权法》及相关规定，下列关于著作权产生时间的哪种说法是正确的？

    A. 自作品构思完成之日起产生
    B. 自作品创作完成之日起产生
    C. 自作品发表之日起产生
    D. 自办理作品登记之日起产生

【答案】B
【知识点】著作权产生的时间
【解析】《著作权法实施条例》第六条规定，著作权自作品创作完成之日起产生。因此，选项 B 的说法正确，选项 A、C、D 的说法错误。

综上，本题正确答案为：B。

22. 根据《著作权法》及相关规定，下列哪种行为可以不经著作权人许可，不向其支付报酬？

    A. 张某为介绍某一作品，在其作品中大量引用他人未发表的作品
    B. 某美术馆为保存版本的需要，复制其收藏的王某画作
    C. 某出版社为编写出版大学教科书，汇编赵某已经发表的单幅摄影作品

D. 甲刊物转载李某在乙刊物上发表的一篇论文

【答案】B

【知识点】著作权的限制

【解析】《著作权法》第二十二条规定，在下列情况下使用作品，可以不经著作权人许可，不向其支付报酬，但应当指明作者姓名、作品名称，并且不得侵犯著作权人依照本法享有的其他权利：……（二）为介绍、评论某一作品或者说明某一问题，在作品中适当引用他人已经发表的作品；……（八）图书馆、档案馆、纪念馆、博物馆、美术馆等为陈列或者保存版本的需要，复制本馆收藏的作品。前款规定适用于对出版者、表演者、录音录像制作者、广播电台、电视台的权利的限制；……。选项A中的"大量引用他人未发表的作品"不符合上述第（二）项的规定，因此选项A的说法错误。选项B符合上述第（八）项的规定，可以不经著作权人许可，不向其支付报酬，因此选项B的说法正确。

《著作权法》第二十三条第一款规定，为实施九年制义务教育和国家教育规划而编写出版教科书，除作者事先声明不许使用的外，可以不经著作权人许可，在教科书中汇编已经发表的作品片段或者短小的文字作品、音乐作品或者单幅的美术作品、摄影作品，但应当按照规定支付报酬，指明作者姓名、作品名称，并且不得侵犯著作权人依照该法享有的其他权利。首先，选项C并非为实施九年制义务教育和国家教育规划而编写出版教科书；其次，即使是为实施九年制义务教育和国家教育规划而编写出版教科书，也应当按照规定支付报酬。因此，选项C的说法错误。

《著作权法》第三十三条第二款规定，作品刊登后，除著作权人声明不得转载、摘编的外，其他报刊可以转载或者作为文摘、资料刊登，但应当按照规定向著作权人支付报酬。首先，选项D中并未明确著作权人是否声明不得转载、摘编；其次，即使著作权人并未声明不得转载、摘编，也应当按照规定向著作权人支付报酬。因此，选项D的说法错误。

综上，本题正确答案为：B。

23. 根据《著作权法》及相关规定，下列哪种权利属于著作人身权？

A. 发表权

B. 发行权

C. 改编权

D. 信息网络传播权

【答案】A

【知识点】著作权人享有的人身权利和财产权利

【解析】《著作权法》第十条第一款规定，著作权包括下列人身权和财产权：（一）发表权，即决定作品是否公之于众的权利；（二）署名权，即表明作者身份，在作品上署名的权利；（三）修改权，即修改或者授权他人修改作品的权利；（四）保护作品完整权，即保护作品不受歪曲、篡改的权利；（五）复制权，即以印刷、复印、拓印、录音、录像、翻录、翻拍等方式将作品制作一份或者多份的权利；（六）发行权，即以出售或者赠与方式向公众提供作品的原件或者复制件的权利;(七)出租权,即有偿许可他人临时使用电影作品和以类似摄制电影的方法创作的作品、计算机软件的权利,计算机软件不是出租的主要标的的除外;(八)展览权,即公开陈列美术作品、摄影作品的原件或者复制件的权利;(九)表演权,即公开表演作品,以及用各种手段公开播送作品的表演的权利;(十)放映权,即通过放映机、幻灯机等技术设备公开再现美术、摄影、电影和以类似摄制电影的方法创作的作品等的权利;(十一)广播权,即以无线方式公开广播或者传播作品,以有线传播或者转播的方式向公众传播广播的作品,以及通过扩音器或者其他传送符号、声音、图像的类似工具向公众传播广播的作品的权利;(十二)信息网络传播权,即以有线或者无线方式向公众提供作品,使公众可以在其个人选定的时间和地点获得作品的权利;(十三)摄制权,即以摄制电影或者以类似摄制电影的方法将作品固定在载体上的权利;(十四)改编权,即改变作品,创作出具有独创性的新作品的权利;(十五)翻译权,即将作品从一种语言文字转换成另一种语言文字的权利;(十六)汇编权,即将作品或者作品的片段通过选择或者编排,汇集成新作品的权利;(十七)应当由著作权人享有的其他权利。其中,第(一)项至第(四)项是著作权中的人身权,本题4个选项中只有选项A是著作权中的人身权,选项B、C、D都是著作权中的财产权。

综上,本题正确答案为:A。

24. 根据《商标法》及相关规定,下列哪种标志可以作为商标使用?
    A. 与表明实施控制、予以保证的官方标志、检验印记近似,但经过授权的
    B. 同中央国家机关的名称相同的
    C. 同"红新月"的标志近似的
    D. 带有欺骗性,容易使公众对商品质量产生误认的

【答案】A

【知识点】不得作为商标使用的标志

【解析】《商标法》第十条规定,下列标志不得作为商标使用:(一)同中华人民共和国的国家名称、国旗、国徽、国歌、军旗、军徽、军歌、勋章等相同或者近似的,以及同中央国家机关的名称、标志、所在地特定地点的名称或者标志性建筑物的名称、图形相同的;(二)同外国的国家名称、国旗、国徽、军旗等相同或者近似的,但经该国政府同意的除外;(三)同政府间国际组织的名称、旗帜、徽记等相同或者近似的,但经该组织同意或者不易误导公众的除外;(四)与表明实施控制、予以保证的官方标志、检验印记相同或者近似的,但经授权的除外;(五)同"红十字""红新月"的名称、标志相同或者近似的;(六)带有民族歧视性的;(七)带有欺骗性,容易使公众对商品的质量等特点或者产地产生误认的;(八)有害于社会主义道德风尚或者有其他不良影响的。选项B、C、D属于前述第(一)项、第(五)项、第(七)项规定的情形,不得作为商标使用。选项A并不符合前述第(四)项规定的情形,可以作为商标使用。因此,选项A的说法正确。

综上,本题正确答案为:A。

25. 根据《商标法》及相关规定，甲公司的商标在中国政府承认的国际展览会展出的商品上首次使用，甲公司在多长时间内可以享有优先权？

A. 自该商品展出之日起 15 个月内

B. 自该商品展出之日起 6 个月内

C. 自该商品展出之日起 9 个月内

D. 自该商品展出之日起 12 个月内

【答案】B

【知识点】优先权

【解析】《商标法》第二十六条第一款规定，商标在中国政府主办的或者承认的国际展览会展出的商品上首次使用的，自该商品展出之日起 6 个月内，该商标的注册申请人可以享有优先权。因此，选项 B 的说法正确，选项 A、C、D 的说法错误。

综上，本题正确答案为：B。

26. 根据《商标法》及相关规定，被异议人对商标评审委员会作出的不予注册的复审决定不服的，向人民法院起诉，下列哪种说法是正确的？

A. 人民法院应当通知异议人作为原告参加诉讼

B. 人民法院应当通知异议人作为被告参加诉讼

C. 人民法院应当通知异议人作为第三人参加诉讼

D. 人民法院应当通知异议人作为证人参加诉讼

【答案】C

【知识点】注册商标专用权的审查和核准

【解析】《商标法》第三十五条第三款规定，被异议人对商标评审委员会的决定不服的，可以自收到通知之日起 30 日内向人民法院起诉。人民法院应当通知异议人作为第三人参加诉讼。因此，选项 C 的说法正确，选项 A、B、D 的说法错误。

综上，本题正确答案为：C。

27. 根据《商标法》及相关规定，商标局作出宣告注册商标无效的决定，应当书面通知当事人。当事人对商标局作出的决定不服的，可以向哪个主体申请复审？

A. 商标局

B. 商标评审委员会

C. 人民法院

D. 人民检察院

【答案】B

【知识点】宣告注册商标无效后的救济

【解析】《商标法》第四十四条第二款规定，商标局作出宣告注册商标无效的决定，应当书面通知当事人。当事人对商标局的决定不服的，可以自收到通知之日起 15 日内向商标评审委员会申请复审。……因此，选项 B 的说法正确，选项 A、C、D 的说法错误。

综上，本题正确答案为：B。

28. 张某于 2015 年 10 月 11 日独立完成了某植物新品种的育种，王某于 2016 年 2 月 14 日也独立完成了该植物新品种的育种。张某和王某均于 2016 年 6 月 18 日分别就该植物新品种申请品种权。如果张某和王某就该植物新品种提交的品种权申请均符合授予品种权的其他条件，则品种权应当授予何人？

    A. 张某

    B. 王某

    C. 由张某和王某协商确定，不愿协商或协商不成的，以抽签的方式确定申请人

    D. 由张某和王某协商确定，不愿协商或协商不成的，驳回张某和王某的申请

【答案】A

【知识点】品种权的申请和受理

【解析】《植物新品种保护条例》第八条规定，一个植物新品种只能授予一项品种权。两个以上的申请人分别就同一个植物新品种申请品种权的，品种权授予最先完成该植物新品种育种的人。由于张某于 2015 年 10 月 11 日独立完成了某植物新品种的育种，王某于 2016 年 2 月 14 日独立完成了该植物新品种的育种，张某完成植物新品种育种的时间早于王某，因此，选项 A 的说法正确，选项 B、C、D 的说法错误。

综上，本题正确答案为：A。

29. 根据《集成电路布图设计保护条例》的规定，下列哪种文件是申请布图设计登记应当提交的？

    A. 布图设计的复印件或者图样

    B. 说明书摘要

    C. 说明书

    D. 说明书附图

【答案】A

【知识点】集成电路布图设计申请应提交的材料

【解析】《集成电路布图设计保护条例》第十六条规定，布图设计登记，应当提交：（一）布图设计登记申请表；（二）布图设计的复印件或者图样；（三）布图设计已投入商业利用的，提交含有该布图设计的集成电路样品；（四）国务院知识产权行政部门规定的其他材料。因此，选项 A 的说法正确。选项 B、C、D 是发明和实用新型专利申请需要提交的材料，不是申请布图设计登记应当提交的文件，因此选项 B、C、D 错误。

综上，本题正确答案为：A。

30.《保护工业产权巴黎公约》规定，本联盟任何国家的国民，在保护工业产权方面，在本

联盟所有其他国家内应享有各该国法律现在授予或今后可能授予国民的各种利益;一切都不应损害本公约特别规定的权利。因此,他们应和国民享有同样的保护,对侵犯他们的权利享有同样的法律上的救济手段,但是他们遵守对国民规定的条件和手续为限。上述规定可以概括为什么原则?

A. 对等原则
B. 差别待遇原则
C. 最惠国待遇原则
D. 国民待遇原则

【答案】D

【知识点】国民待遇原则

【解析】《保护工业产权巴黎公约》第二条第一款规定,本联盟任何国家的国民,在保护工业产权方面,在本联盟所有其他国家内应享有各该国法律现在授予或今后可能授予国民的各种利益;一切都不应损害本公约特别规定的权利。因此,他们应和国民享有同样的保护,对侵犯他们的权利享有同样的法律上的救济手段,但是他们遵守对国民规定的条件和手续为限。这是关于本联盟各国国民的国民待遇规定,因此,选项D的说法正确,选项A、B、C的说法错误。

综上,本题正确答案为:D。

二、多项选择题（每题所设选项中至少有两个正确答案,多选、少选、错选或不选均不得分）。本部分含31—100题,每题1分,共70分。

31. 根据《民法通则》及相关规定,下列关于法人的哪些说法是正确的?

A. 法人是具有民事权利能力和民事行为能力,依法独立享有民事权利和承担民事义务的组织
B. 法人的民事权利能力和民事行为能力,从法人成立时产生,到法人终止时消灭
C. 企业法人合并,它的权利和义务由变更后的法人享有和承担
D. 法人以它的法定代表人住所地为住所

【答案】ABC

【知识点】法人的概念 法人的能力和责任 法人的住所

【解析】《民法通则》第三十六条规定,法人是具有民事权利能力和民事行为能力,依法独立享有民事权利和承担民事义务的组织。法人的民事权利能力和民事行为能力,从法人成立时产生,到法人终止时消灭。因此,选项A、B的说法正确。《民法通则》第四十四条第二款规定,企业法人分立、合并,它的权利和义务由变更后的法人享有和承担。因此,选项C的说法正确。《民法通则》第三十九条规定,法人以它的主要办事机构所在地为住所。因此,选项D的说法错误。

综上,本题正确答案为:A、B、C。

32. 某高校毕业生张某正在找工作，其与王某签订了一份房屋租赁协议，双方约定如果张某被在北京的甲公司录用，王某就将其拥有的北京房屋租给张某居住。根据《民法通则》及相关规定，下列哪些说法是正确的？

　　A. 该租赁协议是附期限的民事法律行为
　　B. 该租赁协议是附条件的民事法律行为
　　C. 该租赁协议已经生效
　　D. 该租赁协议已经成立，但未生效

【答案】BD

【知识点】附条件的民事法律行为

【解析】《民法通则》第六十二条规定，民事法律行为可以附条件，附条件的民事法律行为在符合所附条件时生效。《最高人民法院关于贯彻执行〈中华人民共和国民法通则〉若干问题的意见（试行）》[法（办）发〔1988〕6号]第七十六条规定，附期限的民事法律行为，在所附期限到来时生效或者解除。在张某与王某签订的房屋租赁协议中，约定如果张某被在北京的甲公司录用，王某就将其拥有的北京房屋租给张某居住。由于毕业生张某正在找工作，其中"张某被在北京的甲公司录用"具有不确定性，不是期限而是条件，选项A的说法错误，选项B的说法正确。《最高人民法院关于贯彻执行〈中华人民共和国民法通则〉若干问题的意见（试行）》第七十五条规定，附条件的民事行为，如果所附的条件是违背法律规定或者不可能发生的，应当认定该民事行为无效。签订该房屋租赁协议的行为属于附条件的民事法律行为，并且所附的条件并非违背法律规定或者不可能发生的情况，该民事法律行为在符合所附条件时生效。因此，该租赁协议已经成立但未生效，选项C的说法错误，选项D的说法正确。

　　综上，本题正确答案为：B、D。

33. 根据《民法通则》及相关规定，财产所有权是指所有人依法对自己的财产享有哪些权利？

　　A. 占有
　　B. 使用
　　C. 收益
　　D. 处分

【答案】ABCD

【知识点】财产所有权的概念

【解析】《民法通则》第七十一条规定，财产所有权是指所有人依法对自己的财产享有占有、使用、收益和处分的权利。因此，选项A、B、C、D的说法正确。

　　综上，本题正确答案为：A、B、C、D。

34. 根据《民法通则》及相关规定，对于11周岁的王某实施的下列哪些行为，他人不得以王某不具备完全民事行为能力为由主张无效？

A. 接受亲友赠与的玩具

B. 接受某基金会的资助

C. 购买一套价值千万的别墅

D. 接受参加歌唱比赛所获得的奖品

【答案】ＡＢＤ

【知识点】民事行为能力

【解析】《民法通则》第十二条第一款规定，10周岁以上的未成年人是限制民事行为能力人，可以进行与他的年龄、智力相适应的民事活动；其他民事活动由他的法定代理人代理，或者征得他的法定代理人的同意。因此，11周岁的王某是限制民事行为能力人。《最高人民法院关于贯彻执行〈中华人民共和国民法通则〉若干问题的意见（试行）》[法（办）发〔1988〕6号] 第六条规定，无民事行为能力人、限制民事行为能力人接受奖励、赠与、报酬，他人不得以行为人无行为能力、限制行为能力为由，主张以上行为无效。可见，王某接受奖励、赠与、报酬，他人不得以行为人无行为能力、限制行为能力为由，主张以上行为无效。因此，选项A、B、D的说法正确。

综上，本题正确答案为：A、B、D。

35. 李某因所乘飞机失事自2011年6月1日至今下落不明。根据《民法通则》及相关规定，下列哪些说法是正确的？

A. 如果李某的父母欲申请宣告李某死亡，其妻不同意，人民法院可以根据李某父母的申请宣告李某死亡

B. 如果李某的配偶申请宣告李某死亡，人民法院最早可在2016年6月1日宣告李某死亡

C. 如果人民法院宣告李某死亡，则判决宣告之日为李某死亡的日期

D. 如果与李某具有民事权利义务关系的人发现李某尚在世，即使李某的配偶不同意，该利害关系人也可以申请撤销对李某的死亡宣告

【答案】ＣＤ

【知识点】宣告死亡

【解析】《最高人民法院关于贯彻执行〈中华人民共和国民法通则〉若干问题的意见（试行）》[法（办）发〔1988〕6号] 第二十五条规定，申请宣告死亡的利害关系人的顺序是：（一）配偶；（二）父母、子女；（三）兄弟姐妹、祖父母、外祖父母、孙子女、外孙子女；（四）其他有民事权利义务关系的人。申请撤销死亡宣告不受上列顺序限制。据此，选项A的说法错误，选项D的说法正确。《民法通则》第二十三条第一款规定，公民有下列情形之一的，利害关系人可以向人民法院申请宣告他死亡：（一）下落不明满4年的；（二）因意外事故下落不明，从事故发生之日起满2年的。据此选项B的说法错误。《最高人民法院关于贯彻执行〈中华人民共和国民法通则〉若干问题的意见（试行）》第三十六条规定，被宣告死亡的人，判决宣告之日为其死亡的日期。判决书除发给申请人外，还应当在被宣告死亡的人住所地和人民法院所在地公告。因此，选项C的说法正确。

综上，本题正确答案为：C、D。

36. 根据《民法通则》及相关规定，下列哪些情形下委托代理终止？

　　A. 代理人辞去委托

　　B. 被代理人取消委托

　　C. 代理人丧失民事行为能力

　　D. 作为被代理人的法人终止

【答案】ABCD

【知识点】代理关系的消灭

【解析】《民法通则》第六十九条规定，有下列情形之一的，委托代理终止：（一）代理期间届满或者代理事务完成；（二）被代理人取消委托或者代理人辞去委托；（三）代理人死亡；（四）代理人丧失民事行为能力；（五）作为被代理人或者代理人的法人终止。选项A、B属于上述第（二）项规定的情形，选项C、D分别属于上述第（四）、第（五）项规定的情形。

综上，本题正确答案为：A、B、C、D。

37. 张某创作了文字作品《专利代理人的一天》，其著作权受到李某的侵害。根据《民法通则》及相关规定，张某有权要求李某承担哪些民事责任？

　　A. 停止侵害

　　B. 消除影响

　　C. 赔偿损失

　　D. 支付违约金

【答案】ABC

【知识点】侵权的民事责任

【解析】《民法通则》第一百一十八条规定，公民、法人的著作权（版权）、专利权、商标专用权、发现权、发明权和其他科技成果权受到剽窃、篡改、假冒等侵害的，有权要求停止侵害，消除影响，赔偿损失。因此，选项A、B、C的说法正确。同时，《民法通则》第一百一十二条规定，当事人一方违反合同的赔偿责任，应当相当于另一方因此所受到的损失。当事人可以在合同中约定，一方违反合同时，向另一方支付一定数额的违约金；也可以在合同中约定对于违反合同而产生的损失赔偿额的计算方法。支付违约金属于违反合同的民事责任方式，在民事侵权中一般不存在支付违约金的责任方式。因此，选项D的说法错误。

综上，本题正确答案为：A、B、C。

38. 根据《民法通则》及相关规定，下列有关涉外民事关系法律适用的哪些说法是正确的？

　　A. 不动产的所有权，适用不动产所在地法律

　　B. 侵权行为的损害赔偿，适用侵权行为地法律；当事人双方国籍相同或者在同一国家有

住所的，也可以适用当事人本国法律或者住所地法律

C. 抚养适用与被扶养人有最密切联系的国家的法律

D. 遗产为动产的，其法定继承适用被继承人死亡时住所地法律

【答案】ABCD

【知识点】涉外民事关系的法律适用

【解析】《民法通则》第一百四十四条规定，不动产所有权，适用不动产所在地法律。因此，选项A的说法正确。《民法通则》第一百四十六条第一款规定，侵权行为的损害赔偿，适用侵权行为地法律。当事人双方国籍相同或者在同一国家有住所的，也可以适用当事人本国法律或者住所地法律。因此，选项B的说法正确。《民法通则》第一百四十八条规定，抚养适用与被扶养人有最密切联系的国家的法律。因此，选项C的说法正确。《民法通则》第一百四十九条规定，遗产的法定继承，动产适用被继承人死亡时住所地法律，不动产适用不动产所在地法律。因此，选项D的说法正确。

综上，本题正确答案为：A、B、C、D。

39. 甲公司发布招标公告，选择专利代理机构办理专利复审事务。乙专利代理机构根据该招标公告制作并提交了投标书参加投标。根据《合同法》及相关规定，下列哪些说法是正确的？

A. 甲公司发布的招标公告是要约邀请

B. 甲公司发布的招标公告是要约

C. 乙专利代理机构提交的投标书可以撤回，撤回该投标书的通知应当在甲公司发出承诺通知之前到达甲公司

D. 乙专利代理机构提交的投标书可以撤销，撤销该投标书的通知应当在甲公司发出承诺通知之前到达甲公司

【答案】AD

【知识点】要约、要约邀请的含义　要约的撤销、撤回

【解析】《合同法》第十五条第一款规定，要约邀请是希望他人向自己发出要约的意思表示。寄送的价目表、拍卖公告、招标公告、招股说明书、商业广告等为要约邀请。甲公司发布的招标公告是要约邀请，因此，选项A的说法正确。《合同法》第十四条规定，要约是希望和他人订立合同的意思表示，该意思表示应当符合下列规定：（一）内容具体确定；（二）表明经受要约人承诺，要约人即受该意思表示约束。因此，选项B的说法错误。《合同法》第十七条规定，要约可以撤回。撤回要约的通知应当在要约到达受要约人之前或者与要约同时到达受要约人。因此，选项C的说法错误。《合同法》第十八条规定，要约可以撤销，撤销要约的通知应当在受要约人发出承诺通知之前到达受要约人。因此，选项D的说法正确。

综上，本题正确答案为：A、D。

40. 根据《合同法》及相关规定，有下列哪些情形之一的，要约失效？

A. 拒绝要约的通知到达要约人

B. 要约人依法撤销要约

C. 承诺期限届满,受要约人未作出承诺

D. 受要约人对要约的内容作出实质性变更

【答案】A B C D

【知识点】要约效力

【解析】《合同法》第二十条规定,有下列情形之一的,要约失效:(一)拒绝要约的通知到达要约人;(二)要约人依法撤销要约;(三)承诺期限届满,受要约人未作出承诺;(四)受要约人对要约的内容作出实质性变更。因此,选项A、B、C、D的说法正确。

综上,本题正确答案为:A、B、C、D。

41. 根据《合同法》及相关规定,下列哪些说法是正确的?

A. 在订立合同时显失公平的,当事人一方有权请求人民法院或者仲裁机构变更或者撤销

B. 合同被依法撤销的,该合同自人民法院判决撤销之日起丧失法律约束力

C. 合同部分无效,不影响其他部分效力的,其他部分仍然有效

D. 合同被撤销后,因该合同取得的财产应当予以返还;不能返还或者没有必要返还的,应当折价补偿

【答案】A C D

【知识点】可变更、可撤销的合同

【解析】《合同法》第五十四条第一款规定,下列合同,当事人一方有权请求人民法院或者仲裁机构变更或者撤销:(一)因重大误解订立的;(二)在订立合同时显失公平的。因此,选项A的说法正确。《合同法》第五十六条规定,无效的合同或者被撤销的合同自始没有法律约束力。合同部分无效,不影响其他部分效力的,其他部分仍然有效。因此,选项B的说法错误,选项C的说法正确。《合同法》第五十八条规定,合同无效或者被撤销后,因该合同取得的财产应当予以返还;不能返还或者没有必要返还的,应当折价补偿。有过错的一方应当赔偿对方因此所受到的损失,双方都有过错的,应当各自承担相应的责任。因此,选项D的说法正确。

综上,本题正确答案为:A、C、D。

42. 甲公司与乙公司签订了买卖合同,根据《合同法》及相关规定,下列哪些说法是正确的?

A. 买卖合同没有约定交货和付款的先后顺序的,甲公司在乙公司没有交货之前有权拒绝其付款的要求

B. 买卖合同约定先交货后付款的,甲公司在乙公司交货不符合约定时有权拒绝其付款的要求

C. 买卖合同约定先交货后付款的,乙公司在交货前有确切证据证明甲公司经营状况严重恶化的,可以中止履行合同

D. 买卖合同约定先交货后付款的，乙公司在交货前有确切证据证明甲公司丧失商业信誉的，可以自行解除合同

【答案】A B C

【知识点】合同履行的抗辩权、合同解除

【解析】《合同法》第六十六条规定，当事人互负债务，没有先后履行顺序的，应当同时履行。一方在对方履行之前有权拒绝其履行要求。一方在对方履行债务不符合约定的，后履行一方有权拒绝其相应的履行要求。因此，选项A的说法正确。《合同法》第六十七条规定，当事人互负债务，有先后履行顺序，先履行一方未履行的，后履行一方有权拒绝其履行要求。先履行一方履行债务不符合约定的，后履行一方有权拒绝其相应的履行要求。因此，选项B的说法正确。《合同法》第六十八条第一款规定，应当先履行债务的当事人，有确切证据证明对方有下列情形之一的，可以中止履行：（一）经营状况严重恶化；（二）转移资产、抽逃资金，以逃避债务的；（三）丧失商业信誉；（四）有丧失或者可能丧失履行债务能力的其他情形。因此，选项C的说法正确。《合同法》第九十四条规定，有下列情形之一的，当事人可以解除合同：（一）因不可抗力致使不能实现合同目的；（二）在履行期限届满之前，当事人一方明确表示或者以自己的行为表明不履行主要债务；（三）当事人一方迟延履行主要债务，经催告后在合理期限内仍未履行；（四）当事人一方迟延履行债务或者有其他违约行为致使不能实现合同目的；（五）法律规定的其他情形。本题目选项D中的情形不属于上述情形，因此，乙公司不能自行解除合同，选项C的说法错误。

综上，本题正确答案为：A、B、C。

43. 甲公司欠乙公司工程款100万元，债务到期后甲公司因资金不足久拖不还。同时，甲公司将价值200万元的200件产品无偿转让给丙公司，给乙公司造成了损害。根据《合同法》及相关规定，下列关于乙公司行使撤销权的哪些说法是正确的？

A. 乙公司可以请求人民法院撤销甲公司的无偿转让行为

B. 乙公司在其知道或者应当知道撤销事由之日起5年内均可行使撤销权

C. 乙公司撤销权行使的范围为200万元

D. 乙公司行使撤销权的必要费用，由甲公司负担

【答案】A D

【知识点】合同履行的保全

【解析】《合同法》第七十四条第一款规定，因债务人放弃其到期债权或者无偿转让财产，对债权人造成损害的，债权人可以请求人民法院撤销该债务人的行为。债务人以明显不合理的低价转让财产，对债权人造成损害，并且受让人知道该情形的，债权人也可以请求人民法院撤销债务人的行为。因此，选项A的说法正确。《合同法》第七十五条规定，撤销权自债权人知道或者应当知道撤销事由之日起1年内行使。自债务人的行为发生之日起5年内没有行使撤销权的，该撤销权消灭。因此，选项B的说法错误。《合同法》第七十四条第二款规定，撤销权的行使范围以债权人的债权为限。债权人行使撤销权的必要费用，由债务人

承担。由于撤销权的行使范围以债权人的债权为限，因此乙公司撤销权行使的范围为100万元，选项C的说法错误。同时，债权人行使撤销权的必要费用由债务人承担，选项D的说法正确。

综上，本题正确答案为：A、D。

44. 根据《合同法》及相关规定，当事人对合同条款的理解有争议的，应当按照下列哪些因素确定该条款的真实意思？
    A. 合同所使用的词句
    B. 合同的有关条款
    C. 合同的目的
    D. 交易习惯以及诚实信用原则

【答案】ABCD

【知识点】合同的解释规则

【解析】《合同法》第一百二十五条规定，当事人对合同条款的理解有争议的，应当按照合同所使用的词句、合同的有关条款、合同的目的、交易习惯以及诚实信用原则，确定该条款的真实意思。因此，选项A、B、C、D的说法正确。

综上，本题正确答案为：A、B、C、D。

45. 根据《合同法》及相关规定，有下列哪些情形之一的，当事人可以解除合同？
    A. 因不可抗力致使不能实现合同目的
    B. 在履行期限届满之前，当事人一方明确表示不履行主要债务
    C. 当事人一方迟延履行主要债务，经催告后在合理期限内仍未履行
    D. 当事人一方迟延履行债务致使不能实现合同目的

【答案】ABCD

【知识点】合同解除

【解析】《合同法》第九十四条规定，有下列情形之一的，当事人可以解除合同：（一）因不可抗力致使不能实现合同目的；（二）在履行期限届满之前，当事人一方明确表示或者以自己的行为表明不履行主要债务；（三）当事人一方迟延履行主要债务，经催告后在合理期限内仍未履行；（四）当事人一方迟延履行债务或者有其他违约行为致使不能实现合同目的；（五）法律规定的其他情形。选项A、B、C、D分别属于上述第（一）项、第（二）项、第（三）项、第（四）项，因此选项A、B、C、D的说法正确。

综上，本题正确答案为：A、B、C、D。

46. 根据《合同法》及相关规定，下列关于合同中格式条款的哪些说法是正确的？
    A. 采用格式条款订立合同的，提供格式条款的一方应当遵循公平原则确定当事人之间的权利和义务

B. 采用格式条款订立合同的，提供格式条款的一方应当采取合理的方式提请对方注意免除或者限制其责任的条款

C. 提供格式条款一方加重对方责任的，该格式条款无效

D. 对格式条款有两种以上解释的，应当作出有利于提供格式条款一方的解释

【答案】ABC

【知识点】格式条款的效力、格式条款的解释

【解析】《合同法》第三十九条第一款规定，采用格式条款订立合同的，提供格式条款一方应当遵循公平原则确定当事人之间的权利和义务，并采取合理的方式提请对方注意免除或者限制其责任的条款，按照对方的要求，对该条款予以说明。因此，选项A、B的说法正确。《合同法》第四十条规定，格式条款具有该法第五十二条和第五十三条规定情形的，或者提供格式条款一方免除其责任、加重对方责任、排除对方主要权利的，该条款无效。因此，选项C的说法正确。《合同法》第四十一条规定，对格式条款的理解发生争议的，应当按照通常理解予以解释。对格式条款具有两种以上解释的，应当作出不利于提供格式条款一方的解释。格式条款和非格式条款不一致的，应当采用非格式条款。因此，选项D的说法错误。

综上，本题正确答案为：A、B、C。

47. 根据《合同法》及相关规定，合同当事人一方不履行非金钱债务的，下列哪些情形下，另一方当事人不能要求其继续履行？

A. 该债务的标的不适于强制履行

B. 债权人在合理期限内未要求履行

C. 该债务在法律上不能履行

D. 该债务在事实上不能履行

【答案】ABCD

【知识点】违约责任的概念及特征

【解析】《合同法》第一百一十条规定，当事人一方不履行非金钱债务或者履行非金钱债务不符合约定的，对方可以要求履行，但有下列情形之一的除外：（一）法律上或者事实上不能履行；（二）债务的标的不适于强制履行或者履行费用过高；（三）债权人在合理期限内未要求履行。因此，选项A、B、C、D的说法正确。

综上，本题正确答案为：A、B、C、D。

48. 甲公司与乙专利代理机构签订委托合同，由乙专利代理机构代理某专利行政诉讼案件，乙专利代理机构指派专利代理人张某担任诉讼代理人。张某在一审开庭后感觉案件复杂疑难，本人和该事务所难以胜任。根据《合同法》及相关规定，下列哪些说法是正确的？

A. 乙专利代理机构可以随时解除委托合同

B. 甲公司可以随时解除委托合同

C. 专利代理人张某可以随时解除委托合同

D. 专利代理人张某可以无需甲公司同意自行转委托丙专利代理机构的李某代理该案件

【答案】A B

【知识点】委托合同

【解析】《合同法》第四百一十条规定，委托人或者受托人可以随时解除委托合同。因解除合同给对方造成损失的，除不可归责于该当事人的事由以外，应当赔偿损失。因此，选项A、B的说法正确。同时，由于委托合同的双方当事人系甲公司与乙专利代理机构，专利代理人张某并非合同当事人，无权解除委托合同，选项C的说法错误。《合同法》第四百条规定，受托人应当亲自处理委托事务。经委托人同意，受托人可以转委托。转委托经同意的，委托人可以就委托事务直接指示转委托的第三人，受托人仅就第三人的选任及其对第三人的指示承担责任。转委托未经同意的，受托人应当对转委托的第三人的行为承担责任，但在紧急情况下受托人为维护委托人的利益需要转委托的除外。因此，一方面，专利代理人张某无权进行转委托；另一方面，转委托需要经过委托人同意。可见，选项D的说法错误。

综上，本题正确答案为：A、B。

49. 甲公司与方某签订技术开发合同，委托方某研究开发一套自动化控制系统，双方未约定权利归属。关于本案，下列哪些说法是正确的？

A. 申请专利的权利属于方某

B. 申请专利的权利属于方某和甲公司共有

C. 如果方某转让专利申请权的，甲公司享有以同等条件优先受让的权利

D. 如果方某取得专利权的，甲公司可以免费实施该专利

【答案】A C D

【知识点】技术开发合同

【解析】《合同法》第三百三十九条第一款规定，委托开发完成的发明创造，除当事人另有约定的以外，申请专利的权利属于研究开发人。研究开发人取得专利权的，委托人可以免费实施该专利。据此可知，本题中，由于双方未对技术成果的归属进行约定，因此，申请专利的权利属于方某，选项A的说法正确，选项B的说法错误。同时，如果方某取得专利权的，甲公司可以免费实施该专利，选项D的说法正确。《合同法》第三百三十九条第二款规定，研究开发人转让专利申请权的，委托人享有以同等条件优先受让的权利。因此，选项C的说法正确。

综上，本题正确答案为：A、C、D。

50. 根据《民事诉讼法》及相关规定，下列关于诉讼代理人的哪些说法是正确的？

A. 律师可以被委托为诉讼代理人

B. 当事人的工作人员可以被委托为诉讼代理人

C. 有关社会团体推荐的公民可以被委托为诉讼代理人

D. 专利代理人经中华全国专利代理人协会推荐，可以在专利纠纷案件中担任诉讼代理人

【答案】ABCD

【知识点】诉讼代理人

【解析】《民事诉讼法》第五十八条规定，当事人、法定代理人可以委托一至二人作为诉讼代理人。下列人员可以被委托为诉讼代理人：（一）律师、基层法律服务工作者；（二）当事人的近亲属或者工作人员；（三）当事人所在社区、单位以及有关社会团体推荐的公民。因此，选项A、B、C的说法正确。《最高人民法院关于适用〈中华人民共和国民事诉讼法〉的解释》（法释〔2015〕5号）第八十七条第二款规定，专利代理人经中华全国专利代理人协会推荐，可以在专利纠纷案件中担任诉讼代理人。因此，选项D的说法正确。

综上，本题正确答案为：A、B、C、D。

51. 根据《民事诉讼法》及相关规定，专利纠纷案件由哪些人民法院管辖？

A. 知识产权法院

B. 海事法院

C. 最高人民法院确定的中级人民法院

D. 最高人民法院确定的基层人民法院

【答案】ACD

【知识点】专属管辖

【解析】《最高人民法院关于适用〈中华人民共和国民事诉讼法〉的解释》（法释〔2015〕5号）第二条第一款规定，专利纠纷案件由知识产权法院、最高人民法院确定的中级人民法院和基层人民法院管辖。因此，选项A、C、D的说法正确，选项B的说法错误。

综上，本题正确答案为：A、C、D。

52. 根据《民事诉讼法》及相关规定，下列关于管辖的哪些说法是正确的？

A. 对下落不明的人提起的有关身份关系的诉讼，由原告住所地人民法院管辖；原告住所地与经常居住地不一致的，由原告住所地人民法院管辖

B. 因合同纠纷提起的诉讼，由被告住所地或者合同履行地人民法院管辖

C. 因保险合同纠纷提起的诉讼，由被告住所地或者保险标的物所在地人民法院管辖

D. 因公司设立纠纷提起的诉讼，由公司住所地人民法院管辖

【答案】BCD

【知识点】地域管辖

【解析】《民事诉讼法》第二十二条规定，下列民事诉讼，由原告住所地人民法院管辖，原告住所地与经常居住地不一致的，由原告经常居住地人民法院管辖：（一）对不在中华人民共和国领域内居住的人提起的有关身份关系的诉讼；（二）对下落不明或者宣告失踪的人提起的有关身份关系的诉讼；（三）对被采取强制性教育措施的人提起的诉讼；（四）对被监

禁的人提起的诉讼。根据上述第（二）项的规定，原告住所地与经常居住地不一致的，由原告经常居住地人民法院管辖，选项 A 的说法错误。《民事诉讼法》第二十三条规定，因合同纠纷提起的诉讼，由被告住所地或者合同履行地人民法院管辖。因此，选项 B 的说法正确。《民事诉讼法》第二十四条规定，因保险合同纠纷提起的诉讼，由被告住所地或者保险标的物所在地人民法院管辖。因此，选项 C 的说法正确。《民事诉讼法》第二十六条规定，因公司设立、确认股东资格、分配利润、解散等纠纷提起的诉讼，由公司住所地人民法院管辖。因此，选项 D 的说法正确。

综上，本题正确答案为：B、C、D。

53. 根据《民事诉讼法》及相关规定，下列哪些可以作为民事诉讼证据？
    A. 电子数据
    B. 勘验笔录
    C. 当事人的陈述
    D. 视听资料

【答案】ABCD

【知识点】证据的种类

【解析】《民事诉讼法》第六十三条规定，证据包括：（一）当事人的陈述；（二）书证；（三）物证；（四）视听资料；（五）电子数据；（六）证人证言；（七）鉴定意见；（八）勘验笔录。证据必须查证属实，才能作为认定事实的根据。因此，选项 A、B、C、D 的说法正确。

综上，本题正确答案为：A、B、C、D。

54. 根据《民事诉讼法》及相关规定，下列关于证据保全的哪些说法是正确的？
    A. 在证据可能灭失的情况下，当事人可以在诉讼过程中申请保全证据
    B. 证据保全只能依当事人申请进行，人民法院不得主动采取保全措施
    C. 当事人申请证据保全的，可以在举证期限届满前书面提出
    D. 证据保全可能对他人造成损失的，人民法院应当责令申请人提供相应的担保

【答案】ACD

【知识点】证据保全

【解析】《民事诉讼法》第八十一条第一款规定，在证据可能灭失或者以后难以取得的情况下，当事人可以在诉讼过程中向人民法院申请保全证据，人民法院也可以主动采取保全措施。因此，选项 A 的说法正确，选项 B 的说法错误。《最高人民法院关于适用〈中华人民共和国民事诉讼法〉的解释》（法释〔2015〕5号）第九十八条第一款规定，当事人根据《民事诉讼法》第八十一条第一款规定申请证据保全的，可以在举证期限届满前书面提出。因此，选项 C 的说法正确。《最高人民法院关于适用〈中华人民共和国民事诉讼法〉的解释》第九十八条第二款规定，证据保全可能对他人造成损失的，人民法院应当责令申请人提供相

应的担保。因此，选项 D 的说法正确。

综上，本题正确答案为：A、C、D。

55. 根据《民事诉讼法》及相关规定，就发明专利侵权提起民事诉讼的，起诉必须符合下列哪些条件？

　　A. 原告是与本案有直接利害关系的公民、法人和其他组织
　　B. 有明确的被告
　　C. 属于人民法院受理民事诉讼的范围和受诉人民法院管辖
　　D. 有具体的诉讼请求和事实、理由

【答案】A B C D

【知识点】起诉及其条件

【解析】《民事诉讼法》第一百一十九条规定，起诉必须符合下列条件：（一）原告是与本案有直接利害关系的公民、法人和其他组织；（二）有明确的被告；（三）有具体的诉讼请求和事实、理由；（四）属于人民法院受理民事诉讼的范围和受诉人民法院管辖。因此，选项 A、B、C、D 的说法正确。

综上，本题正确答案为：A、B、C、D。

56. 根据《民事诉讼法》及相关规定，下列关于保全的哪些说法是正确的？

　　A. 利害关系人因情况紧急，不立即申请保全将会使其合法权益受到难以弥补的损害的，可以在提起诉讼前向被申请人住所地人民法院申请采取保全措施
　　B. 利害关系人因情况紧急，不立即申请保全将会使其合法权益受到难以弥补的损害的，可以在提起诉讼前向被保全财产所在地人民法院申请采取保全措施
　　C. 申请保全有错误的，申请人应当赔偿被申请人因保全所遭受的损失
　　D. 人民法院可以根据申请采取查封、扣押、冻结等财产保全方法，在保全财产后无须通知被保全财产的人

【答案】A B C

【知识点】诉前保全

【解析】《民事诉讼法》第一百零一条第一款规定，利害关系人因情况紧急，不立即申请保全将会使其合法权益受到难以弥补的损害的，可以在提起诉讼或者申请仲裁前向被保全财产所在地、被申请人住所地或者对案件有管辖权的人民法院申请采取保全措施。申请人应当提供担保，不提供担保的，裁定驳回申请。因此，选项 A、B 的说法正确。《民事诉讼法》第一百零五条规定，申请有错误的，申请人应当赔偿被申请人因保全所遭受的损失。因此，选项 C 的说法正确。《民事诉讼法》第一百零三条规定，财产保全采取查封、扣押、冻结或者法律规定的其他方法。人民法院保全财产后，应当立即通知被保全财产的人。选项 D 中所述的"在保全财产后无须通知被保全财产的人"是错误的。

综上，本题正确答案为：A、B、C。

57. 根据《民事诉讼法》及相关规定，下列关于民事诉讼第一审普通程序的哪些说法是正确的？

  A. 人民法院审理民事案件，一律应当公开进行

  B. 人民法院审理民事案件，一律公开宣告判决

  C. 人民法院审理民事案件，应当在开庭三日前通知当事人和其他诉讼参与人

  D. 人民法院审理民事案件，根据需要进行巡回审理、就地办案

【答案】BCD

【知识点】开庭审理

【解析】《民事诉讼法》第一百三十四条第一款规定，人民法院审理民事案件，除涉及国家秘密、个人隐私或者法律另有规定的以外，应当公开进行。因此，选项A的说法错误。《民事诉讼法》第一百四十八条第一款规定，人民法院对公开审理或者不公开审理的案件，一律公开宣告判决。因此，选项B的说法正确。《民事诉讼法》第一百三十六条规定，人民法院审理民事案件，应当在开庭三日前通知当事人和其他诉讼参与人。公开审理的，应当公告当事人的姓名、案由和开庭的时间、地点。因此，选项C的说法正确。《民事诉讼法》第一百三十五条规定，人民法院审理民事案件，根据需要进行巡回审理、就地办案。因此，选项D的说法正确。

  综上，本题正确答案为：B、C、D。

58. 张某起诉王某违约并要求继续履行合同、支付迟延履行违约金，经县市两级人民法院审理均胜诉。王某以生效的二审判决适用法律错误为由申请再审。根据《民事诉讼法》及相关规定，下列哪些说法是正确的？

  A. 省高级人民法院按照审判监督程序提审的，按照第二审程序审理

  B. 省高级人民法院交原审人民法院再审的，原审人民法院应当按照第一审程序审理

  C. 省高级人民法院决定再审的，裁定中止原判决的执行

  D. 省高级人民法院驳回再审申请的，王某可以向人民检察院申请抗诉

【答案】ACD

【知识点】审判监督程序

【解析】《民事诉讼法》第二百零四条第二款规定，因当事人申请裁定再审的案件由中级人民法院以上的人民法院审理，但当事人依照该法第一百九十九条的规定选择向基层人民法院申请再审的除外。最高人民法院、高级人民法院裁定再审的案件，由本院再审或者交其他人民法院再审，也可以交原审人民法院再审。《民事诉讼法》第二百零七条第一款规定，人民法院按照审判监督程序再审的案件，发生法律效力的判决、裁定是由第一审法院作出的，按照第一审程序审理，所作的判决、裁定，当事人可以上诉；发生法律效力的判决、裁定是由第二审法院作出的，按照第二审程序审理，所作的判决、裁定，是发生法律效力的判决、裁定；上级人民法院按照审判监督程序提审的，按照第二审程序审理，所作的判决、裁定是发生法律效力的判决、裁定。可见，省高级人民法院可以按照审判监督程序提审的，按照第

二审程序审理，选项A的说法正确。同时，省高级人民法院可以交原审人民法院再审，由于发生法律效力的判决、裁定是由第二审法院作出的，原审人民法院应当按照第二审程序审理，选项B的说法错误。《民事诉讼法》第二百零六条规定，按照审判监督程序决定再审的案件，裁定中止原判决、裁定、调解书的执行，但追索赡养费、抚养费、抚育费、抚恤金、医疗费用、劳动报酬等案件，可以不中止执行。因此，选项C的说法正确。《民事诉讼法》第二百零九条第一款规定，有下列情形之一的，当事人可以向人民检察院申请检察建议或者抗诉：（一）人民法院驳回再审申请的；（二）人民法院逾期未对再审申请作出裁定的；（三）再审判决、裁定有明显错误的。可见，省高级人民法院作出的再审判决有明显错误的，王某可以向人民检察院申请检察建议或者抗诉，选项D的说法正确。

综上，本题正确答案为：A、C、D。

59. 根据《民事诉讼法》及相关规定，下列关于执行程序的哪些说法是正确的？
    A. 发生法律效力的民事判决，由第一审人民法院或者与第一审人民法院同级的被执行的财产所在地人民法院执行
    B. 人民法院自收到申请执行书之日起超过6个月未执行的，申请执行人可以向上一级人民法院申请执行
    C. 双方当事人在执行中自行和解达成协议的，执行员应当将协议内容记入笔录，由双方当事人签名或者盖章
    D. 据以执行的法律文书被撤销的，人民法院裁定终结执行

【答案】ABCD
【知识点】执行程序
【解析】《民事诉讼法》第二百二十四条第一款规定，发生法律效力的民事判决、裁定，以及刑事判决、裁定中的财产部分，由第一审人民法院或者与第一审人民法院同级的被执行的财产所在地人民法院执行。因此，选项A的说法正确。《民事诉讼法》第二百二十六条规定，人民法院自收到申请执行书之日起超过6个月未执行的，申请执行人可以向上一级人民法院申请执行。上一级人民法院经审查，可以责令原人民法院在一定期限内执行，也可以决定由本院执行或者指令其他人民法院执行。因此，选项B的说法正确。《民事诉讼法》第二百三十条规定，在执行中，双方当事人自行达成和解协议的，执行员应当将协议内容记入笔录，由双方当事人签名或者盖章。因此，选项C的说法正确。《民事诉讼法》第二百五十七条规定，有下列情形之一的，人民法院裁定终结执行：（一）申请人撤销申请的；（二）据以执行的法律文书被撤销的；（三）作为被执行人的公民死亡，无遗产可供执行，又无义务承担人的；（四）追索赡养费、抚养费、抚育费的权利人死亡的；（五）作为被执行人的公民因生活困难无力偿还借款，无收入来源，又丧失劳动能力的；（六）人民法院认为应当终结执行的其他情形。选项D符合上述第（二）项规定，选项D的说法正确。

综上，本题正确答案为：A、B、C、D。

60. 根据《行政复议法》及相关规定，公民、法人或者其他组织认为行政机关的具体行政行为所依据的下列哪些规定不合法，在对具体行政行为申请行政复议时，可以一并向行政复议机关提出对该规定的审查申请？

  A. 国务院部、委员会规章

  B. 地方人民政府规章

  C. 县级以上地方各级人民政府及其工作部门的规定

  D. 乡、镇人民政府的规定

【答案】C D

【知识点】行政复议的受案范围

【解析】《行政复议法》第七条规定，公民、法人或者其他组织认为行政机关的具体行政行为所依据的下列规定不合法，在对具体行政行为申请行政复议时，可以一并向行政复议机关提出对该规定的审查申请：（一）国务院部门的规定；（二）县级以上地方各级人民政府及其工作部门的规定；（三）乡、镇人民政府的规定。前款所列规定不含国务院部、委员会规章和地方人民政府规章。规章的审查依照法律、行政法规办理。因此，选项C、D的说法正确，选项A、B的说法错误。

  综上，本题正确答案为：C、D。

61. 某个体工商户认为行政机关侵犯其合法的经营自主权，欲提起行政复议。根据《行政复议法》及相关规定，下列哪些说法是正确的？

  A. 该个体工商户可以在法定期限内口头申请

  B. 该个体工商户可以在任意时间书面申请，不受任何期限限制

  C. 行政复议机关受理行政复议申请，不得向该个体工商户收取任何费用

  D. 行政复议机关受理行政复议申请，应当向该个体工商户收取复议请求费

【答案】A C

【知识点】行政复议的申请与受理

【解析】《行政复议法》第十一条规定，申请人申请行政复议，可以书面申请，也可以口头申请；口头申请的，行政复议机关应当当场记录申请人的基本情况、行政复议请求、申请行政复议的主要事实、理由和时间。因此，选项A的说法正确。《行政复议法》第九条规定，公民、法人或者其他组织认为具体行政行为侵犯其合法权益的，可以自知道该具体行政行为之日起60日内提出行政复议申请；但是法律规定的申请期限超过60日的除外。因不可抗力或者其他正当理由耽误法定申请期限的，申请期限自障碍消除之日起继续计算。因此，行政复议不能随时提出，需要在法定期限内提出，选项B的说法错误。《行政复议法》第三十九条中规定，行政复议机关受理行政复议申请，不得向申请人收取任何费用。因此，选项C的说法正确，选项D的说法错误。

  综上，本题正确答案为：A、C。

62. 商务部针对甲公司收购乙公司达到经营者集中申报标准而未进行申报的情况作出行政处罚决定书，对甲公司处以20万元罚款。根据《行政复议法》及相关规定，甲公司可以通过下列哪些途径寻求救济？

　　A. 向商务部申请行政复议

　　B. 向国务院申请行政复议

　　C. 依法申请行政复议后，对复议决定不服的，可以向人民法院起诉

　　D. 依法申请行政复议后，对复议决定不服的，可以向国务院申请最终裁决

【答案】A C D

【知识点】行政复议的受理机关

【解析】《行政复议法》第十四条规定，对国务院部门或者省、自治区、直辖市人民政府的具体行政行为不服的，向作出该具体行政行为的国务院部门或者省、自治区、直辖市人民政府申请行政复议。对行政复议决定不服的，可以向人民法院提起行政诉讼；也可以向国务院申请裁决，国务院依照该法的规定作出最终裁决。因此，对国务院部门的具体行政行为不服的，向作出该具体行政行为的国务院部门申请行政复议，选项A的说法正确，选项B的说法错误。对行政复议决定不服的，可以向人民法院提起行政诉讼；也可以向国务院申请裁决，国务院作出最终裁决，因此，选项C、D的说法正确。

综上所述，本题正确答案为：A、C、D。

63. 根据《行政复议法》及相关规定，下列哪些说法是正确的？

　　A. 在行政复议过程中，被申请人不得自行向申请人收集证据

　　B. 在行政复议过程中，被申请人可以自行向有关组织或者个人收集证据

　　C. 申请人不得撤回行政复议申请

　　D. 申请人可以在行政复议决定作出前要求撤回行政复议申请

【答案】A D

【知识点】行政复议的审理

【解析】《行政复议法》第二十四条规定，在行政复议过程中，被申请人不得自行向申请人和其他有关组织或者个人收集证据。因此，选项A的说法正确，选项B的说法错误。《行政复议法》第二十五条规定，行政复议决定作出前，申请人要求撤回行政复议申请的，经说明理由，可以撤回；撤回行政复议申请的，行政复议终止。因此，选项C的说法错误，选项D的说法正确。

综上，本题正确答案为：A、D。

64. 根据《行政复议法》及相关规定，下列关于行政复议决定的哪些说法是正确的？

　　A. 具体行政行为认定事实清楚，证据确凿，适用依据正确，程序合法，内容适当的，决定维持该具体行政行为

　　B. 被申请人不履行法定职责的，决定其在一定期限内履行

C. 主要事实不清、证据不足的，决定撤销、变更或者确认该具体行政行为违法

D. 具体行政行为明显不当的，决定撤销、变更或者确认该具体行政行为违法

【答案】ABCD

【知识点】行政复议决定的种类和效力

【解析】《行政复议法》第二十八条第一款规定，行政复议机关负责法制工作的机构应当对被申请人作出的具体行政行为进行审查，提出意见，经行政复议机关的负责人同意或者集体讨论通过后，按照下列规定作出行政复议决定：(一)具体行政行为认定事实清楚，证据确凿，适用依据正确，程序合法，内容适当的，决定维持；(二)被申请人不履行法定职责的，决定其在一定期限内履行；(三)具体行政行为有下列情形之一的，决定撤销、变更或者确认该具体行政行为违法；决定撤销或者确认该具体行政行为违法的，可以责令被申请人在一定期限内重新作出具体行政行为：1.主要事实不清、证据不足的；2.适用依据错误的；3.违反法定程序的；4.超越或者滥用职权的；5.具体行政行为明显不当的。(四)被申请人不按照该法第二十三条的规定提出书面答复、提交当初作出具体行政行为的证据、依据和其他有关材料的，视为该具体行政行为没有证据、依据，决定撤销该具体行政行为。因此，选项A、B、C、D的说法正确。

综上，本题正确答案为：A、B、C、D。

65. 根据《行政复议法》及相关规定，下列哪些说法是正确的？

A. 公民、法人或者其他组织对行政机关行使法律法规规定的自由裁量权作出的具体行政行为不服申请行政复议的，行政复议机关可以进行调解

B. 当事人之间的行政赔偿纠纷，行政复议机关不得进行调解

C. 当事人之间的行政补偿纠纷，行政复议机关不得进行调解

D. 行政复议机关在申请人的行政复议请求范围内，不得作出对申请人更为不利的行政复议决定

【答案】AD

【知识点】行政复议决定

【解析】《行政复议法实施条例》第五十条第一款规定，有下列情形之一的，行政复议机关可以按照自愿、合法的原则进行调解：(一)公民、法人或者其他组织对行政机关行使法律、法规规定的自由裁量权作出的具体行政行为不服申请行政复议的；(二)当事人之间的行政赔偿或者行政补偿纠纷。因此，公民、法人或者其他组织对行政机关行使法律法规规定的自由裁量权作出的具体行政行为不服申请行政复议的，行政复议机关可以进行调解，选项A的说法正确。同时，当事人之间的行政赔偿或者行政补偿纠纷，行政复议机关可以按照自愿、合法的原则进行调解，选项B、C的说法错误。《行政复议法实施条例》第五十一条规定，行政复议机关在申请人的行政复议请求范围内，不得作出对申请人更为不利的行政复议决定。因此，选项D的说法正确。

综上，本题正确答案为：A、D。

66. 根据《行政诉讼法》及相关规定，人民法院受理公民、法人或者其他组织提起的下列哪些行政诉讼？

　　A. 对行政机关作出的行政机关工作人员任免决定不服的
　　B. 对征收、征用决定及其补偿决定不服的
　　C. 认为行政机关侵犯其经营自主权的
　　D. 认为行政机关滥用权力排除或者限制竞争的

【答案】BCD

【知识点】行政诉讼的受案范围

【解析】《行政诉讼法》第十二条规定，人民法院受理公民、法人和其他组织提起的下列诉讼：……（五）对征收、征用决定及其补偿决定不服的；……（七）认为行政机关侵犯其经营自主权或者农村土地承包经营权、农村土地经营权的；（八）认为行政机关滥用权力排除或者限制竞争的；……。根据上述第一款第（五）项、第（七）项、第（八）项的规定，选项B、C、D的说法正确。《行政诉讼法》第十三条规定，人民法院不受理公民、法人或者其他组织对下列事项提起的诉讼：（一）国防、外交等国家行为；（二）行政法规、规章或者行政机关制定、发布的具有普遍约束力的决定、命令；（三）行政机关对行政机关工作人员的奖惩、任免等决定；（四）法律规定由行政机关最终裁决的行政行为。根据上述第（三）项的规定，选项A的说法错误。

　　综上，本题正确答案为：B、C、D。

67. 根据《行政诉讼法》及相关规定，下列关于行政诉讼管辖的哪些说法是正确的？

　　A. 两个以上人民法院都有管辖权的案件，原告可以选择其中一个人民法院提起诉讼
　　B. 原告向两个以上有管辖权的人民法院提起诉讼的，由最先收到起诉状的人民法院管辖
　　C. 人民法院发现受理的案件不属于本院管辖的，应当移送有管辖权的人民法院，受移送的人民法院应当受理
　　D. 有管辖权的人民法院由于特殊原因不能行使管辖权的，由上级人民法院指定管辖

【答案】ACD

【知识点】行政诉讼的共同管辖、移送管辖

【解析】《行政诉讼法》第二十一条规定，两个以上人民法院都有管辖权的案件，原告可以选择其中一个人民法院提起诉讼。原告向两个以上有管辖权的人民法院提起诉讼的，由最先立案的人民法院管辖。因此，选项A的说法正确，选项B的说法错误。《行政诉讼法》第二十二条规定，人民法院发现受理的案件不属于本院管辖的，应当移送有管辖权的人民法院，受移送的人民法院应当受理。受移送的人民法院认为受移送的案件按照规定不属于本院管辖的，应当报请上级人民法院指定管辖，不得再自行移送。因此，选项C的说法正确。《行政诉讼法》第二十三条第一款规定，有管辖权的人民法院由于特殊原因不能行使管辖权的，由上级人民法院指定管辖。因此，选项D的说法正确。

综上，本题正确答案为：A、C、D。

68. 根据《行政诉讼法》及相关规定，下列关于行政诉讼参加人的哪些说法是正确的？
    A. 公民、法人或者其他组织同被诉行政行为有利害关系但没有提起诉讼，不得作为第三人申请参加诉讼
    B. 公民、法人或者其他组织同案件处理结果有利害关系的，可以由人民法院通知参加诉讼
    C. 人民法院判决第三人承担义务的，第三人有权依法提起上诉
    D. 人民法院判决减损第三人权益的，第三人有权依法提起上诉

【答案】BCD
【知识点】行政诉讼第三人
【解析】《行政诉讼法》第二十九条第一款规定，公民、法人或者其他组织同被诉行政行为有利害关系但没有提起诉讼，或者同案件处理结果有利害关系的，可以作为第三人申请参加诉讼，或者由人民法院通知参加诉讼。因此，选项A的说法错误，选项B的说法正确。《行政诉讼法》第二十九条第二款规定，人民法院判决第三人承担义务或者减损第三人权益的，第三人有权依法提起上诉。因此，选项C、D的说法正确。

综上，本题正确答案为：B、C、D。

69. 根据《行政诉讼法》及相关规定，下列哪些说法是正确的？
    A. 行政诉讼被告对作出的行政行为负有举证责任，应当提供作出该行政行为的证据和所依据的规范性文件
    B. 行政诉讼被告无正当理由不提供证据的，人民法院应当依职权调查收集相应证据
    C. 原告在行政诉讼中提出了其在行政处理程序中没有提出的证据的，经人民法院准许，被告可以补充证据
    D. 原告可以提供证明行政行为违法的证据，原告提供的证据不成立的，不免除被告的举证责任

【答案】ACD
【知识点】行政诉讼的证据
【解析】《行政诉讼法》第三十四条第一款规定，被告对作出的行政行为负有举证责任，应当提供作出该行政行为的证据和所依据的规范性文件。因此，选项A的说法正确。《行政诉讼法》第三十四条第二款规定，被告不提供或者无正当理由逾期提供证据，视为没有提供相应证据。但是，被诉行政行为涉及第三人合法权益，第三人提供证据的除外。因此，选项B的说法错误。《行政诉讼法》第三十六条第二款规定，原告或者第三人提出了其在行政处理程序中没有提出的理由或者证据的，经人民法院准许，被告可以补充证据。因此，选项C的说法正确。《行政诉讼法》第三十七条规定，原告可以提供证明行政行为违法的证据。原告提供的证据不成立的，不免除被告的举证责任。因此，选项D的说法正确。

综上，本题正确答案为：A、C、D。

70. 根据《行政诉讼法》及相关规定，下列哪些属于人民法院审理行政案件的依据？

   A. 法律
   B. 行政法规
   C. 地方人民政府规章
   D. 国务院部、委员会规章

【答案】A B

【知识点】审理行政案件的依据

【解析】《行政诉讼法》第六十三条第一款规定，人民法院审理行政案件，以法律和行政法规、地方性法规为依据。地方性法规适用于本行政区域内发生的行政案件。因此，选项A、B的说法正确。《行政诉讼法》第六十三条第三款规定，人民法院审理行政案件，参照规章。因此，选项C、D的说法错误。

综上，本题正确答案为：A、B。

71. 根据《行政诉讼法》及相关规定，下列关于行政诉讼第一审普通程序的哪些说法是正确的？

   A. 行政行为证据确凿，适用法律、法规正确，符合法定程序的，人民法院判决驳回原告的诉讼请求
   B. 行政行为证据确凿，适用法律、法规正确，符合法定程序的，人民法院判决维持行政行为
   C. 原告申请被告履行法定职责或者给付义务理由不成立的，人民法院判决驳回原告的诉讼请求
   D. 行政行为违反法定程序的，人民法院判决撤销或者部分撤销，并可以判决被告重新作出行政行为

【答案】A C D

【知识点】第一审判决和裁定

【解析】《行政诉讼法》第六十九条规定，行政行为证据确凿，适用法律、法规正确，符合法定程序的，或者原告申请被告履行法定职责或者给付义务理由不成立的，人民法院判决驳回原告的诉讼请求。因此，选项A的说法正确，选项B的说法错误，选项C的说法正确。《行政诉讼法》第七十条规定，行政行为有下列情形之一的，人民法院判决撤销或者部分撤销，并可以判决被告重新作出行政行为：（一）主要证据不足的；（二）适用法律、法规错误的；（三）违反法定程序的；（四）超越职权的；（五）滥用职权的；（六）明显不当的。根据上述第（三）项的规定，选项D的说法正确。

综上，本题正确答案为：A、C、D。

72. 根据《行政诉讼法》及相关规定，下列关于行政诉讼第二审程序的哪些说法是正确的？

　　A. 当事人不服人民法院第一审行政判决的，有权在判决书送达之日起15日内向上一级人民法院提起上诉

　　B. 人民法院对行政上诉案件，一律应当开庭审理

　　C. 人民法院审理上诉案件，应当对原审人民法院的判决、裁定和被诉行政行为进行全面审查

　　D. 原审人民法院对发回重审的案件作出判决后，当事人提起上诉的，第二审人民法院仍然可以再次发回重审

【答案】A C

【知识点】第二审程序

【解析】《行政诉讼法》第八十五条规定，当事人不服人民法院第一审判决的，有权在判决书送达之日起15日内向上一级人民法院提起上诉。当事人不服人民法院第一审裁定的，有权在裁定送达之日起10日内向上一级人民法院提起上诉。逾期不提起上诉的，人民法院的第一审判决或者裁定发生法律效力。因此，选项A的说法正确。《行政诉讼法》第八十六条规定，人民法院对上诉案件，应当组成合议庭，开庭审理。经过阅卷、调查和询问当事人，对没有提出新的事实、证据或者理由，合议庭认为不需要开庭审理的，也可以不开庭审理。因此，人民法院对行政上诉案件，并非一律应当开庭审理。选项B的说法错误。《行政诉讼法》第八十七条规定，人民法院审理上诉案件，应当对原审人民法院的判决、裁定和被诉行政行为进行全面审查。因此，选项C的说法正确。《行政诉讼法》第八十九条第二款规定，原审人民法院对发回重审的案件作出判决后，当事人提起上诉的，第二审人民法院不得再次发回重审。因此，选项D的说法错误。

　　综上，本题正确答案为：A、C。

73. 根据《行政诉讼法》及相关规定，下列关于审判监督程序的哪些说法是正确的？

　　A. 当事人对已经发生法律效力的判决，认为确有错误的，可以向上一级人民法院申请再审

　　B. 原判决遗漏诉讼请求，当事人提出再审申请的，人民法院应当再审

　　C. 据以作出原判决的法律文书被撤销，当事人提出再审申请的，人民法院应当再审

　　D. 上级人民检察院发现下级人民法院已经发生法律效力的判决遗漏诉讼请求的，应当提出抗诉

【答案】A B C D

【知识点】审判监督程序的提起

【解析】《行政诉讼法》第九十条规定，当事人对已经发生法律效力的判决、裁定，认为确有错误的，可以向上一级人民法院申请再审，但判决、裁定不停止执行。因此，选项A的说法正确。《行政诉讼法》第九十一条规定，当事人的申请符合下列情形之一的，人民法院应当再审：（一）不予立案或者驳回起诉确有错误的；（二）有新的证据，足以推翻原判

决、裁定的;(三)原判决、裁定认定事实的主要证据不足,未经质证或者系伪造的;(四)原判决、裁定适用法律、法规确有错误的;(五)违反法律规定的诉讼程序,可能影响公正审判的;(六)原判决、裁定遗漏诉讼请求的;(七)据以作出原判决、裁定的法律文书被撤销或者变更的;(八)审判人员在审理该案件时有贪污受贿、徇私舞弊、枉法裁判行为的。选项B、C分别符合上述第(六)项、第(七)项的规定,因此选项B、C的说法正确。《行政诉讼法》第九十三条第一款规定,最高人民检察院对各级人民法院已经发生法律效力的判决、裁定,上级人民检察院对下级人民法院已经发生法律效力的判决、裁定,发现有该法第九十一条规定情形之一,或者发现调解书损害国家利益、社会公共利益的,应当提出抗诉。因此,选项D的说法正确。

综上,本题正确答案为:A、B、C、D。

74.《专利代理人的成长历程》是由李某编剧、张某导演的一部电影,制片者为甲公司,音乐人周某创作了可以单独使用的电影音乐。根据《著作权法》及相关规定,下列哪些说法是正确的?
  A. 甲公司是该电影的著作权人
  B. 张某是该电影的著作权人
  C. 李某享有署名权,并有权按照与甲公司签订的合同获得报酬
  D. 周某有权单独行使电影音乐的著作权

【答案】A C D
【知识点】影视作品的著作权人
【解析】《著作权法》第十五条第一款规定,电影作品和以类似摄制电影的方法创作的作品的著作权由制片者享有,但编剧、导演、摄影、作词、作曲等作者享有署名权,并有权按照与制片者签订的合同获得报酬。可见,制片者甲公司是该电影的著作权人,导演张某不是该电影的著作权人。因此选项A的说法正确,选项B的说法错误。同时,编剧等作者享有署名权,并有权按照与制片者签订的合同获得报酬,因此,选项C的说法正确。《著作权法》第十五条第二款规定,电影作品和以类似摄制电影的方法创作的作品的剧本、音乐等可以单独使用的作品的作者有权单独行使其著作权。因此,选项D的说法正确。

综上,本题正确答案为:A、C、D。

75.根据《著作权法》及其相关规定,展览权包括哪些内容?
  A. 公开陈列美术作品的原件的权利
  B. 公开陈列摄影作品的原件的权利
  C. 公开陈列美术作品的复印件的权利
  D. 公开播放电影作品的复印件的权利

【答案】A B C
【知识点】著作人身权和财产权

【解析】《著作权法》第十条第一款规定，著作权包括下列人身权和财产权：……（八）展览权，即公开陈列美术作品、摄影作品的原件或者复制件的权利；……。可见，展览权包括公开陈列美术作品、摄影作品的原件或者复制件的权利，不包括公开播放电影作品的复印件的权利。因此，选项A、B、C的说法正确，选项D的说法错误。

综上，本题正确答案为：A、B、C。

76. 根据《著作权法》及相关规定，下列关于著作权集体管理组织的哪些说法是正确的？
   A. 著作权人可以授权著作权集体管理组织行使著作权
   B. 著作权集体管理组织被授权后，可以以自己的名义为与著作权有关的权利人主张权利
   C. 著作权集体管理组织可以作为当事人进行涉及著作权的诉讼活动
   D. 著作权集体管理组织只能作为诉讼代理人进行涉及与著作权有关的权利的诉讼活动

【答案】ABC

【知识点】著作权集体管理组织

【解析】《著作权法》第八条第一款规定，著作权人和与著作权有关的权利人可以授权著作权集体管理组织行使著作权或者与著作权有关的权利。著作权集体管理组织被授权后，可以以自己的名义为著作权人和与著作权有关的权利人主张权利，并可以作为当事人进行涉及著作权或者与著作权有关的权利的诉讼、仲裁活动。因此，选项A、B、C的说法正确，选项D的说法错误。

综上，本题正确答案为：A、B、C。

77. 根据《著作权法》及相关规定，著作权许可使用合同包括下列哪些内容？
   A. 许可使用的权利种类
   B. 许可使用的权利是专有使用权或者非专有使用权
   C. 许可使用的地域范围、期间
   D. 付酬标准和办法

【答案】ABCD

【知识点】许可使用合同的主要内容

【解析】《著作权法》第二十四条第二款规定，许可使用合同包括下列主要内容：（一）许可使用的权利种类；（二）许可使用的权利是专有使用权或者非专有使用权；（三）许可使用的地域范围、期间；（四）付酬标准和办法；（五）违约责任；（六）双方认为需要约定的其他内容。可见，选项A、B、C、D分别属于上述第（一）项、第（二）项、第（三）项、第（四）项的内容，选项A、B、C、D的说法正确。

综上，本题正确答案为：A、B、C、D。

78. 2012年1月1日，张某、韩某共同构思一部小说《波涛汹涌的专利战》。2014年6月1日，张某、韩某共同创作完成该小说。韩某于2016年7月1日去世，张某于2017年10月1日

去世。根据《著作权法》及相关规定，以下说法正确的是？

　　A．该作品著作权自 2012 年 1 月 1 日起产生

　　B．该作品著作权自 2014 年 6 月 1 日起产生

　　C．该作品复制权的保护期截止到 2067 年 10 月 1 日

　　D．该作品复制权的保护期截止到 2067 年 12 月 31 日

【答案】BD

【知识点】著作权的保护期

【解析】《著作权法实施条例》第六条规定，著作权自作品创作完成之日起产生。因此，该作品著作权自作品创作完成的 2014 年 6 月 1 日起产生，而非自作品构思的 2012 年 1 月 1 日起产生，选项 A 的说法错误，选项 B 的说法正确。《著作权法》第二十一条第一款规定，公民的作品，其发表权、该法第十条第一款第（五）项至第（十七）项规定的权利的保护期为作者终生及其死亡后 50 年，截止于作者死亡后第 50 年的 12 月 31 日；如果是合作作品，截止于最后死亡的作者死亡后第 50 年的 12 月 31 日。复制权属于《著作权法》第十条第一款（五）项至第（十七）项规定的权利。因此，张某、韩某共同创作完成的小说《波涛汹涌的专利战》是合作作品，保护期截止于最后死亡的作者死亡后第 50 年的 12 月 31 日，即该作品复制权的保护期截止到 2067 年 12 月 31 日。因此，选项 C 的说法错误，选项 D 的说法正确。

　　综上，本题正确答案为：B、D。

79．甲公司设计师张某为完成该公司的工作任务，主要利用该公司的物质技术条件创作了产品设计图，并由该公司承担责任。根据《著作权法》及相关规定，下列哪些说法是正确的？

　　A．张某享有该产品设计图的复制权

　　B．甲公司享有该产品设计图的复制权

　　C．张某享有该产品设计图的署名权

　　D．甲公司享有该产品设计图的署名权

【答案】BC

【知识点】职务作品

【解析】《著作权法》第十六条第一款规定，公民为完成法人或者其他组织工作任务所创作的作品是职务作品，除该条第二款的规定以外，著作权由作者享有，但法人或者其他组织有权在其业务范围内优先使用。作品完成两年内，未经单位同意，作者不得许可第三人以与单位使用的相同方式使用该作品。《著作权法》第十六条第二款规定，有下列情形之一的职务作品，作者享有署名权，著作权的其他权利由法人或者其他组织享有，法人或者其他组织可以给予作者奖励：（一）主要利用法人或者其他组织的物质技术条件创作，并由法人或者其他组织承担责任的工程设计图、产品设计图、地图、计算机软件等职务作品；（二）法律、行政法规规定或者合同约定著作权由法人或者其他组织享有的职务作品。可见，设计师张某为完成甲公司的工作任务创作的产品设计图属于职务作品。同时，该职务作品主要利用该公

司的物质技术条件创作，并由该公司承担责任，符合《著作权法》第十六条第二款第（一）项规定的情形，作者享有署名权，复制权等著作权的其他权利由法人或者其他组织享有。因此，选项B、C的说法正确，选项A、D的说法错误。

综上，本题正确答案为：B、C。

80. 根据《著作权法》及相关规定，下列有关著作权及其相关权利的保护的哪些说法是正确的？

    A. 剽窃他人作品的，应当根据情况承担停止侵害、消除影响、赔礼道歉、赔偿损失等民事责任
    B. 出版他人享有专有出版权的图书损害公共利益的，可以由著作权行政管理部门责令停止侵权行为，并可以处以罚款
    C. 著作权人有证据证明他人即将实施侵犯其权利的行为，如不及时制止将会使其合法权益受到难以弥补的损害的，可以在起诉前向人民法院申请采取责令停止有关行为和财产保全的措施
    D. 为制止侵权行为，在证据可能灭失的情况下，著作权人可以在起诉前向人民法院申请保全证据

【答案】ABCD

【知识点】侵犯著作权及其相关权利的行为、侵权纠纷的解决途径

【解析】《著作权法》第四十七条规定，有下列侵权行为的，应当根据情况，承担停止侵害、消除影响、赔礼道歉、赔偿损失等民事责任：……（五）剽窃他人作品的；……。根据上述第（五）项的规定，选项A的说法正确。《著作权法》第四十八条规定，有下列侵权行为的，应当根据情况，承担停止侵害、消除影响、赔礼道歉、赔偿损失等民事责任；同时损害公共利益的，可以由著作权行政管理部门责令停止侵权行为，没收违法所得，没收、销毁侵权复制品，并可处以罚款；情节严重的，著作权行政管理部门还可以没收主要用于制作侵权复制品的材料、工具、设备等；构成犯罪的，依法追究刑事责任：……（二）出版他人享有专有出版权的图书的；……。根据上述第（二）项的规定，选项B的说法正确。《著作权法》第五十条第一款规定，著作权人或者与著作权有关的权利人有证据证明他人正在实施或者即将实施侵犯其权利的行为，如不及时制止将会使其合法权益受到难以弥补的损害的，可以在起诉前向人民法院申请采取责令停止有关行为和财产保全的措施。因此，选项C的说法正确。《著作权法》第五十一条第一款规定，为制止侵权行为，在证据可能灭失或者以后难以取得的情况下，著作权人或者与著作权有关的权利人可以在起诉前向人民法院申请保全证据。因此，选项D的说法正确。

综上，本题正确答案为：A、B、C、D。

81. 根据《计算机软件保护条例》的规定，软件著作权人享有下列哪些权利？

    A. 发表权
    B. 署名权

C. 修改权

D. 信息网络传播权

【答案】A B C D

【知识点】软件著作权的内容

【解析】《计算机软件保护条例》第八条规定，软件著作权人享有下列各项权利：（一）发表权，即决定软件是否公之于众的权利；（二）署名权，即表明开发者身份，在软件上署名的权利；（三）修改权，即对软件进行增补、删节，或者改变指令、语句顺序的权利；（四）复制权，即将软件制作一份或者多份的权利；（五）发行权，即以出售或者赠与方式向公众提供软件的原件或者复制件的权利；（六）出租权，即有偿许可他人临时使用软件的权利，但是软件不是出租的主要标的的除外；（七）信息网络传播权，即以有线或者无线方式向公众提供软件，使公众可以在其个人选定的时间和地点获得软件的权利；（八）翻译权，即将原软件从一种自然语言文字转换成另一种自然语言文字的权利；（九）应当由软件著作权人享有的其他权利。可知，软件著作权包括发表权、署名权、修改权、信息网络传播权，但是不包括保持作品完整权。因此，选项A、B、C、D的说法正确。

综上，本题正确答案为：A、B、C、D。

82. 根据《商标法》及相关规定，下列哪些说法是正确的？

A. 申请注册的商标，同他人在类似商品上已经注册的商标近似的，商标局可以予以核准注册

B. 申请注册的商标，同他人在同一种商品上已经注册的商标近似的，由商标局驳回申请，不予公告

C. 两个商标注册申请人在类似商品上以相同的商标申请注册的，初步审定并公告申请在先的商标

D. 申请商标注册时，不得以不正当手段抢先注册他人已经使用并有一定影响的商标

【答案】B C D

【知识点】商标注册的审查和核准

【解析】《商标法》第三十条规定，申请注册的商标，凡不符合该法有关规定或者同他人在同一种商品或者类似商品上已经注册的或者初步审定的商标相同或者近似的，由商标局驳回申请，不予公告。因此，选项A的说法错误，选项B的说法正确。《商标法》第三十一条规定，两个或者两个以上的商标注册申请人，在同一种商品或者类似商品上，以相同或者近似的商标申请注册的，初步审定并公告申请在先的商标；同一天申请的，初步审定并公告使用在先的商标，驳回其他人的申请，不予公告。因此，选项C的说法正确。《商标法》第三十二条规定，申请商标注册不得损害他人现有的在先权利，也不得以不正当手段抢先注册他人已经使用并有一定影响的商标。因此，选项D的说法正确。

综上，本题正确答案为：B、C、D。

83. 根据《商标法》及相关规定，下列关于注册商标使用许可的哪些说法是正确的？
   A. 商标注册人甲公司可以通过签订商标使用许可合同，许可乙公司使用其注册商标
   B. 甲公司许可乙公司使用其注册商标的，甲公司应当将其商标使用许可报商标局备案
   C. 甲公司许可乙公司使用其注册商标的，乙公司应当将该商标使用许可报商标局备案
   D. 乙公司经许可使用甲公司注册商标的，必须在使用该注册商标的商品上标明被许可人的名称和商品产地

【答案】A B D

【知识点】注册商标的使用许可

【解析】《商标法》第四十三条第一款和第二款规定，商标注册人可以通过签订商标使用许可合同，许可他人使用其注册商标。许可人应当监督被许可人使用其注册商标的商品质量。被许可人应当保证使用该注册商标的商品质量。经许可使用他人注册商标的，必须在使用该注册商标的商品上标明被许可人的名称和商品产地。因此，选项A、D的说法正确。《商标法》第四十三条第三款规定，许可他人使用其注册商标的，许可人应当将其商标使用许可报商标局备案，由商标局公告。商标使用许可未经备案不得对抗善意第三人。因此，选项B的说法正确，选项C的说法错误。

综上，本题正确答案为：A、B、D。

84. 根据《商标法》及相关规定，下列哪些情形可以由商标局宣告该注册商标无效？
   A. 周某以欺骗手段取得商标注册
   B. 李某的注册商标仅有本商品的通用名称
   C. 王某的注册商标仅直接表示商品的质量
   D. 丁某的注册商标仅直接表示商品的主要原料

【答案】A B C D

【知识点】商标局依职权宣告注册商标无效

【解析】《商标法》第四十四条第一款规定，违反该法第十条、第十一条、第十二条规定的，或者是以欺骗手段或者其他不正当手段取得注册的，由商标局宣告该注册商标无效；其他单位或者个人可以请求商标评审委员会宣告该注册商标无效。《商标法》第十一条规定，下列标志不得作为商标注册：（一）仅有本商品的通用名称、图形、型号的；（二）仅直接表示商品的质量、主要原料、功能、用途、重量、数量及其他特点的；（三）其他缺乏显著特征的。因此，选项A、B、C、D的说法正确。

综上，本题正确答案为：A、B、C、D。

85. 根据《商标法》及相关规定，下列哪些说法是正确的？
   A. 宣告注册商标无效的决定或者裁定，对宣告无效前人民法院作出并已执行的商标侵权案件的判决不具有追溯力
   B. 宣告注册商标无效的决定或者裁定，对宣告无效前人民法院作出并已执行的商标侵权

案件的调解书具有追溯力

C. 宣告注册商标无效的决定或者裁定，对宣告无效前工商行政管理部门作出并已执行的商标侵权案件的处理决定不具有追溯力

D. 宣告注册商标无效的决定或者裁定，对宣告无效前已经履行的商标使用许可合同具有追溯力

【答案】A C

【知识点】商标无效的法律效力

【解析】《商标法》第四十七条第二款规定，宣告注册商标无效的决定或者裁定，对宣告无效前人民法院作出并已执行的商标侵权案件的判决、裁定、调解书和工商行政管理部门作出并已执行的商标侵权案件的处理决定以及已经履行的商标转让或者使用许可合同不具有追溯力。……因此，选项A、C的说法正确，选项B、D的说法错误。

综上，本题正确答案为：A、C。

86. 根据《商标法》及相关规定，下列哪些说法是正确的？

A. 注册商标被撤销的，自撤销之日起一年内，商标局对与该商标相同的商标注册申请，不予核准

B. 注册商标被撤销的，自撤销之日起一年内，商标局对与该商标近似的商标注册申请，可以核准

C. 注册商标期满不再续展的，自注销之日起一年内，商标局对与该商标相同的商标注册申请，不予核准

D. 注册商标期满不再续展的，自注销之日起一年内，商标局对与该商标近似的商标注册申请，可以核准

【答案】A C

【知识点】商标使用的管理

【解析】《商标法》第五十条规定，注册商标被撤销、被宣告无效或者期满不再续展的，自撤销、宣告无效或者注销之日起1年内，商标局对与该商标相同或者近似的商标注册申请，不予核准。因此，选项A、C说法正确。

综上，本题正确答案为：A、C。

87. 根据《商标法》及相关规定，下列哪些行为属于侵犯注册商标专用权的行为？

A. 张某未经商标注册人的许可，在类似商品上使用与其注册商标近似的商标，但不会导致混淆

B. 王某伪造他人注册商标标识

C. 李某未经商标注册人同意，更换其注册商标并将该更换商标的商品又投入市场

D. 赵某故意为侵犯他人商标专用权行为提供便利条件，帮助他人实施侵犯商标专用权行为

【答案】BCD

【知识点】侵犯注册商标专用权的行为

【解析】《商标法》第五十七条规定，有下列行为之一的，均属侵犯注册商标专用权：（一）未经商标注册人的许可，在同一种商品上使用与其注册商标相同的商标的；（二）未经商标注册人的许可，在同一种商品上使用与其注册商标近似的商标，或者在类似商品上使用与其注册商标相同或者近似的商标，容易导致混淆的；（三）销售侵犯注册商标专用权的商品的；（四）伪造、擅自制造他人注册商标标识或者销售伪造、擅自制造的注册商标标识的；（五）未经商标注册人同意，更换其注册商标并将该更换商标的商品又投入市场的；（六）故意为侵犯他人商标专用权行为提供便利条件，帮助他人实施侵犯商标专用权行为的；（七）给他人的注册商标专用权造成其他损害的。根据上述第（二）项的规定，未经商标注册人的许可，在类似商品上使用与其注册商标相同或者近似的商标，必须容易导致混淆才属于侵犯注册商标专用权，因此，选项A的说法错误。同时，选项B、C、D分别属于上述第（四）项、第（五）项、第（六）项规定的情形，选项B、C、D的说法正确。

综上，本题正确答案为：B、C、D。

88. 根据《商标法》及相关规定，下列哪些说法是正确的？
    A. 张某的注册商标含有的本商品的通用名称，张某无权禁止他人正当使用
    B. 王某的注册商标中含有的本商品的型号，王某无权禁止他人正当使用
    C. 李某的注册商标中含有的地名，李某无权禁止他人正当使用
    D. 赵某的三维标志注册商标中含有的商品自身性质产生的形状，赵某无权禁止他人正当使用

【答案】ABCD

【知识点】注册商标专用权的保护

【解析】《商标法》第五十九条第一款规定，注册商标中含有的本商品的通用名称、图形、型号，或者直接表示商品的质量、主要原料、功能、用途、重量、数量及其他特点，或者含有的地名，注册商标专用权人无权禁止他人正当使用。因此，选项A、B、C的说法正确。《商标法》第五十九条第二款规定，三维标志注册商标中含有的商品自身性质产生的形状、为获得技术效果而需有的商品形状或者使商品具有实质性价值的形状，注册商标专用权人无权禁止他人正当使用。因此，选项D的说法正确。

综上，本题正确答案为：A、B、C、D。

89. 根据《商标法》及相关规定，因侵犯注册商标专用权行为引起纠纷的，可以通过下列哪些途径解决？
    A. 当事人协商解决
    B. 商标注册人可以向人民法院起诉
    C. 利害关系人可以向人民法院起诉

D. 利害关系人可以请求工商行政管理部门处理

【答案】A B C D

【知识点】侵权纠纷的解决途径

【解析】《商标法》第六十条第一款规定，有该法第五十七条所列侵犯注册商标专用权行为之一，引起纠纷的，由当事人协商解决；不愿协商或者协商不成的，商标注册人或者利害关系人可以向人民法院起诉，也可以请求工商行政管理部门处理。因此，选项A、B、C、D的说法正确。

综上，本题正确答案为：A、B、C、D。

90. 根据《商标法》及相关规定，关于侵犯注册商标专用权的赔偿数额，下列哪些说法是正确的？

    A. 按照权利人因被侵权所受到的实际损失确定

    B. 权利人的实际损失难以确定的，可以按照侵权人因侵权所获得的利益确定

    C. 权利人的损失或者侵权人获得的利益难以确定的，参照该商标许可使用费的倍数合理确定

    D. 赔偿数额不应当包括权利人为制止侵权行为所支付的合理开支

【答案】A B C

【知识点】赔偿数额的确定

【解析】《商标法》第六十三条第一款规定，侵犯商标专用权的赔偿数额，按照权利人因被侵权所受到的实际损失确定；实际损失难以确定的，可以按照侵权人因侵权所获得的利益确定；权利人的损失或者侵权人获得的利益难以确定的，参照该商标许可使用费的倍数合理确定。对恶意侵犯商标专用权，情节严重的，可以在按照上述方法确定数额的一倍以上三倍以下确定赔偿数额。赔偿数额应当包括权利人为制止侵权行为所支付的合理开支。因此，选项A、B、C说法正确，选项D的说法错误。

综上，本题正确答案为：A、B、C。

91. 商标注册人张某有证据证明娄某正在实施侵犯其注册商标专用权的行为，如不及时制止将会使其合法权益将受到难以弥补的损害。根据《商标法》及相关规定，张某可以依法在起诉前向人民法院申请采取下列哪些措施？

    A. 责令娄某停止有关行为

    B. 财产保全

    C. 对娄某进行行政拘留

    D. 对娄某进行行政罚款

【答案】A B

【知识点】诉前的责令停止有关行为、财产保全

【解析】《商标法》第六十五条规定，商标注册人或者利害关系人有证据证明他人正在实

施或者即将实施侵犯其注册商标专用权的行为，如不及时制止将会使其合法权益受到难以弥补的损害的，可以依法在起诉前向人民法院申请采取责令停止有关行为和财产保全的措施。因此，选项A、B说法正确，选项C、D的说法错误。

综上，本题正确答案为：A、B。

92. 根据《反不正当竞争法》及相关规定，经营者的下列哪些行为属于不正当竞争行为？

    A. 擅自使用他人知名商品特有的包装装潢，造成和他人的知名商品相混淆，使购买者误认为是该知名商品的
    B. 擅自使用他人的企业名称或者姓名，引人误认为是他人的商品
    C. 因清偿债务、转产、歇业以低于成本的价格销售商品
    D. 利用广告对商品质量作引人误解的虚假宣传

【答案】ABD

【知识点】不正当竞争的概念和种类

【解析】《反不正当竞争法》第五条规定，经营者不得采用下列不正当手段从事市场交易，损害竞争对手：（一）假冒他人的注册商标；（二）擅自使用知名商品特有的名称、包装、装潢，或者使用与知名商品近似的名称、包装、装潢，造成和他人的知名商品相混淆，使购买者误认为是该知名商品；（三）擅自使用他人的企业名称或者姓名，引人误认为是他人的商品；（四）在商品上伪造或者冒用认证标志、名优标志等质量标志，伪造产地，对商品质量作引人误解的虚假表示。因此，选项A、B的说法正确。《反不正当竞争法》第十一条规定，经营者不得以排挤竞争对手为目的，以低于成本的价格销售商品。有下列情形之一的，不属于不正当竞争行为：（一）销售鲜活商品；（二）处理有效期限即将到期的商品或者其他积压的商品；（三）季节性降价；（四）因清偿债务、转产、歇业降价销售商品。因此，选项C的说法错误。《反不正当竞争法》第九条规定，经营者不得利用广告或者其他方法，对商品的质量、制作成分、性能、用途、生产者、有效期限、产地等作引人误解的虚假宣传。因此，选项D的说法正确。

综上，本题正确答案为：A、B、D。

93. 根据《反不正当竞争法》及相关规定，下列哪些属于侵犯他人商业秘密的行为？

    A. 以盗窃手段获取他人商业秘密
    B. 披露以胁迫手段获取的他人商业秘密
    C. 通过反向工程获得他人的技术秘密
    D. 违反权利人有关保守商业秘密的要求，披露其掌握的商业秘密

【答案】ABD

【知识点】商业秘密的保护

【解析】《反不正当竞争法》第十条第一款规定，经营者不得采用下列手段侵犯商业秘密：（一）以盗窃、利诱、胁迫或者其他不正当手段获取权利人的商业秘密；（二）披露、使

用或者允许他人使用以前项手段获取的权利人的商业秘密；（三）违反约定或者违反权利人有关保守商业秘密的要求，披露、使用或者允许他人使用其所掌握的商业秘密。选项 A、B、D 属于上述条款第（一）项、第（二）项、第（三）项规定的行为，属于侵犯他人商业秘密的行为。因此，选项 A、B、D 的说法正确。《最高人民法院关于审理不正当竞争民事案件应用法律若干问题的解释》（法释〔2007〕2 号）第十二条第一款规定，通过自行开发研制或者反向工程等方式获得的商业秘密，不认定为《反不正当竞争法》第十条第（一）、第（二）项规定的侵犯商业秘密行为。选项 C 的行为不属于侵犯他人商业秘密，因此，选项 C 的说法错误。

综上，本题正确答案为：A、B、D。

94. 根据《植物新品种保护条例》的规定，下列哪些说法是正确的？
    A. 执行本单位的任务所完成的职务育种，植物新品种的申请权属于该单位
    B. 主要是利用本单位的物质条件所完成的职务育种，植物新品种的申请权属于完成育种的个人
    C. 委托育种并且没有合同约定的，品种权属于委托人
    D. 合作育种并且没有合同约定的，品种权属于共同完成育种的单位或者个人

【答案】A D
【知识点】品种权的主体
【解析】《植物新品种保护条例》第七条第一款规定，执行本单位的任务或者主要是利用本单位的物质条件所完成的职务育种，植物新品种的申请权属于该单位；非职务育种，植物新品种的申请权属于完成育种的个人。申请被批准后，品种权属于申请人。因此，选项 A 的说法正确，选项 B 的说法错误。《植物新品种保护条例》第七条第二款规定，委托育种或者合作育种，品种权的归属由当事人在合同中约定；没有合同约定的，品种权属于受委托完成或者共同完成育种的单位或者个人。因此，选项 C 的说法错误，选项 D 的说法正确。

综上，本题正确答案为：A、D。

95. 根据《集成电路布图设计保护条例》的规定，下列哪些说法是正确的？
    A. 受保护的集成电路布图设计应当具有独创性
    B. 受保护的集成电路布图设计应当具有美感
    C. 对集成电路布图设计的保护不延及思想、处理过程、操作方法或者数学概念
    D. 国务院知识产权行政部门负责布图设计专有权的管理工作

【答案】A C D
【知识点】集成电路布图设计专有权的取得
【解析】《集成电路布图设计保护条例》第四条规定，受保护的布图设计应当具有独创性，即该布图设计是创作者自己的智力劳动成果，并且在其创作时该布图设计在布图设计创作者和集成电路制造者中不是公认的常规设计。因此，选项 A 的说法正确，选项 B 的说法

错误。《集成电路布图设计保护条例》第五条规定，该条例对布图设计的保护不延及思想、处理过程、操作方法或者数学概念等。因此，选项 C 的说法正确。《集成电路布图设计保护条例》第六条规定，国务院知识产权行政部门依照该条例的规定，负责布图设计专有权的有关管理工作。因此，选项 D 的说法正确。

综上，本题正确答案为：A、C、D。

96. 根据《保护工业产权巴黎公约》的规定，下列关于专利的独立性的哪些说法是正确的？
    A. 本联盟国家的国民向本联盟各国申请的专利，与在其他国家，不论是否本联盟的成员国，就同一发明所取得的专利是相互独立的
    B. 本联盟国家的国民在优先权期间内申请的各项专利，就其无效和丧失权利的理由以及其正常的期间而言，是相互独立的
    C. 在公约生效之前已经存在的专利在专利保护期内与本联盟其他国家的专利之间可以是相互影响的
    D. 在本联盟各国，因享有优先权的利益而取得的专利的期限，与没有优先权的利益而申请或授予的专利的期限相同

【答案】A B D
【知识点】《保护工业产权巴黎公约》专利的独立性
【解析】《保护工业产权巴黎公约》第四条之二规定，(1) 本联盟国家的国民向本联盟各国申请的专利，与在其他国家，不论是否本联盟的成员国，就同一发明所取得的专利是相互独立的。(2) 上述规定，应从不受限制的意义来理解，特别是指在优先权期间内申请的各项专利，就其无效和丧失权利的理由以及其正常的期间而言，是相互独立的。(3) 本规定应适用于在其开始生效时已经存在的一切专利。(4) 在有新国家加入的情况下，本规定应同样适用于加入时各方面已经存在的专利。(5) 在本联盟各国，因享有优先权的利益而取得的专利的期限，与没有优先权的利益而申请或授予的专利的期限相同。根据上述第（1）项的规定，选项 A、B 的说法正确；根据上述第（3）项的规定，选项 C 的说法是错误的；根据上述第（5）项的规定，选项 D 的说法是正确的。

综上，本题正确答案为：A、B、D。

97. 根据《保护工业产权巴黎公约》的规定，下列关于强制许可的哪些说法是正确的？
    A. 本联盟各国都有权采取立法措施规定授予强制许可，以防止由于行使专利所赋予的专有权而可能产生的滥用
    B. 除强制许可的授予不足以防止由于行使专利所赋予的专有权而可能产生的滥用外，不应规定专利的取消
    C. 自授予第一个强制许可之日起两年届满前不得提起取消或撤销专利的诉讼
    D. 自提出专利申请之日起四年届满以前，或自授予专利之日起三年届满以前，以后满期的期间为准，不得以不实施或不充分实施为理由申请强制许可

【答案】ABCD

【知识点】《保护工业产权巴黎公约》关于强制许可的规定

【解析】《保护工业产权巴黎公约》第五条A（2）规定，本联盟各国都有权采取立法措施规定授予强制许可，以防止由于行使专利所赋予的专有权而可能产生的滥用，例如，不实施。选项A的说法正确。《保护工业产权巴黎公约》第五条A（3）规定，除强制许可的授予不足以防止上述滥用外，不应规定专利的取消。自授予第一个专利强制许可之日起2年届满前不得提起取消或撤销专利的诉讼。因此，选项B、C的说法正确。《保护工业产权巴黎公约》第五条A（4）规定，自提出专利申请之日起4年届满以前，或自授予专利之日起3年届满以前，以后满期的期间为准，不得以不实施或不充分实施为理由申请强制许可；如果专利权人的不作为是有正当理由，应拒绝强制许可。这种强制许可是非独占性的，而且除与利用该许可的部分企业或商誉一起转让外，不得转让，甚至以授予分许可证的形式也在内。选项D的说法正确。

综上，本题正确答案为：A、B、C、D。

98. 根据《与贸易有关的知识产权协定》的规定，下列关于商标注册的哪些说法是正确的？

A. 任何标记或标记的组合，能将一企业的商品或服务与其他企业的商品或服务区别开来的，就能构成商标

B. 如果标记缺乏区别有关商品或服务的固有能力，各成员可以将该标记可否注册取决于使用后所获得的显著性

C. 各成员可以将商标的实际使用作为提交注册申请的条件

D. 各成员可以要求将视觉可以感知的标记作为注册的条件

【答案】ABD

【知识点】《保护工业产权巴黎公约》关于商标的规定

【解析】《与贸易有关的知识产权协定》第十五条第一款规定，任何标记或标记的组合，能将一企业的商品或服务与其他企业的商品或服务区别开来的，就能构成商标。……如果标记缺乏区别有关商品或服务的固有能力，各成员可以将标记可否注册取决于使用后所获得的显著性。各成员可以要求将视觉可以感知的标记作为注册的条件。因此，选项A、B、D的说法正确。《与贸易有关的知识产权协定》第十五条第三款规定，各成员可以将可否注册取决于使用。然而，不应将商标的实际使用作为提交注册申请的条件。一项申请不应仅仅由于商标的意图使用在申请日起3年期间届满以前没有实现而予以拒绝。因此，选项C的说法错误。

综上，本题正确答案为：A、B、D。

99. 根据《与贸易有关的知识产权协定》的规定，下列哪些说法是正确的？

A. 商标首次注册的期间不应少于7年

B. 商标注册的每次续展的期间不应少于7年

C. 商标的注册可以无限制地续展

D. 工业品外观设计可享有的保护期间至少为 10 年

【答案】A B C D

【知识点】商标的保护期限、工业品外观设计的保护期限

【解析】《与贸易有关的知识产权协定》第十八条规定，商标的首次注册和注册的每次续展的期间不应少于7年。商标的注册可以无限制地续展。因此，选项A、B、C的说法正确。根据《与贸易有关的知识产权协定》第二十六条第三款的规定，工业品外观设计可享有的保护期间至少为10年。因此，选项D的说法正确。

综上，本题正确答案为：A、B、C、D。

100. 根据《与贸易有关的知识产权协定》的规定，下列关于工业品外观设计的哪些说法是正确的？

A. 各成员应当规定保护独立创作而且是新颖的或者原创的工业品外观设计

B. 各成员可以规定，外观设计如果与已知的外观设计或者已知的外观设计特征的组合没有显著区别的，即不是新颖的或者原创的外观设计

C. 各成员可以规定，工业品外观设计的保护不应延及主要是根据技术或功能的考虑而作出的外观设计

D. 受保护的工业品外观设计的所有人，应当有权制止第三方未得所有人同意而为商业目的制造、销售或进口载有或体现受保护的外观设计的复制品或实质上是复制品的物品

【答案】A B C D

【知识点】工业品外观设计

【解析】《与贸易有关的知识产权协定》第二十五条第一款规定，各成员应当规定保护独立创作而且是新颖的或者原创的工业品外观设计。各成员可以规定，外观设计如果与已知的外观设计或者已知的外观设计特征的组合没有显著区别的，即不是新颖的或者原创的外观设计。各成员可以规定，这种保护不应延及主要是根据技术或功能的考虑而作出的外观设计。因此，选项A、B、C的说法正确。《与贸易有关的知识产权协定》第二十六条第一款规定，受保护的工业品外观设计的所有人，应当有权制止第三方未得所有人同意而为商业目的制造、销售或进口载有或体现受保护的外观设计的复制品或实质上是复制品的物品。因此，选项D的说法正确。

综上，本题正确答案为：A、B、C、D。

专利代理实务

答题须知

1. 答题时请以现行、有效的法律和法规的规定为准。

2. 作为考试，应试者在完成题目时应当接受并仅限于本试卷所提供的事实，并且无须考虑素材的真实性、有效性问题。

3. 本专利代理实务试题包括第一题、第二题、第三题和第四题，满分150分。

应试者应当将各题答案按顺序清楚地撰写在相对应的答题区域内。

试题说明

客户 A 公司向你所在代理机构提供了自行撰写的申请材料（包括说明书 1 份、权利要求书 1 份），以及检索到的 2 篇对比文件。现委托你所在的代理机构为其提供咨询意见并具体办理专利申请事务。

第一题：请你撰写提交给客户的信函，为客户逐一解释其自行撰写的权利要求书是否符合《专利法》及其实施细则的规定并说明理由。

第二题：请你根据《专利法实施细则》第十七条的规定，依据检索到的对比文件，说明客户自行撰写的说明书中哪些部分需要修改并对需要修改之处予以说明。

第三题：请你综合考虑对比文件 1 及对比文件 2 所反映的现有技术，为客户撰写发明专利申请的权利要求书。

第四题：请你根据"三步法"陈述所撰写的独立权利要求相对于现有技术具备创造性的理由。

附件1（客户自行撰写的说明书）：

背景技术

图1示出了现有起钉锤的立体图，起钉锤大致为英文字母"T"的形状，包括把手2和锤头组件3。锤头组件3包括锤头31和起钉翼32。所述起钉翼32为弯曲双叉形爪，并在中部形成"V"形缺口。起钉时，起钉翼32的缺口用于卡住钉子的边缘，以锤头组件3的中部作为支点，沿着方向A扳动把手2，弯曲双叉形爪与把手2一起用于在拔出钉子时通过杠杆作用将钉子拔出。

现有的起钉锤在起钉子时是通过锤头组件的中部作为支点，由于支点和起钉翼的距离有限，要拔起较长的钉子时，往往起到一定程度就无法再往上拔了，只好无奈地再找辅助工具垫高支点才能继续往上拔，费时费力。

发明内容

本发明提供一种起钉锤，包括锤头组件和把手，其特征在于所述锤头组件一端设置有起钉翼，另一端设置有锤头，所述锤头组件的中间位置具有支撑部。

具体实施方式

图2示出了本发明的第一实施例。如图所示，该起钉锤的锤头组件3顶部中间向外突出形成支撑部4，用于作为起钉的支点。这种结构的起钉锤增大了起钉支点的距离，使得起钉，尤其是起长钉，更加方便。

图3示出了本发明的第二实施例。如图所示，该起钉锤的锤头组件3上设置有一个调节螺杆51，通过该调节螺杆51作为调节结构，可以调节起钉支点的高度。该起钉锤的具体结构是：把手2的一端与锤头组件3固定连接，锤头组件3远离把手2的一端设有沿把手2长度方向开设的螺纹槽，其内设有内螺纹。调节螺杆51上设有外螺纹，其一端螺接于螺纹槽中并可从螺纹槽中旋进旋出，另一端固定有支撑部4。支撑部4可以是半球形等各种形状，优选的为板状并且两端具有弧形支撑面。这样可以增大支点的接触面积，避免支点对钉有钉子的物品造成损坏，同时可增加起钉时的稳定性。

使用时，可根据需要将调节螺杆51旋出一定长度，从而调节起钉支点的高度，以便能够轻松地拔起各种长度的钉子，适用范围广。不拔钉子时，可将调节螺杆旋进去隐蔽起来，不占任何空间，与普通的起钉锤外观相差无几，美观效果好。

图4示出了第二实施例的一个变型，作为本申请的第三实施例。如图所示，起钉锤包括锤头组件3、把手2、支撑部4和调节螺杆52。锤头组件3上设有贯穿的通孔，通孔内设有与调节螺杆52配合使用的螺纹。调节螺杆52通过通孔贯穿锤头组件3，并与锤头组件3螺纹连接。在

调节螺杆52穿过锤头组件3的顶部固定支撑部4。所述调节螺杆52基本与把手平行设置，在把手2的中上部设置一个固定支架7，调节螺杆52可在固定支架7内活动穿过。调节螺杆52的底部设有调节控制钮61。调节螺杆52的长度比把手2的长度短，以方便手部抓握把手。

在该实施例中，虽然调节螺杆52也是设置在锤头组件3上，但是由于其贯穿锤头组件3，使得支撑部4和调节控制钮61分别位于锤头组件3的两侧，这样在使用过程中，在将钉子拔起到一定程度后，使用者可以旋转调节控制钮61，使得支撑部4离开锤头组件3的表面升起一定的距离，继续进行后续操作，直至将钉子拔出。这种结构的起钉锤能够根据具体情况，随时调节支撑部的位置，不仅使得起钉锤起钉子的范围大大增加，而且可以一边进行起钉操作，一边进行支点调整，更加省时省力。

图5示出了本发明的第四实施例，在该实施例中，调节螺杆设置于把手上。如图5所示，起钉锤包括锤头组件3、把手2、支撑部4和调节螺杆53。锤头组件3的中部具有一个贯穿的通孔，通孔内固定设置把手2。把手2是中空的，调节螺杆53贯穿其中。把手2的中空内表面设置有与调节螺杆53配合使用的内螺纹，这样调节螺杆53可在把手2内旋进旋出。调节螺杆53靠近锤头组件3的一端固定支撑部4，另一端具有一个调节控制钮62。调节螺杆53的长度比把手2的长度长。

使用时，可以通过旋转调节控制钮62来调节支撑部4伸出的距离，从而调节起钉支点的高度。

应当注意的是，虽然在本申请的实施例二到实施例四中，调节支撑部高度的装置均采用调节螺杆，但是在不偏离本发明实质内容的基础上，其他具有锁定功能的可伸缩调节机构，例如具有多个卡位的卡扣连接结构、具有锁定装置的齿条传动结构等都可以作为调节装置应用于本发明。

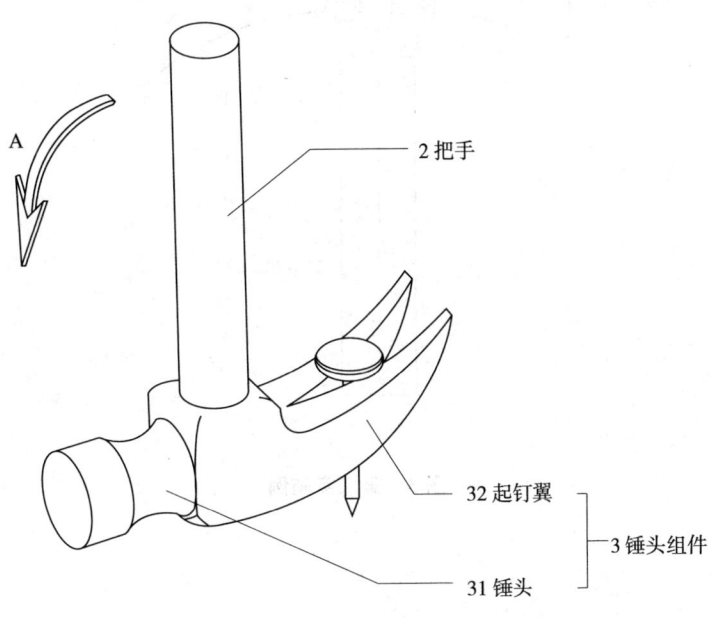

图1　背景技术

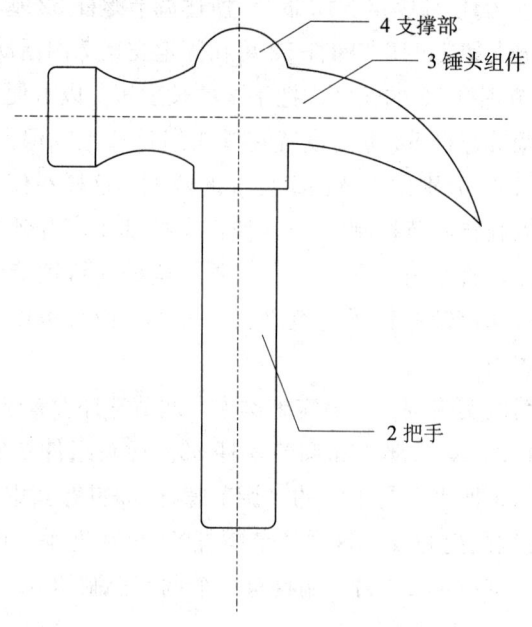

图 2　第一实施例

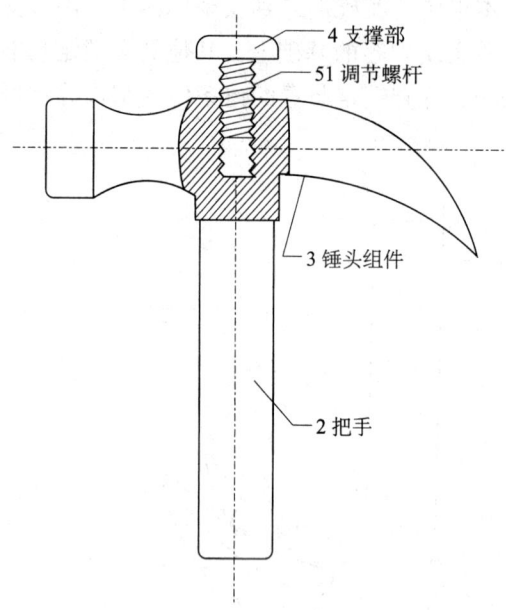

图 3　第二实施例

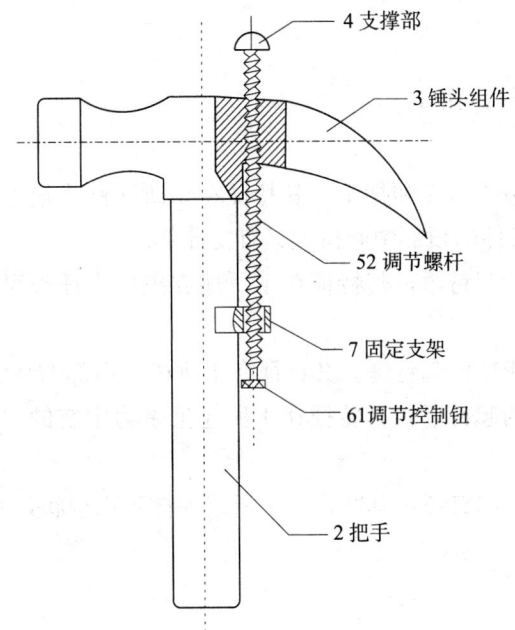

图 4　第三实施例

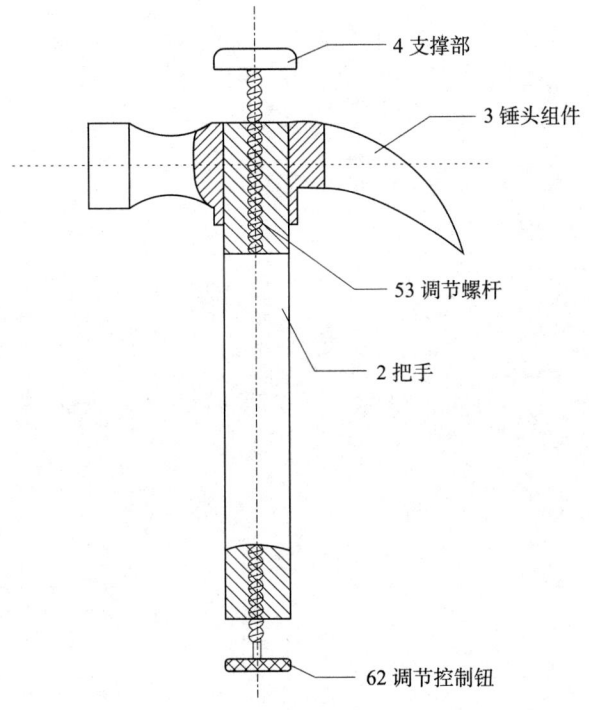

图 5　第四实施例

附件 2（客户撰写的权利要求书）：

1. 一种起钉锤，包括锤头组件和把手，其特征在于所述锤头组件一端设置有起钉翼，另一端设置有锤头，所述锤头组件的顶部中间位置具有支撑部。

2. 如权利要求 1 所述的起钉锤，其特征在于所述支撑部由锤头组件顶部中间向外突出的部分构成。

3. 如权利要求 1 或 2 所述的起钉锤，其特征在于所述支撑部的高度可以调节。

4. 如权利要求 3 所述的起钉锤，其特征在于所述把手为中空的，内设调节装置，所述调节装置与锤头组件螺纹连接。

5. 如权利要求 1 所述的起钉锤，其特征在于所述支撑部为板状，其两端具有弧形支撑面。

附件3（对比文件1）：

(19) 中华人民共和国国家知识产权局

(12) 实用新型专利

(45) 授权公告日　2017.05.09

(21) 申请号　201620123456.5
(22) 申请日　2016.08.22
(73) 专利权人　赵××

(其余著录项目略)

说　明　书

一种多功能起钉锤

技术领域

本实用新型涉及手工工具领域，尤其涉及一种多功能起钉锤。

背景技术

目前，人们使用的起钉锤如图1所示包括锤柄，锤柄一端设置起钉锤头，起钉锤头的一侧是榔头，另一侧的尖角处有倒脚，用于起钉操作。起钉锤头的顶部中央向外突出形成支撑柱，设置支撑柱是为了增加起钉高度，使需要拔出的钉子能够完全被拔出。起钉锤是一种常见的手工工具，但作用单一，使用率低下，闲置时又占空间。

实用新型内容

本实用新型的目的在于解决上述问题，使起钉锤有开瓶器的作用，在起钉锤闲置不用时，可以作为开瓶器使用，提高使用率。

为达到上述目的，具体方案如下：

一种多功能起钉锤，包括一锤柄、一起钉锤头，所述起钉锤头固定于锤柄顶部。

优选的，所述锤柄底部有塑胶防滑把手。

优选的，所述起钉锤头的榔头一侧中间挖空，呈普通开瓶器状。

附图说明

图1是本实用新型的多功能起钉锤的示意图。

具体实施方式

如图1所示，一种多功能起钉锤，包括锤柄20、起钉锤头30，所述起钉锤头30的榔头一侧310中间挖空，呈普通开瓶器状，起钉锤头30另一侧尖角处有倒脚，用于起钉操作。起钉锤头

30固定于锤柄20顶部。优选的,所述锤柄20底部有塑胶防滑把手40。本实用新型可以提高起钉锤的使用率,起钉锤头30的榔头一侧310内部挖空形成开瓶器口,开瓶时只需将挖空部分里侧对准瓶口翘起即可,使用方便,且整体结构简单,制作方便。

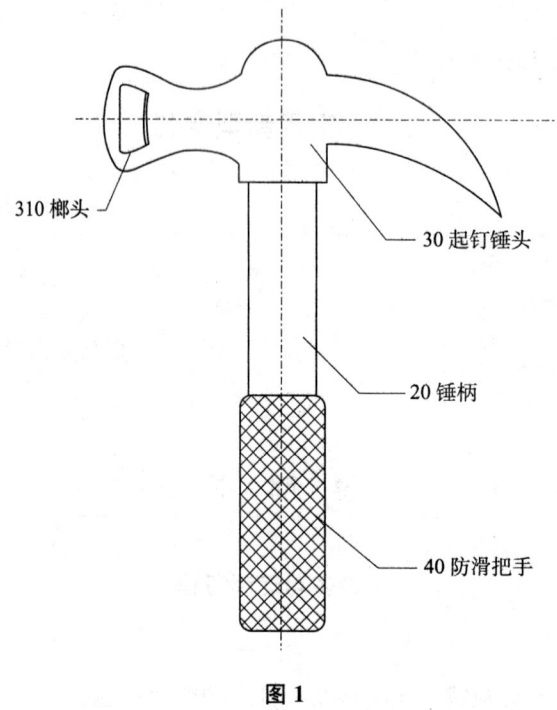

图1

附件 4（对比文件 2）：

(19) 中华人民共和国国家知识产权局

(12) 实用新型专利

(45) 授权公告日　2017.09.27

(21) 申请号　201720789117.7
(22) 申请日　2017.04.04
(73) 专利权人　孙××　　　　　　　　　　　　（其余著录项目略）

说　明　书

一种新型起钉锤

技术领域

本实用新型涉及一种起钉锤。

背景技术

在日常生活中，羊角起钉锤是一种非常实用的工具。羊角起钉锤一般由锤头和锤柄组成，其锤头具有两个功能，一是用来钉钉子，二是用来起钉子。现有的起钉锤在起钉子时是通过锤头的中部作为支点，受力支点与力臂长度是固定的，当钉子拔到一定高度后，由于羊角锤的长度有限，受力支点不能很好地起作用，力矩太小，因此很长的钉子很难拔出来。

实用新型内容

为了克服现有羊角起钉锤的不足，本实用新型提供一种锤身长度可以加长的起钉锤。该起钉锤不仅能克服很长的钉子无法拔出来的不足，而且使用更加省力、方便、快捷。

附图说明

图 1 是本实用新型起钉锤的结构示意图。

具体实施方式

如图 1 所示，该起钉锤包括锤柄 200、锤体 300 和长度附加头 500。锤体 300 一端设置有锤头，另一端设置有起钉翼。

长度附加头 500 为一圆柱形附加头，其直径与锤头直径相同。所述长度附加头 500 与锤体 300 的锤头采用卡扣的方式连接在一起。使用时，如果需要起长钉，则将长度附加头 500 安装在锤体 300 上，从而增加起钉锤的锤身长度。

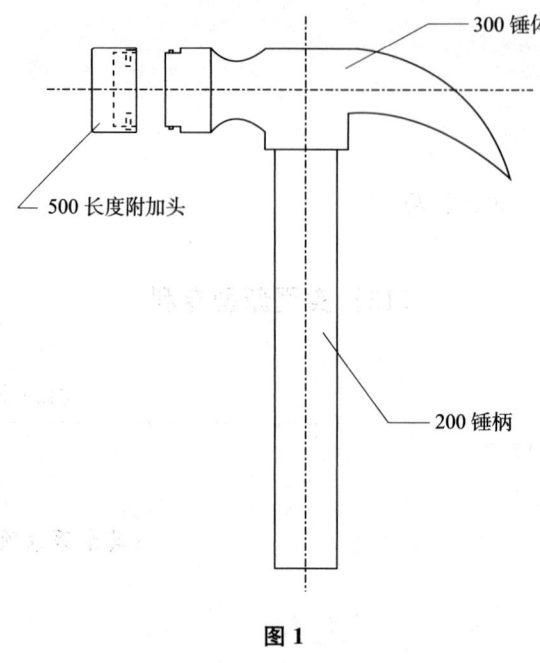

图 1

2017年专利代理实务题答题要点及参考答案

一、总体考虑

2017年专利代理实务考试试题包括四道题目，其中，第一题要求考生撰写提交给客户的信函，向客户说明其自行撰写的权利要求书是否符合《专利法》及《专利法实施细则》的相关规定并说明理由。该题重点考查考生对于专利代理实务中经常涉及的几个基本法律概念的掌握程度和理解运用能力。第二题要求考生说明客户自行撰写的说明书中哪些部分需要修改并对需要修改之处予以说明。说明书是申请发明或实用新型的基本文件，是决定申请文件质量的基础。逻辑清楚、结构严谨、层次分明的说明书不仅有助于公众充分了解申请内容，也是决定权利要求保护范围的依据。该题目一方面要求考生了解《专利法实施细则》第十七条规定的说明书构成的各个部分以及各部分的撰写要求，另一方面也要求考生具备根据提供的对比文件总结归纳申请文件的发明背景、发明目的以及技术效果的能力。第三题要求考生重新撰写权利要求书，这是专利代理实务考试中最基本的形式，主要考查考生撰写权利要求书的基本技巧，要求在满足《专利法》及《专利法实施细则》有关规定的前提下，撰写出最大保护范围的独立权利要求，并规划出符合逻辑、结构递进的从属权利要求，最大程度地对申请文件中的内容进行保护。第四题要求考生通过对对比文件的分析，利用"三步法"陈述其撰写的独立权利要求具备创造性的理由。该题不仅要求考生熟练掌握创造性的判断方法，也反映了考生对现有技术的理解和对申请文件所涉及技术内容的分析判断能力。

二、撰写信函

2017年专利代理实务考试的第一题要求考生根据题目给出的资料，为客户逐一解释其自行撰写的权利要求书是否符合《专利法》及其实施细则的规定并说明理由。题目中共给出三份资料：包括客户自行撰写的申请文件以及客户提供的对比文件1及对比文件2。

在撰写信函之前，需要认真阅读题目中给出的三份素材，全面了解申请文件以及所有对比文件的相关内容，并按照以下思路和步骤进行分析。

（一）分析客户撰写的权利要求书是否存在新颖性和创造性问题

本试题中，对比文件1和对比文件2均为已经公开的专利文献，都构成本申请的现有技术。进一步分析对比文件1和对比文件2公开的内容可知，对比文件1的发明目的虽然是提供一种兼具开瓶功能的多功能起钉锤，但是在其背景技术部分公开了起钉锤头的顶部中央向外突出形成支撑柱，并且明确了设置支撑柱的目的是增加起钉高度，使需要拔出的钉子能够完全被拔出，因此其背景技术部分公开的内容与权利要求1、2所要求保护的技术方案的发明目的、采用的技术手段以及达到的技术效果均是相同的，因此权利要求1、2相对于对比文件1不具备新颖性。

但是，对比文件1背景技术部分公开的顶部中央向外突出形成的支撑柱与起钉锤头是一体成型的，其起钉柱高度是固定的，不能被调节，因此对比文件 1 没有公开权利要求 3 的附加技术特征。

对比文件 2 公开了一种锤身长度可以加长的起钉锤，虽然根据其背景技术部分的描述，对比文件 2 所要解决的技术问题也是起钉锤在起钉过程中由于受力支点与力臂长度是固定的，当钉子拔到一定高度后，受力支点不能很好地起作用，力矩太小，很长的钉子很难拔出来，但是其采用的解决方案是将锤身加长，与本申请中在锤头组件的顶部中央设置支撑部从而提高支撑部高度的解决方案是不同的。而且对比文件 2 通过卡扣的方式装卸圆柱形长度附加头亦不能实现锤身长度的自由调节。

因此，对比文件 1 和对比文件 2 均未能公开权利要求 3 的附加技术特征，二者在解决所面临的技术问题时采用了不同的技术手段，二者之间没有结合的技术启示，因此目前的证据尚不能破坏权利要求 3 的创造性。

而且，对比文件 1 和对比文件 2 中也都没有公开板状支撑部的技术特征，因此目前的证据也不能破坏权利要求 5 的创造性。

综上，对比文件 1、对比文件 2 或其结合均不能影响权利要求 3~5 的新颖性和创造性。

（二）分析权利要求书中存在的其他问题

权利要求 3 引用权利要求 2 的技术方案不清楚，不符合《专利法》第二十六条第四款的规定。权利要求 4 没有以说明书为依据，不符合《专利法》第二十六条第四款的规定。权利要求 3 与权利要求 5 没有单一性，不符合《专利法》第三十一条第一款的规定。这里提醒考生注意的是：在专利代理实务中，在判断出独立权利要求不具备新颖性或创造性的情况下，需要注意从属权利要求之间的单一性问题，并且要在修改中注意克服该缺陷。

（三）准备咨询信函的撰写

在前述分析的基础上，着手撰写咨询信函。咨询意见的撰写应当条理清楚、说理充分、行文流畅。

第一题参考答案

尊敬的 A 公司：

很高兴贵方委托我代理机构代为办理有关新型起钉锤的专利申请案，经仔细阅读技术交底材料、技术人员撰写的权利要求书以及现有技术，我方认为贵公司技术人员所撰写的权利要求书存在一些不符合《专利法》和《专利法实施细则》之处，将会影响本发明专利申请的顺利授权，现逐一指出。

1. 权利要求 1 不具备新颖性，不符合《专利法》第二十二条第二款的规定

权利要求 1 要求保护一种起钉锤，对比文件 1 中公开了一种多功能起钉锤，并具体公开了以下技术特征：一种多功能起钉锤，包括锤柄 20，锤柄一端设置起钉锤头 30，所述锤头 30 的一侧是榔头，锤头 30 另一侧尖角处有倒脚，用于起钉操

作。起钉锤头的顶部中央向外突出形成支撑柱，设置支撑柱是为了增加起钉高度，使需要拔出的钉子能够完全被拔出。由此可见，对比文件1已经公开了权利要求1所要求保护的技术方案的全部技术特征，二者采用了相同的技术方案，并且它们都属于新型起钉锤这一相同的技术领域，都解决了便于起钉锤拔出长钉的技术问题，并能达到相同的技术效果。因此，权利要求1相对于对比文件1不具备新颖性，不符合《专利法》第二十二条第二款的规定。

2. 权利要求2不具备新颖性，不符合《专利法》第二十二条第二款的规定

权利要求2进一步限定了所述支撑部由锤头组件顶部中间向外突出的部分构成，对比文件1中已经公开了起钉锤头的顶部中央向外突出形成支撑柱，因此在其引用的独立权利要求1不具备新颖性的情况下，其从属权利要求2相对于对比文件1也不具备新颖性，不符合《专利法》第二十二条第二款的规定。

3. 权利要求3引用权利要求2的技术方案不清楚，不符合《专利法》第二十六条第四款的规定

权利要求3进一步限定了支撑部的高度可以调节。但是其引用的权利要求2中的支撑部是由锤头组件顶部中间向外突出构成的，该部分是固定的，其高度不能调节，因此权利要求3引用权利要求2时，限定部分与引用部分存在矛盾，导致权利要求3引用权利要求2的技术方案保护范围是不清楚的，不符合《专利法》第二十六条第四款的规定。

4. 权利要求4没有以说明书为依据，不符合《专利法》第二十六条第四款的规定

权利要求4限定了所述把手为中空的，内设调节装置，所述调节装置与锤头组件螺纹连接。根据说明书的记载，把手2是中空的，调节螺杆53贯穿其中。把手2的中空内表面设置有与调节螺杆53配合使用的内螺纹，这样调节螺杆53可在把手2内旋进旋出，即说明书中记载的是调节螺杆与把手螺纹连接，而不是与锤头组件螺纹连接。因此，权利要求所限定的技术方案与说明书的记载不一致，其没有以说明书为依据，不符合《专利法》第二十六条第四款的规定。

5. 权利要求3与权利要求5没有单一性，不符合《专利法》第三十一条第一款的规定

根据目前掌握的对比文件，独立权利要求1没有新颖性，不符合《专利法》第二十二条第二款的规定。在独立权利要求1不具备新颖性或创造性的情况下，需要考虑从属权利要求之间是否符合单一性的规定。

权利要求3引用权利要求1的技术方案相对于现有技术作出贡献的技术特征为"所述支撑部的高度可以调节"从而使支撑部的高度适用于不同长度的钉子。

权利要求5相对于现有技术作出贡献的技术特征为"支撑部为板状，其两端具有弧形支撑面"，从而增大支点的接触面积，避免支点对钉有钉子的物品造成损坏，同时可增加起钉时的稳定性。

由此可见，两个权利要求对现有技术作出贡献的技术特征既不相同也不相应，彼此之间不属于一个总的发明构思，在技术上也无相互关联，从而两个权利要求之间并不包含相同或相应的特定技术特征，彼此之间不具备单一性，不符合《专利法》第三十一条第一款的规定。

综上所述，目前贵公司撰写的权利要求书存在较多问题，我方专利代理人将会与贵方积极沟通，在充分理解发明内容的基础上，结合对现有技术的检索、分析和对比，重新撰写权利要求书和说明书。

以上为咨询意见，供参考。

××专利代理公司×××
××年××月××日

三、分析说明书存在的问题

2017年专利代理实务考试的第二题要求考生根据《专利法实施细则》第十七条的规定，依据检索到的对比文件，说明客户自行撰写的说明书中哪些部分需要修改并对需要修改之处予以说明。此题考查考生对于说明书撰写的掌握程度。在答题时需要掌握下面两个方面的内容：

（一）熟练掌握《专利法实施细则》第十七条对说明书的撰写要求

《专利法实施细则》第十七条规定：发明或者实用新型专利申请的说明书应当写明发明或者实用新型的名称，该名称应当与请求书中的名称一致。说明书应当包括下列内容：（一）技术领域：写明要求保护的技术方案所属的技术领域；（二）背景技术：写明对发明或者实用新型的理解、检索、审查有用的背景技术；有可能的，并引证反映这些背景技术的文件；（三）写明发明或者实用新型所要解决的技术问题以及解决其技术问题采用的技术方案，并对照现有技术写明发明或者实用新型的有益效果；（四）附图说明：说明书有附图的，对各幅附图作简略说明；（五）具体实施方式：详细写明申请人认为实现发明或者实用新型的优选方式；必要时，举例说明；有附图的，对照附图。

发明或者实用新型专利申请人应当按照前款规定的方式和顺序撰写说明书，并在说明书每一部分前面写明标题，除非其发明或者实用新型的性质用其他方式或者顺序撰写能节约说明书的篇幅并使他人能够准确理解其发明或者实用新型。

发明或者实用新型说明书应当用词规范、语句清楚，并不得使用"如权利要求……所述的……"一类的引用语，也不得使用商业性宣传用语。

发明专利申请包含一个或者多个核苷酸或者氨基酸序列的，说明书应当包括符合国务院专利行政部门规定的序列表。申请人应当将该序列表作为说明书的一个单独部分提交，并按照国务院专利行政部门的规定提交该序列表的计算机可读形式的副本。

由此可见,《专利法实施细则》第十七条规定了说明书应当写明主题名称,并应当包括技术领域、背景技术、发明内容、附图说明、具体实施方式五个部分,并且对上述五个部分的撰写要求以及说明书中的用词规范等均进行了规定。考生只有熟练掌握上述要求,才能撰写出符合形式要求的说明书。

(二)依据对比文件,对申请文件的内容进行分析

根据前述分析的内容,申请文件的第一实施例的内容已经被对比文件1公开,因此在重新撰写说明书时,背景技术、背景技术存在的技术问题、本申请为了克服上述技术问题所采用的技术方案以及有益的技术效果均发生了变化,需要考生根据申请文件记载的内容,对照检索到的对比文件进行分析判断。

在申请文件中,第一实施例的支撑部高度是固定的,该内容在对比文件1中已经被公开,已经构成了现有技术,可以作为本申请后续实施例的背景技术使用。背景技术的技术方案存在的问题是支撑部高度无法进行调节,适用范围受到了限制。申请文件中的第二实施例至第四实施例均可以对支撑部的伸出高度进行调节,以满足不同长度的钉子的起钉需要,因此通过采用在支撑部的一端固定连接一个用于调节支撑部伸出锤头组件的高度的调节装置,就能够解决背景技术中存在的技术问题,并且能够实现调节支撑部高度,从而适用于不同长度的钉子的起钉需要的有益效果。

第二题参考答案

客户自行撰写的说明书中,需要修改的内容有:

一、发明名称

应当明确记载本申请的发明名称:一种起钉锤。

二、技术领域

应当写明要求保护的技术方案所属的技术领域:

本发明涉及一种五金工具,尤其涉及一种结构新颖的起钉锤。

三、背景技术

根据目前检索到的现有技术情况,本申请的第一实施例已经被对比文件1所公开,其已经构成了本申请的背景技术。因此应当将背景技术修改为锤头组件顶部中央向外突出形成支撑部的技术方案,并且应当分析背景技术存在的不足:虽然设置支撑柱能增加起钉高度,但是由于支撑柱的高度是固定的,而现实中钉子的长度是各种各样的,这种起钉锤不能适应不同长度的钉子,应用范围是受限制的。

四、发明内容

该部分中应当明确发明所要解决的技术问题、解决其技术问题所采用的技术方案,并对照现有技术写明发明的有益效果。

首先本申请所要解决的技术问题是现有技术中起钉锤的支撑部高度不能调节、

适应范围窄、不能起出不同长度的钉子的问题。

其次应当记载该申请的技术方案。

最后,应当阐明本申请与现有技术相比,优点(有益效果)在于可根据需要调节支撑部的高度,从而增大支点距离,适应不同长度钉子的需要。

五、附图说明

目前的说明书中缺少附图说明,应当写明各幅图的图名并作简要说明。

六、具体实施方式

目前的实施例一的技术方案已经被对比文件1所公开,其已经构成了现有技术,可以从申请文件中删除。

四、撰写权利要求书

2017年专利代理实务考试的第三题要求考生根据题目给出的素材为客户撰写发明专利申请的权利要求书。在撰写权利要求书时,考生应当认真阅读、全面了解技术交底材料和现有技术的相关内容,撰写出既符合《专利法》和《专利法实施细则》相关规定,又能最大程度地维护客户利益的权利要求书。在答题时可以按照以下的思路和步骤进行。

(一)确定申请文件相对于现有技术所解决的技术问题

本试题中,对比文件1~2均构成了申请文件的现有技术。对比文件1虽然公开了设置支撑部,但支撑部高度不能调节,这种起钉锤不能满足不同长度的钉子的起钉需求。对比文件2公开的是通过加长锤身长度来增大力矩,拔出较长钉子的技术方案,与本申请通过提高支撑部高度方便起钉的技术方案不同,并且其通过卡扣方式连接锤头和圆柱形长度附加头的技术方案也不能实现锤身长度的自由调节。本申请的第二实施例至第四实施例均通过不同的调节装置对支撑部伸出锤头组件的高度进行调节,从而满足不同长度的钉子的起钉需要,解决了现有技术中存在的技术问题。

(二)确定独立权利要求的保护范围

独立权利要求应当从整体上反映发明的技术方案,记载解决技术问题的必要技术特征。为了达到使委托人的利益最大化的目标,考生不能简单地照抄申请文件中的实施方式,应当对其中的实施方式进行适当概括,以避免所撰写的权利要求的保护范围太小。

如前所述,与现有技术相比,申请文件中的第二实施例至第四实施例尽管涉及不同结构的调节装置,但是这三个实施例都是通过调节装置与支撑部固定连接,对支撑部伸出锤头组件的高度进行调节,因此可以确定撰写的独立权利要求的最大保护范围。

而且,考生需要注意的是:虽然第二实施例至第四实施例都是通过调节螺杆来实现对支撑部的高度进行调节的,但是一方面,本申请的发明目的是实现支撑部高度可调节,因此在支撑部的一端固定连接一调节装置就可以实现上述发明目的,使之区别于背景技术部分支撑部高度不可调节的技术方案，因此调节螺杆不是本申请的必要技术特征，不能写入独立权利要求当中；另一方面，本申请除了公开了三个通过调节螺杆对支撑部高度进行调节的实施例，还明确记载了其他具有锁定功能的可伸缩调节机构，例如具有多个卡位的卡扣连接结构、具有锁定装置的齿条传动结构等都可以作为调节装置应用于本发明，因此将说明书中公开的各种调节机构概括成调节装置也能够得到说明书的支持。

（三）根据实施例撰写适当数量的从属权利要求

为了形成较好的保护梯度，应当根据实施例的具体内容撰写从属权利要求。考生需要在正确全面理解申请材料的基础上，厘清思路，正确构架从属权利要求的结构和顺序。本申请中，第二实施例和第三实施例均将调节装置设置在锤头组件上，而第四实施例则将调节装置设置在把手上，考生可以根据调节装置设置的位置不同撰写出结构递进的从属权利要求。

第三题参考答案

1. 一种起钉锤，包括锤头组件、把手和支撑部，把手固定在锤头组件上，锤头组件的一端设置有起钉翼，另一端设置有锤头，其特征在于所述起钉锤还包括调节装置，调节装置的一端与支撑部固定连接，用于调节支撑部伸出锤头组件的高度。

2. 如权利要求1所述的起钉锤，其特征在于所述调节装置是调节螺杆。

3. 如权利要求2所述的起钉锤，其特征在于所述调节螺杆与锤头组件螺纹连接。

4. 如权利要求3所述的起钉锤，其特征在于所述锤头组件上开设有螺纹槽，所述调节螺杆与所述螺纹槽螺纹连接。

5. 如权利要求3所述的起钉锤，其特征在于所述锤头组件上设置一个贯穿的孔，孔内设有螺纹，所述调节螺杆通过所述贯穿的孔与锤头组件螺纹连接。

6. 如权利要求5所述的起钉锤，其特征在于所述调节螺杆远离锤头组件的一端固定有调节控制钮。

7. 如权利要求5所述的起钉锤，其特征在于所述调节螺杆与把手平行设置，把手上设置有固定支架，所述螺杆可以在固定支架内活动穿过。

8. 如权利要求5~7任意一项权利要求所述的起钉锤，其特征在于所述调节螺杆的长度小于把手的长度。

9. 如权利要求2所述的起钉锤，其特征在于所述锤头组件上具有一个贯穿的孔，所述把手通过该孔固定在锤头组件上，所述调节螺杆与把手螺纹连接。

10. 如权利要求9所述的起钉锤，其特征在于所述把手是中空的，其内表面设置有螺纹，所述调节螺杆设置在中空把手内，并与中空把手螺纹连接。

11. 如权利要求10所述的起钉锤，其特征在于所述调节螺杆远离锤头组件的一端固定有调节控制钮。

12. 如权利要求9~11任意一项权利要求所述的起钉锤，其特征在于所述调节螺杆的长度大于把手的长度。

13. 如权利要求1所述的起钉锤，其特征在于所述支撑部为板状，两端具有弧形支撑面。

五、创造性分析

2017年专利代理实务考试的第四题要求考生根据"三步法"陈述所撰写的独立权利要求相对于现有技术具备创造性的理由。

创造性是专利代理人必须掌握的法律概念，"三步法"是创造性判断的重要原则。通过该道题目的设置，要求考生再次回顾本申请所要解决的技术问题，采用了怎样区别于现有技术的技术方案，并获得了怎样的有益效果。这样的回顾也有助于考生再次思考其撰写的独立权利要求的正确性。

第四题参考答案

权利要求1请求保护一种起钉锤；对比文件1作为最接近的现有技术，公开了一种多功能起钉锤，并具体公开以下技术特征：一种多功能起钉锤，包括锤柄20，锤柄一端设置起钉锤头30，所述锤头30的一侧是榔头，锤头30另一侧尖角处有倒脚，用于起钉操作。起钉锤头的顶部中央向外突出形成支撑柱，设置支撑柱是为了增加起钉高度，使需要拔出的钉子能够完全被拔出。由此可见，权利要求1与对比文件1的区别在于，对比文件1没有公开调节装置，用于调节支撑部伸出锤头组件的高度，根据上述区别技术特征可以确定权利要求1实际解决的技术问题是如何实现起钉锤的支撑部高度可调节，从而使起钉锤适合起出不同长度的钉子。对比文件2公开了一种具有长度附加头的起钉锤，虽然公开了起钉锤的长度可以加长，但是没有公开支撑部高度可以增加，也没有公开可以通过调节装置调节支撑部的高度，因此对比文件2没有公开上述区别技术特征，也没有给出将上述区别技术特征应用到对比文件1以解决其存在的技术问题的技术启示。因此对于本领域技术人员来说，权利要求1的技术方案是非显而易见的；而且权利要求1的技术方案通过调节装置，能够调整支撑部与起钉翼之间的距离，从而调整支点高度，适应不同长度的钉子，适用范围广，具有有益的技术效果。因此权利要求1具备突出的实质性和显著的进步，符合《专利法》第二十二条第三款的规定。

2018年全国专利代理人资格考试试题解析

专利法律知识

答题须知：
1. 本试卷共有 100 题，每题 1.5 分，总分 150 分。
2. 本试卷要求应试者在机考试卷上选择答案。
3. 本试卷所有试题的正确答案均以现行的法律、法规、规章、相关司法解释和国际条约为准。

一、单项选择题（每题所设选项中只有一个正确答案，多选、错选或不选均不得分。本部分含 1—30 题，每题 1.5 分，共 45 分。）

1. 甲、乙、丙、丁分别就无人驾驶汽车用摄像装置各自独立地先后完成了同样的发明创造，并就该发明创造分别向国家知识产权局提交了专利申请。根据下述选项所述的情形，则应当被授予专利权的是？

    A. 甲于 2014 年 8 月 1 日向国家知识产权局受理部门提交的符合规定的发明专利申请文件

    B. 乙于 2014 年 8 月 6 日向国家知识产权局受理部门提交的符合规定的发明专利申请文件，并享有 2013 年 8 月 6 日的优先权

    C. 丙于 2013 年 8 月 1 日通过顺丰速递向国家知识产权局受理部门寄交的符合规定的发明专利申请文件，国家知识产权局受理部门于 2013 年 8 月 2 日收到该申请文件

    D. 丁于 2013 年 7 月 30 日通过邮局向国家知识产权局受理部门寄交的符合规定的发明专利申请文件，国家知识产权局受理部门于 2013 年 8 月 8 日收到该申请文件

【答案】D

【知识点】先申请制

【解析】《专利法》第二十八条规定，国务院专利行政部门收到专利申请文件之日为申请日。如果申请文件是邮寄的，以寄出的邮戳日为申请日。《专利审查指南 2010》第五部分第三章第 2.3.1 节中规定，向专利局受理处或者代办处窗口直接递交的专利申请，以收到日为申请日；通过邮局邮寄递交到专利局受理处或者代办处的专利申请，以信封上的寄出邮戳日为申请日；通过速递公司递交到专利局受理处或者代办处的专利申请，以收到日为申请日。根据上述规定，甲的申请日为 2014 年 8 月 1 日，乙的申请日为 2014 年 8 月 6 日（优先权日为 2013 年 8 月 6 日），丙的申请日为 2013 年 8 月 2 日（国家知识产权局受理部门实际收到日），丁的申请日为 2013 年 7 月 30 日（邮寄日）。

《专利法》第九条规定，同样的发明创造只能授予一项专利权。……两个以上的申请人分别就同样的发明创造申请专利的，专利权授予最先申请的人。《专利法实施细则》第十一条第一款规定，除《专利法》第二十八条和第四十二条规定的情形外，《专利法》所称申请

日，有优先权的，指优先权日。综合以上规定，在适用先申请制原则时，有优先权的，申请日按优先权日确定。在以上选项中，选项D的申请日最早，其应当被授予专利权，故选项D正确。

综上，本题答案为：D。

2. 甲某是X公司的研究人员，与乙某、丙某共同承担了一种数字交换机的具体研制工作，2013年6月，甲某于该研制工作中途辞职继续独自开展相关数字交换机的开发工作。2014年4月，甲某完成该研制工作，成功开发出了某型数字交换机，并于2014年5月以甲某个人名义申请专利。则以下说法正确的是？

  A. 该专利申请权应归X公司所有，甲某、乙某、丙某均享有发明人的署名权
  B. 该专利申请权应归X公司所有，仅甲某享有发明人的署名权
  C. 该专利申请权应归甲某个人所有，甲某享有发明人的署名权
  D. 该专利申请权应归甲某个人所有，但X公司享有免费使用权

【答案】A

【知识点】职务发明创造申请专利的权利及所取得的专利权的归属

【解析】《专利法》第六条规定，执行本单位的任务或者主要是利用本单位的物质技术条件所完成的发明创造为职务发明创造。职务发明创造申请专利的权利属于该单位；申请被批准后，该单位为专利权人。非职务发明创造，申请专利的权利属于发明人或者设计人；申请被批准后，该发明人或者设计人为专利权人。利用本单位的物质技术条件所完成的发明创造，单位与发明人或者设计人订有合同，对申请专利的权利和专利权的归属作出约定的，从其约定。

《专利法实施细则》第十二条第一款规定，《专利法》第六条所称执行本单位的任务所完成的发明创造，是指：（一）在本职工作中作出的发明创造；（二）履行本单位交付的本职工作之外的任务所作出的发明创造；（三）退休、调离原单位后或者劳动、人事关系终止后1年内作出的，与其在原单位承担的本职工作或者原单位分配的任务有关的发明创造。甲某在X公司的职责是研制数字交换机，因此，甲某辞职后1年内作出与在原单位承担的本职工作相关的发明创造，仍属于职务发明，专利申请权属于X公司。

《专利法实施细则》第十三条规定，《专利法》所称发明人或设计人，是指对发明创造的实质性特点作出创造性贡献的人。在完成发明创造过程中，只负责组织工作的人、为物质技术条件的利用提供方便的人或者从事其他辅助工作的人，不是发明人或者设计人。《专利法》第十七条第一款规定，发明人或者设计人有权在专利文件中写明自己是发明人或者设计人。

甲某、乙某和丙某都是对数字交换机的实质性特点作出创造性贡献的人，都属于发明人，因此均具有发明人的署名权。由此可知，选项A正确。

综上，本题答案为：A。

3. 甲、乙二人合作研制出一种新型加湿器，申请专利并获得授权。W公司与甲、乙二人商谈，提出获得许可实施该专利的意向。甲以W公司规模太小没有名气为由拒绝，乙随后独自与

W公司签订专利实施普通许可合同，许可费20万元。则以下说法哪一个是错误的？

　　A. 该专利的专利权由甲乙共同享有
　　B. 乙享有的发明人的署名权不可转让
　　C. 乙无权与W公司签订普通许可合同
　　D. 乙获得的20万元许可费应当合理分配给甲

【答案】C

【知识点】专利权人的概念　发明人或设计人的署名权　合作完成的发明创造

【解析】甲乙合作完成的发明创造，甲、乙二人为申请人；在获得授权后，甲、乙为专利权人，故选项A正确。

《专利法》第十七条第一款规定，发明人或者设计人有权在专利文件中写明自己是发明人或者设计人。署名权是一种人身权，不可转让，故选项B正确。

《专利法》第十五条规定，专利申请权或者专利权的共有人对权利的行使有约定的，从其约定。没有约定的，共有人可以单独实施或者以普通许可方式许可他人实施该专利；许可他人实施该专利的，收取的使用费应当在共有人之间分配。除前款规定的情形外，行使共有的专利申请权或者专利权应当取得全体共有人的同意。乙与W公司签订的是普通许可合同，合同有效，同时其收取的使用费应当在共有人之间分配。故选项C错误，选项D正确。

综上，本题答案为：C。

4. 蓝天公司是一家化工企业，为降低工业污染，遂请绿水公司开发新型催化剂，并向绿水公司支付了10万元报酬，由绿水公司的工程师甲某负责该研究项目，但未约定研究成果的知识产权归属。该催化剂研发成功后，该项发明的专利申请权应当归谁所有？

　　A. 归蓝天公司所有
　　B. 归甲某所有
　　C. 归绿水公司所有
　　D. 归蓝天公司和绿水公司共同所有

【答案】C

【知识点】委托完成的发明创造申请专利权利及所取得的专利权的归属　职务发明创造申请专利的权利及所取得的专利权的归属

【解析】《专利法》第八条规定，两个以上单位或者个人合作完成的发明创造、一个单位或者个人接受其他单位或者个人委托所完成的发明创造，除另有协议的以外，申请专利的权利属于完成或者共同完成的单位或者个人；申请被批准后，申请的单位或者个人为专利权人。《专利法》第六条规定，执行本单位的任务或者主要是利用本单位的物质技术条件所完成的发明创造为职务发明创造。职务发明创造申请专利的权利属于该单位；申请被批准后，该单位为专利权人。非职务发明创造，申请专利的权利属于发明人或者设计人；申请被批准后，该发明人或者设计人为专利权人。利用本单位的物质技术条件所完成的发明创造，单位与发明人或者设计人订有合同，对申请专利的权利和专利权的归属作出约定的，从其约定。在该题中，由于该发明属于委托开发完成的发明创造，在无约定的情况下，申请专利的权利属于完成发明的单位，即绿水公司。工程师甲某虽然是该研发工作的实际承担人，但其研发工作属于职务行为，属于职务发明创造，因此，申请专利的权利属于绿水公司。选项C正确，选项A、B、D错误。

综上，本题答案为：C。

5. 关于《专利法》第五条，以下说法正确的是？

　　A. 该条第一款所述"违反法律的发明创造"中的"法律"，包括由全国人民代表大会或其常务委员会，以及国务院制定和颁布的法律法规

　　B. 只要发明创造的产品的生产、销售或使用违反了法律，则该产品本身及其制造方法就属于违反法律的发明创造

　　C. 如果一项在美国完成的发明创造的完成依赖于从中国获取的某畜禽遗传资源，该遗传资源属于列入《中华人民共和国国家级畜禽遗传资源保护名录》的遗传资源，但发明人并未按照《中华人民共和国畜禽遗传资源进出境和对外合作研究利用审批办法》的规定办理审批手续，因此，该项发明向中国申请专利时不能授予专利权

　　D. 如果某专利申请说明书包含了违反法律的发明创造，但该申请的权利要求中未请求保护该违反法律的发明创造，则该专利申请不违反《专利法》第五条第一款的规定

【答案】C

【知识点】因违反法律而不能被授予专利权的发明创造

【解析】《专利审查指南2010》第二部分第一章第3.1.1节中规定，法律，是指由全国人民代表大会或者全国人民代表大会常务委员会依照立法程序制定和颁布的法律。它不包括行政法规和规章。国务院所颁布的法规属于行政法规，因此选项A错误。

《专利法实施细则》第十条规定，《专利法》第五条所称违反法律的发明创造，不包括仅其实施为法律所禁止的发明创造。因此选项B错误。

《专利法》第五条第二款规定，对违反法律、行政法规的规定获取或者利用遗传资源，并依赖该遗传资源完成的发明创造，不授予专利权。《中华人民共和国畜禽遗传资源进出境和对外合作研究利用审批办法》属于国务院颁布的行政法规，依赖于违反该法规获得的遗传资源完成的发明创造，不能被授予专利权。故选项C正确。

专利授权公告文本，是经国务院专利行政部门审查确认的具有法律效力的文件，该文件不得包含任何违反法律的内容。因此，《专利法》第五条的审查对象不仅包括权利要求书，也包括说明书及其附图、说明书摘要等全部申请文件。因此，即便违反法律的内容仅在申请说明书中记载而未在权利要求书中请求保护，该专利申请也不得授予专利权，故选项D错误。

综上，本题答案为：C。

6. 下列选项属于不授予专利权的主题的是？
   A. 一种快速检测人类尿液中尿蛋白含量的方法
   B. 一种利用辐照饲养法生产高产牛奶的乳牛的方法
   C. 一种为实现原子核变换而增加粒子能量的粒子加速装置
   D. 上述都属于不授予专利权的主题

【答案】A

【知识点】与疾病的诊断方法、动植物品种、原子核变换方法相关的不授予专利权的主题

【解析】根据《专利法》第二十五条第一款第（三）项至第（五）项规定，疾病的诊断和治疗方法、动物和植物品种，以及用原子核变换方法获得的物质均属于不授予专利权的主题。

《专利审查指南2010》第二部分第一章第4.3.1.1节中规定，如果一项发明从表述形式上看是以离体样品为对象，但该发明是以获得同一主体疾病诊断结果或健康状况为直接目的，则该发明不能被授予专利权。选项A尽管以尿液离体样本为检测对象，但检测目的是通过尿蛋白含量获得人体诊断结果或健康状况，因而属于疾病的诊断方法，不能被授予专利权。

《专利审查指南2010》第二部分第一章第4.4节中规定，根据《专利法》第二十五条第二款的规定，对动物和植物品种的生产方法，可以授予专利权。但这里所说的生产方法是指非生物学方法。因此，在选项B的方法中，辐照技术这一人为的技术介入对于实现该方法的技术目的是决定性的，因此属于非生物学方法，是可以被授予专利权的主题。

根据《专利审查指南2010》第二部分第一章第4.5节规定，原子核变换方法及用原子核变换方法所获得的物质是不能被授予专利权的；为实现核变换方法的各种设备、仪器及其零部件等，属于可被授予专利权的客体。选项C中实现原子核变换的粒子加速装置属于可被授予专利权的客体。

基于上述理由，选项D的说法是错误的。

综上，本题答案为：A。

7. 判断外观设计是否符合《专利法》第二十三条第一款、第二款授权条件的判断主体是？
   A. 所属技术领域的技术人员
   B. 一般消费者
   C. 普通设计人员
   D. 实际消费者

【答案】B

【知识点】外观设计授权条件的判断主体

【解析】根据《专利审查指南2010》第四部分第五章第4节的规定，在判断外观设计是否符合《专利法》第二十三条第一款、第二款规定时，应当基于涉案专利产品的一般消费者

的知识水平和认知能力进行评价。因此,《专利法》第二十三条第一款、第二款具有相同的判断主体,即一般消费者。

综上,本题答案为:B。

8. 授予专利权的外观设计不得与他人在申请日以前已经取得的著作权相冲突。判定外观设计专利权与在先著作权相冲突的标准是?
   A. 外观设计与作品中的设计相同或者实质相同
   B. 外观设计与作品中的设计相同或者实质性相似
   C. 外观设计与作品中的设计相同或者相近似
   D. 外观设计与作品中的设计相同或者无明显区别

【答案】B

【知识点】外观设计与在先权利相冲突的判断

【解析】根据《专利审查指南2010》第四部分第五章第7.2节的规定,在接触或者可能接触他人享有著作权的作品的情况下,未经著作权人许可,在涉案专利中使用了该作品相同或者实质性相似的设计,从而导致涉案专利的实施将会损害在先著作权人的相关合法权利或者权益的,应当判定涉案专利权与在先著作权相冲突。因此,判定外观设计专利权与在先著作权相冲突的标准是"相同或者实质性相似"。

综上,本题答案为:B。

9. 对于外观设计专利申请,下列哪项不属于审查员可以依职权修改的内容?
   A. 明显的产品名称错误
   B. 申请人在简要说明中指定的最能表明设计要点的图片或者照片明显不恰当
   C. 简要说明中有宣传用语
   D. 相似外观设计申请,申请人在简要说明中未指定基本设计

【答案】D

【知识点】外观设计的依职权修改

【解析】根据《专利审查指南2010》第一部分第三章第10.3节的规定,依职权修改的内容主要指以下几个方面:(1) 明显的产品名称错误;(2) 明显的视图名称错误;(3) 明显的视图方向错误;(4) 外观设计图片中的产品绘制线条包含有应删除的线条,例如阴影线、指示线、中心线、尺寸线、点划线等;(5) 简要说明中写有明显不属于简要说明可以写明的内容,例如关于产品内部结构、技术效果的描述、产品推广宣传等用语;(6) 申请人在简要说明中指定的最能表明设计要点的图片或者照片明显不恰当;(7) 请求书中,申请人地址或联系人地址漏写、错写或者重复填写的省(自治区、直辖市)、市、邮政编码等信息。因此,选项A、B、C均属于审查员可以依职权修改的内容。选项D,即相似外观设计申请中基本设计的指定,关系到相似外观设计是否符合合案申请的条件,审查员不能依职权指定或者修改。

综上，本题答案为：D。

10. 关于保密专利的审查，以下说法错误的是？

　　A. 申请人认为其发明或者实用新型专利申请涉及国家安全或者重大利益需要保密的，应当在提出专利申请的同时，在请求书上作出要求保密的表示，其申请文件不得以电子申请的形式提交

　　B. 专利申请涉及国防利益需要保密的，由国防专利机构受理并进行审查，经审查没有发现驳回理由的，由国家知识产权局根据国防专利机构的审查意见作出授予国防专利权的决定并颁发国防专利证书

　　C. 国家知识产权局认为其受理的发明或者实用新型专利申请涉及国防利益以外的国家安全或者重大利益需要保密的，应及时作出按照保密专利申请处理的决定，并通知申请人

　　D. 保密专利申请的授权公告仅公布专利号、申请日和授权公告日，发明或者实用新型专利解密后，应当进行解密公告

【答案】B

【知识点】保密专利的审查　保密专利的公告　国防专利申请

【解析】对于发明和实用新型专利而言，保护客体均建立在技术方案的基础上，保密专利、国防专利、保密审查等与国家安全及重大利益有关的法律法规和部门规章是专利工作者必须建立的意识与规范。该题重在将相关规定的基本知识点结合在一起，考查考生对相关手续及国家知识产权局、国防知识产权局分工的熟悉程度。

《专利审查指南2010》第五部分第五章第3.1.1节中规定，申请人认为其发明或者实用新型专利申请涉及国家安全或者重大利益需要保密的，应当在提出专利申请的同时，在请求书上作出要求保密的表示，其申请文件应当以纸件形式提交。所以选项A的说法正确。

《国防专利条例》第十八条中规定，国防专利申请经审查认为没有驳回理由或者驳回后经过复审认为不应驳回的，由国务院专利行政部门作出授予国防专利权的决定，并委托国防专利机构颁发国防专利证书。所以选项B的说法错误。

《专利法实施细则》第七条第二款中规定，国务院专利行政部门认为其受理的发明或者实用新型专利申请涉及国防利益以外的国家安全或者重大利益需要保密的，应当及时作出按照保密专利申请处理的决定，并通知申请人。所以选项C的说法正确。

《专利审查指南2010》第五部分第八章第1.2.1.3节中规定，保密发明专利只公告保密专利权的授予和保密专利的解密，保密专利公告的著录事项包括：专利号、申请日、授权公告日等。保密发明专利解密后，在专利公报的解密栏中予以公告，出版单行本。所以选项D的说法正确。

综上，本题答案为：B。

11. 下列情形，不可以在提出专利申请时要求不丧失新颖性宽限期的是？

A. 在中国政府主办或者承认的国际展览会上首次展出的

B. 在学术期刊公开发表或者规定的技术会议上首次发表的

C. 他人未经申请人同意而泄露其内容的

D. 在有明确保密要求的省以下学术会议上首次发表的

【答案】B

【知识点】新颖性宽限期

【解析】《专利法》第二十四条规定，申请专利的发明创造在申请日以前6个月内，有下列情形之一的，不丧失新颖性：（一）在中国政府主办或者承认的国际展览会上首次展出的；（二）在规定的学术会议或者技术会议上首次发表的；（三）他人未经申请人同意而泄露其内容的。所以，选项A和选项C都可以在提出专利申请时要求不丧失新颖性的宽限期。

《专利法》第二十二条第五款规定，该法所称现有技术，是指申请日以前在国内外为公众所知的技术。《专利审查指南2010》第二部分第三章第2.1节中规定，根据《专利法》第二十二条第五款的规定，现有技术是指申请日以前在国内外为公众所知的技术。现有技术包括在申请日（有优先权的，指优先权日）以前在国内外出版物上公开发表、在国内外公开使用或者以其他方式为公众所知的技术。因此，在学术期刊公开发表属于现有技术，所以选项B不得享受不丧失新颖性的宽限期。

《专利审查指南2010》第一部分第一章第6.3.2节中规定，规定的学术会议或者技术会议，是指国务院有关主管部门或者全国性学术团体组织召开的学术会议或者技术会议，不包括省以下或者受国务院各部委或者全国性学术团体委托或者以其名义组织召开的学术会议或者技术会议。在后者所述的会议上的公开将导致丧失新颖性，除非这些会议本身有保密约定。所以选项D也可以在提出专利申请时要求不丧失新颖性宽限期。

综上，本题答案为：B。

12. 以下关于专利登记簿的说法，哪一个是错误的？

A. 专利权授予之后，专利登记簿与专利证书上记载的内容不一致的，以专利登记簿上记载的法律状态为准

B. 专利权授予公告之后，任何人都可以向国家知识产权局请求出具专利登记簿副本，专利权失效的除外

C. 请求出具专利登记簿副本的，应当提交办理文件副本请求书并缴纳相关费用

D. 国家知识产权局授予专利权时建立专利登记簿，授予专利权以前发生的专利申请权转移、专利申请实施许可合同备案等事项均属于专利登记簿登记的内容

【答案】B

【知识点】专利登记簿　专利实施许可合同备案

【解析】《专利审查指南2010》第五部分第九章第1.3.2节中规定，授予专利权时，专利登记簿与专利证书上记载的内容是一致的，在法律上具有同等效力；专利权授予之后，专利的法律状态的变更仅在专利登记簿上记载，由此导致专利登记簿与专利证书上记载的内容不

一致的，以专利登记簿上记载的法律状态为准。所以，选项A的说法是正确的。

《专利审查指南2010》第五部分第九章第1.3.3节中规定，专利登记簿副本依据专利登记簿制作。专利权授予公告之后，任何人都可以向专利局请求出具专利登记簿副本。这一规定并未排除失效专利，所以选项B的说法是错误的。

《专利审查指南2010》第五部分第九章第1.3.3节中同时规定，请求出具专利登记簿副本的，应当提交办理文件副本请求书并缴纳相关费用。所以，选项C的说法是正确的。

《专利审查指南2010》第五部分第九章第1.3.1节中规定，专利登记簿登记的内容包括：专利权的授予，专利申请权、专利权的转移，保密专利的解密，专利权的无效宣告，专利权的终止，专利权的恢复，专利权的质押、保全及其解除，专利实施许可合同的备案，专利实施的强制许可以及专利权人姓名或者名称、国籍、地址的变更。《专利实施许可合同备案办法》第十四条第一款规定，专利实施许可合同备案的有关内容由国家知识产权局在专利登记簿上登记；该办法第二十条第一款规定，当事人以专利申请实施许可合同申请备案的，参照该办法执行。所以，选项D的说法是正确的。

综上，本题答案为：B。

13. 关于放弃专利权声明的说法，以下说法错误的是？

　　A. 一项专利权包含多项发明创造的，专利权人可以放弃全部专利权，也可以放弃部分专利权
　　B. 申请人在办理授予专利权登记手续程序中，未缴纳年费的，视为放弃取得专利权
　　C. 对于同一申请人同日（仅指申请日）对同样的发明创造既申请实用新型又申请发明专利的，在先获得授权的实用新型专利权尚未终止的，申请人若不愿修改发明专利申请避免重复授权，则应当提交放弃实用新型专利权的声明
　　D. 专利权处于质押状态的，未经质权人同意，专利权人无权放弃专利权

【答案】A

【知识点】放弃专利权　专利权质押登记

【解析】《专利审查指南2010》第五部分第九章第2.3节中规定，放弃专利权只能放弃一件专利的全部，放弃部分专利权的声明视为未提出。所以，选项A的说法是错误的。

《专利审查指南2010》第五部分第九章第1.1.5节中规定，专利局发出授予专利权的通知书和办理登记手续通知书后，申请人在规定期限内未按照该章第1.1.3节规定办理登记手续的，应当发出视为放弃取得专利权通知书。所以，选项B的说法正确。

《专利法实施细则》第四十一条第四款规定，发明专利申请经审查没有发现驳回理由，国务院专利行政部门应当通知申请人在规定期限内声明放弃实用新型专利权。申请人声明放弃的，国务院专利行政部门应当作出授予发明专利权的决定，并在公告授予发明专利权时一并公告申请人放弃实用新型专利权声明。申请人不同意放弃的，国务院专利行政部门应当驳回该发明专利申请；申请人期满未答复的，视为撤回该发明专利申请。所以，选项C的说法正确。

《专利权质押登记办法》第十五条规定，专利权质押期间，出质人未提交质权人同意其放弃

专利权的证明材料的，国家知识产权局不予办理专利权放弃手续。所以，选项D的说法正确。

综上，本题答案为：A。

14. 关于创造性，下列说法错误的是？
    A. 如果一项发明与现有技术相比具有预料不到的技术效果，则该发明具备创造性
    B. 如果发明解决了人们一直渴望解决但始终未能获得成功的技术难题，则该发明具备创造性
    C. 如果发明不是历尽艰辛，而是偶然作出的，则该发明不具备创造性
    D. 如果发明在商业上获得的成功是由于其技术特征直接导致的，则该发明具备创造性

【答案】C
【知识点】创造性判断
【解析】《专利法》第二十二条第三款规定，创造性，是指与现有技术相比，该发明具有突出的实质性特点和显著的进步，该实用新型具有实质性特点和进步。

《专利审查指南2010》第二部分第四章第5.3节中规定，当发明产生了预料不到的技术效果时，一方面说明发明具有显著的进步，同时也反映出发明的技术方案是非显而易见的，具有突出的实质性特点，该发明具备创造性。因此选项A正确。

《专利审查指南2010》第二部分第四章第5.1节中规定，如果发明解决了人们一直渴望解决但始终未能获得成功的技术难题，这种发明具有突出的实质性特点和显著的进步，具备创造性。因此选项B正确。

《专利审查指南2010》第二部分第四章第6.1节中规定，不管发明者在创立发明的过程中是历尽艰辛，还是唾手而得，都不应当影响对该发明创造性的评价。绝大多数发明是发明者创造性劳动的结晶，是长期科学研究或者生产实践的总结。但是，也有一部分发明是偶然作出的。因此选项C错误。

《专利审查指南2010》第二部分第四章第5.4节中规定，当发明的产品在商业上获得成功时，如果这种成功是由发明的技术特征直接导致的，则一方面反映了发明具有有益效果，同时也说明了发明是非显而易见的，因而这类发明具有突出的实质性特点和显著的进步，具备创造性。但是，如果商业上的成功是由于其他原因，例如由销售技术的改进或者广告宣传造成的，则不能作为判断创造性的依据。因此选项D正确。

综上，本题答案为：C。

15. 一件中国发明专利申请的申请日为2016年3月18日，优先权日为2015年3月19日。下列记载了相同发明内容的哪个专利文献构成该申请的抵触申请？
    A. 一件在WIPO（世界知识产权组织）提出的PCT国际申请，国际申请日为2016年6月15日，优先权日为2015年6月15日，国际公布日为2016年12月15日，进入中国国家阶段的日期为2017年12月15日
    B. 同一申请人于2015年3月19日向国家知识产权局提交的实用新型专利申请，授权公

告日为 2016 年 9 月 19 日

C. 一件在欧洲专利局提出的发明专利申请，其申请日为 2015 年 6 月 15 日，优先权日为 2014 年 6 月 15 日，公开日为 2015 年 12 月 15 日

D. 日本某公司在中国提出的发明专利申请，其申请日为 2014 年 12 月 15 日，优先权日为 2013 年 12 月 15 日，公开日为 2015 年 6 月 15 日

【答案】D

【知识点】抵触申请

【解析】《专利法》第二十二条第二款规定，新颖性，是指该发明或者实用新型不属于现有技术；也没有任何单位或者个人就同样的发明或者实用新型在申请日以前向国务院专利行政部门提出过申请，并记载在申请日以后公布的专利申请文件或者公告的专利文件中。由此可见，构成抵触申请需满足以下三个条件：申请日在本申请的申请日以前（不含申请日），公开日/公告日在本申请的申请日以后（含申请日）；向国务院专利行政部门提出的申请；属于同样的发明或者实用新型。

《专利审查指南 2010》第二部分第三章第 2.2 节中还规定，抵触申请还包括满足以下条件的进入了中国国家阶段的国际专利申请，即申请日以前由任何单位或者个人提出，并在申请日之后（含申请日）由专利局作出公布或公告的且为同样的发明或者实用新型的国际专利申请。抵触申请仅指在申请日以前提出的，不包含在申请日提出的同样的发明或者实用新型专利申请。

《专利法实施细则》第十一条第一款规定，除《专利法》第二十八条和第四十二条规定的情形外，《专利法》所称申请日，有优先权的，指优先权日。因此，在判断是否满足抵触申请的时间要求时，有优先权的，应以优先权日来判断。

选项 A 中的 PCT 国际申请进入了中国国家阶段，但其优先权日为 2015 年 6 月 15 日，晚于本申请的优先权日 2015 年 3 月 19 日，因此不符合抵触申请需要满足的时间要求。选项 B 中于本申请的优先权日，即 2015 年 3 月 19 日向专利局提出申请，但抵触申请的时间要求为：在申请日（有优先权的，指优先权日）以前提出，不包含在申请日（有优先权的，指优先权日）提出，因此不符合抵触申请需要满足的时间要求。选项 C 的专利申请是向欧洲专利局提出的，因此不满足抵触申请需要"向国务院专利行政部门提出的"这一条件。选项 D 满足抵触申请的上述三个条件，因此选项 D 正确。

综上，本题答案为：D。

16. 某发明专利申请的权利要求如下：

1. 一种复合材料的制备方法，其特征在于：……，混合时间为 10～75 分钟。

2. 根据权利要求 1 所述的复合材料制备方法，其特征在于混合时间为 30～45 分钟。

关于上述权利要求的新颖性，下列说法错误的是？

A. 对比文件公开的一种复合材料的制备方法，其中混合时间为 15～90 分钟（其余特征与权利要求 1 相同），则权利要求 1 相对于该对比文件不具备新颖性

B. 对比文件公开的一种复合材料的制备方法，其中混合时间为20～60分钟（其余特征与权利要求1相同），则权利要求1相对于该对比文件不具备新颖性

C. 对比文件公开的一种复合材料的制备方法，其中混合时间为20～90分钟（其余特征与权利要求2相同），则权利要求2相对于该对比文件不具备新颖性

D. 对比文件公开的一种复合材料的制备方法，其中混合时间为45分钟（其余特征与权利要求2相同），则权利要求2相对于该对比文件不具备新颖性

【答案】C

【知识点】涉及数值和数值范围的权利要求新颖性判断

【解析】《专利审查指南2010》第二部分第三章第3.2.4节中规定，如果要求保护的发明或者实用新型中存在以数值或者连续变化的数值范围限定的技术特征，例如部件的尺寸、温度、压力以及组合物的组分含量，而其余技术特征与对比文件相同，则其新颖性的判断应当依照以下各项规定。(1)对比文件公开的数值或者数值范围落在上述限定的技术特征的数值范围内，将破坏要求保护的发明或者实用新型的新颖性。(2)对比文件公开的数值范围与上述限定的技术特征的数值范围部分重叠或者有一个共同的端点，将破坏要求保护的发明或者实用新型的新颖性。(3)对比文件公开的数值范围的两个端点将破坏上述限定的技术特征为离散数值并且具有该两端点中任一个的发明或者实用新型的新颖性，但不破坏上述限定的技术特征为该两端点之间任一数值的发明或者实用新型的新颖性。(4)上述限定的技术特征的数值或者数值范围落在对比文件公开的数值范围内，并且与对比文件公开的数值范围没有共同的端点，则对比文件不破坏要求保护的发明或者实用新型的新颖性。

根据上述规定，选项A、B属于前述数值范围部分重叠的情形，选项D属于前述数值范围存在共同端点的情形，因此破坏权利要求1或2的新颖性。选项C中对比文件的数值范围大于权利要求2限定的数值范围，不能破坏权利要求2的新颖性，故选项C错误。

综上，本题答案为：C。

17. 如果国际检索单位认为一件PCT国际申请没有满足发明单一性的要求，则下列说法错误的是？

A. 申请人未在规定期限内缴纳附加检索费的，则国际检索单位仅对该国际申请权利要求中首先提到的发明部分作出国际检索报告

B. 该申请提出国际初审的，国际初审单位对于没有作出国际检索报告的权利要求也需进行国际初步审查

C. 由于申请人未按国际单位的要求缴纳附加检索费或附加审查费，而导致该PCT申请部分权利要求未经国际检索或国际初步审查时，在进入中国国家阶段后，申请人要求将所述部分作为审查基础的，专利审查部门认为国际检索单位或者国际初步审查单位对发明单一性的判断正确的，应当通知申请人在指定期限内缴纳单一性恢复费

D. 在PCT申请进入中国国家阶段后，专利审查部门经审查认定申请人提出的作为审查基础的申请文件中要求保护的主题不存在缺乏单一性的问题，但是与国际单位所作出

的结论不一致的，则应当对所有要求保护的主题进行审查

【答案】B

【知识点】国际检索、国际初步审查的程序 进入国家阶段的国际申请的单一性审查

【解析】《专利合作条约》第17条第3款（a）项规定，如果国际检索单位认为国际申请不符合细则中规定的发明单一性的要求，该检索单位应要求申请人缴纳附加费。国际检索单位应对国际申请的权利要求中首先提到的发明（"主要发明"）部分作出国际检索报告；在规定期限内付清要求的附加费后，再对国际申请中已经缴纳该项费用的发明部分作出国际检索报告。因此选项A的说法正确。

《专利合作条约》第34条、《专利合作条约实施细则》第66条与第67条规定了不作国际初步审查的情况。其中，对由申请人未在规定期限内缴纳附加检索费，而导致没有作出国际检索报告的发明的权利要求不进行国际初步审查；或者如果国际初步审查单位认为国际申请不符合细则所规定的单一性要求，可以要求申请人选择对权利要求加以限制，以符合该要求，或缴纳附加费。如果申请人在规定的期限内不履行前述要求，国际初步审查应就国际申请中看来是主要发明的那些部分作出国际初步审查报告，并在该报告中说明有关的事实。因此选项B的说法错误。

《专利法实施细则》第一百一十五条第二款规定，在国际阶段，国际检索单位或者国际初步审查单位认为国际申请不符合《专利合作条约》规定的单一性要求时，申请人未按照规定缴纳附加费，导致国际申请某些部分未经国际检索或者未经国际初步审查，在进入中国国家阶段时，申请人要求将所述部分作为审查基础，国务院专利行政部门认为国际检索单位或者国际初步审查单位对发明单一性的判断正确的，应当通知申请人在指定期限内缴纳单一性恢复费。期满未缴纳或者未足额缴纳的，国际申请中未经检索或者未经国际初步审查的部分视为撤回。《专利审查指南2010》第三部分第二章第5.5节中规定，对于缺乏单一性的多项发明，需要核实以下内容：是否包含了在国际阶段由申请人没有应审查员要求缴纳因缺乏单一性所需的附加检索费或附加审查费，而导致未做国际检索或国际初步审查的发明，或由于未缴纳附加检索费或附加审查费而表示放弃的发明，存在上述情况时，需要核实国际单位作出的发明缺乏单一性的结论是否正确。因此选项C的说法正确。

《专利审查指南2010》第三部分第二章第5.5节中规定，经审查认定申请人提出的作为审查基础的申请文件中要求保护的主题不存在缺乏单一性的问题，但是与国际单位所作出的结论不一致的，则应当对所有要求保护的主题进行审查。因此选项D的说法正确。

综上，本题答案为：B。

18. 当事人对专利复审委员会作出的审查决定不服而向人民法院起诉，以下说法正确的是？
    A. 当事人应当自收到通知之日起六个月内向人民法院起诉
    B. 对于撤销原驳回决定的复审决定，复审请求人不得向人民法院起诉
    C. 对于专利复审委员会维持专利权有效的审查决定，专利权人不得向人民法院起诉
    D. 因主要证据不足或者法律适用错误导致审查决定被人民法院撤销的，专利复审委员会

不得以相同的理由和证据作出与原决定相同的决定

【答案】D

【知识点】对专利复审委员会的决定不服的司法救济

【解析】《行政诉讼法》第四十六条第一款规定，公民、法人或者其他组织直接向人民法院提起诉讼的，应当自知道或者应当知道作出行政行为之日起6个月内提出。法律另有规定的除外。《专利法》第四十一条第二款规定，专利申请人对专利复审委员会的复审决定不服的，可以自收到通知之日起3个月内向人民法院起诉。《专利法》第四十六条第二款规定，对专利复审委员会宣告专利权无效或者维持专利权的决定不服的，可以自收到通知之日起3个月内向人民法院起诉。人民法院应当通知无效宣告请求程序的对方当事人作为第三人参加诉讼。

针对专利复审委员会作出的决定提起的诉讼时效，属于《行政诉讼法》第四十六条第一款"法律另有规定的情形"，应遵照《专利法》第四十一条第二款、第四十六条第二款的规定，向人民法院起诉的时效为收到通知之日起3个月内，故选项A错误。当事人对审查决定不服的，都可以向人民法院起诉，没有审查决定结论方面的限制，故选项B和C错误。《专利审查指南2010》第四部分第一章第8节第（2）项规定，因主要证据不足或者法律适用错误导致审查决定被撤销的，不得以相同的理由和证据作出与原决定相同的决定。故选项D正确。

综上，本题答案为：D。

19. 关于复审程序中的委托手续，以下说法错误的是？

A. 复审请求人在复审程序中委托专利代理机构，且委托书中写明其委托权限仅限于办理复审程序有关事务的，其委托手续应当在专利复审委员会办理

B. 复审请求人在专利复审委员会办理委托手续，但提交的委托书中未写明委托权限仅限于办理复审程序有关事务的，应当在指定期限内补正；期满未补正的，视为未委托

C. 对于根据《专利法》第十九条第一款规定应当委托专利代理机构的复审请求人，未按规定委托的，其复审请求不予受理

D. 复审请求人与多个专利代理机构同时存在委托关系的，其复审请求不予受理

【答案】D

【知识点】复审程序中的委托手续

【解析】《专利审查指南2010》第四部分第二章第2.6节中规定，复审请求人委托专利代理机构请求复审或者解除、辞去委托的，应当参照该指南第一部分第一章第6.1节的规定在专利局办理手续。但是，复审请求人在复审程序中委托专利代理机构，且委托书中写明其委托权限仅限于办理复审程序有关事务的，其委托手续或者解除、辞去委托的手续应当参照上述规定在专利复审委员会办理，无须办理著录项目变更手续。复审请求人在专利复审委员会办理委托手续，但提交的委托书中未写明委托权限仅限于办理复审程序有关事务的，应当在指定期限内补正；期满未补正的，视为未委托。故选项A的说法是正确的，选项B的说法

也是正确的。

《专利审查指南2010》第四部分第二章第2.6节中规定，对于根据《专利法》第十九条第一款规定应当委托专利代理机构的复审请求人，未按规定委托的，其复审请求不予受理。故选项C的说法是正确的。

《专利审查指南2010》第四部分第二章第2.6节中规定，复审请求人与多个专利代理机构同时存在委托关系的，应当以书面方式指定其中一个专利代理机构作为收件人；未指定的，专利复审委员会将在复审程序中最先委托的专利代理机构视为收件人；最先委托的专利代理机构有多个的，专利复审委员会将署名在先的视为收件人；署名无先后（同日分别委托）的，专利复审委员会应当通知复审请求人在指定期限内指定；未在指定期限内指定的，视为未委托。故选项D的说法是错误的，复审请求人与多个专利代理机构同时存在委托关系，并不会导致其复审请求不予受理。

综上，本题答案为：D。

20. 关于复审程序的终止，以下说法错误的是？

A. 复审请求因期满未答复而被视为撤回的，复审程序终止

B. 在作出复审决定前，复审请求人撤回其复审请求的，复审程序终止

C. 已受理的复审请求因不符合受理条件而被驳回请求的，复审程序终止

D. 复审决定撤销原驳回决定的，复审请求人收到复审决定之日起，复审程序终止

【答案】D

【知识点】复审程序的终止

【解析】《专利法实施细则》第六十四条规定，复审请求人在专利复审委员会作出决定前，可以撤回其复审请求。复审请求人在专利复审委员会作出决定前撤回其复审请求的，复审程序终止。《专利审查指南2010》第四部分第二章第9节规定，复审请求因期满未答复而被视为撤回的，复审程序终止。在作出复审决定前，复审请求人撤回其复审请求的，复审程序终止。已受理的复审请求因不符合受理条件而被驳回请求的，复审程序终止。复审决定作出后复审请求人不服该决定的，可以根据《专利法》第四十一条第二款的规定在收到复审决定之日起3个月内向人民法院起诉；在规定的期限内未起诉或者人民法院的生效判决维持该复审决定的，复审程序终止。故选项A、B、C的说法是正确的，选项D的说法错误。

综上，本题答案为：D。

21. 关于无效宣告程序，以下说法错误的是？

A. 无效宣告程序是专利公告授权之后方可请求启动的程序

B. 无效宣告程序是依当事人请求而启动的程序

C. 无效宣告程序必须是双方当事人参加的程序

D. 宣告专利权无效的决定，由国家知识产权局登记和公告

【答案】C

【知识点】无效宣告程序的性质

【解析】《专利法》第四十五条规定，自国务院专利行政部门公告授予专利权之日起，任何单位或者个人认为该专利权的授予不符合该法有关规定的，可以请求专利复审委员会宣告该专利权无效。故选项A、B的说法正确。

《专利审查指南2010》第四部分第三章第1节中规定，无效宣告程序是专利公告授权后依当事人请求而启动的，通常为双方当事人参加的程序。因此，无效宣告程序通常是请求人和专利权人双方当事人参加的程序，但是，当专利权人提出无效宣告请求时，只有一方当事人参加该程序。故选项C的说法错误。

《专利法》第四十六条第一款规定，专利复审委员会对宣告专利权无效的请求应当及时审查和作出决定，并通知请求人和专利权人。宣告专利权无效的决定，由国务院专利行政部门登记和公告。故选项D的说法正确。

综上，本题答案为：C。

22. 某发明专利申请于2015年11月20日获得公告授权，专利权人为甲。针对该专利权，乙于2016年5月20日向专利复审委员会提出无效宣告请求，甲随后删除了部分权利要求。专利复审委员会于2016年11月20日作出审查决定，宣告修改后的权利要求维持有效。2017年1月20日，甲将丙公司诉至人民法院，主张丙公司于2016年1月至4月间的销售行为侵犯了该专利权。请问：在甲与丙公司的侵权纠纷中，应当以哪份权利要求书作为审理的基础？

A. 2015年11月20日该专利授权公告时的权利要求书
B. 2016年11月20日专利复审委员会审查决定宣告维持有效的权利要求书
C. 2016年5月20日乙请求专利复审委员会宣告无效的权利要求书
D. 2016年1月至4月丙公司能够查阅到的权利要求书

【答案】B

【知识点】无效宣告请求审查决定的效力

【解析】《专利法》第四十七条第一款规定，宣告无效的专利权视为自始即不存在。《专利审查指南2010》第四部分第三章第5节中规定，一项专利被宣告部分无效后，被宣告无效的部分应视为自始即不存在。但是被维持的部分（包括修改后的权利要求）也同时应视为自始即存在。因此，在甲与丙公司的侵权纠纷中，应当以2016年11月20日专利复审委员会审查决定维持有效的权利要求书作为审理的基础。

综上，本题答案为：B。

23. 无效宣告程序中，当事人提交的以下哪种证据无须办理公证、认证等相关的证明手续？

A. 在美国出版、纸质发行的专业期刊
B. 在德国举办的某展览会的会议图册
C. 某产品在中国台湾地区公开制造、销售的有关合同和票据
D. 从中国国家图书馆获得的英国专利文件

【答案】D

【知识点】无效宣告程序中域外证据及香港、澳门、台湾地区形成的证据的证明手续

【解析】《专利审查指南2010》第四部分第八章第2.2.2节规定，域外证据是指在中华人民共和国领域外形成的证据，该证据应当经所在国公证机关予以证明，并经中华人民共和国驻该国使领馆予以认证，或者履行中华人民共和国与该所在国订立的有关条约中规定的证明手续。当事人向专利复审委员会提供的证据是在香港、澳门、台湾地区形成的，应当履行相关的证明手续。但是在以下三种情况下，对上述两类证据，当事人可以在无效宣告程序中不办理相关的证明手续：（1）该证据是能够从除香港、澳门、台湾地区外的国内公共渠道获得的，如从专利局获得的国外专利文件，或者从公共图书馆获得的国外文献资料；（2）有其他证据足以证明该证据真实性的；（3）对方当事人认可该证据的真实性的。

选项A和B属于域外证据，应当经所在国公证机关予以证明，并经中华人民共和国驻该国使领馆予以认证，或者履行中华人民共和国与该所在国订立的有关条约中规定的证明手续。选项C属于在中国台湾地区形成的证据，也应当履行相关的证明手续。选项D属于从公共图书馆等国内公共渠道获得的国外专利文件，在无效宣告程序中无须办理相关的证明手续。

综上，本题答案为：D。

24. 某专利代理人在代理专利申请过程中未履行职责，给委托人造成了经济损失，那么下列哪个说法是正确的？

　　A. 由该代理人所在的代理机构承担赔偿责任，该代理人无须承担赔偿责任
　　B. 该代理人所在的代理机构承担赔偿责任后，可以按一定比例向该代理人追偿
　　C. 由该代理人承担赔偿责任，其所在的代理机构无须承担赔偿责任
　　D. 该代理人的行为情节严重的，由其所在的专利代理机构给予批评教育

【答案】B

【知识点】对专利代理人和专利代理机构的惩罚

【解析】《专利代理条例》第二十五条规定，专利代理人有下列行为之一，情节轻微的，由其所在的专利代理机构给予批评教育。情节严重的，可以由其所在的专利代理机构解除聘任关系，并收回其专利代理人工作证；由省、自治区、直辖市专利管理机关给予警告或者由中国国家知识产权局给予吊销专利代理人资格证书处罚：（一）不履行职责或者不称职以致损害委托人利益的；（二）泄露或者剽窃委托人的发明创造内容的；（三）超越代理权限，损害委托人利益的；（四）私自接受委托，承办专利代理业务，收取费用的。前款行为，给委托人造成经济损失的，专利代理机构承担经济赔偿责任后，可以按一定比例向该专利代理人追偿。根据上述规定可知，选项A、C、D错误，选项B正确。

综上，本题答案为：B。

25. 国家知识产权局负责法制工作的机构作为行政复议机构，不具备下列哪一职能？

　　A. 向有关部门及人员调查取证，调阅有关文档和资料

B. 办理与行政复议申请一并请求的行政赔偿

C. 办理重大行政复议决定备案事项

D. 确定具体行政行为违法，直接重新作出具体行政行为

【答案】D

【知识点】复议机构及其职责

【解析】《国家知识产权局行政复议规程》第三条规定，国家知识产权局负责法制工作的机构（以下称"行政复议机构"）具体办理行政复议事项，履行下列职责：（一）受理行政复议申请；（二）向有关部门及人员调查取证，调阅有关文档和资料；（三）审查具体行政行为是否合法与适当；（四）办理一并请求的行政赔偿事项；（五）拟订、制作和发送行政复议法律文书；（六）办理因不服行政复议决定提起行政诉讼的应诉事项；（七）督促行政复议决定的履行；（八）办理行政复议、行政应诉案件统计和重大行政复议决定备案事项；（九）研究行政复议工作中发现的问题，及时向有关部门提出行政复议意见或者建议。故选项A、B、C正确。

在确认具体行政行为违法的情形下，新的具体行政行为应当由被申请人作出，而不是复议机构作出，故选项D错误。

综上，本题答案为：D。

26. 甲公司获得一项灯具的外观设计专利权。乙公司未经甲公司的许可制造了相同设计的灯具，并出售给丙酒店。丙酒店使用该灯具装饰其酒店大堂使其显得金碧辉煌以招徕顾客。则以下说法正确的是？

A. 乙公司和丙酒店的上述行为均侵犯了甲公司的专利权

B. 乙公司的上述行为侵犯了甲公司的专利权，但丙酒店的上述行为未侵犯甲公司的专利权

C. 乙公司的上述行为未侵犯甲公司的专利权，但丙酒店的上述行为侵犯了甲公司的专利权

D. 乙公司和丙酒店的上述行为均未侵犯甲公司的专利权

【答案】B

【知识点】禁止他人未经许可实施外观设计专利

【解析】《专利法》第十一条第二款规定，外观设计专利权被授予后，任何单位或者个人未经专利权人许可，都不得实施其专利，即不得为生产经营目的制造、许诺销售、销售、进口其外观设计专利产品。根据该条款，禁止他人未经许可实施外观设计专利的情形仅包括"制造、许诺销售、销售、进口"，不包括"使用"外观设计专利产品的行为。

乙公司未经甲公司许可制造并销售该外观设计产品，侵犯了甲公司的外观设计专利权。丙酒店的行为是购买和使用该外观设计专利产品的行为，不属于《专利法》第十一条第二款规定的侵权行为。

综上，本题答案为：B。

27. 甲获得了一项工艺方法的专利权，该工艺方法的实施需要使用一种专用装置X，该工艺方法直接获得产品Y。甲并未申请该专用装置X的专利保护。

甲与乙订立书面购销合同，甲向乙出售一批该专用装置X。所述合同中，甲未对该装置X的使用方法提出任何限制。

乙使用该批装置X按照甲公司的专利方法制造产品Y，并将其批发给丙。丙在市场上公开销售该产品Y。

则以下说法正确的是？
  A. 乙和丙侵犯了甲的方法专利权
  B. 乙未侵犯甲的方法专利权，丙侵犯了甲的方法专利权
  C. 乙侵犯了甲的方法专利权，丙的行为属于"不视为侵犯专利权"的行为
  D. 乙未侵犯甲的方法专利权，丙的行为属于"不视为侵犯专利权"的行为

【答案】D

【知识点】专利实施许可 不视为侵犯专利权的行为

【解析】《专利法》第十一条第一款规定，发明和实用新型专利权被授予后，除该法另有规定的以外，任何单位或者个人未经专利权人许可，都不得实施其专利，即不得……使用其专利方法以及使用、许诺销售、销售、进口依照该专利方法直接获得的产品。

《专利法》第十二条中规定，任何单位或者个人实施他人专利的，应当与专利权人订立实施许可合同，向专利权人支付专利使用费。该规定并没有强调所订立的实施许可合同必须是书面合同。因此，专利实施许可合同的订立形式不限于书面、明示的合同。

尽管乙未与甲订立关于专利方法的实施许可的书面合同，但是，乙与甲订立购买实施该专利方法的专用装置X的合同时，合同没有明示提出对该专用装置X的使用限制。基于信赖保护原则，应当推定乙购买该装置X的目的就是实施该专利方法，即乙从甲购买该专用装置X的同时，即获得了"使用其专利方法以及使用、许诺销售、销售、进口依照该方法直接获得的产品"的"默示许可"。故乙未侵犯甲的方法专利权。因此，选项A和C的说法是错误的。

《专利法》第六十九条规定，有下列情形之一的，不视为侵犯专利权：（一）专利产品或者依照专利方法直接获得的产品，由专利权人或者经其许可的单位、个人售出后，使用、许诺销售、销售、进口该产品的；……如前所述，乙实际上获得了实施该专利方法的默示许可，丙所销售的产品Y属于"由经专利权人许可的单位、个人售出"的产品，因此丙的行为属于不视为侵犯专利权的情形。因此，选项B的说法是错误的，选项D的说法正确。

综上，本题答案为：D。

28. 关于专利实施强制许可，以下说法正确的是？
  A. 根据"国家出现紧急状态或非常情况，或为了公共利益的目的"或"为公共健康目的，对取得专利权的药品"请求给予强制许可的，不适用听证程序
  B. 在国家知识产权局作出驳回强制许可申请的决定的情况下，强制许可的请求人可以向

法院起诉

C. 专利权人与取得强制许可的单位或个人不能就强制许可的使用费达成协议的，可以直接向法院提起诉讼，无须先经过国家知识产权局裁决

D. 对专利强制许可的使用费裁决不服的，可以向国家知识产权局提起行政复议

【答案】A

【知识点】专利实施的强制许可

【解析】《专利法》第四十九条规定，在国家出现紧急状态或者非常情况时，或者为了公共利益的目的，国务院专利行政部门可以给予实施发明专利或者实用新型专利的强制许可。《专利法》第五十条规定，为了公共健康目的，对取得专利权的药品，国务院专利行政部门可以给予制造并将其出口到符合中华人民共和国参加的有关国际条约规定的国家或者地区的强制许可。《专利实施强制许可办法》第十八条规定，请求人或者专利权人要求听证的，由国务院专利行政部门组织听证。……根据《专利法》第四十九条或者第五十条的规定建议或者请求给予强制许可的，不适用听证程序。因此，选项A的说法是正确的。

《专利法》第五十八条规定，专利权人对国务院专利行政部门关于实施强制许可的决定不服的，专利权人和取得实施强制许可的单位或个人对国务院专利行政部门关于实施强制许可的使用费的裁决不服的，可以自收到通知之日起3个月内向人民法院起诉。根据该规定，仅专利权人可以对国务院专利行政部门的强制许可决定向法院起诉，强制许可请求人不能对该决定向法院起诉。因此选项B的说法是错误的。而对许可使用费的裁决不服的，应该提起诉讼，而不能提起行政复议。因此选项D的说法是错误的。

《专利法》第五十七条规定，取得实施强制许可的单位或者个人应当付给专利权人合理的使用费，或者依照中华人民共和国参加的有关国际条约的规定处理使用费问题。付给使用费的，其数额由双方协商；双方不能达成协议的，由国务院专利行政部门裁决。根据该规定，强制许可使用费协商不成的，由国务院专利行政部门裁决。对裁决不服的，再依据《专利法》第五十八条的规定向法院起诉。因此，选项C的说法是错误的。

综上，本题答案为：A。

29. 住所地位于A市的甲获得一项产品专利，乙未经甲的许可在B市制造该专利产品，丙从乙处大量购置该专利产品并在C市销售。A、B、C市中级人民法院都具有专利纠纷案件的管辖权。甲欲以乙和丙为共同被告提起专利侵权诉讼。则以下说法正确的是？

A. A市中级人民法院有管辖权

B. B市中级人民法院有管辖权

C. C市中级人民法院有管辖权

D. A、B、C市中级人民法院均具有管辖权

【答案】C

【知识点】诉讼管辖 地域管辖

【解析】《最高人民法院关于审理专利纠纷案件适用法律问题的若干规定》（法释〔2015〕

4号）第五条第一款规定，因侵犯专利权行为提起的诉讼，由侵权行为地或者被告住所地人民法院管辖。因此，选项A、D的说法是错误的。

《最高人民法院关于审理专利纠纷案件适用法律问题的若干规定》第六条第一款规定，以制造者与销售者为共同被告起诉的，销售地人民法院有管辖权。因此，选项B的说法是错误的，选项C的说法是正确的。

综上，本题答案为：C。

30. 关于"不视为侵犯专利权的情形"，以下说法正确的是？

  A. 甲发明了一项产品，仅在中国申请并获得了专利权，乙公司在越南制造销售该专利产品，丙公司从越南的乙公司购得该专利产品，并将其进口到中国内地销售。丙的行为属于平行进口行为，不视为侵犯专利权的情形

  B. 甲获得一项焊接技术专利。乙公司在该专利申请日前已经运用该技术用于焊接，丙公司将乙公司连同该焊接技术一并收购，并在乙公司原有生产规模范围内继续实施该焊接技术。丙公司实施该专利技术的行为不视为侵犯甲的专利权

  C. 某大学工业设计实验室对某项外观设计专利产品进行分析，研究仿制该外观设计产品。该大学实验室的行为属于专为科学研究和实验而使用有关专利的行为，不视为侵犯专利权

  D. 某大学研究所针对某专利产品进行了研究，并组织了中等产量规模的试制。该大学研究所的行为属于专为科学研究和实验而使用有关专利的行为，不视为侵犯专利权

【答案】B

【知识点】不视为侵犯专利权的行为

【解析】《专利法》第六十九条规定，有下列情形之一的，不视为侵犯专利权：（一）专利产品或者依照专利方法直接获得的产品，由专利权人或者经其许可的单位、个人售出后，使用、许诺销售、销售、进口该产品的；（二）在专利申请日前已经制造相同产品、使用相同方法或者已经做好制造、使用的必要准备，并且仅在原有范围内继续制造、使用的；……（四）专为科学研究和实验而使用有关专利的；……。

根据该法条第（一）项的规定，认定平行进口不构成侵犯专利权行为的前提条件是，专利权人或者经其许可的单位、个人在我国境外售出其专利产品，与该专利权人在销售地所在国或地区是否获得专利权无关。但是丙公司购买的商品是由乙公司生产的，乙公司在越南生产销售该专利产品的行为未经甲的许可（事实上乙公司也不需要得到甲的许可），因此，丙公司进口该专利产品的行为不属于"专利权人或者经其许可的单位、个人在我国境外售出的专利产品"，因此，丙公司的行为不属于"不视为侵犯专利权的行为"，选项A的说法错误。

根据该法条第（二）项的规定，先用权属于"不视为侵犯专利权的行为"。《最高人民法院关于审理侵犯专利权纠纷案件应用法律若干问题的解释》（法释〔2009〕21号）第十五条第四款规定，先用权人在专利申请日后将其已经实施或作好实施必要准备的技术或设计转让或者许可他人实施的，被诉侵权人主张该实施行为属于在原有范围内继续实施的，人民法院不

予支持，但该技术或设计与原有企业一并转让或者承继的除外。选项B属于将该先用权的技术连同原有企业一并转让的行为，并且转让后继续在乙公司的原有范围内实施，故丙公司的行为不视为侵犯专利权，选项B的说法正确。

《专利法》第二条第四款规定，外观设计，是指对产品的形状、图案或者其结合以及色彩与形状、图案的结合所作出的富有美感并适于工业应用的新设计。从这一定义出发，他人对外观设计专利权的设计方案本身进行分析谈不上进行"科学研究和实验"的问题，而且选项C的主要目的是进行外观设计产品的仿制，而不是科学研究。因此该实验室的行为不属于"不视为侵犯专利权的行为"，选项C的说法错误。

"对某专利产品进行了研究，并组织了中等规模的批量试制"已经超出了《专利法》第六十九条第（四）项规定的"为科学研究和实验"目的，因此该研究所的行为不属于"不视为侵犯专利权的行为"，选项D的说法错误。

综上，本题答案为：B。

二、多项选择题（每题所设选项中至少有两个正确答案，多选、少选、错选或不选均不得分。本部分含31—100题，每题1.5分，共105分。）

31. 关于专利权，以下说法错误的有？
    A. 专利权具有排他性，专利权人有权禁止任何人未经其许可为生产经营目的实施该专利技术
    B. 自专利授权之日起，专利权人即获得在专利有效期内不受他人约束、自由实施其专利技术以获利的权利
    C. 专利的排他权本质上是排除对专利权所保护之知识产品的非法侵占、妨害或损毁
    D. 各国专利制度均涵盖发明专利、实用新型和外观设计三种类型的专利

【答案】A B C D
【知识点】专利权的概念
【解析】《专利法》第十一条规定，发明和实用新型专利权被授予后，除该法另有规定的以外，任何单位和个人未经专利权人许可，都不得实施其专利……。《专利法》第六十九条又进一步规定了不视为侵犯专利权的五种情形。例如，专利技术的先用者可以在原有范围内继续为生产经营目的实施该专利技术，专利权人无权禁止。故选项A的说法错误。

专利权不必然允许专利权人在市场上自由地利用其专利技术获利。例如，该专利的实施依赖于在先专利的，则构成从属专利。在从属专利的专利权人与在先专利的专利权人达成协议之前，该从属专利的专利权人也不得为生产经营目的实施该专利技术。故选项B的说法错误。

专利权属于无形财产权，不发生有形占有，无有形损耗。专利赋予专利权人的排他权本质上是排斥非专有人对知识产品的不法仿制、假冒或剽窃，而不是对知识产品的非法侵占、妨害或损毁。因此，选项C的说法错误。

实用新型专利制度是中国等部分国家特有的专利制度，并非世界各国专利制度都具有的制度设计，例如美国就没有实用新型专利制度。故选项D的说法错误。

综上，本题答案为：A、B、C、D。

32. 关于申请人，下列说法正确的是？

  A. 中国内地申请人是个人的，在提交专利申请时应当填写其姓名、地址、居民身份证件号码等信息

  B. 申请人是外国企业的，如果其在中国有营业所的，应当提供当地工商行政管理部门（市场监督管理部门）出具的证明文件

  C. 申请人是外国人的，如果其在中国有经常居所，应当提交公安部门出具的已在中国居住一年以上的证明文件

  D. 申请人是外国人的，如果其所属国不是巴黎公约成员国或者世界贸易组织成员，其所属国法律也没有明文规定依互惠原则给外国人以专利保护的条款的，申请人也不能提供相关文件证明其所属国承认中国公民和单位可以按照该国国民的同等条件，在该国享有专利权及其他相关权利的，则其在中国的申请应当被驳回

【答案】ABD

【知识点】中国内地申请人　外国申请人

【解析】根据《专利审查指南2010》第一部分第一章第4.1.3.1节的规定，申请人是中国单位或者个人的，应当在请求书中填写其名称或者姓名、地址、邮政编码、组织机构代码或者居民身份证件号码。另根据《专利审查指南2010》第一部分第一章第4.1.3.2节的规定，申请人在请求书中表明在中国有营业所的，审查员应当要求申请人提供当地工商行政管理部门出具的证明文件。因此，选项A和B说法正确。根据《专利审查指南2010》第一部分第一章第4.1.3.2节的规定，申请人是外国人的，在请求书中表明在中国有经常居所的，审查员应当要求申请人提交公安部门出具的可在中国居住一年以上的证明文件，而非已在中国居住一年以上，故选项C错误。根据《专利审查指南2010》第一部分第一章第4.1.3.2节的规定，只有当申请人所属国不是《巴黎公约》成员国或者世界贸易组织成员时，才需审查该国法律中是否订有依互惠原则给外国人以专利保护的条款。申请人所属国法律中没有明文规定依互惠原则给外国人以专利保护的条款的，审查员应当要求申请人提交其所属国承认中国公民和单位可以按照该国国民的同等条件，在该国享有专利权和其他有关权利的证明文件。申请人不能提供证明文件的，根据《专利法实施细则》第四十四条的规定，以不符合《专利法》第十八条为理由，驳回该专利申请。因此，选项D正确。

综上，本题答案为：A、B、D。

33. 甲、乙、丙、丁四人合作研制出新型加湿器，共同申请专利并获得授权，但甲、乙、丙、丁四人未就专利权的行使作出明确约定。甲欲将该专利以普通许可的方式许可A公司使用，乙欲将该专利以排他许可的方式许可B公司使用，丙对这两种许可均表示反对，丁未与甲、乙、

丙协商自行实施该专利技术。则下列哪些说法是错误的？

A．丁自行实施该专利所获得收益应当与甲、乙、丙分享

B．如果丙反对，甲、乙均无权与 A 公司、B 公司签署许可合同

C．甲有权不顾丙的反对，将该专利技术以普通许可的方式许可给 A 公司实施

D．只要乙同意与甲、丙、丁分享专利许可费，乙就可以自行与 B 公司签署排他许可协议

【答案】ＡＢＤ

【知识点】合作完成的发明创造申请专利权利及所取得的专利权的归属

【解析】《专利法》第十五条规定，专利申请权或者专利权的共有人对权利的行使有约定的，从其约定。没有约定的，共有人可以单独实施或者以普通许可方式许可他人实施该专利；许可他人实施该专利的，收取的使用费应当在共有人之间分配。除前款规定的情形外，行使共有的专利申请权或者专利权应当取得全体共有人的同意。

专利权共有人自行实施该专利的，不需要取得全体共有人的同意，也不需要在共有人之间分配其收益。故选项 A 的说法错误。甲与 A 公司提出的是专利实施的普通许可，依据上述规定，以普通许可方式许可他人实施该专利的，共有权人可以自行决定，不需要取得全体共有人的同意。故选项 B 的说法错误，选项 C 的说法正确。乙与 B 公司提出的是专利实施的排他许可的方式，根据上述规定，排他许可应当取得全体共有人的同意，与乙是否愿意分享许可费无关。故选项 D 的说法错误。

综上，本题答案为：A、B、D。

34．甲省某专利代理机构在乙省设有办事机构，对于该办事机构的管理，以下做法错误的是？

A．为便于办事机构开展业务活动，专利代理机构许可办事机构自行接受业务委托

B．办事机构的财务由专利代理机构统一管理

C．专利代理机构拟撤销办事机构，应当在向甲省知识产权局提出申请并获得同意后，再向乙省知识产权局提出申请

D．办事机构的撤销报经国家知识产权局批准后生效

【答案】ＡＣＤ

【知识点】专利代理机构办事机构的停业或撤销

【解析】根据《专利代理管理办法》第十七条第一款的规定，专利代理机构的办事机构不得以其单独名义办理专利代理业务，其人事、财务、业务等由其所属专利代理机构统一管理。因此，选项 A 错误，选项 B 正确。

根据《专利代理管理办法》第十八条第一款的规定，办事机构停业或者撤销的，应当在妥善处理各种尚未办结的事项后，向办事机构所在地的省、自治区、直辖市知识产权局申请。经批准的，由该知识产权局报国家知识产权局备案，同时抄送专利代理机构所在地的省、自治区、直辖市知识产权局。因此，选项 C、D 错误。

综上，本题答案为：A、C、D。

35. 专利代理人违反有关法律、法规和规章规定的，对专利代理人给予的惩戒包括？
　　A. 警告
　　B. 通报批评
　　C. 收回专利代理人执业证书
　　D. 吊销专利代理人资格

【答案】A B C D

【知识点】对专利代理人和专利代理机构的惩戒

【解析】《专利代理惩戒规则（试行）》第五条规定，对专利代理人的惩戒分为：（一）警告；（二）通报批评；（三）收回专利代理人执业证书；（四）吊销专利代理人资格。因此，选项A、B、C、D均正确。

综上，本题答案为：A、B、C、D。

36. 甲对国家知识产权局针对其恢复权利请求的审批通知的意见不服而申请行政复议的，以下说法正确的是？
　　A. 甲某应当自收到恢复权利请求审批通知之日起60日内提出行政复议申请
　　B. 甲某可以委托代理人代为参加行政复议
　　C. 行政复议申请受理后，发现甲某又向人民法院提起行政诉讼并被受理的，驳回行政复议申请
　　D. 行政复议申请受理后，行政复议决定作出之前，复议申请人不得撤回行政复议申请

【答案】A B C

【知识点】行政复议的申请与受理

【解析】《国家知识产权局行政复议规程》第八条第一款规定，公民、法人或者其他组织认为国家知识产权局的具体行政行为侵犯其合法权益的，可以自知道该具体行政行为之日起60日内提出行政复议申请。甲某应当自收到通知之日起60日内提出行政复议申请，故选项A正确。

《国家知识产权局行政复议规程》第七条规定，复议申请人、第三人可以委托代理人代为参加行政复议。故选项B正确。

《国家知识产权局行政复议规程》第九条第三款规定，国家知识产权局受理行政复议申请后，发现在受理前或者受理后当事人向人民法院提起行政诉讼并且人民法院已经依法受理的，驳回行政复议申请。故选项C正确。

《国家知识产权局行政复议规程》第十八条规定，行政复议决定作出之前，复议申请人可以要求撤回行政复议申请。准予撤回的，行政复议程序终止。故选项D错误。

综上，本题答案为：A、B、C。

37. 某国内企业想就其最新研发的产品技术向中国及其在"一带一路"沿线的主要市场所在国申请专利，以下说法正确的有？

A. 该企业拟在向国家知识产权局申请专利后又向外国申请专利的，应当在提交专利申请同时或之后向国家知识产权局提交向外国申请专利保密审查请求书，向外国申请专利的内容应当与该专利申请的内容一致

B. 该企业未在其向外国申请专利保密审查请求书递交日起 4 个月内收到向外国申请专利保密审查通知的，可以就该技术方案向外国申请专利

C. 该企业未经国家知识产权局进行保密审查而直接向外国申请专利的，其在中国提出的专利申请不能被授予专利权

D. 该企业向国家知识产权局提交国际申请的，视为同时提出向外国申请专利保密审查请求，国际申请需要保密的，国家知识产权局审查部门应自申请日起 3 个月内向该企业发出因国家安全原因不再传送登记本和检索本的通知书

【答案】ABCD

【知识点】向外申请保密审查

【解析】《专利审查指南2010》第五部分第五章第6.2.1节规定，申请人拟在向专利局申请专利后又向外国申请专利的，应当在提交专利申请同时或之后提交向外国申请专利保密审查请求书。未按上述规定提出请求的，视为未提出请求。向外国申请专利的内容应当与该专利申请的内容一致。所以选项A的说法正确。

《专利法实施细则》第九条第一款规定，国务院专利行政部门收到依照该细则第八条规定递交的请求后，经过审查认为该发明或者实用新型可能涉及国家安全或者重大利益需要保密的，应当及时向申请人发出保密审查通知；申请人未在其请求递交日起4个月内收到保密审查通知的，可以就该发明或者实用新型向外国申请专利或者向有关国外机构提交专利国际申请。因此选项B的说法正确。

《专利法》第二十条第一款规定，任何单位或者个人将在中国完成的发明或者实用新型向外国申请专利的，应当事先报经国务院专利行政部门进行保密审查。保密审查的程序、期限等按照国务院的规定执行。该条第四款规定，对违反该条第一款规定向外国申请专利的发明或者实用新型，在中国申请专利的，不授予专利权。所以选项C的说法正确。

《专利审查指南2010》第五部分第五章第6.3.1节规定，申请人向专利局提交国际申请的，视为同时提出向外国申请专利保密审查请求。《专利审查指南2010》第五部分第五章第6.3.2节中规定，国际申请需要保密的，审查员应当自申请日起3个月内发出因国家安全原因不再传送登记本和检索本的通知书，通知申请人和国际局该申请将不再作为国际申请处理，终止国际阶段程序。所以选项D的说法正确。

综上，本题答案为：A、B、C、D。

38. 下列选项哪些属于不授予专利权的主题？

A. 一种由稳频单频激光器发出的稳频单频激光，其特征在于所述稳频单频激光器具有激光管和稳频器

B. 一种治疗妇科炎症的胶囊制剂的质量控制方法，其特征在于：质量控制方法由性状、

鉴别、检查和含量测定组成，其中鉴别是对地稔、头花蓼、黄柏、五指毛桃和延胡索的鉴别，含量测定是用高效液相色谱法对胶囊制剂中没食子酸的含量测定

C. 一种测定唾液中酒精含量的方法，该方法通过检测被测人唾液酒精含量，以反映出其血液中酒精含量

D. 一种检测患者患癌症风险的方法，包括如下步骤：(i) 分离患者基因组样本；(ii) 检测是否存在或表达 SEQ ID NO：1 序列所包含的基因，其中存在或表达所述基因表明患者有患癌症的风险

【答案】A B D
【知识点】不授予专利权的客体
【解析】根据《专利审查指南2010》第二部分第一章的规定，不授予专利权的申请包括不符合《专利法》第二条第二款规定的客体、根据《专利法》第五条不授予专利权的发明创造，以及依据《专利法》第二十五条不授予专利权的客体。

选项 A 请求保护的主题是一种激光。虽然其特征部分对产生激光的激光器的具体构成部件例如激光管等进行了限定，但由于请求保护的主题是激光，因此该权利要求作为一个整体请求保护的是激光本身。而激光本身不属于专利法意义上的产品发明，因而该权利要求不符合《专利法》第二条第二款的规定，不能被授予专利权。

选项 B 涉及药品的质量控制方法。一般来说，质量控制方法都是人为的规定，测定哪些成分，控制哪些指标，检测哪些项目，都是根据产品的特点制定的。因此，质量控制方法的主题名称就是一种智力活动的规则和方法，属于《专利法》第二十五条规定的不授权的主题。

选项 C 的方法涉及一种离体样本的检测方法，其直接目的是检测该样本主体的血液中的酒精含量，并不能最终确定被检测者的健康状况，即不是为了获得疾病的诊断结果，因此该方法不属于疾病的诊断方法，不属于《专利法》第二十五条规定的不授予权的主题。

选项 D 方法的直接目的是获得该样本主体患有癌症的风险度，是以获得同一主体的健康状况为直接目的的，因此该方法属于疾病的诊断方法，不能被授予专利权。

综上，本题答案为：A、B、D

39. 下列专利申请，存在可能导致该申请被驳回的实质性缺陷的有？

A. 请求保护的发明是一种固体燃料。该燃料包含助燃剂"神威9号"。但说明书中并未对该助燃剂"神威9号"做任何具体说明，仅在背景技术部分指出某国防专利具体记载了该助燃剂，并提供了具体的国防专利的申请号、授权公告日

B. 请求保护的发明是一种使用交流电的点烟器，其无需将交流电转换为直流电，而是直接使用交流电驱动点烟器。说明书中只记载了该点烟器可使用交流电，而没有记载该点烟器的具体结构

C. 请求保护的发明是一种有机化合物，但申请说明书中记载的该化合物结构鉴定图谱信息与其化学分子结构明显矛盾，且说明书记载的其他信息不足以澄清该矛盾的

D. 请求保护的发明是一种抗癌组合物，但说明书中记载的该组合物的全部成分均选自绿

豆、淀粉、蔗糖、食用胶

【答案】ABCD

【知识点】说明书公开充分

【解析】《专利审查指南2010》第二部分第二章第2.1.3节中规定，说明书应当清楚地记载发明或者实用新型的技术方案，详细地描述实现发明或者实用新型的具体实施方式，完整地公开对于理解和实现发明或者实用新型必不可少的技术内容，达到所属技术领域的技术人员能够实现该发明或者实用新型的程度。以下各种情况由于缺乏解决技术问题的技术手段而被认为无法实现：(1)说明书只给出了任务和/或设想，或者只表明了一种愿望和/或结果，而未给出任何使所属领域技术人员能够实施的技术手段；(2)说明书中给出了技术手段，但对所属技术领域的技术人员来说，该手段是含糊不清的，根据说明书记载的内容无法具体实施；(3)说明书中给出了技术手段，但所属技术领域的技术人员采用该手段并不能够解决发明或者实用新型所要解决的技术问题；(4)申请的主题为由多个技术手段构成的技术方案，对于其中一个技术手段，所属技术领域的技术人员按照说明书记载的内容并不能实现；(5)说明书中给出了具体的技术方案，但未给出实验证据，而该方案又必须依赖实验结果加以证实才能成立。

选项A中，说明书对助燃剂"神威9号"的说明是含糊不清的，同时助燃剂"神威9号"也不是所属技术领域公知的材料。尽管申请说明书引证国防专利以试图证明该助燃剂的具体产品结构，但国防专利不属于公开出版物，而属于保密资料。因此，其引证的国防专利也不能用于清楚说明该助燃剂的结构。因此所属技术领域的技术人员根据说明书记载的内容不能实施该发明，属于《专利审查指南2010》第二部分第二章第2.1.3节规定的"说明书没有充分公开请求保护的技术方案"的情形。

选项B中，现有技术中的点烟器都采用直流电源来驱动，所属技术领域的技术人员按照说明书的内容无从知道采用交流电的点烟器的结构，进而不能制造出该点烟器。实际上，该申请仅仅提出了一种设想，并未给出实现其设想的技术手段，属于《专利审查指南2010》第二部分第二章第2.1.3节规定的"说明书没有充分公开请求保护的技术方案"的情形。

选项C中，说明书中给出了相互矛盾的技术手段。对所属技术领域的技术人员来说，该手段是含糊不清的，根据说明书记载的内容无法具体实施，属于《专利审查指南2010》第二部分第二章第2.1.3节规定的"说明书没有充分公开请求保护的技术方案"的情形。

选项D中，所述的组合物成分全部为不具备药用活性的惰性成分，所属技术领域的技术人员采用该手段并不能够解决发明或者实用新型所要解决的技术问题，属于《专利审查指南2010》第二部分第二章第2.1.3节规定的"说明书没有充分公开请求保护的技术方案"的情形。

综上，本题答案为：A、B、C、D。

40. 下列发明专利申请的权利要求，哪些请求保护的范围是不清楚的（不考虑选项中的省略号部分的内容）？

A. 一种非易失性存储器的操作方法，包括……执行一抹除过程，其中井电压远大于基底

电压

B. 一种装饰照明装置，包括照明灯及连接的导线，该导线的电阻很小
C. 一种含三水合氧化铝的牙膏，其中三水合氧化铝的平均粒度小于30微米，优选5～20微米
D. 一种制备产品A的方法，其特征在于……将混合物最高加热到不低于80℃的温度

【答案】A B C D

【知识点】权利要求的范围清楚

【解析】《专利法》第二十六条第四款规定，权利要求书应当清楚、简要地限定要求专利保护的范围。

选项A的权利要求中的"远大于"含义不确切，所属技术领域的技术人员并不能确定两个比较对象之间差别程度为多大时才属于"远大于"的情形，因此难于清楚界定出权利要求的保护范围，该权利要求的保护范围不清楚。

选项B的权利要求中的技术特征"导线电阻很小"，在所属技术领域中没有公认的含义，由此造成权利要求的保护范围不清楚。

选项C中，"优选"的使用导致该权利要求限定出两个不同的保护范围，即"所含三水合氧化铝的平均粒度小于30微米的牙膏"和"所含三水合氧化铝的平均粒度是5～20微米的牙膏"，因此该权利要求的保护范围不清楚。

选项D中，"最高"和"不低于"的表达导致该语句含义自相矛盾，使得该权利要求请求保护的范围不清楚。

综上，本题答案为：A、B、C、D。

41. 关于权利要求保护范围的理解，以下说法正确的有？

A. "一种中药组合物，包括山药、枸杞、西洋参、栀子。"该权利要求解释为该组合物还可以含有除山药、枸杞、西洋参、栀子以外的其他组分
B. 权利要求中可以使用附图标记，附图标记可以解释为对权利要求的限制
C. "根据权利要求1～5所述的制造方法，其特征在于……"，这样的引用关系是不允许的，会导致权利要求的保护范围不清楚
D. 权利要求中如果使用了"如图……所示"的用语，就会导致保护范围的不清楚

【答案】A C

【知识点】权利要求的撰写规定及其对保护范围的影响

【解析】《专利审查指南2010》第二部分第二章第3.3节中规定，通常，开放式的权利要求宜采用"包含""包括""主要由……组成"的表达方式，其解释为还可以含有该权利要求中没有述及的结构组成部分或方法步骤。故选项A的说法正确。

《专利法实施细则》第十九条第四款中规定，附图标记不得解释为对权利要求的限制。故选项B不正确。

《专利法实施细则》第二十二条第二款规定，引用两项以上的多项从属权利要求，只能

以择一方式引用在前的权利要求。选项C属于非择一引用,这样的引用关系会导致权利要求的保护范围不清楚。故选项C的说法正确。

《专利法实施细则》第十九条第三款规定,除绝对必要的外,不得使用"如说明书……部分所述"或者"如图……所示"的用语。《专利审查指南2010》第二部分第二章第3.3节进一步规定,绝对必要的情况是指当发明或者实用新型涉及的某特定形状仅能用图形限定而无法用语言表达时,权利要求可以使用"如图……所示"等类似用语。故选项D不正确。

综上,本题答案为:A、C。

42. 下列哪些情况视为未保藏生物材料?

  A. 申请日为2017年6月1日,优先权日为2016年9月1日,保藏日期为2017年1月1日,提交保藏证明和存活证明的日期为2017年6月1日

  B. 申请日为2017年6月1日,优先权日为2016年9月1日,保藏日期为2016年9月1日,提交保藏证明和存活证明的日期为2017年12月1日

  C. 申请日为2017年6月1日,优先权日为2016年9月1日,保藏日期为2017年3月1日,提交保藏证明和存活证明的日期为2017年7月1日,同日提交了放弃优先权声明

  D. 申请日为2017年6月1日,优先权日为2016年9月1日,保藏日期为2016年9月1日,提交保藏证明和存活证明的日期为2017年8月1日,后发现请求书和申请文件均没有记载保藏信息,于2017年12月1日提交了补正

【答案】A B D

【知识点】涉及生物材料保藏的要求

【解析】《专利法实施细则》第二十四条规定,申请专利的发明涉及新的生物材料,该生物材料公众不能得到,并且对该生物材料的说明不足以使所属领域的技术人员实施其发明的,除应当符合《专利法》和该细则的有关规定外,申请人还应当办理下列手续:(一)在申请日前或者最迟在申请日(有优先权的,指优先权日),将该生物材料的样品提交国务院专利行政部门认可的保藏单位保藏,并在申请时或者最迟自申请日起4个月内提交保藏单位出具的保藏证明和存活证明;期满未提交证明的,该样品视为未提交保藏;(二)在申请文件中,提供有关该生物材料特征的资料;(三)涉及生物材料样品保藏的专利申请应当在请求书和说明书中写明该生物材料的分类命名(注明拉丁文名称),保藏该生物材料样品的单位名称、地址,保藏日期和保藏编号;申请时未写明的,应当自申请日起4个月内补正;期满未补正的,视为未提交保藏。

根据上述规定,选项A中的保藏日期晚于申请的优先权日,选项B中提交保藏证明和存活证明的日期晚于优先权日起4个月内,选项D中记载保藏信息的补正晚于优先权日起4个月内,故均视为未提交保藏。选项C由于申请人放弃了优先权,因而保藏日期满足在申请日前的要求,符合该法条的规定。

综上,本题答案为:A、B、D。

43. 下列哪些情形构成相同或实质相同的外观设计？
   A. 形状、图案均相同的红色书包和绿色书包
   B. 形状、图案均相同的白色透明塑料杯与白色透明玻璃杯
   C. 图案、色彩均相同的长方体饼干桶和正方体饼干桶
   D. 形状、图案、色彩均相同的电话机与玩具电话，二者的内部结构不同

【答案】A B C

【知识点】外观设计实质相同

【解析】根据《专利审查指南2010》第四部分第五章第5.1.2节的规定，外观设计实质相同的判断仅限于相同或者相近种类的产品外观设计。相近种类的产品是指用途相近的产品。对于产品种类不相同也不相近的外观设计，不再进行涉案专利与对比设计是否实质相同的比较和判断，即可认定涉案专利与对比设计不构成实质相同。如果一般消费者经过对涉案专利与对比设计的整体观察可以看出，二者的区别仅属于下列情形，则涉案专利与对比设计实质相同：①其区别在于施以一般注意力不能察觉到的局部的细微差异；②其区别在于使用时不容易看到或者看不到的部位；③其区别在于将某一设计要素整体置换为该类产品的惯常设计的相应设计要素；④其区别在于将对比设计作为设计单元按照该种类产品的常规排列方式作重复排列或者将其排列的数量做增减变化；⑤其区别在于互为镜像对称。另外，《专利审查指南2010》第四部分第五章第5.2.6.3节中规定，单一色彩的外观设计仅作色彩改变，两者仍属于实质相同的外观设计。

选项A属于单一色彩的外观设计仅作色彩改变，二者属于实质相同的外观设计；选项B，形状、图案、色彩均相同，玻璃杯与塑料杯的不同，属于常用材料的替换，二者应属于相同的外观设计；选项C属于将某一设计要素整体置换为该类产品的惯常设计的相应设计要素，均属于实质相同的外观设计；选项D，电话机与玩具电话的用途不同，二者不属于相同或者相近种类的产品，不论其形状、图案、色彩是否相同，都不会构成实质相同的外观设计。

综上，本题答案为：A、B、C。

44. 下列哪些情形属于涉案专利与现有设计或者现有设计特征的组合相比不具有明显区别？
   A. 涉案专利为蛋糕的外观设计，其设计模仿的是自然界青椒的原有形态
   B. 涉案专利为玩具汽车的外观设计，其形状、图案、色彩与现有甲壳虫汽车的形状、图案、色彩仅有细微差别
   C. 涉案专利为电饭煲的外观设计，其与申请日前已经公开销售的一款电饭煲仅在开盖按钮的形状设计上不同
   D. 涉案专利为盘子的外观设计，其形状与现有的一款盘子的形状相同，其边缘一圈图案与一款布料上的圆环形图案相同，图片显示盘子底色为浅黄色，图案为金色，但简要说明未声明请求保护的外观设计包含有色彩

【答案】A B C D

【知识点】不具有明显区别的情形

【解析】根据《专利审查指南2010》第四部分第五章第6节的规定，涉案专利与现有设计或者现有设计特征的组合相比不具有明显区别是指如下几种情形：①涉案专利与相同或者相近种类产品现有设计相比不具有明显区别；②涉案专利是由现有设计转用得到的，二者的设计特征相同或者仅有细微差别，且该具体的转用手法在相同或者相近种类产品的现有设计中存在启示；③涉案专利是由现有设计或者现有设计特征组合得到的，所述现有设计与涉案专利的相应设计部分相同或者仅有细微差别，且该具体的组合手法在相同或者相近种类产品的现有设计中存在启示。

选项A，模仿自然界青椒的原有形态的蛋糕的外观设计，属于单纯模仿自然物的原有形态得到的外观设计，明显存在转用手法的启示，与现有设计相比不具有明显区别，选项A正确。

选项B，"现有甲壳虫汽车"构成现有设计，将甲壳虫汽车的外观设计转用得到玩具的外观设计，且设计特征仅有细微差别，而由其他种类产品的外观设计转用得到的玩具的外观设计，属于明显存在转用手法的启示的情形，由此得到的外观设计与现有设计相比不具有明显区别，选项B正确。

选项C，"申请日前已经公开销售的一款电饭煲"构成现有设计，涉案专利与现有设计为相同种类产品，区别仅为开盖按钮的形状不同。该区别点相对于电饭煲整体而言属于局部细微变化，其对整体视觉效果不足以产生显著影响，二者不具有明显区别，选项C正确。

选项D，涉案专利未请求保护色彩，因此仅考察其形状与图案要素。其形状与现有设计的形状相同，图案与现有设计中的图案相同，属于将产品现有的形状设计与现有的图案设计通过直接拼合得到的外观设计，与现有设计特征的组合相比不具有明显区别，选项D正确。

综上，本题答案为：A、B、C、D。

45. 下列各图是一款电饭煲的外观设计专利申请的视图，已知主视图和立体图正确，下列哪些视图明显错误？

A. 左视图

B. 右视图

C. 俯视图

D. 仰视图

【答案】A B C

【知识点】外观设计图片或者照片的缺陷

【解析】《专利审查指南2010》第一部分第三章第4.2.4节规定了属于"图片或者照片的缺陷"的情形，比如视图投影关系有错误，例如，投影关系不符合正投影规则、视图之间的投影关系不对应或者视图方向颠倒。已知主视图和立体图正确，从主视图和立体图中电饭煲盖子部分前低后高以及提手的方向可知，左视图和右视图的视图名称应交换。在主视图和立体图中均可见的盖子顶部的横条状开口，在俯视图却未显示，俯视图明显错误。因此选项A、B、C中的视图存在明显错误。

综上，本题答案为：A、B、C。

46. 申请人对外观设计专利申请文件的下列哪些修改符合《专利法》第三十三条的规定？

A. 将左视图与右视图的视图名称交换

B. 将回转体的中心线删除

C. 将T恤衫胸前的文字图案与后背的卡通图案交换

D. 将仰视图镜像对称变换，使其与其他视图投影关系对应

【答案】A B D

【知识点】外观设计修改超范围

【解析】根据《专利法》第三十三条的规定，申请人对其外观设计专利申请文件的修改不得超出原图片或者照片表示的范围。视图名称错误、视图方向错误以及视图中有多余线条，属于外观设计的图片或者照片中常见的视图缺陷。因此，将左视图与右视图的视图名称交换、将回转体的中心线删除、将仰视图镜像对称变换使其与其他视图投影关系对应，属于克服视图形式缺陷的修改，未超出原图片或者照片表示的范围，符合《专利法》第三十三条的规定，所以，选项A、B、D正确。将T恤衫胸前的文字图案与后背的卡通图案交换，图案位置的改变，使得修改后的外观设计与申请日视图表示的外观设计构成不相同的外观设计，修改超出原图片或者照片表示的范围，选项C不正确。

综上，本题答案为：A、B、D。

47. 关于优先权，下列哪些说法是错误的？

A. 申请人要求外国优先权的，必须在提出专利申请的同时在请求书中声明并同时提交在先申请文件副本

B. 申请人要求外国优先权的，其在先申请文件副本中记载的申请人与在后申请的申请人完全不一致的，应当于在后申请之日起3个月内提交优先权转让证明，否则优先权不

成立

C. 申请人提出在后申请之前，其在先申请已被授予专利权的，本国优先权不能成立，申请人声明放弃已取得的在先申请专利权的情形除外

D. 申请人要求撤回优先权要求的，应当提交全体申请人或其代表人签字或者盖章的撤回优先权声明

【答案】ACD

【知识点】优先权 优先权的撤回

【解析】《专利法》第三十条规定，申请人要求优先权的，应当在申请的时候提出书面声明，并且在3个月内提交第一次提出的专利申请文件的副本；未提出书面声明或者逾期未提交专利申请文件副本的，视为未要求优先权。所以选项A的说法错误。

《专利审查指南2010》第一部分第一章第6.2.1.4节中规定，要求优先权的在后申请的申请人与在先申请文件副本中记载的申请人应当一致，或者是在先申请文件副本中记载的申请人之一。申请人完全不一致，且在先申请的申请人将优先权转让给在后申请的申请人的，应当在提出在后申请之日起3个月内提交由在先申请的全体申请人签字或者盖章的优先权转让证明文件。所以选项B的说法正确。

《专利审查指南2010》第一部分第一章第6.2.2.1节中规定，在先申请和要求优先权的在后申请应当符合下列规定：……（3）该在先申请的主题，尚未授予专利权。尽管申请人要求优先权时通过放弃被授权的在先申请的专利权来避免重复授权，但专利权的放弃并非自始视为放弃，而是自放弃声明手续合格通知书发文之日终止。这将导致该项发明创造的专利保护期自在先申请日之日始，至在后申请的申请日后10年（实用新型）或20年（发明）期满日止，导致专利保护期不合理的延长。因此，即便申请人放弃已经授权的在先申请的专利权，也不能享受优先权，所以选项C的说法错误。

《专利审查指南2010》第一部分第一章第6.2.3节中规定，申请人要求撤回优先权要求的，应当提交全体申请人签字或者盖章的撤回优先权声明。《专利审查指南2010》第一部分第一章第4.1.5节中规定，除直接涉及共有权利的手续外，代表人可以代表全体申请人办理在专利局的其他手续。直接涉及共有权利的手续包括：提出专利申请，委托专利代理，转让专利申请权、优先权或者专利权，撤回专利申请，撤回优先权要求，放弃专利权等。直接涉及共有权利的手续应当由全体权利人签字或者盖章，不可以由代表人办理。所以选项D的说法错误。

综上，本题答案为：A、C、D。

48. 李某与甲公司共同提出一份发明专利申请的同时，提出费用减缴请求，并指定李某为代表人，因甲公司不具有费减资格，国家知识产权局作出不予费减决定。则以下说法错误的是？

A. 李某与甲公司应当在指定期限内足额缴纳申请费及其他需要在受理程序中缴纳的费用，否则该申请将被视为撤回

B. 如果甲公司在下一年具备费减资格条件，对于尚未到期的费用，李某与甲公司可以在

相关收费缴纳期限届满日两个半月之前继续提出费用减缴请求

C. 在甲公司具备费减资格条件后，李某与甲公司继续提出费用减缴请求的，其在费用减缴请求书中只需填写甲公司的信息即可，并且无须再次提交李某的费减资格证明

D. 专利授权公告第二年李某与甲公司获得70%费减比例后，将该专利权转让给冯某和乙公司的，则冯某和乙公司可在费减年限内继续享有年费70%的费减比例，无须提出新的费用减缓请求

【答案】CD

【知识点】费用减缴的主体资格　减缴范围　手续办理

【解析】《专利法实施细则》第九十五条第一款规定，申请人应当自申请日起2个月内或者在收到受理通知书之日起15日内缴纳申请费、公布印刷费和必要的申请附加费；期满未缴纳或者未缴足的，其申请视为撤回。所以选项A的说法正确。

《专利收费减缴办法》第三条第二款规定，两个或者两个以上的个人或单位为共同专利申请人或者共有专利权人的，应当分别符合前款规定。该办法第五条规定，专利申请人或者专利权人只能请求减缴尚未到期的收费。减缴申请费的请求应当与专利申请同时提出，减缴其他收费的请求可以与专利申请同时提出，也可以在相关收费缴纳期限届满日两个半月之前提出。所以选项B的说法正确。

《专利收费减缴办法》第七条第一款规定，个人请求减缴专利收费的，应当在收费减缴请求书中如实填写本人上年度收入情况，同时提交所在单位出具的年度收入证明；无固定工作的，提交户籍所在地或者经常居所地县级民政部门或者乡镇人民政府（街道办事处）出具的关于其经济困难情况证明。该办法第九条规定，专利收费减缴请求有下列情形之一的，不予批准：……（四）收费减缴请求的个人或者单位未提供符合该办法第七条规定的证明材料的；（五）收费减缴请求书中的专利申请人或者专利权人的姓名或者名称，或者发明名称，与专利申请书或者专利登记簿中的相应内容不一致的。所以，选项C的说法错误，甲公司具备费减资格条件后，李某与甲公司继续提出费用减缴请求的，应当在费用减缴请求书中完整填写李某与甲公司的信息，并且提交李某与甲公司的费减资格证明。

《专利审查指南2010》第一部分第一章第6.7.3节中规定，申请人（或专利权人）全部变更的，变更后的申请人（或专利权人）未提出费用减缓请求的，不再予以费用减缓，审查员应当修改数据库中的费用减缓标记，并通知申请人（或专利权人）。所以选项D的说法错误。

综上，本题答案为：C、D。

49. 江苏某企业作为第一署名的申请人与国外某公司共同申请专利，由这家江苏企业通过其电子申请注册用户的权限以电子申请的方式提出专利申请，并指定其常驻上海的员工叶某为联系人。以下说法错误的是?

A. 由于共同申请人之一为国外公司，所以应当委托依法设立的专利代理机构提交专利申请

B. 由于该江苏企业为提交电子申请的电子申请用户，所以该江苏企业应当为共同专利申请的代表人
C. 代表人可以代表全体申请人办理涉及共有权利之外的其他手续，例如提出提前公开声明、提出实质审查请求、提交意见陈述书
D. 如果该国外公司在南京设有办事机构，则可以同时指定其办事机构的工作人员为第二联系人

【答案】A D
【知识点】委托代理　代表人　联系人
【解析】《专利审查指南2010》第一部分第一章第6.1.1节中规定，根据《专利法》第十九条第一款的规定，在中国内地没有经常居所或者营业所的外国人、外国企业或者外国其他组织在中国申请专利和办理其他专利事务，或者作为第一署名申请人与中国的申请人共同申请专利和办理其他专利事务的，应当委托专利代理机构办理。在本题中，该外国公司为第二署名的共同申请人，因此不需要委托代理机构办理。所以选项A的说法是错误的。

《专利审查指南2010》第五部分第十一章第2.1节规定，申请人有两人以上且未委托专利代理机构的，以提交电子申请的电子申请用户为代表人。所以选项B的说法是正确的。

《专利审查指南2010》第一部分第一章第4.1.5节中规定，除直接涉及共有权利的手续外，代表人可以代表全体申请人办理在专利局的其他手续。直接涉及共有权利的手续包括：提出专利申请，委托专利代理，转让专利申请权、优先权或者专利权，撤回专利申请，撤回优先权要求，放弃专利权等。直接涉及共有权利的手续应当由全体权利人签字或者盖章。由此可知，提出实质审查请求、提出提前公开请求、提交意见陈述书均不属于直接涉及共有权利的手续，所以选项C的说法是正确的。

《专利审查指南2010》第一部分第一章第4.1.4节中规定，联系人应当是本单位的工作人员，必要时审查员可以要求申请人出具证明。联系人只能填写一人。由此可知，联系人不能填写两人及两人以上，所以选项D的说法是错误的。

综上，本题答案为：A、D。

50. 某申请人于2017年4月19日向国家知识产权局提出一项发明专利申请A，并要求了其在2017年1月6日就相同主题提出的发明专利申请B作为该申请A的优先权，2017年7月12日该申请A经初步审查合格。以下说法正确的是？

A. 申请人未针对该发明专利申请A提出提前公开声明的，国家知识产权局应当于2018年7月6日公布该发明专利申请
B. 申请人在发明专利申请A的请求书中一并提出提前公开声明的，在2017年7月12日起进入公布准备阶段
C. 申请人提出提前公开声明的，只要该申请未公布，随时可以要求撤销提前公布声明
D. 发明专利申请公布的著录事项主要包括国际专利分类号、申请号、公布号（出版号）、申请日、优先权日、申请人事项、发明人、专利代理等事项

【答案】A B D

【知识点】发明专利申请的公布　提前公布声明

【解析】《专利审查指南2010》第五部分第八章第1.2.1.1节中规定，发明专利申请经初步审查合格后，自申请日（有优先权的，为优先权日）起满15个月进行公布准备，并于18个月期满时公布。所以选项A的说法是正确的。

《专利审查指南2010》第一部分第一章第6.5节中规定，提前公布声明不符合规定的，审查员应当发出视为未提出通知书；符合规定的，在专利申请初步审查合格后立即进入公布准备。进入公布准备后，申请人要求撤销提前公布声明的，该要求视为未提出，申请文件照常公布。所以选项B的说法是正确的，选项C的说法是错误的。

《专利审查指南2010》第五部分第八章第1.2.1.1节中规定，发明专利申请公布的内容包括：著录事项、摘要和摘要附图，但说明书没有附图的，可以没有摘要附图。著录事项主要包括：国际专利分类号、申请号、公布号（出版号）、公布日、申请日、优先权事项、申请人事项、发明人事项、专利代理事项、发明名称等。所以选项D的说法是正确的。

综上，本题答案为：A、B、D。

51. 关于专利证书，以下说法正确的是？

　　A. 授予专利权时，专利证书上记载的内容与专利登记簿是一致的，在法律上具有同等效力

　　B. 一件专利有两名以上专利权人的，根据共同权利人的请求，国家知识产权局可以颁发专利证书副本，但颁发的专利证书副本数目不能超过共同权利人的总数

　　C. 专利证书损坏的，专利权人可以请求重新制作专利证书，专利权终止的除外

　　D. 因专利权的转移、专利权人更名发生专利权人姓名或者名称变更的，可以请求更换专利证书

【答案】A B C

【知识点】专利证书的内容、副本及更换

【解析】《专利审查指南2010》第五部分第九章第1.3.2节中规定，授予专利权时，专利登记簿与专利证书上记载的内容是一致的，在法律上具有同等效力。所以选项A的说法是正确的。

《专利审查指南2010》第五部分第九章第1.2.2节中规定，一件专利有两名以上专利权人的，根据共同权利人的请求，专利局可以颁发专利证书副本。对同一专利权颁发的专利证书副本数目不能超过共同权利人的总数。因此，选项B的说法是正确的。

《专利审查指南2010》第五部分第九章第1.2.3节中规定，专利证书损坏的，专利权人可以请求更换专利证书。专利权终止后，专利局不再更换专利证书。因专利权的转移、专利权人更名发生专利权人姓名或者名称变更的，均不予更换专利证书。所以选项C的说法是正确的，选项D的说法是错误的。

综上，本题答案为：A、B、C。

52. 某申请人于 2017 年 8 月 25 日针对其所提发明专利申请提出撤回专利申请声明，2017 年 8 月 30 日国家知识产权局公布该申请，国家知识产权局于 2017 年 9 月 6 日针对该撤回专利申请声明发出手续合格通知书，并于 2017 年 10 月 18 日对撤回专利申请声明进行公告。以下说法哪些是错误的？

   A. 撤回专利申请的生效日为 2017 年 9 月 6 日
   B. 撤回专利申请的生效日为 2017 年 10 月 18 日
   C. 撤回专利申请的声明是在专利申请公布前提出的，所以国家知识产权局不应当公布该申请
   D. 国家知识产权局对该撤回专利申请的声明作出审查结论前，该公司有权随时撤回该声明

【答案】BCD
【知识点】撤回专利申请
【解析】《专利审查指南 2010》第一部分第一章第 6.6 节中规定，撤回专利申请的生效日为手续合格通知书的发文日。所以选项 A 的说法是正确的，选项 B 的说法是错误的。

《专利法实施细则》第三十六条第二款规定，撤回专利申请的声明在国务院专利行政部门作好公布专利申请文件的印刷准备工作后提出的，申请文件仍予公布；但是，撤回专利申请的声明应当在以后出版的专利公报上予以公告。所以选项 C 的说法是错误的。

《专利审查指南 2010》第一部分第一章第 6.6 节中规定，申请人无正当理由不得要求撤销撤回专利申请的声明；但在申请权非真正拥有人恶意撤回专利申请后，申请权真正拥有人（应当提交生效的法律文书来证明）可要求撤销撤回专利申请的声明。所以选项 D 的说法是错误的。

综上，本题答案为：B、C、D。

53. 关于发明人变更，以下说法错误的是？

   A. 甲公司员工张某、李某和赵某共同作出一项职务发明创造并由甲公司提出发明专利申请，该申请公布 2 个月后赵某通过国家知识产权局网站查询到其未记载在发明人之中，甲公司可以以漏填发明人赵某为由向国家知识产权局提出著录项目变更请求
   B. 乙公司员工王某、刘某共同作出一项职务发明创造并由乙公司提出专利申请，该申请进入办理授权登记手续阶段时，乙公司与王某、刘某共同商议拟通过著录项目变更的方式在专利证书上增加仅负责组织工作的孙某为共同发明人
   C. 丙公司在提交专利申请时因经办人书写错误，将发明人傅某的名字写错，拟通过著录项目变更的方式对发明人进行更正
   D. 钱某在将其所拥有的一项发明专利申请转让给周某时，除提出变更专利申请人的请求之外，还可以请求将该专利申请的发明人变更为从未参与本发明创造的周某

【答案】BD

【知识点】发明人　著录项目变更

【解析】《专利审查指南2010》第一部分第一章第6.7.2.3节中规定，因漏填或者错填发明人提出变更请求的，应当提交由全体申请人（或专利权人）和变更前全体发明人签字或者盖章的证明文件。同时，参照《专利审查指南2010》第一部分第一章第6.7.2.1节规定，个人因填写错误提出变更请求的，应当提交本人签字或者盖章的声明及本人的身份证明文件。所以选项A和选项C的做法无误。

根据《专利法实施细则》第十三条规定，《专利法》所称发明人或者设计人，是指对发明创造的实质性特点作出创造性贡献的人。在完成发明创造过程中，只负责组织工作的人、为物质技术条件的利用提供方便的人或者从事其他辅助工作的人，不是发明人或者设计人。所以该题选项B中的孙某、选项D中的周某均非发明人，其做法是错误的。

综上，本题答案为：B、D。

54. 以下哪些情形，行政复议机构应当决定撤销该具体行政行为？

　　A. 超越职权
　　B. 主要事实不清，证据不足
　　C. 行政复议申请人死亡
　　D. 申请人与被申请人经行政复议机构批准达成和解

【答案】A B

【知识点】行政复议的审理与决定

【解析】《国家知识产权局行政复议规程》第二十三条规定，具体行政行为有下列情形之一的，应当决定撤销、变更该具体行政行为或者确认该具体行政行为违法，并可以决定由被申请人重新作出具体行政行为：（一）主要事实不清，证据不足的；（二）适用依据错误的；（三）违反法定程序的；（四）超越或者滥用职权的；（五）具体行政行为明显不当的；（六）出现新证据，撤销或者变更原具体行政行为更为合理的。故选项A、B正确。

在行政复议过程中，作为申请人的自然人死亡，其近亲属尚未确定是否参加行政复议的，行政复议中止。行政复议中止的原因消除后，应当及时恢复行政复议案件的审理。如果作为申请人的自然人死亡，没有近亲属或者其近亲属放弃行政复议权利的，行政复议终结。申请人与被申请人经行政复议机构批准达成和解的，行政复议终结。故选项C、D错误。

综上，本题答案为：A、B。

55. 关于优先审查，以下说法错误的是？

　　A. 专利申请人或者复审请求人已经做好实施准备或者已经开始实施，或者有证据证明他人正在实施其发明创造的，属于可以请求优先审查的情形之一
　　B. 处理、审理涉案专利侵权纠纷的地方知识产权局、人民法院或者仲裁调解组织可以对无效宣告案件提出优先审查请求
　　C. 申请人提出发明或者实用新型专利申请优先审查的，必须提交由国务院相关部门或者

省级知识产权局签署推荐意见的优先审查请求书和现有技术材料

　　D. 对于优先审查的发明或者实用新型专利申请，申请人应当在审查意见通知书发文日起2个月内进行答复，否则将停止优先审查并按普通程序处理

【答案】C D

【知识点】优先审查

【解析】《专利优先审查管理办法》（国家知识产权局令第76号）第三条第（四）项规定，专利申请人或者复审请求人已经做好实施准备或者已经开始实施，或者有证据证明他人正在实施其发明创造的，属于提出优先审查的情形。这是相对于2012年施行的《发明专利申请优先审查管理办法》的主要变化之一。所以选项A的说法正确。

《专利优先审查管理办法》第五条第二款规定，处理、审理涉案专利侵权纠纷的地方知识产权局、人民法院或者仲裁调解组织可以对无效宣告案件提出优先审查请求。所以选项B的说法正确。

《专利优先审查管理办法》第八条第一款规定，申请人提出发明、实用新型、外观设计专利申请优先审查请求的，应当提交优先审查请求书、现有技术或者现有设计信息材料和相关证明文件；除该办法第三条第（五）项规定的情形外，优先审查请求书应当由国务院相关部门或者省级知识产权局签署推荐意见。该办法第三条第（五）项规定，就相同主题首次在中国提出专利申请又向其他国家或者地区提出申请的该中国首次申请，属于提出优先审查的情形。依据该规定，就相同主题首次在中国提出专利申请又向其他国家或地区提出申请的该中国首次申请的优先审查请求无须提供由国务院相关部门或者省级知识产权局签署的推荐意见。所以选项C的说法错误。

《专利优先审查管理办法》第十一条规定，对于优先审查的申请，申请人应当尽快作出答复或者补正。申请人答复发明专利审查意见通知书的期限为通知书发文日起2个月，申请人答复实用新型和外观设计专利审查意见通知书的期限为通知书发文日起15日。所以选项D的说法错误。

综上，本题答案为：C、D。

56. 关于非正常申请专利行为的说法，正确的是？

　　A. 同一单位或者个人提交多件不同材料、组分、配比、部件等简单替换或者拼凑的专利申请，属于非正常申请专利的行为

　　B. 同一单位或者个人提交多件实验数据或者技术效果明显编造的专利申请，属于非正常申请专利的行为

　　C. 对于非正常申请专利的行为情节严重的，自本年度起五年内不予资助或者奖励

　　D. 通过非正常申请专利的行为骗取资助和奖励，情节严重构成犯罪的，依法移送有关机关追究刑事责任

【答案】A B C D

【知识点】非正常申请专利的行为

【解析】根据2017年2月28日公布的国家知识产权局令(第七十五号)修改后的《关于

规范专利申请行为的若干规定》第三条的规定，该规定所称非正常申请专利的行为是指：……（三）同一单位或者个人提交多件不同材料、组分、配比、部件等简单替换或者拼凑的专利申请；（四）同一单位或者个人提交多件实验数据或者技术效果明显编造的专利申请；……。所以选项 A 和选项 B 的说法正确。

根据修改后的《关于规范专利申请行为的若干规定》第四条规定，对非正常申请专利的行为，除依据《专利法》及其实施细则的规定对提交的专利申请进行处理之外，可以视情节采取下列处理措施：……（四）各级知识产权局不予资助或者奖励；已经资助或者奖励的，全部或者部分追还；情节严重的，自本年度起 5 年内不予资助或者奖励；……（六）通过非正常申请专利的行为骗取资助和奖励，情节严重构成犯罪的，依法移送有关机关追究刑事责任。所以选项 C 和选项 D 的说法正确。

综上，本题答案为：A、B、C、D。

57. 某申请日为 2017 年 10 月 11 日的中国发明专利申请 X 中，要求保护技术方案 A1 和 A2，该申请优先权日为 2016 年 10 月 11 日，且优先权文本中仅记载了技术方案 A1。审查部门检索到一篇申请日 2016 年 9 月 23 日、公开日 2017 年 9 月 6 日的中国发明专利申请，其中公开了技术方案 A1 和 A2。则下列说法正确的是？

A. 该对比文件构成了申请 X 中技术方案 A1 的抵触申请
B. 该对比文件构成了申请 X 中技术方案 A2 的抵触申请
C. 该对比文件构成申请 X 中技术方案 A1 的现有技术
D. 该对比文件构成申请 X 中技术方案 A2 的现有技术

【答案】A D

【知识点】部分优先权　现有技术　抵触申请

【解析】在该题中，技术方案 A1 记载在优先权文件中，因此技术方案 A1 优先权日（2016 年 10 月 11 日）成立。对比文件的申请日 2016 年 9 月 23 日早于前述优先权日，公开日 2017 年 9 月 6 日晚于前述优先权日，且其为中国发明专利申请，故构成了技术方案 A1 的抵触申请。技术方案 A2 不享有优先权，因此技术方案 A2 的申请日为申请提交日（2017 年 10 月 11 日）。对比文件的公开日 2017 年 9 月 6 日早于技术方案 A2 的申请日，构成了技术方案 A2 的现有技术。

综上，本题答案为：A、D。

58. 关于不丧失新颖性的宽限期，下列说法错误的是？

A. 如果申请人在中国政府主办的国际展会上首次展出其发明创造后 6 个月内在中国提出首次专利申请，之后又希望基于该首次专利申请作为国内优先权基础提出一份在后中国专利申请，则该在后中国专利申请的申请日应不晚于其首次展出后 12 个月

B.《专利法》第二十四条有关宽限期规定中所述的"首次展出""首次发表"是指在申请日以前的 6 个月内仅允许申请人将其发明创造以《专利法》第二十四条所规定的方式

展出或发表一次，不允许申请人在上述期限内多次发表或展出的情形

C. 申请人将其发明创造在中国政府主办的国际展览会上首次展出后，他人在该展会获得了该发明创造的信息，进而在宽限期内在出版物上公开发表了该发明创造的，将导致该申请丧失新颖性

D. 申请人作出的《专利法》第二十四条中规定的不丧失新颖性的公开行为，不能作为现有技术评价该申请人在宽限期内所提交专利申请请求保护的相似技术方案的创造性

【答案】A B
【知识点】不丧失新颖性的宽限期
【解析】《专利审查指南2010》第二部分第三章第5节中规定，申请专利的发明创造在申请日以前6个月内，发生《专利法》第二十四条规定的三种情形之一的，该申请不丧失新颖性。即这三种情况不构成影响该申请的现有技术。所说的6个月期限，称为宽限期，或者称为优惠期。宽限期和优先权的效力是不同的。我国允许申请人同时享有宽限期和优先权。《专利法实施细则》第十一条第一款规定，除《专利法》第二十八条和第四十二条规定的情形外，《专利法》所称的申请日，有优先权的，指优先权日。因此，《专利法》第二十四条规定的宽限期的起算日期，有优先权的，指优先权日之前6个月内。《专利法》第二十四条规定的行为发生日不构成优先权日。故选项A的说法是错误的。

《专利法》第二十四条规定的"首次"，仅仅是规定"首次"作出上述行为时应在申请日前6个月内，并不排除申请人在上述期限内多次作出上述行为。因此选项B的说法错误。

《专利审查指南2010》第一部分第一章第6.3.3节中规定，他人未经申请人同意而泄露其内容所造成的公开，包括他人未遵守明示或者默示的保密信约而将发明创造的内容公开，也包括他人用威胁、欺诈或者间谍活动等手段从发明人或者申请人那里得知发明创造的内容而后造成的公开。可见，"他人未经申请人同意而泄露其内容"应当符合如下两个条件：(1) 他人公开的发明创造是直接或间接地从申请人那里获知的，包括合法方式和非法方式；(2) 他人公开发明创造的行为违背了申请人的意愿。当他人以非法方式获知发明创造的情况下，其公开发明创造的行业违背申请人的意愿是不言自明的。

选项C中，虽然他人公开的发明创造是直接从申请人那里获得的，但其方式是通过参加展览这种合法方式。此外，最关键的是，申请人自己的公开行为导致其发明创造被他人所知。其在国际展览会上展出的行为表明申请人无意使其发明创造处于保密状态，因此他人通过合法方式得知该发明创造后，再予以公开的行为无须经申请人同意，也谈不上什么"泄露"。选项C中他人的公开行为并不属于"他人未经申请人同意而泄露其内容"的情形，因此选项C的说法正确。

在上述规定中，不损害该专利申请新颖性和创造性的公开、已成为现有技术、不视为影响其新颖性和创造性的现有技术这些表述表明，虽然习惯上采用"不丧失新颖性"的说法，但《专利法》第二十四条中规定的公开行为，既不能用于评述随后申请的发明创造的新颖性，也不能用于评述其创造性。这可以从宽限期保护申请人利益的立法本意上进行理解。因此选项D的说法正确。

综上，本题答案为：A、B。

59. 某申请人在12个月内向国家知识产权局先后提交了2份申请请求保护一种可燃气体，其中两份申请的区别仅在于记载的可燃气体中的氧气体积含量不同，其他特征相同，且该在先申请是申请人在中国的首次申请。则以下情况中，在后申请可以要求享有在先申请的优先权的是？

  A. 在先申请权利要求的氧气体积含量为20%～50%，在后申请权利要求的氧气体积含量为30%～60%。但在先申请既没有记载氧气含量范围为50%～60%，也没明确记载氧气含量为30%

  B. 在先申请权利要求的氧气体积含量为20%～50%并在说明书记载了氧气体积含量可以为30%，在后申请权利要求的氧气体积含量为30%～50%

  C. 在先申请权利要求的氧气体积含量为20%～50%并在说明书记载了氧气体积含量可以为30%、35%，在后申请权利要求的氧气体积含量分别为30%、35%、50%

  D. 在先申请权利要求的氧气体积含量分别为20%、50%，但在该在先申请的说明书中没有记载氧气含量为20%～50%的范围内的技术方案，在后申请权利要求的氧气体积含量为20%～50%

【答案】BC

【知识点】优先权的判断

【解析】根据《专利法》第二十九条及《专利审查指南2010》第二部分第三章第4.2.1节的规定，申请人自发明在中国第一次提出专利申请之日起12个月之内，又向国务院专利行政部门就相同主题提出专利申请的，可以享有优先权。如果在后申请与在先申请的技术方案在表达上的不同仅仅是简单的文字变换，或者在后申请的技术方案是能够从在先申请中直接和毫无疑义地确定的技术内容，则两者也属于相同主题的发明创造。

选项A中，在后申请的氧气含量范围（30%～60%）与在先申请氧气含量范围（20%～50%）仅仅是部分重叠，在先申请并没有记载氧气含量范围为50%～60%，也没明确记载氧气含量为30%，因而不能由在先申请直接和毫无疑义地确定氧气含量范围为30%～60%的技术方案，在后申请不能享受在先申请的优先权。

选项B中，在先申请虽然没有明确记载氧气含量范围为30%～50%，但由于在先申请记载了氧气含量范围为20%～50%，并且还记载了氧气含量可以是30%，由在先申请可以直接和毫无疑义地确定氧气含量范围可以是30%～50%，因此在后申请可以享受在先申请的优先权。

选项C中，在先申请已记载了30%、35%两个点值和50%这个端点，因此在后申请可以享受在先申请的优先权。

选项D中，在先申请没有记载氧气含量为20%～50%的范围内的技术方案，并且也不能从在先申请中直接和毫无疑义地确定这一技术方案，因此在后申请不能享受在先申请的优先权。

综上，本题答案为：B、C。

60. 有关会晤，下列说法正确的是？
    A. 会晤应当是在审查员已发出第一次审查意见通知书之后进行
    B. 审查员可以根据案情需要约请申请人会晤，申请人也可以要求会晤
    C. 除非另有声明或者委托了代理机构，共有专利申请的单位或者个人都应当参加会晤
    D. 申请人委托了专利代理机构的，会晤必须有代理人参加

【答案】A B C D

【知识点】举行会晤的条件　会晤参加人

【解析】《专利审查指南2010》第二部分第八章第4.12.1节和第4.12.2节对有关会晤的内容作了规定。举行会晤的条件是：(1) 审查员已发出第一次审查意见通知书；并且 (2) 申请人在答复审查意见通知书的同时或者之后，提出了会晤要求，或者审查员根据案情的需要向申请人发出了约请。选项A、B的说法是正确的。

关于会晤参加人，《专利审查指南2010》第二部分第八章第4.12.2节中规定，申请人委托了专利代理机构的，会晤必须有代理人参加。申请人没有委托专利代理机构的，申请人应当参加会晤；申请人是单位的，由该单位指定的人员参加，该参加会晤的人员应当出示证明其身份的证件和单位出具的介绍信。上述规定也适用于共同申请人。除非另有声明或者委托了代理机构，共有专利申请的单位或者个人都应当参加会晤。选项C、D的说法是正确的。

综上，本题答案为A、B、C、D。

61. 以下哪些情况属于不允许的修改？
    A. 原申请文件仅记载了弹簧，将其修改为原申请说明书或权利要求书中未记载的"弹性部件"
    B. 原申请文件仅记载了较高的温度，将其修改为原申请说明书或权利要求书中未记载的"大于200℃"
    C. 将说明书中对某一技术特征的具体描述补充到权利要求对应的技术特征部分中
    D. 将不同实施例的内容进行组合得到没有记载在原申请文件的新技术方案

【答案】A B D

【知识点】不允许的改变

【解析】《专利审查指南2010》第二部分第八章第5.2.3.2节中规定，不能允许的改变内容的修改，包括下述几种。(1) 改变权利要求中的技术特征，超出了原权利要求书和说明书记载的范围。例如，原权利要求涉及制造橡胶的成分，不能将其改成制造弹性材料的成分，除非原说明书已经清楚地指明。选项A与该例子相似，因此不允许这样的修改。(2) 由不明确的内容改成明确具体的内容而引入原申请文件中没有的新的内容。例如，一件有关合成高分子化合物的发明专利申请，原申请文件中只记载在"较高的温度"下进行聚合反应。当申请人看到审查员引证的一份对比文件中记载了在40℃下进行同样的聚合反应后，将原说

明书中"较高的温度"改成"高于40℃的温度"。虽然"高于40℃的温度"的提法包括在"较高的温度"范围内，但是，所属技术领域的技术人员，并不能从原申请文件中理解到"较高的温度"是指"高于40℃的温度"。因此，这种修改引入了新内容。选项B与该例子相似，因此不允许这样的修改。

选项C所修改的内容已经记载在原说明书，因此允许以说明书为依据，对权利要求的技术方案进行进一步限定。选项C的修改是允许的。

选项D中，将不同实施例的内容进行组合得到没有记载在原申请文件的新技术方案，这属于一种新的组合。该方案不属于原说明书和权利要求书文字记载的内容，也不能根据原说明书和权利要求书文字记载的内容以及说明书附图直接地、毫无疑义地确定。因此，该修改超出了原说明书和权利要求书记载的范围，这样的修改不符合《专利法》第三十三条的规定。选项D的修改是不允许的。

综上，本题答案为：A、B、D。

62. 实审程序中，关于申请文件中数值范围的修改，以下说法错误的是？

A. 原权利要求中的数值范围是20～90，原说明书中还记载了特定数值40、60、80，可以允许申请人将其修改为20～40或者60～80的数值范围

B. 原权利要求中的数值范围是40～90，原说明书中还记载了特定数值20、60、80，可以允许申请人将其修改为20～60或者80～90的数值范围

C. 原始文本中记载了数值为20和60的点值，允许申请人将其修改为20～60的数值范围

D. 原权利要求中记载了60～90的数值范围，原说明书中还记载了特定数值30，可以允许申请人将其修改为30～90这一数值范围

【答案】BCD

【知识点】数值范围的修改

【解析】《专利审查指南2010》第二部分第八章第5.2.2.1节中规定，对于含有数值范围技术特征的权利要求中数值范围的修改，只有在修改后数值范围的两个端值在原说明书和/或权利要求书中已确实记载且修改后的数值范围在原数值范围之内的前提下，才是允许的。例如，权利要求的技术方案中，某温度为20～90℃，对比文件公开的技术内容与该技术方案的区别是其所公开的相应的温度范围为0～100℃，该文件还公开了该范围内的一个特定值40℃，因此，审查员在审查意见通知书中指出该权利要求无新颖性。如果发明专利申请的说明书或者权利要求书还记载了20～90℃范围内的特定值40℃、60℃和80℃，则允许申请人将权利要求中该温度范围修改成60～80℃或者60～90℃。因此，选项A的修改是允许的，而选项B、C、D的修改是不允许的。

综上，本题答案为：B、C、D。

63. 对于PCT国际申请在国际申请阶段或进入中国国家阶段申请人所做的修改，以下哪些是允许的？

A. 申请人自国际检索单位向申请人和国际局传送国际检索报告之日起 2 个月，或者自优先权日起 16 个月向国际检索单位提交的权利要求书、说明书及附图的修改替换页

B. 申请人在提交国际初审请求书时，向国际初审单位提交的权利要求书、说明书及附图的修改替换页

C. 申请人在国际初审单位制定专利性国际初步报告之前，向国际初审单位提交的权利要求书、说明书及附图的修改替换页

D. 申请人在该 PCT 申请进入中国国家阶段时，提交的权利要求书、说明书及附图的修改替换页

【答案】B C D

【知识点】《专利合作条约》允许的修改

【解析】根据《专利合作条约》第 19 条及《专利合作条约实施细则》第 46.1 条的规定，申请人自国际检索单位向申请人和国际局传送国际检索报告之日起 2 个月，或者自优先权日起 16 个月，以在后届满的期限为准，可以修改权利要求书，但不能修改说明书及附图。因此选项 A 错误。

根据《专利合作条约》第 34 条的规定，申请人在提交初审请求书时或至专利性国际初步报告制定之前，可以修改的权利要求书、说明书及附图。故选项 B、C 正确。

根据《专利合作条约》第 28 条或第 41 条的规定，PCT 申请进入中国国家阶段时，申请人可以修改权利要求书、说明书及附图。故选项 D 的说法正确。

综上，本题答案为：B、C、D。

64. 国际申请进入中国国家阶段后被授予专利权，下列说法正确的是？

A. 由于译文错误，致使授权的权利要求书确定的保护范围超出国际申请原文所表达的范围的，应以授权时的保护范围为准

B. 由于译文错误，致使授权的权利要求书确定的保护范围超出国际申请原文所表达的范围的，应依据原文限制后的保护范围为准

C. 由于译文错误，致使授权的权利要求书确定的保护范围小于国际申请原文所表达的范围的，应以授权时的保护范围为准

D. 由于译文错误，致使授权的权利要求书确定的保护范围小于国际申请原文所表达的范围的，应以原文的保护范围为准

【答案】B C

【知识点】译文错误时专利权保护范围的确定

【解析】《专利法实施细则》第一百一十七条规定，基于国际申请授予的专利权，由于译文错误，致使依照《专利法》第五十九条规定确定的保护范围超出国际申请的原文所表达的范围的，以依据原文限制后的保护范围为准；致使保护范围小于国际申请的原文所表达的范围的，以授权时的保护范围为准。选项 B、C 为法条原文，因此选项 B、C 的说法正确，选项 A、D 的说法错误。

综上，本题答案为：B、C。

65. 一件国际申请日为2016年3月23日的PCT国际申请，在国际阶段提出了多项优先权要求，经审查合格后确定的优先权信息（优先权日为2015年2月23日）记载在该申请国际公布文本的扉页上，该PCT国际申请进入中国国家阶段后，以下说法正确的是？

  A. 进入中国国家阶段的声明中写明的在先申请信息应当与该申请国际公布文本扉页中的记载一致，除非国际局曾向国家知识产权局传送通知书以表明所涉及的优先权要求已经失去效力
  B. 申请人认为国际阶段的优先权书面声明中某一事项存在书写错误的，可以在进入中国国家阶段的同时或自进入之日起2个月内提出改正请求
  C. 在国际阶段中，要求优先权声明的填写符合规定，但由于未在规定期限内缴纳或缴足优先权要求费，而使其中要求的一项优先权被视为未要求，申请人可以在进入国家阶段后请求恢复该项优先权
  D. 申请人在国际阶段没有提供在先申请的申请号的，应当在进入声明中写明

【答案】A B D
【知识点】进入国家阶段的PCT国际申请的优先权要求
【解析】《专利审查指南2010》第三部分第一章第5.2.1节中规定，申请人应当在进入声明中准确地写明其在先申请的申请日、申请号及原受理机构名称。除下段所述情况外，写明的内容应当与国际公布文本扉页中的记载一致。审查员发现不一致时，可以以国际公布文本扉页中记载的内容为依据，依职权改正进入声明中的不符之处，并及时通知申请人。国际局曾经向专利局传送的"撤回优先权要求通知书"或"优先权要求被认为未提出通知书"中所涉及的优先权要求应认为已经失去效力，不应写入进入声明中。因此选项A正确。

申请人认为在国际阶段提出的优先权书面声明中某一事项有书写错误，可以在办理进入国家阶段手续的同时或者自进入日起2个月内提出改正请求。故选项B的说法是正确的。

申请人在国际阶段没有提供在先申请的申请号的，应当在进入声明中写明。不符合规定的，审查员应当发出办理手续补正通知书，期满未答复或者补正后仍不符合规定的，审查员应当针对该项优先权要求发出视为未要求优先权通知书。故选项D正确。

《专利审查指南2010》第三部分第一章第5.2.5节中规定，国际申请在进入国家阶段后，由于下述情形之一导致视为未要求优先权的，可以根据《专利法实施细则》第六条的规定请求恢复要求优先权的权利：……（4）要求优先权声明填写符合规定，但未在规定期限内缴纳或缴足优先权要求费。选项C符合此规定。但是还需要注意的是，该国际申请的国际申请日2016年3月23日在2015年2月23日这一优先权日起的12个月至14个月之间，《专利审查指南2010》第三部分第一章第5.2.1节中明确指出，中国对《专利合作条约》及其实施细则的有关规定作出保留，相应的优先权在中国不发生效力。因此C错误，不能进行优先权的恢复。

综上，本题答案为：A、B、D。

66. 关于国际检索，下列说法正确的是？
　　A. 国际检索只能是在原始国际申请文件的基础上进行的
　　B. 如果在国际公布的技术准备工作完成前，国际局已得到国际检索报告，国际检索报告将随申请文件一起进行国际公布
　　C. 国际检索单位作出的书面意见随申请文件一起进行国际公布
　　D. 申请日为2015年2月1日的国际申请（未要求优先权），国际检索单位收到检索本的日期为2015年3月1日，则完成国际检索报告及书面意见的期限为2015年11月1日

【答案】ABCD
【知识点】国际检索的文本　国际检索报告和书面意见的公布　作出国际检索报告和书面意见的期限

【解析】在国际阶段的修改包括按照《专利合作条约》第19条或第34条进行的修改。《专利合作条约》第19条规定，申请人在收到国际检索报告后，有权享受一次机会，在规定的期限内对国际申请的权利要求向国际局提出修改。《专利合作条约》第34条规定，在国际初步审查报告作出之前，申请人有权依规定的方式，并在规定的期限内修改权利要求书、说明书和附图。根据上述规定可以看出，这两个修改的发生时间都在国际检索之后，可知国际检索是在原始国际申请文件的基础上进行的，因此选项A正确。

《专利合作条约实施细则》第48.2条明确了国际公布包含的内容，国际检索报告应当予以公布。如果在国际公布技术准备完成之前，国际局尚未收到国际检索报告，国际检索报告将随后进行公布，因此选项B正确。

《专利合作条约实施细则》在2005年进行修订时，将原来第44条之三有关书面意见的保密性的规定予以删除，因此，按现行《专利合作条约实施细则》的规定，选项C正确。

作出国际检索报告和书面意见的期限是：自国际检索单位收到检索本起3个月，或自优先权日起9个月（没有优先权日的，则指申请日），以后到期的为准。选项D中，2015年3月1日收到检索本，3个月后则为2015年6月1日，申请日为2015年2月1日，9个月后为2015年11月1日，以后到期的为准，则作出国际检索报告和书面意见的期限是2015年11月1日。因此选项D正确。

综上，本题答案为：A、B、C、D。

67. 关于复审请求审查决定，以下说法中正确的是？
　　A. 驳回决定适用法律错误的，合议组将作出撤销原驳回决定的复审决定
　　B. 驳回理由缺少必要的证据支持的，合议组将作出撤销原驳回决定的复审决定
　　C. 驳回决定以申请人放弃的申请文本或者不要求保护的技术方案为依据的，合议组将作出撤销原驳回决定的复审决定
　　D. 驳回决定没有评价申请人提交的与驳回理由有关的证据，以致可能影响公正审理的，

合议组将作出撤销原驳回决定的复审决定

【答案】A B C D

【知识点】复审决定的类型

【解析】《专利审查指南2010》第四部分第二章第5节规定，复审请求审查决定（简称复审决定）分为下列三种类型：……（2）复审请求成立，撤销驳回决定。……上述第（2）种类型包括下列情形：(i) 驳回决定适用法律错误的；(ii) 驳回理由缺少必要的证据支持的；(iii) 审查违反法定程序的，例如，驳回决定以申请人放弃的申请文本或者不要求保护的技术方案为依据；在审查程序中没有给予申请人针对驳回决定所依据的事实、理由和证据陈述意见的机会；驳回决定没有评价申请人提交的与驳回理由有关的证据，以致可能影响公正审理的；(iv) 驳回理由不成立的其他情形。因此，选项A、B、C、D的说法都正确。

综上，本题答案为：A、B、C、D。

68. 甲于2018年7月24日针对乙的某项发明专利权向专利复审委员会提出无效宣告请求。乙对其专利文件进行修改的下列情形，哪些是正确的？

A. 甲于2018年8月28日向专利复审委员会提交了新的日本专利文献，乙应当在收到该文献后，对独立权利要求作出进一步限缩性修改

B. 针对甲的无效宣告请求，乙在答复期限内对说明书作出修改

C. 针对甲于2018年8月22日补充提交的无效理由和证据，乙在答复期限内对该无效理由和证据涉及的独立权利要求作出进一步限缩性修改

D. 口头审理进行中，乙首次提出删除两项权利要求

【答案】C D

【知识点】修改方式的限制（国家知识产权局令第74号修正）

【解析】根据《专利法实施细则》第六十七条的规定，请求人可以在提出无效宣告请求之日起1个月内增加理由或者补充证据。选项A中甲提交日本专利文献的日期超出了其提出无效宣告请求之日起1个月内的期限，专利复审委员会不予考虑，乙也无须对权利要求作出进一步限定式修改。故选项A错误。

《专利法实施细则》第六十九条规定，在无效宣告请求的审查过程中，发明或者实用新型专利的专利权人可以修改其权利要求书，但是不得扩大原专利的保护范围。发明或者实用新型专利的专利权人不得修改专利说明书和附图，外观设计专利的专利权人不得修改图片、照片和简要说明。故选项B错误。

国家知识产权局令第74号针对《专利审查指南2010》第四部分第三章第4.6.3节的规定进行了修正。依据修正后的规定，在专利复审委员会作出审查决定之前，专利权人可以删除权利要求或者权利要求中包括的技术方案。仅在下列三种情形的答复期限内，专利权人可以以删除以外的方式修改权利要求书：（1）针对无效宣告请求书；（2）针对请求人增加的无效宣告理由或者补充的证据；（3）针对专利复审委员会引入的请求人未提及的无效宣告理由或者证据。可见，专利权人仅可在上述三种情形的答复期限内以删除以外的方式修改权利要

求书，除此以外在专利复审委员会作出审查决定之前，仅可以删除的方式修改权利要求书。故选项C和D正确。

综上，本题答案为：C、D。

69. 无效宣告请求人在提出无效宣告请求时提交了买卖合同和产品使用说明书，在之后的1个月内补充提交了日本出版的专业期刊文献的复印件及其中文译文。两个月后的口头审理中，请求人当庭提交了机械工业出版社出版的《机械设计制造大辞典》、前述提交过的日本出版的专业期刊原件及其公证认证文书、美国专利文献及其中文译文。专利复审委员会对请求人提交的下列哪些证据会予以考虑？

   A. 请求人口头审理之前提交的买卖合同和产品使用说明书
   B. 请求人口头审理中提交的机械工业出版社出版的《机械设计制造大辞典》
   C. 请求人口头审理中提交的日本出版的专业期刊原件及其公证认证文书
   D. 请求人口头审理中提交的美国专利文献及其中文译文

【答案】A B C
【知识点】无效程序的证据提交
【解析】《专利审查指南2010》第四部分第三章第4.3.1节规定，（1）请求人在提出无效宣告请求之日起1个月内补充证据的，应当在该期限内结合该证据具体说明相关的无效宣告理由，否则，专利复审委员会不予考虑。（2）请求人在提出无效宣告请求之日起1个月后补充证据的，专利复审委员会一般不予考虑，但下列情形除外：（i）针对专利权人提交的反证，请求人在专利复审委员会指定的期限内补充证据，并在该期限内结合该证据具体说明相关无效宣告理由的；（ii）在口头审理辩论终结前提交技术词典、技术手册和教科书等所属技术领域中的公知常识性证据或者用于完善证据法定形式的公证文书、原件等证据，并在该期限内结合该证据具体说明相关无效宣告理由的。（3）请求人提交的证据是外文的，提交其中文译文的期限适用该证据的举证期限。

买卖合同和产品使用说明书是在无效宣告请求之日提出的，专利复审委员会应予以考虑，选项A的说法是正确的。《机械设计制造大辞典》是在口头审理辩论终结前提交的公知常识性证据，可以被接受，选项B的说法是正确的。日本出版的专业期刊原件及其公证认证文书是在口头审理辩论终结前提交的用于完善证据法定形式的公证文书，可以被接受，故选项C的说法是正确的。美国专利文献及其中文译文是在无效宣告请求2个月后才提出的，超出了举证期限，专利复审委员会不予考虑，故选项D的说法是错误的。

综上，本题答案为：A、B、C。

70. 以下哪些情形的无效宣告请求不予受理？
   A. 请求人不具备民事诉讼主体资格
   B. 请求人甲和乙针对丙的专利共同提出一件无效宣告请求
   C. 请求人未结合其提交的所有证据具体说明无效宣告理由

D. 专利权人丙请求宣告其本人的某项专利权全部无效

【答案】ABCD

【知识点】无效宣告请求人资格 无效宣告请求范围以及理由和证据

【解析】《专利审查指南2010》第四部分第三章第3.2节规定，请求人属于下列情形之一的，其无效宣告请求不予受理：(1)请求人不具备民事诉讼主体资格的。……(3)专利权人针对其专利权提出无效宣告请求且请求宣告专利权全部无效、所提交的证据不是公开出版物或者请求人不是共有专利权的所有专利权人的。(4)多个请求人共同提出一件无效宣告请求的，但属于所有专利权人针对其共有的专利权提出的除外。故选项A、B、D的无效宣告请求不予受理。

《专利法实施细则》第六十五条第一款中规定，无效宣告请求书应当结合提交的所有证据，具体说明无效宣告请求的理由，并指明每项理由所依据的证据。《专利审查指南2010》第四部分第三章第3.3节第(5)项规定，请求人应当具体说明无效宣告理由，提交有证据的，应当结合提交的所有证据具体说明。……请求人未具体说明无效宣告理由的，或者提交有证据但未结合提交的所有证据具体说明的，或者未指明每项理由所依据的证据的，其无效宣告请求不予受理。故选项C的无效宣告请求不予受理。

综上，本题答案为：A、B、C、D。

71. 无效宣告程序中，以下哪些事项，代理人需要具有特别授权的委托书？

A. 专利权人的代理人赵某在口头审理中删除两项权利要求

B. 专利权人的代理人钱某书面答复无效宣告请求时，对权利要求作出进一步限缩性的修改

C. 口头审理中，请求人的代理人与专利权人商谈和解有关事宜

D. 专利复审委员会作出审查决定之前，请求人的代理人撤回无效宣告请求

【答案】ABCD

【知识点】无效宣告程序委托手续

【解析】《专利审查指南2010》第四部分第三章第3.6节中规定，对于下列事项，代理人需要具有特别授权的委托书：(i)专利权人的代理人代为承认请求人的无效宣告请求；(ii)专利权人的代理人代为修改权利要求书；(iii)代理人代为和解；(iv)请求人的代理人代为撤回无效宣告请求。

综上，本题答案为：A、B、C、D。

72. 无效宣告程序中，下列关于专利复审委员会可以依职权进行审查的说法，正确的是？

A. 无效宣告理由为全部的权利要求不具备创造性，合议组认为涉案专利权保护的主题明显是一种智力活动的规则，属于《专利法》第二十五条第一款规定的不授予专利权的客体，合议组可以依职权对该缺陷进行审查

B. 无效宣告理由为独立权利要求1不具备创造性，合议组认为该权利要求因不清楚而无

法确定其保护范围，不符合《专利法》第二十六条第四款的规定，合议组可以依职权对该缺陷进行审查

C. 请求人以权利要求1不具备新颖性、从属权利要求2不具备创造性为由请求宣告专利权无效，合议组审查后认定权利要求1具有新颖性但不具备创造性、从属权利要求2不具备创造性，合议组可以依职权对权利要求1的创造性进行审查

D. 请求人以权利要求1增加了技术特征而导致其不符合《专利法》第三十三条的规定为由请求宣告权利要求1无效，而未指出从属权利要求2也存在同样的缺陷，专利复审委员会可以引入《专利法》第三十三条的无效宣告理由对从属权利要求2进行审查

【答案】ABCD
【知识点】无效宣告程序的审查范围　依职权审查的情形
【解析】《专利审查指南2010》第四部分第三章第4.1节中规定，专利复审委员会在下列情形可以依职权进行审查：……（2）专利权存在请求人未提及的明显不属于专利保护客体的缺陷，专利复审委员会可以引入相关的无效宣告理由进行审查。故选项A正确。

该节第（3）项规定，专利权存在请求人未提及的缺陷而导致无法针对请求人提出的无效宣告理由进行审查的，专利复审委员会可以依职权针对专利权的上述缺陷引入相关无效宣告理由并进行审查。例如，无效宣告理由为独立权利要求1不具备创造性，但该权利要求因不清楚而无法确定其保护范围，从而不存在审查创造性的基础的情形下，专利复审委员会可以引入涉及《专利法》第二十六条第四款的无效宣告理由并进行审查。故选项B正确。

该节第（4）项规定，请求人请求宣告权利要求之间存在引用关系的某些权利要求无效，而未以同样的理由请求宣告其他权利要求无效，不引入该无效宣告理由将会得出不合理的审查结论的，专利复审委员会可以依职权引入该无效宣告理由对其他权利要求进行审查。例如，请求人以权利要求1不具备新颖性、从属权利要求2不具备创造性为由请求宣告专利权无效，如果专利复审委员会认定权利要求1具有新颖性，而从属权利要求2不具备创造性，则可以依职权对权利要求1的创造性进行审查。故选项C正确。

该节第（5）项规定，请求人以权利要求之间存在引用关系的某些权利要求存在缺陷为由请求宣告其无效，而未指出其他权利要求也存在相同性质的缺陷，专利复审委员会可以引入与该缺陷相对应的无效宣告理由对其他权利要求进行审查。例如，请求人以权利要求1增加了技术特征而导致其不符合《专利法》第三十三条的规定为由请求宣告权利要求1无效，而未指出从属权利要求2也存在同样的缺陷，专利复审委员会可以引入《专利法》第三十三条的无效宣告理由对从属权利要求2进行审查。故选项D正确。

综上，本题答案为：A、B、C、D。

73. 请求人赵某于2018年3月15日提出无效宣告请求并被专利复审委员会受理。赵某的无效理由是涉案专利权的全部权利要求均不具备创造性，其提交的现有技术证据包括其从日本获得的某日文期刊出版物A及其中文译文、美国专利公开文献B（英文，但未提交中文译文）等。以下赵某在无效宣告程序中增加的无效理由或补充的证据，专利复审委员会应当予以考虑的有？

A. 赵某于2018年4月16日（星期一）通过中国邮政EMS向专利复审委员会寄交意见陈述书，增加了无效宣告的理由和证据

B. 针对专利权人随后对权利要求作出的进一步限缩性修改，在专利复审委员会指定的期限内，赵某于2018年5月18日提交意见陈述书，但未提交新的证据，仅增加理由具体说明修改后的权利要求相对于出版物A结合本领域公知常识仍不具备创造性

C. 口头审理于2018年6月20日举行，赵某在口头审理辩论终结前提交的上述日文期刊出版物A的公证文书

D. 口头审理于2018年6月20日举行，赵某在口头审理辩论终结前提交的上述美国专利文献B的中文译文

【答案】A B C

【知识点】无效理由的增加　请求人举证期限［国家知识产权局令（第七十四号）修正］

【解析】《专利法实施细则》第五条规定，《专利法》和该细则规定的各种期限的第一日不计算在期限内。期限以年或者月计算的，以其最后一月的相应日为期限届满日；该月无相应日的，以该月最后一日为期限届满日；期限届满日是法定休假日的，以休假日后的第一个工作日为期限届满日。《专利法实施细则》第六十七条规定，在专利复审委员会受理无效宣告请求后，请求人可以在提出无效宣告请求之日起1个月内增加理由或者补充证据。逾期增加理由或者补充证据的，专利复审委员会可以不予考虑。

对于选项A，根据《专利法实施细则》第六十七条的规定，赵某应当于2018年4月15日前增加理由或补充证据。但从选项A的描述可知2018年4月15日是星期日，为法定休假日，根据《专利法实施细则》第五条的规定，应当以其后的第一个工作日即2018年4月16日星期一为期限届满日。因此，选项A正确。

《专利审查指南2010》第四部分第三章第4.2节中规定，请求人在提出无效宣告请求之日起1个月后增加无效宣告理由的，专利复审委员会一般不予考虑，但下列情形除外：(i)针对专利权人以删除以外的方式修改的权利要求，在专利复审委员会指定期限内增加无效宣告理由，并在该期限内对所增加的无效宣告理由具体说明的；(ii)对明显与提交的证据不相对应的无效宣告理由进行变更的。

对于选项B，专利权人对权利要求作出的进一步限定的修改属于上述规定中的"以删除之外的方式修改"，赵某可以在专利复审委员会指定期限内增加无效宣告理由，并在该期限内对所增加的无效宣告理由具体说明。因此，选项B正确。

《专利审查指南2010》第四部分第三章第4.3.1节规定，(1)请求人在提出无效宣告请求之日起1个月内补充证据的，应当在该期限内结合该证据具体说明相关的无效宣告理由，否则，专利复审委员会不予考虑。(2)请求人在提出无效宣告请求之日起1个月后补充证据的，专利复审委员会一般不予考虑，但下列情形除外：(i)针对专利权人提交的反证，请求人在专利复审委员会指定的期限内补充证据，并在该期限内结合该证据具体说明相关无效宣告理由的；(ii)在口头审理辩论终结前提交技术词典、技术手册和教科书等所属技术领域中的公知常识性证据或者用于完善证据法定形式的公证文书、原件等证据，并在该期限内结合

该证据具体说明相关无效宣告理由的。(3)请求人提交的证据是外文的，提交其中文译文的期限适用该证据的举证期限。

对于选项C，赵某在口头审理辩论终结前提交的日文期刊出版物A的公证文书属于用于完善证据法定形式的公证文书证据，专利复审委员会应当予以考虑。故选项C正确。对于选项D，美国专利文献B的中文译文应当在请求日起1个月内提交，赵某在口头审理辩论终结前提交已经超出期限，专利复审委员会不予考虑。故选项D错误。

综上，本题答案为：A、B、C。

74. 请求人赵某认为，专利权人钱某所拥有的具有相同申请日（有优先权的，指优先权日）、不同授权日的两项专利权不符合《专利法》第九条第一款的规定，向专利复审委员会提出无效宣告请求。针对赵某的无效宣告请求，下列说法正确的是？

  A. 赵某请求宣告其中授权在前的专利权无效，在不存在其他无效宣告理由或者其他理由不成立的情况下，专利复审委员会应当维持该项专利权有效

  B. 赵某请求宣告其中授权在后的专利权无效，专利复审委员会经审查后认为构成同样的发明创造的，应当宣告该项专利权无效

  C. 赵某请求宣告其中任一专利权无效，专利复审委员会经审查后认为两者构成同样的发明创造的，专利复审委员会可以自行决定选择其中一项专利权宣告无效

  D. 如果上述两项专利权为钱某同日（仅指申请日）申请的一项实用新型专利权和一项发明专利权，钱某在申请时根据《专利法实施细则》第四十一条第二款的规定作出过说明，且发明专利权授予时实用新型专利权尚未终止，在此情形下，钱某可以通过放弃授权在前的实用新型专利权以保留被请求宣告无效的发明专利权

【答案】A B D

【知识点】无效宣告程序中对于同样发明创造的处理

【解析】根据《专利审查指南2010》第四部分第七章第2.1节规定，任何单位或者个人认为属于同一专利权人的具有相同申请日（有优先权的，指优先权日）的两项专利权不符合《专利法》第九条第一款的规定而请求专利复审委员会宣告其中授权在前的专利权无效的，在不存在其他无效宣告理由或者其他理由不成立的情况下，专利复审委员会应当维持该项专利权有效。故选项A正确。

任何单位或者个人认为属于同一专利权人的具有相同申请日（有优先权的，指优先权日）的两项专利权不符合《专利法》第九条第一款的规定而请求专利复审委员会宣告其中授权在后的专利权无效的，专利复审委员会经审查后认为构成同样的发明创造的，应当宣告该项专利权无效。故选项B正确。

如果上述两项专利权为同一专利权人同日（仅指申请日）申请的一项实用新型专利权和一项发明专利权，专利权人在申请时根据《专利法实施细则》第四十一条第二款的规定作出过说明，且发明专利权授予时实用新型专利权尚未终止，在此情形下，专利权人可以通过放弃授权在前的实用新型专利权以保留被请求宣告无效的发明专利权。故选项D正确。

选项C不符合上述规定，故选项C错误。

综上，本题答案为：A、B、D。

75. 在复审程序和无效宣告程序的口头审理中，以下说法正确的是？

　　A. 合议组应当询问当事人是否请求审案人员回避，对于当事人请求审案人员回避的，合议组组长可以宣布中止口头审理

　　B. 在无效宣告程序的口头审理中，当事人当庭增加理由或者补充证据的，合议组应当根据有关规定判断所述理由或者证据是否予以考虑

　　C. 在复审程序的口头审理调查后，合议组可以就有关问题发表倾向性意见，必要时将其认为专利申请不符合《专利法》及其实施细则和审查指南有关规定的具体事实、理由和证据告知复审请求人，并听取复审请求人的意见

　　D. 在无效宣告程序的口头审理辩论时，合议组成员不得发表自己的倾向性意见，也不得与任何一方当事人辩论

【答案】ABCD

【知识点】口头审理的进行

《专利审查指南2010》第四部分第四章第5.1节中规定，合议组组长宣布口头审理开始后，介绍合议组成员；……合议组组长宣读当事人的权利和义务；询问当事人是否请求审案人员回避……。第6节规定了有下列情形之一的，合议组组长可以宣布中止口头审理，并在必要时确定继续进行口头审理的日期：(1)当事人请求审案人员回避的……故选项A的说法是正确的。

《专利审查指南2010》第四部分第四章第5.2节中规定：当事人当庭增加理由或者补充证据的，合议组应当根据有关规定判断所述理由或者证据是否予以考虑。故选项B的说法是正确的。

《专利审查指南2010》第四部分第四章第5.3节中规定，在无效宣告程序的口头审理调查后，进行口头审理辩论。……在口头审理辩论时，合议组成员可以提问，但不得发表自己的倾向性意见，也不得与任何一方当事人辩论。……在复审程序的口头审理调查后，合议组可以就有关问题发表倾向性意见，必要时将其认为专利申请不符合《专利法》及其实施细则和审查指南有关规定的具体事实、理由和证据告知复审请求人，并听取复审请求人的意见。故选项C、D的说法是正确的。

综上，本题答案为：A、B、C、D。

76. 某无效宣告案件的口头审理，关于证人赵某和钱某出庭作证，以下说法正确的是？

　　A. 赵某是出具过证言并在口头审理通知书回执中写明的证人，可以就其证言出庭作证

　　B. 钱某是专利权人在口头审理中向合议组提出出庭作证请求的证人，合议组可根据案件的具体情况决定是否准许

　　C. 赵某和钱某不得旁听案件的审理

D. 合议组询问赵某时，钱某不得在场，但需要钱某与赵某对质的除外

【答案】A B C D

【知识点】口头审理证人出庭作证

【解析】根据《专利审查指南2010》第四部分第四章第10节规定，出具过证言并在口头审理通知书回执中写明的证人可以就其证言出庭作证。当事人在口头审理中提出证人出庭作证请求的，合议组可根据案件的具体情况决定是否准许。故选项A、B正确。

出庭作证的证人不得旁听案件的审理。询问证人时，其他证人不得在场，但需要证人对质的除外。故选项C、D正确。

综上，本题答案为：A、B、C、D。

77. 请求人赵某认为专利权人钱某拥有的一项实用新型专利权不具备《专利法》规定的创造性，向专利复审委员会提出无效宣告请求，并提交了日文专利文献作为现有技术证据之一。以下说法正确的是？

A. 赵某应当提交该日文专利文献的中文译文，如果赵某未在举证期限内提交中文译文的，视为未提交

B. 钱某对该日文专利文献的中文译文内容有异议的，应当在指定的期限内对有异议的部分提交中文译文。没有提交中文译文的，视为无异议

C. 赵某和钱某就中文译文的异议部分达成一致意见的，以双方最终认可的中文译文为准

D. 赵某和钱某未能就该日文专利文献的中文译文内容的异议部分达成一致意见，必要时专利复审委员会可以委托翻译，委托翻译所需翻译费用应由赵某和钱某各自承担50%

【答案】A B C D

【知识点】证据的提交

【解析】《专利法实施细则》第三条第二款规定，依照《专利法》和该细则规定提交的各种证件和证明文件是外文的，国务院专利行政部门认为必要时，可以要求当事人在指定期限内附送中文译文；期满未附送的，视为未提交该证件和证明文件。

根据《专利审查指南2010》第四部分第八章第2.2.1节规定，当事人提交外文证据的，应当提交中文译文，未在举证期限内提交中文译文的，该外文证据视为未提交。故选项A正确。

对方当事人对中文译文内容有异议的，应当在指定的期限内对有异议的部分提交中文译文。没有提交中文译文的，视为无异议。故选项B正确。

对中文译文出现异议时，双方当事人就异议部分达成一致意见的，以双方最终认可的中文译文为准。故选项C正确。

双方当事人未能就异议部分达成一致意见的，必要时，专利复审委员会可以委托翻译。……委托翻译所需翻译费用由双方当事人各承担50%；拒绝支付翻译费用的，视为其承认对方当事人提交的中文译文正确。故选项D正确。

综上，本题答案为：A、B、C、D。

78. 因当事人延误了下列哪些期限而导致其权利丧失的，不能予以恢复？

　　A. 优先权期限

　　B. 提出复审请求的期限

　　C. 提出实质审查请求的期限

　　D. 不丧失新颖性的宽限期

【答案】A D

【知识点】权利恢复程序

【解析】《专利法实施细则》第六条第一款规定，当事人因不可抗拒的事由而延误《专利法》或者该细则规定的期限或者国务院专利行政部门指定的期限，导致其权利丧失的，自障碍消除之日起2个月内，最迟自期限届满之日起2年内，可以向国务院专利行政部门请求恢复权利；该条第二款规定，除前款规定的情形外，当事人因其他正当理由延误《专利法》或者该细则规定的期限或者国务院专利行政部门指定的期限，导致其权利丧失的，可以自收到国务院专利行政部门的通知之日起2个月内向国务院专利行政部门请求恢复权利；该条第五款规定，该条第一款和第二款的规定不适用《专利法》第二十四条、第二十九条、第四十二条、第六十八条规定的期限。其中《专利法》第二十四条涉及的是不丧失新颖性的情形，《专利法》第二十九条涉及的是优先权，《专利法》第四十二条涉及的是专利的期限，《专利法》第六十八条涉及的是专利侵权的诉讼时效。故当事人延误了优先权期限和不丧失新颖性的宽限期而导致权利丧失的，不能予以恢复。

　　综上，本题答案为：A、D。

79. 下列哪些是国家知识产权局因申请人或专利权人耽误期限而可能作出的处分决定？

　　A. 视为未提出请求

　　B. 视为未要求优先权

　　C. 视为放弃取得专利权的权利

　　D. 专利权终止

【答案】A B C D

【知识点】耽误期限的处分

【解析】《专利审查指南2010》第五部分第七章第5.2节规定，因耽误期限作出的处分决定主要包括：视为撤回专利申请权、视为放弃取得专利权的权利、专利权终止、不予受理、视为未提出请求和视为未要求优先权等。故选项A、B、C、D的说法都是正确的。

　　综上，本题答案为：A、B、C、D。

80. 甲对乙的实用新型专利权提出无效宣告请求，甲提供的证据仅为证人丙在公证人员面前作出书面证言的公证书原件，内容为丙在涉案专利申请日前购买了与涉案专利相同的空调。在口头审理中丙未出庭作证，专利复审委员会当庭调查发现丙不属于确有困难不能出席口头审理作证的情形。下列说法正确的是?

  A. 甲提供了该公证书原件，在没有其他证据推翻的情况下，一般应当认定该公证书的真实性

  B. 该公证书是由公证人员作出，因此该公证书能证明丙在涉案专利申请日前确实购买过空调

  C. 该公证书是由公证人员作出，因此该公证书能证明丙在涉案专利申请日前确实购买了与涉案专利相同的空调

  D. 丙未出席口头审理进行作证，其书面证言不能单独作为认定案件事实的依据

【答案】A D

【知识点】证据认定　证人证言　公证文书

【解析】《专利审查指南2010》第四部分第八章第4.2节中规定，合议组应当根据案件的具体情况，从以下方面审查证据的真实性：(1)证据是否为原件、原物，复印件、复制品与原件、原物是否相符；(2)提供证据的人与当事人是否有利害关系；(3)发现证据时的客观环境；(4)证据形成的原因和方式；(5)证据的内容；(6)影响证据真实性的其他因素。在甲提供了公证书证据的原件的情况下，如果没有相反的证据推翻，则应该认定该公证书的真实性，故选项A的说法是正确的。

然而，对于公证书真实性的认可，并不等于对公证书中证人证言所述事实的认可。《专利审查指南2010》第四部分第八章第4.3节中规定，专利复审委员会认定证人证言，可以通过对证人与案件的利害关系以及证人的智力状况、品德、知识、经验、法律意识和专业技能等的综合分析作出判断。证人应当出席口头审理作证，接受质询。未能出席口头审理作证的证人所出具的书面证言不能单独作为认定案件事实的依据，但证人确有困难不能出席口头审理作证的除外。证人确有困难不能出席口头审理作证的，专利复审委员会根据前款的规定对其书面证言进行认定。根据上述规定可知，由于证人证言并不是原始客观的证据，是证人在事后经过回忆、主观判断、思考后作出的陈述，因此对于证人证言所陈述内容的真实性需要结合在口头审理中双方当事人以及合议组对证人的质询情况，可以通过对证人与案件的利害关系以及证人的智力状况、品德、知识、经验、法律意识和专业技能等的综合分析作出判断。如果证人未能出席口头审理，对其证人证言的质证无法进行，则其出具的书面证言不能单独作为认定案件事实的依据。所以选项B、C的说法是错误的，选项D的说法是正确的。

综上，本题答案为：A、D。

81. 以下说法正确的是?

  A. 侵犯专利权的，不仅应承担民事责任，还可能被追究刑事责任

  B. 假冒专利的，不仅应承担民事责任，还可能被追究刑事责任

  C. 侵犯专利权的，应承担民事责任，但不涉及刑事责任

  D. 假冒专利的，应承担民事责任，但不涉及刑事责任

【答案】BC

【知识点】侵犯专利权的民事责任　假冒专利的法律责任

【解析】《专利法》第六十条规定了侵犯专利权的民事责任，其中规定，侵犯其专利权，引起纠纷的，……专利权人或者利害关系人可以向人民法院起诉……；侵权人期满不起诉又不停止侵权行为的，管理专利工作的部门可以申请人民法院强制执行。进行处理的管理专利工作的部门应当事人的请求，可以就侵犯专利权的赔偿数额进行调解；调解不成的，当事人可以依照《中华人民共和国民事诉讼法》向人民法院起诉。其中规定了侵犯专利权的应承担民事责任，不涉及刑事责任。因此，选项A错误，选项C正确。

《专利法》第六十三条规定，假冒专利的，除依法承担民事责任外，由管理专利工作的部门责令改正并予公告，没收违法所得，可以并处违法所得4倍以下的罚款；没有违法所得的，可以处20万元以下的罚款；构成犯罪的，依法追究刑事责任。其中规定了假冒专利的行为除依法承担民事责任外，还可以追究刑事责任。因此，选项B正确，选项D错误。

综上，本题答案为：B、C。

82. 丙发明了一种机械装置并获得发明专利权，设计单位甲未经丙许可、为乙设计绘制了的该发明专利装置的零件图和总装图，并获取了设计报酬。则以下说法正确的是?

　　A. 无论乙是否采用甲的设计方案用于生产经营活动，甲的上述行为都不属于专利法第十一条规定的直接侵犯丙的专利权的行为

　　B. 如果乙没有采用甲的设计方案实际制造并销售该装置，则甲和乙的上述行为均不构成侵犯丙的专利权的行为

　　C. 如果乙采用甲的设计方案并实际制造并销售该装置，则乙的上述行为侵犯丙专利权，但甲的上述行为不构成对丙的专利的侵权行为

　　D. 如果乙采用甲的设计方案并实际制造并销售该装置，则甲的上述行为构成对丙的专利的共同侵权

【答案】ABD

【知识点】专利权的效力　实施专利的行为　直接侵犯专利权　共同侵权

【解析】《专利法》第十一条规定的"实施产品专利"的行为共有五种具体实施方式，即为生产经营目的，制造、许诺销售、销售、使用和进口。这一规定是穷尽性的。除上述五种行为之外的其他行为，都不会构成直接侵犯专利权的行为。设计单位甲的设计行为、乙委托甲进行设计的行为均不属于《专利法》第十一条规定的上述五种构成直接侵犯专利权的具体行为。

设计单位甲是否应当承担连带侵权责任的问题，属于共同侵权的范畴。追究共同侵权责任必须以存在直接侵权行为为前提。换言之，如果乙没有采用甲的设计方案用于生产经营活动，则甲的设计行为不会构成侵犯专利权的行为。故选项A、B的说法是正确的。

如果乙采用甲的设计方案并实际制造并销售该装置，即为生产经营目的制造、销售专利产品，则乙的行为直接侵犯丙的专利权，甲的设计行为构成共同侵权，应当承担连带侵权责

任。故选项C的说法是错误的，选项D的说法是正确的。

综上，本题答案为：A、B、D。

83. 以下情形，哪些行为不构成侵犯专利权的行为？
    A. 在某次地震灾害时，某公司赶制了一批受他人专利权保护的挖掘救援器具，并作为无偿捐赠的救灾物资紧急运送到灾区
    B. 某人按照他人的专利权的中药药方配制了一服中药，熬成药汤自己服用
    C. 某公司从市场大量回收废旧的某型专利设备，从中拆解零部件重新组装制成完整的该型专利设备，并在市场上销售
    D. 某公司购买了一批未经许可制造并售出的专利零部件，并将其储存在公司的仓库中，以备该公司生产运行设备中该型零部件损坏时更换，但至今尚未更换

【答案】A B

【知识点】"为生产经营目的"的含义　"制造、使用专利产品"的含义

【解析】《专利法》第十一条第一款规定，发明或实用新型专利权被授予后，除该法另有规定的以外，任何单位或个人未经专利权人许可，都不得实施其专利，即不得为生产经营目的制造、使用、许诺销售、销售、进口其专利产品，……。按照《专利法》第十一条的规定，构成侵犯专利权行为的条件之一是"为生产经营目的"。选项A该公司的行为属于无偿捐赠行为，选项B的行为属于自我治疗的行为，都不是以生产经营为目的。因此选项A、B的情形均不构成侵犯专利权的行为。

选项C中该公司回收、拆解、重新组装该设备的行为构成了制造该专利产品的行为，属于未经许可为生产经营目的制造专利产品的行为，构成侵犯专利权的行为。选项D中尽管该专利零部件处于"储存"而未被实际使用的状态，但这些零部件属于随时"备而待用"的，也应当认为该公司使用了该产品，构成侵犯专利权的行为。

综上，本题答案为：A、B。

84. 甲获得一项方法专利，该专利方法包括3个步骤：①由产品a制得产品b；②由产品b制得产品c；③由产品c制得产品d。但未获得产品d的产品专利。

乙在制造产品X时，未经甲的许可采用包括如下反应步骤的方法：①由产品b制得产品c；②由产品c制得产品d；③由产品d制得产品X。并向市场大量出口产品X。

则以下说法正确的是？
    A. 乙的行为构成"使用专利方法"的行为，侵犯甲的专利权
    B. 乙的行为不构成"使用专利方法"的行为，未侵犯甲的专利权
    C. 乙的行为构成"使用依照该专利方法直接获得的产品d"的行为，侵犯甲的专利权
    D. 乙的行为不构成"使用依照该专利方法直接获得的产品d"的行为，未侵犯甲的专利权

【答案】B D

【知识点】方法专利权的效力　技术特征全面覆盖原则

【解析】《专利法》第十一条第一款规定，发明和实用新型专利权被授予后，除该法另有规定的以外，任何单位或者个人未经专利权人许可，都不得实施其专利，即不得为生产经营目的……使用其专利方法以及使用、许诺销售、销售、进口依照该专利方法直接获得的产品。《最高人民法院关于审理侵犯专利权纠纷案件应用法律若干问题的解释》（法释〔2009〕21号）第七条第一款规定，人民法院判定被诉侵权技术方案是否落入专利权的保护范围，应当审查权利人主张的权利要求所记载的全部技术特征。

乙的方法未包含甲专利方法的反应步骤①，不符合该司法解释规定的"技术特征全面覆盖原则"，因此，乙不属于"使用甲的专利方法"的行为。选项 A 的说法是错误的，选项 B 的说法是正确的。

《最高人民法院关于审理侵犯专利权纠纷案件应用法律若干问题的解释》第十三条规定，对于使用专利方法获得的原始产品，人民法院应当认定为《专利法》第十一条规定的依照专利方法直接获得的产品。对于将上述原始产品进一步加工、处理而获得后续产品的行为，人民法院应当认定属于《专利法》第十一条规定的使用依照该专利方法直接获得的产品。《最高人民法院关于审理侵犯专利权纠纷案件应用法律若干问题的解释（二）》（法释〔2016〕1号）第十条规定，对于权利要求中以制备方法界定产品的技术特征，被诉侵权产品的制备方法与其不相同也不等同的，人民法院应当认定被诉侵权技术方案未落入专利权的保护范围。

乙的制造方法步骤③中使用了产品 d。但如前所述，乙所采用的方法比甲专利方法少了一个步骤特征。因此，乙的制造方法中所使用的产品 d 并不是"依照该专利方法直接获得的"，乙在制造该产品时所采用的方法不属于《专利法》第十一条规定的"使用依照该专利方法直接获得的产品"的行为。选项 C 的说法是错误的，选项 D 的说法是正确的。

综上，本题答案为：B、D。

85. 某公司拥有 1 项组合物专利，该专利仅 1 项权利要求："一种组合物，由 A 部分与 B 部分组成，其中：所述 A 部分选自化合物 a1；所述 B 部分由结构各不相似、功能各不相同的 3 种化合物 x、y、z 组成"。

并且，该专利说明书中还提到了，其中所述组合物的 A 部分还可以选自 a2、a3、a4 等结构不同但功能相似的化合物。

下述选项的组合物，未落入上述专利保护范围的有？

A. 一种组合物，由 A 部分与 B 部分组成，其中：所述 A 部分选自化合物 a1；所述 B 部分由结构各不相似、功能各不相同的 4 种化合物 x、y、z、m 组成

B. 一种组合物，由 A 部分与 B 部分组成，其中：所述 A 部分选自化合物 a1；所述 B 部分由结构各不相似、功能各不相同的 3 种化合物 x、y、m 组成，其中的化合物 m 与前述化合物 z 结构不相似、实现不同功能

C. 一种组合物，由 A 部分与 B 部分组成，其中：所述 A 部分选自化合物 a2；所述 B 部分由结构各不相似、功能各不相同的 3 种化合物 x、y、z 组成

D. 一种组合物，由 A 部分与 B 部分组成，其中：所述 A 部分选自化合物 a1；所述 B 部分由结构各不相似、功能各不相同的 3 种化合物 x、y、z' 组成，其中的化合物 z' 与前述化合物 z 结构基本相同、能够实现基本相同的功能、达到基本相同的效果

【答案】A B C

【知识点】专利侵权的判定原则　全面覆盖原则　等同原则　捐献原则　封闭式权利要求的保护范围

【解析】《最高人民法院关于审理侵犯专利权纠纷案件应用法律若干问题的解释（二）》（法释〔2016〕1号）第七条第一款规定，被诉侵权技术方案在包含封闭式组合物权利要求全部技术特征的基础上增加其他技术特征的，人民法院应当认定被诉侵权技术方案未落入专利权的保护范围，但该增加的技术特征属于不可避免的常规数量杂质的除外。专利组合物为封闭式权利要求，选项 A 的方案在该组合物全部技术特征基础上增加了特征 m。根据上述规定，应当认定选项 A 的组合物未落入该专利权的保护范围。

《最高人民法院关于审理侵犯专利权纠纷案件应用法律若干问题的解释》（法释〔2009〕21号）第七条第二款中规定，被诉侵权技术方案的技术特征与权利要求记载的全部技术特征相比，……有一个以上技术特征不相同也不等同的，人民法院应当认定其没有落入专利权的保护范围。选项 B 的组合物中有一个技术特征 m 与专利组合物的技术特征 z 不相同，也不等同。根据上述规定，应当认定选项 B 的组合物未落入该专利权的保护范围。

《最高人民法院关于审理侵犯专利权纠纷案件应用法律若干问题的解释》第五条规定，对于仅在说明书或者附图中描述而在权利要求中未记载的技术方案，权利人在侵犯专利权纠纷案件中将其纳入专利权保护范围的，人民法院不予支持。选项 C 的组合物 a2＋(x＋y＋z) 尽管在专利说明书中提及了，但并未记载在该专利的权利要求中。根据上述规定，应当认定选项 C 的组合物未落入该专利权的保护范围。

《最高人民法院关于审理侵犯专利权纠纷案件应用法律若干问题的解释》第七条第二款中规定，被诉侵权技术方案包含与权利要求记载的全部技术特征相同或者等同的技术特征的，人民法院应当认定其落入专利权的保护范围。选项 D 的组合物相对于专利组合物，仅仅是成分 z' 与成分 z 的替换，且两者结构基本相同、能够实现基本相同的功能、达到基本相同的效果，属于技术特征的等同替换。根据上述规定，应当认定选项 D 的组合物落入了该专利权的保护范围。

综上，本题答案为：A、B、C。

86. 某中国发明专利权人甲与乙依法订立专利权转让合同，在向国家知识产权局办理该转让合同的登记手续之前，甲又与丙就同一专利权订立了专利权转让合同，并向国家知识产权局办理了该转让合同的登记手续。则以下说法正确的是？

　　A. 甲与乙的合同成立在先，应当由乙作为受让人享受和行使被转让的专利权

　　B. 甲与丙的合同依法向国家知识产权局进行了登记，应当由丙作为受让人享受和行使被转让的专利权

C. 甲与乙的合同未向国家知识产权局办理登记手续，因此，甲与乙的合同无效

D. 甲应当承担合同违约责任

【答案】BD

【知识点】专利权转让的生效条件

【解析】《专利法》第十条第三款规定，转让专利申请权或者专利权的，当事人应当订立书面合同，并向国务院专利行政部门登记，由国务院专利行政部门予以公告。专利申请权或者专利权的转让自登记之日起生效。根据该规定，在国务院专利行政部门办理登记手续是专利权的转让行为生效的条件。甲与乙订立的合同未在国务院专利行政部门办理登记手续，因此，甲与乙的专利权转让行为不能生效。乙不能享受和行使被转让的专利权，应当由丙享受和行使被转让的专利权。故选项A的说法是错误的，选项B的说法是正确的。

《专利法》第十条第三款规定的是专利权转让行为的生效条件，而不是转让合同的生效条件。根据《合同法》的原则，转让合同自合同订立之日起生效。因此，甲与乙的转让合同未在国务院专利行政部门登记并不会导致合同无效，仍然是有效合同。乙可以要求甲承担合同违约责任。故选项C的说法是错误的，选项D的说法是正确的。

综上，本题答案为：B、D。

87. 关于专利实施的强制许可，以下说法错误的是？

   A. 具备实施条件的单位或个人可以"未实施或未充分实施其专利"的理由，请求给予实施某项芯片发明专利的强制许可

   B. 可以给予强制许可实施"某型具体产品所涉及的全部的专利"，而不必逐一列明所涉及的专利号

   C. 除出口专利药品的强制许可之外，强制许可的实施应主要为了供应国内市场

   D. 某公司的某型产品因为采用特殊的专利外观设计大获市场好评、一货难求、价格高昂，具备实施条件的单位或个人可以"未实施或未充分实施其专利"的理由，针对该外观设计专利提出强制许可请求

【答案】ABCD

【知识点】专利实施的强制许可

【解析】《专利法》第四十八条规定，有下列情形之一的，国务院专利行政部门根据具备实施条件的单位或者个人的申请，可以给予实施发明专利或者实用新型专利的强制许可：(一)专利权人自专利权被授予之日起满3年，且自提出专利申请之日起满4年，无正当理由未实施或者未充分实施其专利的；(二)专利权人行使专利权的行为被依法认定为垄断行为，为消除或者减少该行为对竞争产生的不利影响的。《专利法》第五十二条规定，强制许可涉及的发明创造为半导体技术的，其实施限于公共利益的目的和该法第四十八条第(二)项规定的情形。芯片属于半导体技术，根据该规定，仅限于公共利益目的和构成垄断行为提出强制许可，不能以未实施或未充分实施为由提出强制许可，因此选项A的说法是错误的。

《专利实施强制许可办法》第十四条规定，强制许可请求有下列情形之一的，不予受理

并通知请求人：（一）请求给予强制许可的发明专利或者实用新型专利的专利号不明确或者难以确定；……。因此，选项B的说法是错误的。

《专利法》第五十三条规定，除依照该法第四十八条第（二）项、第五十条规定给予的强制许可外，强制许可的实施应当主要为了供应国内市场。对于《专利法》第四十八条第（二）项规定的因垄断行为颁布的强制许可，其实施不受"主要为了供应国内市场"的限制。因此，选项C的说法是错误的。

根据《专利法》第四十八条的规定，强制许可的专利仅限发明专利和实用新型专利，不能针对外观设计专利提出强制许可请求。故选项D的说法是错误的。

综上，本题答案为：A、B、C、D。

88. 发生专利侵权纠纷时，依法向人民法院提出诉前责令停止侵犯专利权行为的申请的，以下说法错误的是？

 A. 专利权人或专利财产权利的合法继承人可以向人民法院提出申请
 B. 无论专利权人是否提出申请，排他实施许可合同的被许可人均可单独向人民法院提出申请
 C. 专利普通实施许可合同的被许可人可以与专利权人一起向人民法院提出申请
 D. 诉前临时措施的被申请人可以通过提出反担保以解除该诉前临时措施

【答案】BCD
【知识点】专利侵权行为的诉前停止
【解析】《最高人民法院关于对诉前停止侵犯专利权行为适用法律问题的若干规定》（法释〔2001〕20号）第一条规定，专利权人或者利害关系人可以向人民法院提出诉前责令被申请人停止侵犯专利权行为的申请。提出申请的利害关系人，包括专利实施许可合同的被许可人、专利财产权利的合法继承人等。专利实施许可合同被许可人中，独占实施许可合同的被许可人可以单独向人民法院提出申请；排他实施许可合同的被许可人在专利权人不申请的情况下，可以提出申请。

根据该规定，专利权人及专利财产权的继承人可以向法院提出申请，故选项A的说法是正确的。排他实施许可的被许可人只有在专利权人不提出申请的情况下才可以向法院申请，故选项B的说法是错误的。普通实施许可的被许可人无权向法院提出申请，故选项C的说法是错误的。

《最高人民法院关于对诉前停止侵犯专利权行为适用法律问题的若干规定》第八条规定，停止侵犯专利权行为裁定所采取的措施，不因被申请人提出反担保而解除。故选项D的说法是错误的。

综上，本题答案为：B、C、D。

89. 关于实用新型和外观设计的专利权评价报告，以下说法错误的是？

 A. 实用新型和外观设计专利侵权纠纷的专利权人和被控侵权人都可以请求国家知识产权

局作出专利权评价报告

B. 多个请求人请求作出专利权评价报告的，国家知识产权局分别单独作出评价报告

C. 被告在实用新型或外观设计专利侵权诉讼的答辩期间请求宣告该专利权无效的，当原告出具的专利权评价报告未发现导致该实用新型或外观设计专利权无效的理由时，审理该案的人民法院可以不中止诉讼

D. 专利权评价报告属于国家知识产权局作出的行政决定

【答案】ＡＢＤ

【知识点】侵权纠纷的处理　专利权评价报告

【解析】《专利法实施细则》第五十六条中规定，《专利法》第六十条规定的专利权人或者利害关系人可以请求国务院专利行政部门作出专利权评价报告。根据该规定，请求作出专利权评价报告的主体应当是《专利法》第六十条规定的"专利权人或者利害关系人"。《专利法》第六十条规定，侵犯其专利权，引起纠纷的，……专利权人或者利害关系人可以向人民法院起诉。《最高人民法院关于对诉前停止侵犯专利权行为适用法律问题的若干规定》（法释〔2001〕20号）第一条规定，提出申请的利害关系人，包括专利实施许可合同的被许可人、专利财产权利的合法继承人等。专利实施许可合同被许可人中，独占实施许可合同的被许可人可以单独向人民法院提出申请；排他实施许可合同的被许可人在专利权人不申请的情况下，可以提出申请。

综合上述规定，《专利法》第六十条、《专利法实施细则》第五十六条的"利害关系人"不包括被控侵权人。因此，被控侵权人不能请求国务院专利行政部门作出专利权评价报告。故选项A的说法是错误的。

《专利法实施细则》第五十七条中规定，对同一项实用新型或者外观设计专利权，有多个请求人请求作出专利权评价报告的，国务院专利行政部门仅作出一份专利权评价报告。根据该规定，选项B的说法是错误的。

《最高人民法院关于审理专利纠纷案件适用法律问题的若干规定》（法释〔2015〕4号）第九条规定，人民法院受理的侵犯实用新型、外观设计专利权纠纷案件，被告在答辩期间内请求宣告该项专利权无效的，人民法院应当中止诉讼，但具备下列情形之一的，可以不中止诉讼：（一）原告出具的检索报告或者专利权评价报告未发现导致实用新型或者外观设计专利权无效的事由的，……。根据该规定，选项C的说法是正确的。

根据《专利法》第六十一条规定，国务院专利行政部门对相关实用新型或者外观设计进行检索、分析和评价后作出的专利权评价报告，作为审理、处理专利侵权纠纷的证据。因此，专利权评价报告只能作为证据，而不属于行政决定。故选项D的说法是错误的。

综上，本题答案为：A、B、D。

90. 关于现有技术抗辩，以下说法错误的是？

A. 用于不侵权抗辩的现有技术，必须是可以自由使用的现有技术，不包括仍在有效保护期内的专利技术

B. 可以使用抵触申请作为不侵权抗辩的现有技术

C. 仅当被控侵权物的全部技术特征与一份现有技术方案的相应技术特征完全相同时，才可以认为不侵权抗辩成立

D. 如果被控侵权人主张被控侵权物相对于两份现有技术的结合显而易见，则该抗辩理由不成立

【答案】A B C

【知识点】实施现有技术或现有设计的行为不构成侵权

【解析】《专利法》第六十二条规定，在专利侵权纠纷中，被控侵权人有证据证明其实施的技术或者设计属于现有技术或者现有设计的，不构成侵犯专利权。该条规定的现有技术应当与《专利法》第二十二条第五款规定的"现有技术"含义相同，即"本法所称现有技术，是指申请日以前在国内外为公众所知的技术"。根据该定义，所述的现有技术既包括可自由使用的现有技术，也包括申请日以前公开的专利或专利申请。因此，选项A的说法是错误的。

"抵触申请"是申请在先、公开在后的专利申请，不属于"申请日以前在国内外为公众所知"的技术，因此，选项B的说法是错误的。

《最高人民法院关于审理侵犯专利权纠纷案件应用法律若干问题的解释》（法释〔2009〕21号）第十四条第一款规定，被诉落入专利权保护范围的全部技术特征，与一项现有技术方案中的相应技术特征相同或者无实质性差异的，人民法院应当认定被诉侵权人实施的技术属于《专利法》第六十二条规定的现有技术。根据该规定，抗辩成立的情形不仅包括"技术特征相同"的情形，也包括"技术特征没有实质性差异"的情形。因此，选项C的说法是错误的。

根据该规定，现有技术抗辩只能与单独一项现有技术对比，不能使用多项现有技术结合。故选项D的说法是正确的。

综上，本题答案为：A、B、C。

91. 以下属于假冒专利行为的有？

A. 在未被授予专利权的产品或包装上标注专利标识的

B. 在专利权被宣告无效后或终止后，继续在产品或包装上标注专利标识的

C. 专利权终止前依法在专利产品或者其包装上标注专利标识，在专利权终止后许诺销售、销售标注专利标识的该产品的

D. 未经许可在产品或者产品包装上标注他人的专利号。

【答案】A B D

【知识点】假冒专利的行为

【解析】《专利法实施细则》第八十四条规定，下列行为属于《专利法》第六十三条规定的假冒专利的行为：（一）在未被授予专利权的产品或者其包装上标注专利标识，专利权被宣告无效后或者终止后继续在产品或者其包装上标注专利标识，或者未经许可在产品或者产

品包装上标注他人的专利号；……。专利权终止前依法在专利产品、依照专利方法直接获得的产品或者其包装上标注专利标识，在专利权终止后许诺销售、销售该产品的，不属于假冒专利行为。

选项 A、B、D 属于其中第一款第（一）项规定的假冒专利的行为，选项 C 属于其中第二款规定的不属于假冒专利的行为。

综上，本题答案为：A、B、D。

92. 专利权人发现侵犯其专利权的行为时，可以采取如下措施有？
   A. 向人民法院起诉
   B. 请求管理专利工作的部门处理
   C. 向人民法院申请采取责令停止有关行为的措施
   D. 向人民法院申请保全证据

【答案】A B C D

【知识点】侵权专利纠纷的处理　专利侵权行为的诉前停止　证据保全

【解析】《专利法》第六十条中规定，侵犯其专利权，引起纠纷的，……专利权人或者利害关系人可以向人民法院起诉，也可以请求管理专利工作的部门处理。故选项 A、B 的说法是正确的。

《专利法》第六十六条第一款规定，专利权人或者利害关系人有证据证明他人正在实施或者即将实施侵犯专利权的行为，如不及时制止将会使其合法权益受到难以弥补的损害的，可以在起诉前向人民法院申请采取责令停止有关行为的措施。故选项 C 的说法是正确的。

《专利法》第六十七条第一款规定，为了制止专利侵权行为，在证据可能灭失或者以后难以取得的情况下，专利权人或者利害关系人可以在起诉前向人民法院申请保全证据。故选项 D 的说法是正确的。

综上，本题答案为：A、B、C、D。

93. 甲获得一项外观设计专利。乙在该专利申请日后、授权公告前未经甲的许可制造了一批该专利产品并销售给丙。

丙将该外观设计专利产品作为零部件组装到自己的产品上提升产品美感，并在该外观设计专利授权公告后持续向市场销售。

则以下说法正确的是？
   A. 乙的上述行为侵犯甲的外观设计专利权
   B. 乙的上述行为不属于侵犯甲的外观设计专利权的行为
   C. 丙的上述行为侵犯甲的外观设计专利权
   D. 丙的上述行为不侵犯甲的外观设计专利权

【答案】B C

【知识点】外观设计的专利侵权

【解析】《专利法》第十一条第二款规定，外观设计专利权被授予后，任何单位或者个人未经专利权人许可，都不得实施其专利，即不得为生产经营目的制造、许诺销售、销售、进口其外观设计专利产品。该条规定的禁止侵犯专利权的前提是"外观设计专利权被授予后"。乙生产销售该专利产品的行为发生在该专利授权公告前，故乙的行为不构成侵权。因此，选项A的说法是错误的，选项B的说法是正确的。

尽管《专利法》第十一条中规定的外观设计的专利权不包括"使用"该外观设计专利产品的行为，但是，根据《最高人民法院关于审理侵犯专利权纠纷案件应用法律若干问题的解释》（法释〔2009〕21号）第十二条第二款的规定，将侵犯外观设计专利权的产品作为零部件，制造另一产品并销售的，人民法院应当认定属于《专利法》第十一条规定的销售行为，但侵犯外观设计专利权的产品在该另一产品中仅具有技术功能的除外。在该题中，丙使用该外观设计产品作为零部件组装产品以提升产品的艺术美感，制造并销售该组装产品，应当认定为构成销售该外观设计专利产品的行为，侵犯甲的专利权。因此，选项C的说法是正确的，选项D的说法是错误的。

综上，本题答案为：B、C。

94. 以下说法正确的是？
    A. 人民法院受理的侵犯发明专利权纠纷案件，被告在答辩期间内请求宣告该项专利权无效的，人民法院应当中止诉讼
    B. 当事人因专利权的归属发生纠纷，已向人民法院起诉的，可以请求国家知识产权局中止该专利的无效宣告程序
    C. 实用新型和外观设计侵权纠纷案件中，人民法院可以根据案件审理需要要求原告提交检索报告或者专利权评价报告，原告无正当理由不提交的，人民法院可以裁定中止诉讼
    D. 侵犯实用新型、外观设计专利权纠纷案件的被告请求中止诉讼的，应当在答辩期内对原告的专利权提出宣告无效的请求

【答案】BCD
【知识点】侵权纠纷的处理 诉讼中止
【解析】《最高人民法院关于审理专利纠纷案件适用法律问题的若干规定》（法释〔2015〕4号）第十一条规定，人民法院受理的侵犯发明专利权纠纷案件……，被告在答辩期间内请求宣告该项专利权无效的，人民法院可以不中止诉讼。根据该规定，选项A的说法是错误的。

《专利法实施细则》第八十六条第一款规定，当事人因专利申请权或者专利权的归属发生纠纷，已请求管理专利工作的部门调解或者向人民法院起诉的，可以请求国务院专利行政部门中止有关程序。第八十八条规定，国务院专利行政部门根据该细则第八十六条和第八十七条规定中止有关程序，是指暂停……专利权无效宣告程序；……。根据该规定，选项B的说法是正确的。

《最高人民法院关于审理专利纠纷案件适用法律问题的若干规定》第八条第一款中规定，根据案件审理需要，人民法院可以要求原告提交检索报告或者专利权评价报告。原告无正当理由不提交的，人民法院可以裁定中止诉讼或者判令原告承担可能的不利后果。故选项C的说法是正确的。

《最高人民法院关于审理专利纠纷案件适用法律问题的若干规定》第八条第二款规定，侵犯实用新型、外观设计专利权纠纷案件的被告请求中止诉讼的，应当在答辩期内对原告的专利权提出宣告无效的请求。故选项D的说法是正确的。

综上，本题答案为：B、C、D。

95. 甲向国家知识产权局提交了一份发明专利申请，权利要求限定为"一种产品，其包含技术特征a、b。"

在授权审查程序中，甲陈述意见强调其中特征b的特定选择是实现发明技术效果的关键。但国家知识产权局专利审查部门明确否定该意见，认为特征b属于本领域公知常识。

随后甲将特征c补充到权利要求中，并强调特征c克服了技术偏见。该申请随后获得授权，授权权利要求为"一种产品，其包含技术特征a、b和c。"

乙未经甲许可制造并销售一种产品，其包含技术特征a、b'和c。其中，特征b'与特征b以基本相同的手段，实现基本相同的功能，达到基本相同的效果。甲向乙发出专利侵权警告。

乙随后向专利复审委员会请求宣告甲的专利无效。

甲在无效程序意见陈述中关于特征b、c的观点与授权审查阶段的意见一致。专利复审委员会作出决定维持该专利权有效，其理由是特征c的选择克服了技术偏见。但专利复审委员会的决定对特征b没有发表意见。甲随后向法院起诉乙侵犯其专利权。

则以下说法正确的是？

A. 乙被控侵权的产品包含了与专利权利要求记载的全部技术特征相同或等同的技术特征，应当认定其落入甲的该专利权的保护范围

B. 甲在授权和确权阶段对技术特征b做了限缩性陈述，因此，在侵权纠纷诉讼中应适用"禁止反悔"原则，不能主张技术特征b与技术特征b'构成等同替换

C. 甲对技术特征b所做的陈述已经在授权审查程序被国家知识产权局专利审查部门"明确否定"，因此，在侵权纠纷诉讼中不适用"禁止反悔原则"，可以主张技术特征b与技术特征b'构成等同替换

D. 在无效确权程序中，专利复审委员会作出的维持专利有效的决定未对甲有关技术特征b的限缩性陈述发表意见，相当于专利审查部门在授权审查程序中针对甲有关特征b的限缩性陈述的"明确否定"性意见被专利复审委员会推翻，因此，在侵权纠纷诉讼中应适用"禁止反悔"原则，不能主张技术特征b与技术特征b'构成等同替换

【答案】A C

【知识点】专利侵权的判断 等同原则 禁止反悔原则

【解析】该题的关键在于判断甲的授权、确权程序中的意见陈述是否应当适用"禁止反

悔"原则。

《最高人民法院关于审理侵犯专利权纠纷案件应用法律若干问题的解释》(法释〔2009〕21号)第七条第二款中规定,被诉侵权技术方案包含与权利要求记载的全部技术特征相同或者等同的技术特征的,人民法院应当认定其落入专利权的保护范围。由于乙的被控侵权产品包含与甲专利权利要求记载的全部技术特征相同或等同的技术特征,应当认定其落入专利权的保护范围。因此,选项A的说法是正确的。

《最高人民法院关于审理专利纠纷案件应用法律问题的若干规定》第六条规定,专利申请人、专利权人在专利授权或者无效宣告程序中,通过对权利要求、说明书的修改或者意见陈述而放弃的技术方案,权利人在侵犯专利权纠纷案件中又将其纳入专利权保护范围的,人民法院不予支持。《最高人民法院关于审理侵犯专利权纠纷案件应用法律若干问题的解释(二)》(法释〔2016〕1号)第十三条规定,权利人证明专利申请人、专利权人在专利授权确权程序中对权利要求书、说明书及附图的限缩性修改或者陈述被明确否定的,人民法院应当认定该修改或者陈述未导致技术方案的放弃。

在授权程序中,国务院专利行政部门专利审查部门对甲关于技术特征b的限缩性陈述持"明确反对"意见。在后续无效程序中,专利复审委员会没有对甲关于技术特征b的限缩性陈述发表意见,没有推翻专利审查部门所持的否定意见而得出相反结论。在这种情况下,应当认为甲的关于特征b的限缩性陈述已经被明确否定。根据法释〔2016〕1号司法解释第十三条的规定,不适用禁止反悔原则,故选项B、D的说法是错误的,选项C的说法是正确的。

综上,本题答案为:A、C。

96. 甲于2015年1月1日向国家知识产权局提交了一份发明专利申请,权利要求为:"一种产品W,包含技术特征a和b。"该申请于2016年7月1日公布。

乙自2016年10月1日开始、该专利申请公布后未经甲的许可制造、销售相同的产品W,所述产品包含技术特征a和b。

2018年1月2日,甲的该专利申请经审查并公告授权,授权的权利要求为:"一种产品W',包含技术特征a、b和c。"

则以下说法错误的是?

A. 乙应当为其"在该专利授权公告前制造、销售产品W"的行为向甲支付适当费用
B. 乙无须为其"在该专利授权公告前制造、销售产品W"的行为向甲支付适当费用
C. 乙应当为其"在该专利授权公告前制造、销售产品W"的行为承担专利侵权赔偿责任
D. 乙应当在该专利授权公告后立即停止制造、销售产品W的专利侵权行为

【答案】ACD
【知识点】发明专利申请公布后的临时保护
【解析】《专利法》第十三条规定,发明专利申请公布后,申请人可以要求实施其发明的单位或者个人支付适当的费用。但是,《最高人民法院关于审理侵犯专利权纠纷案件应用法

律若干问题的解释（二）》（法释〔2016〕1号）第十八条第一款与第二款规定，权利人依据《专利法》第十三条诉请在发明专利申请公布日至授权公告日期间实施该发明的单位或者个人支付适当费用的，人民法院可以参照有关专利许可使用费合理确定。发明专利申请公布时申请人请求保护的范围与发明专利公告授权时的专利权保护范围不一致，被诉技术方案均落入上述两种范围的，人民法院应当认定被告在前款所称期间内实施了该发明；被诉技术方案仅落入其中一种范围的，人民法院应当认定被告在前款所称期间内未实施该发明。

该题属于上述规定所述的"申请公布的权利要求范围与授权公开的专利保护范围不一致，被诉技术方案仅落入其中一种范围"的情形。根据该规定，"应当认定被告在前款所称期间未实施该发明"，也不需要支付任何费用。因此，选项A的说法是错误的，选项B的说法是正确的。

《专利法》第十一条第一款规定，发明和实用新型专利权被授予后，除该法另有规定的以外，任何单位或者个人未经专利权人许可，都不得实施其专利，即不得为生产经营目的制造、使用、许诺销售、销售、进口其专利产品，或者使用其专利方法以及使用、许诺销售、销售、进口依照该专利方法直接获得的产品。第十三条规定，发明专利申请公布后，申请人可以要求实施其发明的单位或者个人支付适当的费用。

选项C的行为属于专利临时保护期内的行为，不属于专利侵权行为，乙无须承担侵权赔偿责任。故选项C的说法是错误的。

综合考虑上述规定，《专利法》虽然规定了申请人可以要求在发明专利申请公布后至专利权授予之前（即专利临时保护期内）实施其发明的单位或者个人支付适当的费用，即享有请求给付发明专利临时保护期使用费的权利，但对于专利临时保护期内实施其发明的行为并不享有请求停止实施的权利。因此，在发明专利临时保护期内实施相关发明的，不属于《专利法》禁止的行为。而且，乙所制造的产品也没有落入授权公告的专利范围内，因此，选项D的说法错误的。

综上，本题答案为：A、C、D。

97．甲获得了一项产品发明专利。甲与乙签订《专利使用协议》，该协议约定，甲允许乙对该专利产品进一步开发并在产品中标注甲的专利号。该协议同时约定，"双方在开发的产品正式投产之前再行签订正式详尽的合同"。

乙在开发过程中，试制了一批甲的专利产品，并进行研发，研发制得新的产品相对于甲的专利权利要求的范围删除了一些不必要的部件、增加了一些具有实质性区别的新的功能部件，相对于原专利产品实现了明显的技术效果改进。但乙未申请该新产品的专利。随后，乙在未与甲进一步签订正式详尽合同的情况下批量制造其研发的新产品并向市场销售该新产品，所销售新产品上标注有甲的专利号。

则以下说法正确的是？

A．因为乙与甲没有按照协议约定签订正式详尽的合同，所以乙在产品开发中制造、使用甲的专利产品的行为属于侵犯甲的专利权的行为

B. 即便乙与甲没有按照协议约定签订正式详尽的合同，乙在产品开发中制造、使用甲的专利产品的行为也不属于侵犯甲的专利权的行为

C. 乙在所销售新产品上标注甲的专利号的行为构成假冒专利的行为

D. 乙与甲签订的《专利使用协议》中明确约定"乙可以在产品中标注甲的专利号"，因此乙在所销售新产品上标注甲的专利号的行为不构成假冒专利的行为

【答案】BC

【知识点】禁止他人未经许可实施专利的权利　假冒专利的行为

【解析】《专利法》第十一条第一款中规定，发明和实用新型专利权被授予后，除该法另有规定的以外，任何单位或者个人未经专利权人许可，都不得实施其专利，即不得为生产经营目的制造、使用、许诺销售、销售、进口其专利产品。在该题中，乙在产品开发过程中，制造了一批该专利产品。该行为是否构成侵权，关键在于乙的行为是否得到甲的许可。

甲与乙签订的《专利使用协议》应当理解为允许乙在产品开发过程中制造、使用该专利产品。该《专利使用协议》约定了"双方在开发的产品正式投产之前再行签订正式详尽的合同"。该约定应被理解为对产品正式投产之后行为的约束，或理解为该《专利使用协议》的有效期截止于产品正式投产之时。"双方未在产品正式投产前进一步签订正式合同"的事实并不会导致之前签订的《专利使用协议》允许乙制造、使用该专利产品的约定失效。因此，即便乙与甲没有按照该协议约定签订正式详尽的合同，乙在产品开发中制造、使用甲的专利产品的行为也应当视为"专利权人甲许可的行为"，不属于侵犯甲的专利权的行为。选项A的说法错误，选项B的说法正确。

根据《专利法实施细则》第八十四条第一款第（一）项规定，在未被授予专利权的产品或者其包装上标注专利标识，……或者未经许可在产品或者产品包装上标注他人的专利号，属于假冒专利的行为。乙所正式制造、销售的产品，与甲的产品相比在部分技术特征上作了修改，实现了明显不同的技术效果。因此，乙的产品与甲的产品既不相同，也不等同，未落入甲的专利保护范围内。乙公司的产品属于未被授予专利权的产品，在该产品上标注的甲的专利号属于他人的专利号，构成假冒专利行为。因此，选项C的说法是正确的，选项D的说法是错误的。

综上，本题答案为：B、C。

98. 关于外观设计专利，以下说法正确的是?

A. 对于各构件之间无组装关系或者组装关系不唯一的组件产品的外观设计专利，如果被控侵权设计与其全部单个构件的外观设计相同或近似时，则应当认为构成专利侵权

B. 对于组装关系唯一的组件产品的外观设计专利，如果被控侵权设计与其组合状态下的外观设计相同或近似时，则应当认为构成专利侵权

C. 对于成套产品的外观设计专利，如果被诉侵权设计与其一项外观设计相同或者近似的，应当认为构成专利侵权

D. 对于成套产品的外观设计专利，只有被诉侵权设计与其整套外观设计相同或者近似的，才可认为构成专利侵权

【答案】A B C

【知识点】侵犯外观设计专利权的行为

【解析】《最高人民法院关于审理侵犯专利权纠纷案件应用法律若干问题的解释（二）》（法释〔2016〕1号）第十六条规定，对于组装关系唯一的组件产品的外观设计专利，被诉侵权设计与其组合状态下的外观设计相同或者近似的，人民法院应当认定被诉侵权设计落入专利权的保护范围。对于各构件之间无组装关系或者组装关系不唯一的组件产品的外观设计专利，被诉侵权设计与其全部单个构件的外观设计均相同或者近似的，人民法院应当认定被诉侵权设计落入专利权的保护范围；被诉侵权设计缺少其单个构件的外观设计或者与之不相同也不近似的，人民法院应当认定被诉侵权设计未落入专利权的保护范围。

根据该规定，对于包含多个组件产品的外观设计专利，要考虑组装关系是否唯一。组装关系唯一的，应在组装状态下整体比较；组装关系不唯一，应当与其全部单个构件进行比较。因此，选项A、B的说法是正确的。

《最高人民法院关于审理侵犯专利权纠纷案件应用法律若干问题的解释（二）》第十五条规定，对于成套产品的外观设计专利，被诉侵权设计与其一项外观设计相同或者近似的，人民法院应当认定被诉侵权设计落入专利权的保护范围。根据该规定，选项C的说法是正确的，选项D的说法是错误的。

综上，本题答案为：A、B、C。

99. 甲于2010年1月1日向国家知识产权局提交了一份设备产品专利申请，该申请于2011年7月1日公开、2012年12月1日授权。

乙在该专利申请公开后、授权公告前未经甲的许可制造了相同的专利设备，并于2011年10月1日与丙签订购销合同。合同约定，丙分期向乙支付设备及服务款项，乙向丙提供该设备，并自合同订立之日起10年内向丙提供相应的设备安装、调试、维修、保养等技术支持服务。

则以下说法正确的是？

A. 乙在该专利授权公告后向丙提供设备调试、维修、保养等技术支持服务构成未经许可使用该专利产品的行为，属于侵犯甲的专利权的行为
B. 乙在该专利授权公告后向丙提供设备调试、维修、保养等技术支持服务不属于侵犯甲的专利权的行为
C. 丙在该专利授权公告后使用该专利设备的行为属于侵犯甲的专利权的行为
D. 丙在该专利授权公告后使用该专利设备的行为不属于侵犯甲的专利权的行为

【答案】B D

【知识点】发明专利申请公布后的实施

【解析】《专利法》第十一条第一款规定，发明和实用新型专利权被授予后，除该法另有规定的以外，任何单位或者个人未经专利权人许可，都不得实施其专利，即不得为生产经营目的制造、使用、许诺销售、销售、进口其专利产品，或者使用其专利方法以及使用、许诺销售、销售、进口依照该专利方法直接获得的产品。第十三条规定，发明专利申请公布后，

申请人可以要求实施其发明的单位或者个人支付适当的费用。第六十八条规定，侵犯专利权的诉讼时效为2年，自专利权人或者利害关系人得知或者应当得知侵权行为之日起计算。发明专利申请公布后至专利权授予前使用该发明未支付适当使用费的，专利权人要求支付使用费的诉讼时效为2年，自专利权人得知或者应当得知他人使用其发明之日起计算，但是，专利权人于专利权授予之日前即已得知或者应当得知的，自专利权授予之日起计算。

综合考虑上述规定，《专利法》虽然规定了申请人可以要求在发明专利申请公布后至专利权授予之前（即专利临时保护期内）实施其发明的单位或者个人支付适当的费用，即享有请求给付发明专利临时保护期使用费的权利，但对于专利临时保护期内实施其发明的行为并不享有请求停止实施的权利。因此，在发明专利临时保护期内实施相关发明的，不属于《专利法》禁止的行为。在专利临时保护期内制造、销售、进口被诉专利侵权产品不为《专利法》禁止的情况下，其后续的使用、许诺销售、销售该产品的行为，即使未经专利权人许可，也应当得到允许。也就是说，专利权人无权禁止他人对专利临时保护期内制造、销售、进口的被诉专利侵权产品的后续使用、许诺销售、销售。当然，这并不否定专利权人根据《专利法》第十三条规定行使要求实施其发明者支付适当费用的权利。对于在专利临时保护期内制造、销售、进口的被诉专利侵权产品，在销售者、使用者提供了合法来源的情况下，销售者、使用者不应承担支付适当费用的责任。

认定在发明专利授权后针对发明专利临时保护期内实施发明得到的产品的后续使用、许诺销售、销售等实施行为不构成侵权，符合《专利法》的立法宗旨。专利制度的设计初衷是"以公开换保护"，且是在授权之后才能请求予以保护。对于发明专利申请来说，在公开日之前实施相关发明，不构成侵权，在公开日后也应当允许此前实施发明得到的产品的后续实施行为；在公开日到授权日之间，为发明专利申请提供的是临时保护，在此期间实施相关发明，不为《专利法》所禁止，同样也应当允许实施发明得到的产品在此期间之后的后续实施行为，但申请人在获得专利权后有权要求在临时保护期内实施其发明者支付适当费用。由于《专利法》没有禁止发明专利授权前的实施行为，则专利授权前制造出来的产品的后续实施也不构成侵权。否则就违背了《专利法》的立法初衷，为尚未公开或者授权的技术方案提供了保护。

在该题中，乙销售被诉专利侵权产品是在涉案发明专利临时保护期内，该行为不为《专利法》所禁止。在此情况下，后续丙使用所购买的被诉专利侵权产品的行为也应当得到允许。因此，丙后续的使用行为不侵犯涉案发明专利权。同理，乙在涉案发明专利授权后为丙使用被诉专利侵权产品提供售后服务也不侵犯涉案发明专利权。因此，选项A、C的说法是错误的，选项B、D的说法是正确的。

综上，本题答案为：B、D。

100. 关于专利文献种类，下列说法正确的是？
　　A. CN××××××××A 表示一篇发明专利申请公布文本
　　B. CN××××××××B 表示一篇发明专利授权公告文本

C. CN×××××××× Y 表示一篇实用新型专利授权公告文本

D. CN×××××××× U 表示一篇实用新型专利权部分宣告无效的公告文本

【答案】A B

【知识点】专利文献号的含义

【解析】《中国专利文献种类标识代码》（ZC 0008-2012）第4.2节规定了专利文献种类标识代码中字母的含义：A 发明专利申请公布、B 发明专利授权公告、C 宣告发明专利权部分无效的公告、U 实用新型专利授权公告、Y 宣告实用新型专利权部分无效的公告、S 外观设计专利授权公告或宣告专利权部分无效的公告。故选项A、B的说法正确，选项C、D的说法不正确。

综上，本题答案为：A、B。

相关法律知识

答题须知：

1. 本试卷共有 100 题，每题 1 分，总分 100 分。
2. 本试卷要求应试者在机考试卷上选择答案。
3. 本试卷所有试题的正确答案均以现行的法律、法规、规章、相关司法解释和国际条约为准。

一、单项选择题（每题所设选项中只有一个正确答案，多选、错选或不选均不得分。）本部分含 1—30 题，每题 1 分，共 30 分。

1. 甲诉某专利的专利权利人乙专利权权属纠纷一案正在审理中，证据交换阶段乙觉得自己胜诉无望，随即向国家知识产权局提出放弃该专利的申请，乙的行为违背民法的下列哪一基本原则？

   A．平等原则
   B．自愿原则
   C．公平原则
   D．诚信原则

   【答案】D
   【知识点】民法的基本原则
   【解析】《民法总则》第四条规定，民事主体在民事活动中的法律地位一律平等。因此，平等原则是指任何民事主体在民事关系中平等地享有权利，其权利平等地受到保护。在该题中，甲、乙法律地位平等，乙实施的行为没有利用法律地位上的优势，故选项 A 错误。《民法总则》第五条规定，民事主体从事民事活动，应当遵循自愿原则，按照自己的意思设立、变更、终止民事法律关系。自愿原则即意思自治原则，当事人可以根据自己的意愿，从事民事活动。在该题中，乙并未强迫甲实施违反其内心意愿的行为，故没有违反自愿原则，选项 B 错误。《民法总则》第六条规定，民事主体从事民事活动，应当遵循公平原则，合理确定各方的权利和义务。在民事主体之间发生利益纠纷时，以权利义务是否均衡来平衡双方的利益，在该题中，并没有因乙的行为而导致双方的权利义务失衡，故选项 C 错误。《民法总则》第七条规定，民事主体从事民事活动，应当遵循诚信原则，秉持诚实，恪守承诺。该原则要求民事主体在从事民事活动时要讲诚信、守信用，正当行使权利和履行义务，其核心在于诚实不欺、善意、信守诺言。在该题中，乙虽然在行使自己的权利，但该恶意放弃可能属于他人权利的行为，显属于违背善意行使权利的诚信原则的体现，故选项 D 正确。

   综上，本题答案为：D。

2. 关于《民法总则》对法人分类的规定，下列哪些表述是正确的？
 A. 社团法人、营利法人、机关法人
 B. 营利法人、非营利法人、特别法人
 C. 机关法人、企业法人、特别法人
 D. 企业法人、非营利法人、财团法人

【答案】B

【知识点】法人的概念和分类

【解析】《民法总则》第三章法人规定了法人的新分类。根据第二节"营利法人"、第三节"非营利法人"和第四节"特别法人"的标题，《民法总则》对法人的分类为营利法人、非营利法人和特别法人。故选项B正确。

综上，本题答案为：B。

3. 一般情况下，自然人的出生时间和死亡时间，以_____记载的时间为准。
 A. 出生证明、死亡证明
 B. 户籍登记证明、死亡证明
 C. 出生证明、居委会出具的证明
 D. 户籍登记证明、居委会出具的证明

【答案】A

【知识点】自然人出生时间和死亡时间的认定

【解析】《民法总则》第十五条规定，自然人的出生时间和死亡时间，以出生证明、死亡证明记载的时间为准；没有出生证明、死亡证明的，以户籍登记或者其他有效身份登记记载的时间为准。有其他证据足以推翻以上记载时间的，以该证据证明的时间为准。由于《民法总则》关于自然人的出生和死亡时间的规定和原来《民通意见》第一条的规定不一致，因此要以《民法总则》第十五条的相应规定为准。故选项A正确。

综上，本题答案为：A。

4. 根据《民法总则》的规定，向人民法院请求保护民事权利的诉讼时效期间为多少年？
 A. 一年
 B. 两年
 C. 三年
 D. 以上均不正确

【答案】C

【知识点】一般诉讼时效的期间

【解析】《民法总则》第一百八十八条第一款规定，向人民法院请求保护民事权利的诉讼时效期间为3年。法律另有规定的，依照其规定。《民法总则》将《民法通则》规定的2年一般诉讼时效期间延长至3年，故选项C正确。

综上，本题答案为：C。

5. 甲6月10日向乙发信，表示欲购某型号钢材并称必须采用合同书形式订立合同。乙与甲通话表示同意，并与之商定了钢材的型号、单价和数量，乙随即制作了合同书并寄出，于6月13日到达甲处，甲于6月16日在合同书上签字后寄往乙处，乙收到后于6月19日在合同书上签字，6月22日双方经商议又签订了一份确认书。甲乙之间的合同于何时成立？

　　A.6月13日
　　B.6月16日
　　C.6月19日
　　D.6月22日

【答案】C
【知识点】合同成立时间
【解析】《合同法》第三十二条规定，当事人采用合同书形式订立合同的，自双方当事人签字或盖章时合同成立。甲、乙双方已经约定了采用合同书的形式订立合同，因此当最后一方（乙方）在合同书上签字时，合同成立。故选项C正确，选项A、B错误。虽然《合同法》第三十三条规定在采用信件形式订立合同时，合同自签订确认书时成立，但前提条件是签订确认书在"合同成立前"，故选项D错误。

综上，本题答案为：C。

6. 根据《合同法》的规定，下列哪些合同无效？

　　A. 甲装饰公司卖给乙公司100盏吸顶灯，乙公司发现甲公司营业执照上的核准经营范围仅为装饰业务，遂诉请求法院确认该买卖合同无效
　　B. 被九岁小学生丙扶起的老奶奶丁将玉佩赠与丙
　　C. 戊将他人交其保管的手表卖给己
　　D. 庚将其合法持有的猎枪出售给未取得持枪许可的朋友辛

【答案】D
【知识点】合同的效力
【解析】《最高人民法院关于适用〈中华人民共和国合同法〉若干问题的解释（一）》（法释〔1999〕19号）第十条规定，当事人超越经营范围订立合同，人民法院不因此认定合同无效。故选项A的合同有效。根据《合同法》第九条和《民法总则》第十九条的规定，虽然九岁的小学生丙属于限制民事行为能力人，但受赠与属于纯获利益的民事法律行为，丙可以实施。故选项B的赠与合同有效。根据《合同法》第五十一条的规定，戊无权处分他人财产，合同并非当然无效。另根据《最高人民法院关于审理买卖合同纠纷案件适用法律问题的解释》（法释〔2012〕8号）第三条的规定，无权处分他人财产的合同系有效合同。故选项C的合同有效。根据《合同法》第五十二条第（五）项的规定，庚出售猎枪的行为违反《刑法》，属于违反法律强制性规定的行为，合同无效。因此，选项D的合同无效。

综上，本题答案为：D。

7. 甲、乙订立合作开发协议，约定共同完成一项发明，但就该项发明的专利申请权未作约定，下列说法错误的是？

　　A. 如果甲不同意申请专利，乙可以自行申请
　　B. 如果甲放弃其专利申请权，乙可以单独申请，但取得专利后，甲有免费使用的权利
　　C. 如果甲准备转让其专利申请权，必须订立书面合同
　　D. 如果甲准备转让其专利申请权，乙在同等条件下有优先受让的权利

【答案】A

【知识点】技术开发合同当事人的权利分配

【解析】根据《合同法》第三百四十条的规定，合作开发完成的发明创造，除当事人另有约定的以外，申请专利的权利属于合作开发的当事人共有。当事人一方转让其共有的专利申请权的，其他各方享有以同等条件优先受让的权利。合作开发的当事人一方声明放弃其共有的专利申请权的，可以由另一方单独申请或者由其他各方共同申请。申请人取得专利权的，放弃专利申请权的一方可以免费实施该专利。合作开发的当事人一方不同意申请专利的，另一方或者其他各方不得申请专利。同时，《专利法》第十条第三款规定，转让专利申请权或者专利权的，当事人应当订立书面合同，并向国务院专利行政部门登记，由国务院专利行政部门予以公告。因此，选项B、C、D正确，选项A错误。

综上，本题答案为：A。

8. 下列主体中，不可以作为民事诉讼委托代理人的是？

　　A. 原告的岳父
　　B. 公司的实习生
　　C. 专利纠纷诉讼中，由中华全国代理人协会推荐的专利代理人
　　D. 离婚诉讼中，某基层法律服务所的工作人员

【答案】B

【知识点】委托诉讼代理人的资格

【解析】根据《民事诉讼法》第五十八条第二款的规定，可以被委托为诉讼代理人的有：律师、基层法律服务工作者；当事人的近亲属或者工作人员；当事人所在社区、单位以及有关社会团体推荐的公民。在此基础上，《最高人民法院关于适用〈中华人民共和国民事诉讼法〉的解释》（法释〔2015〕5号）第八十四条至第八十七条进一步细化了上述主体的范围，其中，第八十五条规定，与当事人有夫妻、直系血亲、三代以内旁系血亲、近姻亲关系以及其他有抚养、赡养关系的亲属，可以当事人近亲属的名义作为诉讼代理人。因此，选项A属于近姻亲；选项C属于有关社会团体推荐的公民；选项D属于基层法律服务工作者，故均正确。而选项B的实习生不属公司的工作人员，故错误。

综上，本题答案为：B。

9. 甲和乙是同乡，现都在北京市海淀区工作。甲在深圳市南山区有一套住房，经协商，同意以400万元的价格将房屋卖给乙。双方在北京签订了合同，乙一次性支付了房款，后办理了房屋产权过户手续。现甲之妻以卖房未经其同意为由，要求乙返还房产。据此，本案应当由哪个人民法院管辖？
   A. 北京市海淀区人民法院
   B. 深圳市南山区人民法院
   C. 北京市海淀区人民法院或者深圳市南山区人民法院
   D. 最先受理甲之妻起诉的人民法院

【答案】B
【知识点】专属管辖
【解析】《民事诉讼法》第三十三条规定，因不动产纠纷提起的诉讼，由不动产所在地的人民法院管辖。该案属于专属管辖的情形，因此选项B正确。

综上，本题答案为：B。

10. 关于民事诉讼证据的理解，下列选项中正确的有？
   A. 存储在电子介质上的录音资料，适用电子数据的相关规定
   B. 民事诉讼中的证人只能是自然人
   C. 若法院责令对方当事人提交相关书证，则因提交书证所产生的费用，应当由申请文书提出命令的一方当事人垫付，由提交方当事人最终承担
   D. 书证应当提交原件，但如果原件在对方当事人控制之下，则可以提交复制品

【答案】A
【知识点】证据
【解析】根据《最高人民法院关于适用〈中华人民共和国民事诉讼法〉的解释》（法释〔2015〕5号）第一百一十六条第三款的规定，存储在电子介质上的录音资料和音像资料，适用电子数据的相关规定。故选项A正确。根据《民事诉讼法》第七十二条的规定，凡是知道案件情况的单位和个人，都有义务出庭作证。故选项B错误。根据《民诉解释》第一百一十二条第二款规定，因提交书证产生的费用，由申请方当事人承担，即"谁申请、谁承担"。故选项C错误。根据《民事诉讼法》第七十条第一款和《最高人民法院关于适用〈中华人民共和国民事诉讼法〉的解释》第一百一十一条的规定，书证应当提交原件，但提交原件确有困难的，可以提交复制品。所谓"提交书证原件确有困难"的情形包括"原件在他人控制之下"，但还需同时满足合法通知提交而拒不提交这一条件，因此选项D错误。

综上，本题答案为：A。

11. 某民事诉讼案件经人民法院调解，双方当事人达成协议。后人民法院制作调解书，由审判人员、书记员署名并加盖人民法院印章，送达双方当事人。下列关于该调解书法律效力的说法哪些是正确的？

A. 调解书制作完成，即具有法律效力

B. 调解书由审判人员、书记员署名，加盖人民法院印章，即具有法律效力

C. 调解书自人民法院向双方当事人发出之日起，即具有法律效力

D. 调解书经双方当事人签收后，即具有法律效力

【答案】D

【知识点】调解书的生效时间

【解析】根据《民事诉讼法》第九十七条第三款的规定，调解书经双方当事人签收后，即具有法律效力。因此，选项D正确。

综上，本题答案为：D。

12. 王某在未取得营业执照的情况下，在街道上销售活鸡鸭，市城管局查获王某的无照经营行为，扣押了王某的电子秤一个，鸡鸭数只，王某在城管局实施扣押的过程中与城管人员发生冲突阻碍扣押，城管人员报警，区公安局对王某作出行政拘留5日的处罚决定，王某不服，申请行政复议，下列哪一说法是正确的？

A. 王某申请行政复议，应当向市公安局提出

B. 王某可以口头委托2名代理人参加行政复议

C. 复议机关应当在60天内作出复议决定，不得延长

D. 复议机关可以向王某收取办理行政复议案件所需的费用

【答案】B

【知识点】行政复议机关、程序

【解析】《行政复议法》第十二条第一款规定，对县级以上地方各级人民政府工作部门的具体行政行为不服的，由申请人选择，可以向该部门的本级人民政府申请行政复议，也可以向上一级主管部门申请行政复议。王某既可以向市公安局提出，也可以向区政府提出，故选项A错误。《行政复议法实施条例》第十条规定，申请人、第三人可以委托1至2名代理人参加行政复议。申请人、第三人委托代理人的，应当向行政复议机构提交授权委托书。授权委托书应当载明委托事项、权限和期限。公民在特殊情况下无法书面委托的，可以口头委托。口头委托的，行政复议机构应当核实并记录在卷。申请人、第三人解除或者变更委托的，应当书面报告行政复议机构。因此，王某可以口头委托2名代理人参加复议，选项B正确。《行政复议法》第三十一条第一款规定，行政复议机关应当自受理申请之日起60日内作出行政复议决定；但是法律规定的行政复议期限少于60日的除外。情况复杂，不能在规定期限内作出行政复议决定的，经行政复议机关的负责人批准，可以适当延长，并告知申请人和被申请人；但是延长期限最多不超过30日。选项C错误。《行政复议法》第三十九条规定，行政复议机关受理行政复议申请，不得向申请人收取任何费用。选项D错误。

综上，本题答案为：B。

13. 甲公司通过暗管的方式直接将污水排入地下，被区环保局吊销排污许可证，罚款500万

元。甲公司对此不服,申请行政复议,下列说法错误的是?

A. 复议机关若认定该行为违反法定程序,可以予以变更
B. 复议机关若认定罚款500万元合法但不合理,可以予以变更
C. 复议机关若认定吊销排污许可证和罚款均合理合法,作出维持决定
D. 复议机关若认定该处罚幅度不合理,可以对双方进行调解

【答案】A

【知识点】行政复议决定的种类

【解析】《行政复议法》第二十八条第一款规定,行政复议机关负责法制工作的机构应当对被申请人作出的具体行政行为进行审查,提出意见,经行政复议机关的负责人同意或者集体讨论通过后,按照下列规定作出行政复议决定:(一)具体行政行为认定事实清楚,证据确凿,适用依据正确,程序合法,内容适当的,决定维持;(二)被申请人不履行法定职责的,决定其在一定期限内履行;(三)具体行政行为有下列情形之一的,决定撤销、变更或者确认该具体行政行为违法;决定撤销或者确认该具体行政行为违法的,可以责令被申请人在一定期限内重新作出具体行政行为:1.主要事实不清、证据不足的;2.适用依据错误的;3.违反法定程序的;4.超越或者滥用职权的;5.具体行政行为明显不当的。(四)被申请人不按照该法第二十三条的规定提出书面答复、提交当初作出具体行政行为的证据、依据和其他有关材料的,视为该具体行政行为没有证据、依据,决定撤销该具体行政行为。程序违法,应责令重做,而非变更,选项A错误;选项B、C正确。《行政复议法实施条例》第五十条规定,有下列情形之一的,行政复议机关可以按照自愿、合法的原则进行调解:(一)公民、法人或者其他组织对行政机关行使法律、法规规定的自由裁量权作出的具体行政行为不服申请行政复议的;(二)当事人之间的行政赔偿或者行政补偿纠纷。当事人经调解达成协议的,行政复议机关应当制作行政复议调解书。调解书应当载明行政复议请求、事实、理由和调解结果,并加盖行政复议机关印章。行政复议调解书经双方当事人签字,即具有法律效力。调解未达成协议或者调解书生效前一方反悔的,行政复议机关应当及时作出行政复议决定。故选项D正确。

综上,本题答案为:A。

14. 甲某对专利复审委员会作出的宣告其专利权全部无效的审查决定不服提起行政诉讼,经审理查明,无效宣告请求人乙某的身份被盗用,授权委托书上的签名系伪造,下列裁判方式正确的是?

A. 撤销无效宣告审查决定,并判令专利复审委员会就该无效请求重新作出审查决定
B. 撤销无效宣告审查决定
C. 鉴于专利法规定任何人均可以提出无效宣告请求,判决驳回甲的诉讼请求
D. 鉴于专利法规定任何人均可以提出无效宣告请求,判决维持无效宣告审查决定

【答案】B

【知识点】行政诉讼的判决

【解析】根据《行政诉讼法》第七十条的规定，人民法院判决撤销或者部分撤销的情形，可以判决被告重新作出行政行为。可见，判决撤销的，并不一定同时判令重新作出行政行为。在该案中，乙某的身份被盗用，提出无效宣告请求并非乙某的真实意思表示，无效宣告审查决定的作出违反法定程序，应予撤销。如果专利复审委员会重新审查，则在收到该无效宣告请求时即知晓乙某身份被盗用这一情况，依法应当不予受理，而不会作出审查决定。在该无效宣告审查决定被撤销后，判令专利复审委员会重新作出无效宣告审查决定是不合理的，也与撤销的目的相悖。故选项B正确，选项A、C、D错误。

综上，本题答案为：B。

15. 养殖户梅某根据市政府的建议，扩大了生猪养殖，结果全国生猪养殖产能过剩，猪肉价格暴跌，该养殖户损失200万元。该市畜牧局执法人员黄某到梅某养殖基地进行检疫时，梅某阻拦，黄某将梅某打成轻微伤。下列说法正确的是？
　　A. 市政府的行为是履行行政职权的行为
　　B. 梅某不服市政府的行为，可以提起行政诉讼
　　C. 市政府应当对梅某的养殖损失进行补偿
　　D. 对黄某人身侵权行为的，梅某不可以提起行政诉讼，但可以提起民事诉讼
【答案】A
【知识点】行政赔偿范围
【解析】市政府的行为在性质上属于行政指导，是履行行政职权的行为。所谓行政指导是指行政机关采取建议、鼓励、劝告等不具有强制力的方式，劝导行政相对人配合行政机关以达到一定的管理目的。故选项A正确。行政指导不具有强制力，并不必然地对当事人权利义务产生影响，没有处分性，不可诉，当事人应当自负盈亏。故选项B、C错误。《国家赔偿法》第三条规定，行政机关及其工作人员在行使行政职权时有下列侵犯人身权情形之一的，受害人有取得赔偿的权利：……（三）以殴打、虐待等行为或者唆使、放纵他人以殴打、虐待等行为造成公民身体伤害或者死亡的；……黄某是行政机关工作人员，在履行职权过程中实施侵权行为造成的损失，适用《国家赔偿法》解决，而不是提起民事诉讼。因此，选项D错误。

综上，本题答案为：A。

16. 区食药局根据《食品安全法》第一百二十三条，以"用回收食品作为原料生产食品"为由对甲公司作出罚款300万元、责令停产停业一年的决定。甲公司不服，向市食药局申请行政复议。市食药局根据《食品安全法》第一百二十四条，以"用超过保质期的食品原料生产食品"为由对甲公司作出罚款300万元、责令停产停业一年的决定。甲公司不服，提起行政诉讼。下列说法正确的是？
　　A. 本案的被告是市食药局
　　B. 本案的被告是区食药局和市食药局

C. 本案的被告是市食药局，区食药局是第三人

D. 若只起诉了区食药局，法院将市食药局直接列为共同被告

【答案】B

【知识点】行政复议与行政诉讼的衔接

【解析】《行政诉讼法》第二十六条第二款规定，经复议的案件，复议机关决定维持原行政行为的，作出原行政行为的行政机关和复议机关是共同被告。《最高人民法院关于适用〈中华人民共和国行政诉讼法〉的解释》（法释〔2018〕1号）第二十二条规定，复议机关改变原行政行为所认定的主要事实和证据、改变原行政行为所适用的规范依据，但未改变原行政行为处理结果的，视为复议机关维持原行政行为。可知，该案属于复议维持案件，被告是作出原行政行为的行政机关（区食药局）和复议机关（市食药局）。故选项A、C错误，选项B正确。《最高人民法院关于适用〈中华人民共和国行政诉讼法〉的解释》第二十六条规定，原告所起诉的被告不适格，人民法院应当告知原告变更被告；原告不同意变更的，裁定驳回起诉。应当追加被告而原告不同意追加的，人民法院应当通知其以第三人的身份参加诉讼，但行政复议机关作共同被告的除外。可知，若只起诉了区食药局，法院应当告知原告追加市食药局被告。原告不同意追加的，人民法院应当将市食药局列为共同被告。故选项D错误。

综上，本题答案为：B。

17. 行政诉讼过程中，在下列哪些情形下，人民法院可以按照撤诉处理?

A. 外地原告开庭前一天收到传票无法出庭的

B. 上诉人认为人民法院偏袒被上诉人，未经法庭许可中途退庭的

C. 原告申请撤诉，人民法院裁定不予准许，经合法传唤无正当理由拒不到庭的

D. 被告改变原具体行政行为，原告不撤诉的

【答案】B

【知识点】视为撤诉

【解析】根据《行政诉讼法》第五十八条的规定，经人民法院传票传唤，原告无正当理由拒不到庭，或者未经法庭许可中途退庭的，可以按照撤诉处理。二审程序中上诉人未经法庭许可中途退庭的，应当参照对于原告相同行为的规定，按照撤诉处理，选项B正确。在选项A中，原告存在正当理由，不应按照撤诉处理。在选项C中，根据《最高人民法院关于适用〈中华人民共和国行政诉讼法〉的解释》（法释〔2018〕1号）第七十九条第一款的规定，原告申请撤诉，人民法院裁定不予准许的，原告经传票传唤无正当理由拒不到庭，可以缺席判决。在选项D中，根据《最高人民法院关于适用〈中华人民共和国行政诉讼法〉的解释》第八十一条第三款的规定，原告可以要求确认原行政行为违法，法院应当依法作出确认判决。

综上，本题答案为：B。

18. 根据《著作权法》的规定，下列哪一项不受《著作权法》的保护?

A. 某学者根据法律条文、影响力大小等因素编排的司法判决选编

B. 律师在法庭上发表的代理词

C. 某人利用业余时间翻译的《中华人民共和国宪法》英文稿

D. 国家知识产权局发布的《专利审查指南》

【答案】D

【知识点】著作权的客体

【解析】根据《著作权法》第十四条的规定，汇编不构成作品的其他材料的，只要对内容的选择或者编排体现独创性，就能构成受著作权保护的汇编作品。在选项A中，某学者根据法律条文、影响力大小等因素编排的司法判决选编，体现出独创性，可以享有著作权。同理选项B也受《著作权法》的保护。在选项C中，某人自行翻译的《中华人民共和国宪法》英文稿，并不属于《著作权法》第五条第（一）项规定的法律的官方正式译文，可以享有著作权。选项D中的《专利审查指南》是部门规章，属于国家机关具有立法性质的文件，不受《著作权法》保护。

综上，本题答案为：D。

19. 周某在甲网站发表小说《公民的名义》，该网站以故事情节设计不合理为由将小说删除。周某交涉无果后，不得已以"木森"为笔名向乙网站投稿，乙网站认为作者原名更有利于作品的传播，遂直接将小说署名更改为作者原名周某并提供在线阅读。丙编剧征得乙网站许可后，将小说改编为电视剧本，最后由著名导演李大路执导拍摄同名电视剧。该剧播出后，迅速走红。对此，下列哪一说法是正确的？

A. 甲网站删除小说的行为侵犯了周某发表权

B. 乙网站更改署名的行为侵犯了周某署名权

C. 丙编剧改编小说的行为符合《著作权法》规定

D. 同名电视剧的著作权人归属于导演李大路

【答案】B

【知识点】发表权署名权改编权电影作品的权利归属

【解析】根据《著作权法》第十条第一款第（二）项的规定，发表权，即决定作品是否公之于众的权利。发表权属于一次性权利，作品一旦发表，发表权即已经行使完毕。作者在甲网站已经完成发表行为，故选项A不当选。根据《著作权法》第十条第一款第（二）项的规定，署名权，即表明作者身份，在作品上署名的权利。是否署名及署名权的行使方式由作者决定，可以署真名，也可以署笔名。在作者署笔名的情况下，乙网站擅自更改为真名，侵犯了周某的署名权，故选项B当选。改编作品需要获得作者的许可并支付许可费，丙编剧并未经过作者周某许可，不符合《著作权法》第十二条有关改编作品的规定，故选项C不当选。根据《著作权法》第十五条第一款的规定，电影作品和以类似摄制电影的方法创作的作品的著作权由制片者享有，但编剧、导演、摄影、作词、作曲等作者享有署名权，并有权按照与制片者签订的合同获得报酬。因此，同名电视剧的著作权人应该为制片人而非导演，故

选项 D 不当选。

综上，本题答案为：B。

20. 江某早年丧偶，育有两儿一女。其根据自身经历于 2017 年 12 月份撰写完成回忆录一册。但碍于个人隐私，犹豫不决，生前未将该回忆录公之于世，但亦未明确表示不发表该回忆录。后江某于 2018 年 5 月 1 日去世。下列说法正确的是？

  A. 江某已去世，其著作权不再受到法律保护
  B. 该回忆录的著作财产权截止于 2068 年 5 月 1 日
  C. 江某关于回忆录的署名权、发表权、修改权、保护作品完整权的保护期不受限制
  D. 在江某死亡后 50 年内，其子女可以决定该回忆录是否发表

【答案】D

【知识点】自然人作品相关权利的保护期限

【解析】《著作权法》第二十条规定，作者的署名权、修改权、保护作品完整权的保护期不受限制。故选项 A、C 错误。《著作权法》第二十一条第一款规定，公民的作品，其发表权、该法第十条第一款第（五）项至第（十七）项规定的权利的保护期为作者终生及其死亡后 50 年，截止于作者死亡后第 50 年的 12 月 31 日；如果是合作作品，截止于最后死亡的作者死亡后第 50 年的 12 月 31 日。故选项 B 错误。《著作权实施条例》第十七条规定，作者生前未发表的作品，如果作者未明确表示不发表，作者死亡后 50 年内，其发表权可由继承人或者受遗赠人行使；没有继承人又无人受遗赠的，由作品原件的所有人行使。故选项 D 正确。

综上，本题答案为：D。

21. 法国公民汤姆逊用汉语创作了一篇小说发表在我国某文学杂志上，发表时未做任何声明。根据《著作权法》的规定，下列哪些行为可以不经汤姆逊许可？

  A. 将其小说翻译成少数民族语言在中国出版发行
  B. 将其小说翻译成英文在中国出版发行
  C. 将其小说改成盲文在中国出版浏览
  D. 将其小说收录在自建的网站中供公众点击

【答案】C

【知识点】著作权的限制

【解析】根据《著作权法》第二十二条第一款第（十一）项的规定，将中国公民已经发表的以汉语创作的作品翻译成少数民族语言在中国出版发行可以不经著作权人许可。汤姆逊不属于中国公民，将其作品翻译为少数民族语言文字出版发行，应当经过其许可。故选项 A 错误。将小说翻译为英文、收录在自建网站中供公众点击，应当经过汤姆逊的许可，否则分别侵犯了汤姆逊的翻译权和信息网络传播权。故选项 B、D 错误。选项 C 属于《著作权法》第二十二条第（十二）项规定的行为，属于合理使用。

综上，本题答案为：C。

22. 下列不属于软件著作权人享有的权利的是？

　　A. 署名权

　　B. 保护作品完整权

　　C. 出租权

　　D. 信息网络传播权

【答案】B

【知识点】软件著作权的内容

【解析】该题考查软件著作权人的权利内容。《计算机软件保护条例》第八条规定，软件著作权人享有下列各项权利：（一）发表权；（二）署名权；（三）修改权；（四）复制权；（五）发行权；（六）出租权；（七）信息网络传播权；（八）翻译权；（九）应当由软件著作权人享有的其他权利。可见，软件著作权人并不享有保护作品完整权。因此，选项B正确，选项A、C、D错误。

综上，本题答案为：B。

23. 电视剧《一切为了人民》播出后迅速走红。在该电视剧在各大卫视分集热播阶段，甲聘请丙将播放画面中的"李大路出品，复制必究"的水印去除，然后将全集上传至乙网站供公众免费点播，乙网站为提高浏览量默许甲的行为。权利人江东电视台知晓后，要求乙网站断开链接、删除内容，乙网站接到通知立即采取了上述措施。下列哪一说法是错误的？

　　A. 甲侵害了权利人的信息网络传播权

　　B. 乙网站无须对权利人承担侵权责任

　　C. 丙实施了删除权利管理电子信息的违法行为

　　D. 著作权行政管理部门有权要求乙网站提供甲的姓名和网址

【答案】B

【知识点】信息网络传播权

【解析】根据《著作权法》第十条第一款第（十二）项的规定，信息网络传播权，即以有线或者无线方式向公众提供作品，使公众可以在其个人选定的时间和地点获得作品的权利。电视剧著作权人享有信息网络传播权，甲未经许可上传至乙网站，侵害了著作权人的信息网络传播权，故选项A正确。

根据《信息网络传播权保护条例》第二十三条的规定，网络服务提供者为服务对象提供搜索或者链接服务，在接到权利人的通知书后，根据该条例规定断开与侵权的作品、表演、录音录像制品的链接的，不承担赔偿责任；但是，明知或者应知所链接的作品、表演、录音录像制品侵权的，应当承担共同侵权责任。乙网站虽然及时断开链接，但属于明知所链接内容侵权情况，应当承担共同侵权责任，故选项B错误。

根据《信息网络传播权保护条例》第二十六条的规定，权利管理电子信息，是指说明作品及其作者、表演及其表演者、录音录像制品及其制作者的信息，作品、表演、录音录像制品权利人的信息和使用条件的信息，以及表示上述信息的数字或者代码。丙的行为属于删除权利管理电子信息，故选项 C 正确。

根据《信息网络传播权保护条例》第十三条的规定，著作权行政管理部门为了查处侵犯信息网络传播权的行为，可以要求网络服务提供者提供涉嫌侵权的服务对象的姓名（名称）、联系方式、网络地址等资料。著作权行政管理部门有权要求乙网站提供甲的姓名和网址，因此，选项 D 正确。

综上，本题答案为：B。

24. 根据《商标法》及相关规定，关于地理标志的说法正确的是？
   A. 地理标志注册为商标必须为集体商标或证明商标
   B. 商标中有商品的地理标志，误导公众的，不予注册但可以使用
   C. 商标中有商品的地理标志，由于该商品并非来源于该标志所标示的地区，误导公众，即便已经善意取得注册仍可宣告无效
   D. 地理标志商标与普通商标之间不能进行近似性比较

【答案】A

【知识点】地理标志

【解析】《商标法实施条例》第四条第一款规定，《商标法》第十六条规定的地理标志，可以依照《商标法》和该条例的规定，作为证明商标或者集体商标申请注册。故选项 A 正确。《商标法》第十六条第一款规定，商标中有商品的地理标志，而该商品并非来源于该标志所标示的地区，误导公众的，不予注册并禁止使用；但是，已经善意取得注册的继续有效。故选项 B、C 错误。根据《最高人民法院关于审理商标授权确权行政案件若干问题的规定》（法释〔2017〕2号）第十七条的规定，地理标志与普通商标之间可进行近似性比较，故选项 D 错误。

综上，本题答案为：A。

25. 某食品厂于 2001 年 6 月 5 日在其生产的糕点上使用了 X 商标。2005 年 10 月 20 日该厂正式向商标局申请注册该商标。2007 年 3 月 5 日商标局初步审定并予公告。2007 年 6 月 5 日公告期满，该商标被核准注册。据此，该注册商标有效期自何时起计算？
   A. 2001 年 6 月 5 日
   B. 2005 年 10 月 20 日
   C. 2007 年 3 月 5 日
   D. 2007 年 6 月 5 日

【答案】D

【知识点】注册商标的保护期

【解析】《商标法》第三十九条规定，注册商标的有效期自核准注册之日起计算。因此，选项 D 正确，选项 A、B、C 错误。

综上，本题答案为：D。

26. 关于《商标法》所称的"商品商标的使用",以下说法正确的是?
   A. 商标的使用必须将商标贴附在商品上
   B. 商标的使用不能脱离商品而使用
   C. 商标的使用可以在非商业活动中
   D. 商标的使用是指商标能够识别商品来源的行为

【答案】D
【知识点】商标使用的规定
【解析】《商标法》第四十八条规定,该法所称商标的使用,是指将商标用于商品、商品包装或者容器以及商品交易文书上,或者将商标用于广告宣传、展览以及其他商业活动中,用于识别商品来源的行为。因此,选项D正确,选项A、B、C错误。

综上,本题答案为:D。

27. 甲公司生产的手表,因质量上乘、款式新颖、价廉物美而深受消费者的喜爱。乙公司大量购入这种手表后,未经甲公司同意,将手表上甲公司的注册商标换成乙公司的注册商标予以销售。对乙公司的行为,下列说法哪些是正确的?
   A. 乙公司的行为不构成侵犯注册商标专用权的行为,因为其使用的是自己的注册商标
   B. 乙公司的行为不构成侵犯注册商标专用权的行为,因为甲公司的注册商标已经权利用尽
   C. 乙公司的行为不构成侵犯注册商标专用权的行为,但属于不正当竞争行为
   D. 乙公司的行为构成侵犯注册商标专用权的行为

【答案】D
【知识点】商标侵权行为
【解析】《商标法》第五十七条第(五)项,未经商标注册人同意,更换其商标并将该更换商标的商品又投入市场的,侵犯注册商标专用权。因此,选项D正确,选项A、B、C错误。

综上,本题答案为:D。

28. 当事人对国家知识产权局作出的下列哪项具体行政行为不服的,不能申请复议?
   A. 不予受理布图设计申请的
   B. 驳回布图设计登记申请的
   C. 将布图设计申请视为撤回的
   D. 给予使用其布图设计的非自愿许可的

【答案】B
【知识点】集成电路布图设计的复审
【解析】根据《集成电路设计保护条例实施细则》第二十八条的规定,当事人对国家知识产权局作出的下列具体行政行为不服或者有争议的,可以向国家知识产权局行政复议部门

申请复议：（一）不予受理布图设计申请的；（二）将布图设计申请视为撤回的；……。因此，选项A、C可以申请复议。根据《集成电路设计保护条例》第十九条的规定，当事人对驳回其登记申请的决定不服的，应当向国务院知识产权行政部门请求复审，而非申请复议。因此，选项B不可以申请复议。根据《国家知识产权局行政复议规程》第四条和第五条的规定，集成电路布图设计权利人对非自愿许可报酬的裁决不服，不能申请复议。但对于非自愿许可的决定可提起复议申请。

综上，本题答案为：B。

29. 某公司于2007年5月6日在外国就某果树新品种提出品种权申请并被受理，2007年10月9日就同一品种在中国提出品种权申请，要求享有优先权并及时提交了相关文件。我国审批机关于2008年10月31日授予其品种权。关于该品种权，下列说法哪些是正确的？

A. 保护期从2007年5月6日起计算

B. 保护期从2007年10月9日起计算

C. 保护期从2008年10月31日起计算

D. 该品种权的保护期是10年

【答案】C

【知识点】植物新品种权的保护期

【解析】根据《植物新品种保护条例》第三十四条的规定，果树新品种权的保护期为20年，自授予品种权之日起计算。因此，选项C正确，选项A、B、D错误。

综上，本题答案为：C。

30. 根据《与贸易有关的知识产权协定》的规定，关于知识产权的保护，一成员对任何其他国家的国民授予的任何利益、优惠、特权或豁免，应当立即无条件地给予所有其他成员的国民。上述规定可以概括为什么原则？

A. 对等原则

B. 差别待遇原则

C. 国民待遇原则

D. 最惠国待遇原则

【答案】D

【知识点】最惠国待遇原则的定义

【解析】根据《与贸易有关的知识产权协定》（TRIPS）第四条"最惠国待遇"的规定，关于知识产权的保护，一成员对任何其他国家的国民授予的任何利益、优惠、特权或豁免，应当立即无条件地给予所有其他成员的国民。因此，选项D正确，选项A、B、C错误。

综上，本题答案为：D。

二、多项选择题（每题所设选项中至少有两个正确答案，多选、少选、错选或不选均不得分。）本部分含31—100题，每题1分，共70分。

31. 根据《民法总则》的相关规定，下列哪些属于限制民事行为能力人？
    A. 6岁上初中的神童甲
    B. 18岁依靠父母资助上大学的乙
    C. 9岁在读小学生丙
    D. 16岁已经掌握一定维修技术的技校生丁

【答案】CD

【知识点】自然人的民事行为能力

【解析】《民法总则》第二十条规定，不满8周岁的未成年人为无民事行为能力人，由其法定代理人代理实施民事法律行为。所以6岁的甲不满8周岁，属于无民事行为能力人。故选项A不当选。《民法总则》第十七条规定，18岁以上的自然人为成年人。第十八条第一款规定，成年人为完全民事行为能力人。乙年满18周岁，属于完全民事行为能力人。故选项B不当选。《民法总则》第十九条规定，8周岁以上的未成年人为限制民事行为能力人，实施民事法律行为由其法定代理人代理或者经其法定代理人同意、追认，但是可以独立实施纯获利益的民事法律行为或者与其年龄、智力相适应的民事法律行为。《民法总则》规定的限制民事行为能力人的年龄从10周岁降到8周岁，故9岁小学生丙系限制民事行为能力人。故选项C当选。《民法总则》第十八条第二款规定，16周岁以上的未成年人，以自己的劳动收入为主要生活来源的，视为完全民事行为能力人。丁虽然掌握一定技术，但其并不能以自己收入为主要生活来源，故还是限制民事行为能力人。故选项D当选。

综上，本题答案为：C、D。

32. 根据《民法总则》关于显失公平民事法律行为的相应规定，一方利用对方处于以下哪种情形时，致使民事法律行为成立时显失公平，受损害方有权请求予以撤销？
    A. 无民事行为能力
    B. 处于危困状态
    C. 缺乏判断能力
    D. 虚假意思表示

【答案】BC

【知识点】民事法律行为的效力

【解析】《民法总则》第一百四十四条规定，无民事行为能力人实施的民事法律行为无效。故选项A属于无效民事法律行为，并非显失公平的可撤销民事法律行为，不当选。《民法总则》第一百五十一条规定，一方利用对方处于危困状态、缺乏判断能力等情形，致使民事法律行为成立时显失公平的，受损害方有权请求人民法院或者仲裁机构予以撤销。故选项B、C正确，属于显失公平的可撤销民事法律行为，应当选。《民法总则》第一百四十六条第一款规定，行为人与相对人以虚假的意思表示实施的民事法律行为无效。故虚假意思表示的情形属于无效民事法律行为，选项D也不应当选。

综上，本题答案为：B、C。

33. 根据《民法总则》关于诉讼时效的相关法律规定，下列哪些关于诉讼时效届满法律后果的表述是正确的？

　　A. 诉讼时效期间届满的，法院应该主动适用诉讼时效抗辩
　　B. 诉讼时效期间届满后，义务人同意履行的，不得以诉讼时效期间届满为由抗辩
　　C. 诉讼时效期间届满后，义务人已经自愿履行的，不得请求返还
　　D. 诉讼时效期间届满后，义务人已自愿履行，可以以不当得利为由要求权利人返还

【答案】B C

【知识点】诉讼时效期间届满的法律后果

【解析】《民法总则》第一百九十二条规定，诉讼时效期间届满的，义务人可以提出不履行义务的抗辩。诉讼时效期间届满后，义务人同意履行的，不得以诉讼时效期间届满为由抗辩；义务人已自愿履行的，不得请求返还。在该题中，根据上述法律规定，诉讼时效抗辩权，义务人可以行使也可以不行使，但是人民法院不能主动适用，故选项A错误。诉讼时效届满后，债务人作出同意履行的意思表示的，视为其放弃诉讼时效抗辩权，故选项B正确。当诉讼时效届满后，义务人已经自愿履行的，权利人不构成不当得利，故选项C正确，选项D错误。

综上，本题答案为：B、C。

34. 根据《民法总则》的相关法律规定，导致监护关系终止有以下哪些原因？

　　A. 被监护人或者监护人死亡
　　B. 监护人丧失监护能力
　　C. 经民政部门认定监护关系终止
　　D. 监护人与未成年的被监护人协商一致解除监护关系

【答案】A B

【知识点】监护关系终止的原因

【解析】《民法总则》第三十九条第一款的规定，有下列情形之一的，监护关系终止：（一）被监护人取得或者恢复完全民事行为能力；（二）监护人丧失监护能力；（三）被监护人或者监护人死亡；（四）人民法院认定监护关系终止的其他情形。处理自然人身份关系的特别程序属于法院的职权范围，并非民政部门的职权范围。

综上，本题答案为：A、B。

35. 根据《民法总则》关于无权代理民事法律行为的相关规定，下列哪些关于无权代理法律后果的表述是错误的？

A. 相对人可以催告被代理人自收到通知之日起两个月内予以追认

B. 行为人实施的行为未被追认的，善意相对人只能就其受到的损害请求行为人赔偿

C. 相对人知道或者应当知道行为人无权代理的，相对人和行为人按照各自的过错承担责任

D. 被代理人未作出表示的，视为同意追认

【答案】ABD

【知识点】无权代理及其法律后果

【解析】《民法总则》第一百七十一条第二款规定，相对人可以催告被代理人自收到通知之日起1个月内予以追认。被代理人未作表示的，视为拒绝追认。行为人实施的行为被追认前，善意相对人有撤销的权利。撤销应当以通知的方式作出。在该题中，根据该条款，应为1个月内追认，选项A错误；应当视为拒绝追认，选项D错误。根据《民法总则》第一百七十一条第三款的规定，行为人实施的行为未被追认的，善意相对人有权请求行为人履行债务或者就其受到的损害请求行为人赔偿，但是赔偿的范围不得超过被代理人追认时相对人所能获得的利益。选项B涉及《民法总则》新增的善意相对人在行为未被追认时的选择权，除了题干所指的善意相对人有向行为人请求赔偿的权利外，其还有向行为人请求履行债务的权利。故选项B错误。《民法总则》第一百七十一条第四款规定，相对人知道或者应当知道行为人无权代理的，相对人和行为人按照各自的过错承担责任。根据该条款，选项C正确。

综上，本题答案为：A、B、D。

36. 根据《民法总则》的相关法律规定，在侵害知识产权纠纷案件中，当事人民事责任的承担方式主要有？

A. 继续履行

B. 赔偿损失

C. 消除影响

D. 停止侵害

【答案】BCD

【知识点】承担民事责任的方式

【解析】《民法总则》第一百七十九条第一款规定，承担民事责任的方式主要有：（一）停止侵害；（二）排除妨碍；（三）消除危险；（四）返还财产；（五）恢复原状；（六）修理、重作、更换；（七）继续履行；（八）赔偿损失；（九）支付违约金；（十）消除影响、恢复名誉；（十一）赔礼道歉。在该题中，在知识产权侵权类案件中，停止侵害、赔偿损失和消除影响作为当事人承担民事责任的主要方式，而继续履行这一方式主要适用在合同类案件中，所以选项A不当选，选项B、C、D当选。

综上，本题答案为：B、C、D。

37. 根据《民法总则》的相关法律规定，下列哪些属于法定减轻或免除民事责任的情形？

A. 不可抗力

B. 紧急避险

C. 正当防卫

D. 紧急救助

【答案】A B C D

【知识点】减轻或免除民事责任的情形

【解析】根据《民法总则》第一百八十条第一款规定，因不可抗力不能履行民事义务的，不承担民事责任。法律另有规定的，依照其规定。故不可抗力行为是民事责任的法定免责事由，选项A正确。《民法总则》第一百八十二条第一款和第二款规定，因紧急避险造成损害的，由引起险情发生的人承担民事责任。危险由自然原因引起的，紧急避险人不承担民事责任，可以给予适当补偿。故紧急避险可以成为民事责任的法定减免事由，选项B正确。《民法总则》第一百八十一条第一款规定，因正当防卫造成损害的，不承担民事责任。故正当防卫也是免除民事责任的法定事由，选项C正确。《民法总则》第一百八十四条规定，因自愿实施紧急救助行为造成受助人损害的，救助人不承担民事责任。故紧急救助行为是《民法总则》新增加的免责事由，选项D正确。

综上，本题答案为：A、B、C、D。

38. 根据《民法总则》对知识产权的相关规定，以下属于知识产权客体的是？

A. 发明

B. 网络虚拟财产

C. 商业秘密

D. 个人信息

【答案】A C

【知识点】民事权利

【解析】根据《民法总则》第一百二十三条第二款的规定，选项A、C均是知识产权的客体，当选。对网络虚拟财产和个人信息的保护，分别规定于《民法总则》的第一百二十七条和第一百一十一条，明显不属于知识产权的保护客体，因此选项B、D不当选。

综上，本题答案为：A、C。

39. 根据《合同法》的相关规定，下列哪些合同属于《合同法》中列明的有名合同？

A. 合作经营合同

B. 融资租赁合同

C. 劳务派遣合同

D. 技术合同

【答案】B D

【知识点】有名合同

【解析】《合同法》分则规定了15种有名合同,分别是买卖合同;供用电、水、气、热力合同;赠与合同;借款合同;租赁合同;融资租赁合同;承揽合同;建设工程合同;运输合同;技术合同;保管合同;仓储合同;委托合同;行纪合同及居间合同。因此,选项B"融资租赁合同"以及选项D"技术合同"是《合同法》中列明的有名合同,当选。

综上,本题答案为:B、D。

40. 根据《合同法》的规定,下列哪些情形下要约失效?
   A. 甲对乙讲:"我有八成新电脑一台,5000元卖给你,买吗?"乙表示不买
   B. 甲发传真给乙,表明"现有大米1万吨,批发价格每斤1元,款到发货,请于收到传真后一周内答复"。乙收到该传真后一直未予答复
   C. 甲为将某物卖给乙而发送电子邮件询问,请乙在一周内回复,发信后即感报价过低而后悔,当天致电乙表明撤销该要约
   D. 甲对乙表示愿将数码相机30000元转让给乙,乙表示愿意以15000元的价格购买

【答案】A B D

【知识点】要约的失效与撤销

【解析】根据《合同法》第二十条的规定,选项A中乙拒绝要约的通知到达要约人甲,要约失效;选项B中承诺期限届满,受要约人未作出承诺,要约失效;选项D中,受要约人乙对要约的内容作出实质性变更,要约失效。根据《合同法》第十九条第(一)项的规定,选项C中要约人甲确定了承诺期限,要约不得撤销,因此即使甲当天致电表明撤销该要约,该要约在承诺期限届满前仍处于有效状态。

综上,本题答案为:A、B、D。

41. 根据《合同法》及相关规定,合同中出现的下列免责条款,哪些条款会被认定为无效?
   A. 造成对方人身伤害的
   B. 因意外事件造成对方财产损失的
   C. 因故意造成对方财产损失的
   D. 因重大过失造成对方财产损失的

【答案】A C D

【知识点】免责条款

【解析】根据《合同法》第五十三条的规定,造成对方人身伤害的以及因故意或者重大过失造成对方财产损失的免责条款无效。因此,选项A、C、D正确,选项B错误。

综上,本题答案为:A、C、D。

42. 甲、乙订立房屋买卖合同,约定在1个月后甲将其自己的房屋过户登记给乙。但在交房日期到来之前,甲将该房高价出卖给了丙,并且办理了过户登记,下列哪些说法是正确的?
   A. 甲的行为构成预期违约

B. 乙只能在合同规定的交房日期到来后要求甲承担违约责任

C. 乙有权解除与甲的房屋买卖合同

D. 甲与丙签订的房屋买卖合同无效

【答案】A C

【知识点】违约行为

【解析】在该题中，甲的"一房二卖"的行为属于《合同法》第九十四条第（二）项"在履行期限届满之前，当事人一方明确表示或者以自己的行为表明不履行主要债务"的预期违约行为，乙有权解除与甲的房屋买卖合同，并立即要求甲承担违约责任。因此，选项A、C正确，选项B错误。甲与丙签订的房屋买卖合同有效，选项D错误。

综上，本题答案为：A、C。

43. 甲、乙订立合作开发协议，约定共同完成一项发明，但就该项发明的专利申请权未作约定，下列说法正确的是？

　　A. 如果甲不同意申请专利，乙可以自行申请

　　B. 如果甲放弃其专利申请权，乙可以单独申请，但取得专利后，甲有免费使用的权利

　　C. 如果甲准备转让其专利申请权，应订立书面合同

　　D. 如果甲准备转让其专利申请权，乙在同等条件下有优先受让的权利

【答案】B C D

【知识点】技术开发合同当事人的权利分配

【解析】根据《合同法》第三百四十条的规定，合作开发完成的发明创造，除当事人另有约定的以外，申请专利的权利属于合作开发的当事人共有。当事人一方转让其共有的专利申请权的，其他各方享有以同等条件优先受让的权利。合作开发的当事人一方声明放弃其共有的专利申请权的，可以由另一方单独申请或者由其他各方共同申请。申请人取得专利权的，放弃专利申请权的一方可以免费实施该专利。合作开发的当事人一方不同意申请专利的，另一方或者其他各方不得申请专利。同时，《专利法》第十条第三款规定，转让专利申请权或者专利权的，当事人应当订立书面合同，并向国务院专利行政部门登记，由国务院专利行政部门予以公告。因此，选项B、C、D正确，选项A错误。

综上，本题答案为：B、C、D。

44. 甲因开饭馆向乙借款10万元，2012年8月借款期限届满。因经营不善，甲的饭馆濒临倒闭。为逃避对乙的债务，2012年9月5日，甲将店内的冰柜等物赠与丙，将市值10万元的店面以5万元的价格卖给其亲戚丁，并以两倍于市价的高价收购戊的厨房设备。丙、丁不知道该情形，戊知情。现甲无力清偿欠乙的借款。对此，下列哪些说法是正确的？

　　A. 即使丙不知情，乙也能对甲的赠与行为行使撤销权

　　B. 因为丁不知情，故乙不能对甲将其中一间店面卖给丁的行为行使撤销权

　　C. 若乙于2012年11月8日知道甲高价收购戊的厨房设备，则可以在2013年11月9日

前向法院申请行使撤销权

D. 若乙于2017年3月5日知道甲高价收购戊的厨房设备，则乙可以自知道之日起1年内行使撤销权

【答案】A B C

【知识点】债权人的撤销权

【解析】甲对丙的赠与，属于《合同法》第七十四条第一款第一句话规定的情形，其撤销权不以受赠与人知情为前提。故选项A正确。根据同款第二句话的规定，债务人甲以明显不合理的低价转让财产，债权人行使撤销权以受让人知道该情形为要件，故乙不能行使撤销权，选项B正确。债务人以明显不合理的高价收购他人财产的行为，参照适用《合同法》第七十四条第一款第二句话的规定。《合同法》第七十五条规定了行使撤销权的期间，因此选项C正确。根据该条规定，选项D中债务人的行为发生于2012年9月5日，债权人最迟应在5年内，即不晚于2017年9月6日行使撤销权，而非自2017年3月5日起1年内。

综上，本题答案为：A、B、C。

45. 根据《合同法》及相关规定，下列哪些情况下，一方当事人无权解除合同？

A. 甲、乙签订钢材购销合同，约定甲在11月1日前向乙交付钢材500吨，货到付款。当过了11月1日，甲仍未向乙履行交付义务

B. 甲、乙签订钢材购销合同，约定甲在11月1日前向乙交付钢材500吨，货到付款。11月1日，甲向乙交付钢材450吨，剩余50吨经催告后，仍未予交付

C. 甲从商店购买电视机一台，回家后发现图像正常，但没有声音

D. 甲从商店购买电视机一台，回家发现品质良好，只是画面边角处有一个"坏点"

【答案】A B D

【知识点】合同终止的法定事由

【解析】根据《合同法》第九十四条的规定，有下列情形之一的，当事人可以解除合同：（一）因不可抗力致使不能实现合同目的；（二）在履行期限届满之前，当事人一方明确表示或者以自己的行为表明不履行主要债务；（三）当事人一方迟延履行主要债务，经催告后在合理期限内仍未履行；（四）当事人一方迟延履行债务或者有其他违约行为致使不能实现合同目的；（五）法律规定的其他情形。选项A中，甲未能按照合同约定于11月1日前交付钢材，构成违约，但是一方不履行合同主要义务，对方并不能由此获得解除权，必须还要尽到催告义务，并经合理期限对方仍不履行的，方有权解除合同。因此，乙无权解除合同，故选项A正确。选项B中，因为甲已经交付了大部分的钢材，履行了合同的主要义务，因此，乙无权解除合同，故选项B正确。选项C中，因为电视机没有声音，会严重影响电视的正常使用，使甲购买电视机的目的不能实现，属于根本违约，所以甲具有法定解除权，故选项C正确。选项D中，电视机品质良好，只是有边角处有一"坏点"，属于瑕疵履行，没有影响到合同目的的实现，没有构成根本违约，甲无权解除合同，故选项D错误。

综上，本题答案为：A、B、D。

46. 甲欠乙10万元，后乙通知甲将该债权转让给丙。甲接到该通知时，乙欠甲5万元，并且甲的债权先于转让的债权到期。根据《合同法》的规定，下列说法哪些是正确的？

A．本案中乙的债权转让对甲发生效力
B．本案中乙的债权转让不对甲发生效力
C．甲可以向乙主张抵销
D．甲可以向丙主张抵销

【答案】A D
【知识点】合同的变更和转让
【解析】根据《合同法》第八十条与第八十三条的规定，结合该案情况，乙通知甲后，该债权对甲产生效力，又因甲对乙有债权且甲的债权先于转让的债权到期，因此，选项A、D正确，选项B、C错误。

综上，本题答案为：A、D。

47. 甲酒厂欲从乙粮库购买一千吨高粱，业务员因为疏忽在买卖合同中未写明高粱质量。关于该合同，下列哪些说法是正确的？

A．质量是《合同法》规定的合同条款，欠缺该条款的合同不成立
B．该合同明确了买卖标的物但未明确质量，因此成立但未生效
C．该合同已经生效，但甲乙仍可就质量条款进行进一步协商以确定具体标准
D．如果当事人对质量标准达不成一致，可以参考国家标准、行业标准或者通常标准以及按照合同目的确定履行标准

【答案】C D
【知识点】合同的成立、效力、履行
【解析】根据《合同法》第十二条第一款的规定，合同内容一般包含质量条款，但并不意味着欠缺质量条款合同不成立。故选项A错误。根据《合同法》第四十四条的规定，依法成立的合同，自成立时生效。故选项B错误。根据《合同法》第六十一条及第六十二条第（一）项的规定，甲、乙仍可就质量条款进行进一步协商以确定具体标准，如果未达成一致，可参考国家标准、行业标准或者通常标准以及按照合同目的确定履行标准，选项C、D正确。

综上，本题答案为：C、D。

48. 根据《合同法》及相关规定，下列哪些选项属于无效的格式条款？

A．提供格式条款的一方所提供的格式条款含有加重对方责任的内容
B．提供格式条款的一方采取合理方式提请对方注意免除或者限制其责任的内容
C．违反法律、行政法规强制性规定的
D．内容不够具体确定的

【答案】A C

【知识点】合同的成立、效力、履行

【解析】根据《合同法》第四十条和第五十二条第（五）项的规定，提供格式条款的一方所提供的格式条款含有加重对方责任的内容，或者违反法律、行政法规强制性规定的条款无效。因此，选项A、C正确，选项B、D错误。

综上，本题答案为：A、C。

49. 甲公司委托乙专利代理机构代为处理本公司专利事务。对此，下项说法哪些是正确的？
   A. 即使合同没有提及乙处理相关事务的费用负担，甲公司仍有义务支付乙事务所为处理委托事务而垫付的费用
   B. 经甲公司同意，乙可以转委托，同时对第三人的行为承担责任
   C. 乙可以随时解除与甲公司的合同
   D. 因不可归责于乙的事由，委托事务不能完成的，甲公司应当向乙支付相应的报酬

【答案】A C D

【知识点】委托代理

【解析】委托合同是专利代理人以及专利代理机构在从业、开业过程中最经常涉及的民事合同。根据《合同法》第三百九十八条的规定，受托人为处理委托事务垫付的必要费用，委托人应当偿还该费用及其利息。因此甲公司的支付义务为法定义务，即使合同中没有约定，也应当履行。故选项A正确。根据《合同法》第四百条的规定，乙的转委托经过了甲的同意，乙仅就第三人的选任和指示承担责任。故选项B错误。根据《合同法》第四百一十条的规定，委托合同双方均有法定解除权，可以随时解除委托合同。故选项C正确。根据《合同法》第四百零五条的规定，选项D正确。

综上，本题答案为：A、C、D。

50. 根据《民事诉讼法》及相关规定，下列哪些情况下，当事人可以申请审判人员回避？
   A. 是本案诉讼代理人近亲属的
   B. 担任过本案的翻译人员的
   C. 向本案当事人及其受托人借用款物的
   D. 其近亲属持有本案非上市公司当事人的股份或者股权的

【答案】A B C D

【知识点】回避制度

【解析】《最高人民法院关于适用〈中华人民共和国民事诉讼法〉的解释》（法释〔2015〕5号）第四十三条规定，审判人员有下列情形之一的，应当自行回避，当事人有权申请其回避：（一）是本案当事人或者当事人近亲属的；（二）本人或者其近亲属与本案有利害关系的；（三）担任过本案的证人。鉴定人、辩护人、诉讼代理人、翻译人员的；（四）是本案诉讼代理人近亲属的；（五）本人或者其近亲属持有本案非上市公司的股份或者股权的；（六）

与本案当事人或者诉讼代理人有其他利害关系，可能影响公正审理的。因此，选项A、B、D正确。《最高人民法院关于适用〈中华人民共和国民事诉讼法〉的解释》（法释〔2015〕5号）第四十四条规定，审判人员有下列情形之一的，当事人有权申请其回避：（一）接受本案当事人及其受托人宴请，或者参加由其支付费用的活动的；（二）索取、接受本案当事人及其受托人财物或者其他利益的；（三）违反规定会见本案当事人、诉讼代理人的；（四）为本案当事推荐、介绍诉讼代理人，或者为律师。其他人员介绍代理本案的；（五）向本案当事人及其受托人借用款物的；（六）有其他不正当行为，可能影响公正审理的。因此，选项C正确。

综上，本题答案为：A、B、C、D。

51. 原告甲认为被告乙公司在丙市生产的产品落入了自己的发明专利权保护范围，遂在乙公司设于丁市的销售部购买了被控侵权产品，以侵害发明专利权纠纷为由提起民事诉讼，下列哪些人民法院有管辖权？

A. 甲住所地人民法院
B. 乙公司住所地人民法院
C. 丙市人民法院
D. 丁市人民法院

【答案】BCD
【知识点】民事诉讼的管辖
【解析】《民事诉讼法》第二十八条规定，因侵权行为提起的诉讼，由侵权行为地或者被告住所地人民法院管辖。乙公司作为被告，其住所地人民法院有管辖权，因此，选项B正确。《最高人民法院关于适用〈中华人民共和国民事诉讼法〉的解释》（法释〔2015〕5号）第二十四条规定，《民事诉讼法》第二十八条规定的侵权行为地，包括侵权行为地实施地、侵权结果发生地。丙市、丁市为侵权行为实施地。因此，选项C、D正确。甲住所地为原告住所地，因此，选项A错误。

综上，本题答案为B、C、D。

52. 专利权人甲与乙公司签订了专利独占实施许可合同，又将专利转让给了丙公司，乙公司因与丙公司就实施许可发生纠纷向人民法院提起诉讼，甲作为第三人在该案中享有哪些权利？

A. 提起诉讼
B. 申请参加诉讼
C. 若被判决承担民事责任，则有权提起上诉
D. 在一审诉讼中提出管辖异议

【答案】BC
【知识点】第三人
【解析】《民事诉讼法》第五十六条第一款、第二款规定，对当事人双方的诉讼标的，第

三人认为有独立请求权的,有权提起诉讼。对当事人双方的诉讼标的,第三人虽然没有独立请求权,但案件处理结果同他有法律上的利害关系的,可以申请参加诉讼,或者由人民法院通知他参加诉讼。人民法院判决承担民事责任的第三人,有当事人的诉讼权利义务。甲作为该案中无独立请求权的第三人,无权提起诉讼,但可以申请参加诉讼,因此,选项A错误,选项B正确。《民事诉讼法》第四十九条规定,当事人有权委托代理人,提出回避申请,收集、提供证据,进行辩论,请求调解,提起上诉,申请执行。当事人可以查阅本案有关材料,并可以复制本案有关材料和法律文书。查阅、复制本案有关材料的范围和办法由最高人民法院规定。当事人必须依法行使诉讼权利,遵守诉讼秩序,履行发生法律效力的判决书、裁定书和调解书。甲作为该案当事人,若被判决承担民事责任,有权提起上诉,因此,选项C正确。《最高人民法院关于适用〈中华人民共和国民事诉讼法〉的解释》(法释〔2015〕5号)第八十二条规定,在一审诉讼中,无独立请求权的第三人无权提出管辖异议,无权放弃、变更诉讼请求或者申请撤诉,被判决承担民事责任的,有权提起上诉。甲作为无独立请求权的第三人,无权在一审诉讼中提出管辖异议,因此,选项D错误。

综上,本题答案为B、C。

53. 根据《民事诉讼法》及相关规定,下列哪些关于鉴定的说法正确的是?
    A. 当事人可以就查明事实的专门性问题向人民法院申请鉴定
    B. 当事人对鉴定意见有异议的,鉴定人可以出庭作证,是否采纳该鉴定意见由法院决定
    C. 人民法院准许当事人鉴定申请的,应当在名录中指定鉴定人
    D. 当事人可以申请人民法院通知有专门知识的人出庭,就鉴定人作出的鉴定意见或者专业问题提出意见

【答案】AD
【知识点】鉴定
【解析】《民事诉讼法》第七十六条第一款规定,当事人可以就查明事实的专门性问题向人民法院申请鉴定。当事人申请鉴定的,由双方当事人协商确定具备资格的鉴定人;协商不成的,由人民法院指定。因此,选项A正确,选项C错误。《民事诉讼法》第七十八条规定,当事人对鉴定意见有异议或者人民法院认为鉴定人有必要出庭的,鉴定人应当出庭作证。经人民法院通知,鉴定人拒不出庭作证的,鉴定意见不得作为认定事实的根据;支付鉴定费用的当事人可以要求返还鉴定费用。因此,选项B错误。《民事诉讼法》第七十九条规定,当事人可以申请人民法院通知有专门知识的人出庭,就鉴定人作出的鉴定意见或者专业问题提出意见。因此,选项D正确。

综上,本题答案为:A、D。

54. 关于民事诉讼证据交换,下列说法哪些是正确的?
    A. 对于证据较多的案件,人民法院应当组织交换证据
    B. 证据交换可以在审判人员或书记员的主持下进行

C. 交换证据的时间可由人民法院指定

D. 人民法院组织当事人交换证据的，交换证据之日举证期限届满

【答案】A C D

【知识点】证据交换

【解析】根据《最高人民法院关于民事诉讼证据的若干规定》（法释〔2001〕33号）第三十七条第二款的规定，选项A正确。根据同一规定的第三十九条第一款的规定，证据交换应当在审判人员的主持下进行，选项B错误。根据第三十八条的规定，交换证据的时间可以由当事人协商确定，也可以由人民法院指定，选项C正确。根据第三十八条第二款的规定，选项D正确。

综上，本题答案为：A、C、D。

55. 根据《民事诉讼法》及相关规定，下列关于财产保全相关事项说法错误的是？

　　A. 财产保全采取查封、扣押、冻结或者法律规定的其他方法

　　B. 法院可以指定被保全人负责保管被查封、扣押、冻结的财产

　　C. 被查封、扣押、冻结的财产，其上的质权、留置权因采取保全措施而消灭

　　D. 由人民法院指定被保全人保管的财产，被保全人不得继续使用

【答案】C D

【知识点】财产保全

【解析】选项A为《民事诉讼法》第一百零三条第一款规定的原文。根据《最高人民法院关于适用〈中华人民共和国民事诉讼法〉的解释》（法释〔2015〕5号）第一百五十五条的规定，故选项B正确；如果继续使用对于财产价值无重大影响，可以允许被保全人继续使用，故选项D错误。根据《最高人民法院关于适用〈中华人民共和国民事诉讼法〉的解释》第一百五十七条的规定，抵押权、质权、留置权人的优先受偿权不受财产保全措施的影响，选项C错误。

综上，本题答案为：C、D。

56. 根据《民事诉讼法》及相关规定，下列关于第一审普通程序的说法正确的是？

　　A. 涉及商业秘密的案件，应当不公开审理

　　B. 当事人经法庭许可，可以向证人、鉴定人、勘验人发问

　　C. 原告未经法庭许可中途退庭的，应当缺席判决

　　D. 宣判前，原告申请撤诉，人民法院裁定不准许撤诉的，原告经传票传唤，无正当理由拒不到庭的，可以缺席判决

【答案】B D

【知识点】开庭审理

【解析】《民事诉讼法》第一百三十四条规定，人民法院审理民事案件，除涉及国家秘密、个人隐私或者法律另有规定的以外，应当公开进行。离婚案件，涉及商业秘密的案件，

当事人申请不公开审理的，可以不公开审理。因此，选项A错误。《民事诉讼法》第一百三十九条规定，当事人在法庭上可以提出新的证据。当事人经法庭许可，可以向证人、鉴定人、勘验人发问。当事人要求重新进行调查、鉴定或者勘验的，是否准许，由人民法院决定。因此，选项B正确。《民事诉讼法》第一百四十三条规定，原告经传票传唤，无正当理由拒不到庭的，或者未经法庭许可中途退庭的，可以按撤诉处理；被告反诉的，可以缺席判决。因此，选项C错误。《民事诉讼法》第一百四十五条规定，宣判前，原告申请撤诉的，是否准许，由人民法院裁定。人民法院裁定不准许撤诉的，原告经传票传唤，无正当理由拒不到庭的，可以缺席判决。因此，选项D正确。

综上，本题答案为：B、D。

57. 根据《民事诉讼法》的规定，对下列哪些行为的行为人，人民法院可以根据情节轻重予以罚款、拘留？

　　A. 伪造重要证据，妨碍人民法院审理案件
　　B. 被告中途无正当理由退庭的
　　C. 侮辱、殴打司法工作人员
　　D. 拒不履行人民法院已经发生法律效力的判决和裁定

【答案】ACD
【知识点】对妨害民事诉讼的强制措施
【解析】选项A、C、D分别是《民事诉讼法》第一百一十一条第一款第（一）项、第（四）项、第（六）项规定的情形，选项B为《民事诉讼法》第一百四十四条规定的缺席审判的情况。

综上，本题答案为：A、C、D。

58. 根据《民事诉讼法》及相关规定，以下哪些情形下，人民法院应当裁定中止执行？

　　A. 申请人表示可以延期执行的
　　B. 据以执行的法律文书被撤销的
　　C. 案外人对执行标的提出确有理由的异议的
　　D. 作为一方当事人的法人终止，尚未确定权利义务承受人的

【答案】ACD
【知识点】执行中止和执行终结
【解析】《民事诉讼法》第二百五十六条规定，有下列情形之一的，人民法院应当裁定中止执行：（一）申请人表示可以延期执行的；（二）案外人对执行标的提出确有理由的异议的；（三）作为一方当事人的公民死亡，需要等待继承人继承权利或者承担义务的；（四）作为一方当事人的法人或者其他组织终止，尚未确定权利义务承受人的；（五）人民法院认为应当中止执行的其他情形。中止的情形消失后，恢复执行。因此，选项A、C、D正确。《民事诉讼法》第二百五十七条规定，有下列情形之一的，人民法院裁定终结执行：（一）申请

人撤销申请的；（二）据以执行的法律文书被撤销的；（三）作为被执行人的公民死亡，无遗产可供执行，又无义务承担人的；（四）追索赡养费、扶养费、抚育费案件的权利人死亡的；（五）作为被执行人的公民因生活困难无力偿还借款，无收入来源，又丧失劳动能力的；（六）人民法院认为应当终结执行的其他情形。因此，选项B错误。

综上，本题答案为：A、C、D。

59. 甲公司诉乙公司侵害发明专利权纠纷一案，一审法院判决驳回甲公司的全部诉讼请求，甲公司不服提起上诉，二审法院改判乙公司停止被控侵权行为并赔偿甲公司经济损失及合理费用。根据《民事诉讼法》及相关规定，乙公司的申请符合以下哪些情形的，人民法院应当再审？
    A. 有新的证据
    B. 二审判决认定事实的主要证据未经质证的
    C. 二审判决适用法律确有错误的
    D. 二审判决遗漏或者超出诉讼请求的

【答案】BCD

【知识点】基于当事人诉权的申请再审

【解析】《民事诉讼法》第二百条规定，当事人的申请符合下列情形之一的，人民法院应当再审：（一）有新的证据，足以推翻原判决、裁定的；（二）原判决、裁定认定的基本事实缺乏证据证明的；（三）原判决、裁定认定事实的主要证据是伪造的；（四）原判决、裁定认定事实的主要证据未经质证的；（五）对审理案件需要的主要证据，当事人因客观原因不能自行收集，书面申请人民法院调查收集，人民法院未调查收集的；（六）原判决、裁定适用法律确有错误的；（七）审判组织的组成不合法或者依法应当回避的审判人员没有回避的；（八）无诉讼行为能力人未经法定代理人代为诉讼或者应当参加诉讼的当事人，因不能归责于本人或者其诉讼代理人的事由，未参加诉讼的；（九）违反法律规定，剥夺当事人辩论权利的；（十）未经传票传唤，缺席判决的；（十一）原判决、裁定遗漏或者超出诉讼请求的；（十二）据以作出原判决、裁定的法律文书被撤销或者变更的；（十三）审判人员审理该案件时有贪污受贿，徇私舞弊，枉法裁判行为的。因此，选项A错误，选项B、C、D正确。

综上，本题答案为：B、C、D。

60. 根据《行政复议法》的规定，下列哪些不属于行政复议的范围？
    A. 行政机关作出的行政处罚决定
    B. 行政机关制定的规章
    C. 行政机关对民事纠纷作出的调解
    D. 行政机关作出的行政处分

【答案】BCD

【知识点】行政复议的范围

【解析】选项A属于《行政复议法》第六条规定的可以申请行政复议的具体行政行为，

但根据《行政复议法》第七条第二款的规定，选项 B 中的规章不在行政复议的附带审查范围内。选项 C、D 属于《行政复议法》第八条规定的不得申请复议的情形。

综上，本题答案为：B、C、D。

61.《反不正当竞争法》第二十九条规定，当事人对监督检查部门作出的决定不服的，可以依法申请行政复议或者提起行政诉讼。某县工商局认定某企业利用广告对商品作引人误解的虚假宣传，构成不正当竞争，处 10 万元罚款。该企业不服，申请复议。下列哪些说法是正确的？

　　A. 复议机关应当为该工商局的上一级工商局

　　B. 申请复议期间为 15 日

　　C. 如复议机关作出维持决定，该企业向法院起诉，起诉期限为 15 日

　　D. 对罚款决定，该企业可以不经复议直接向法院起诉

【答案】CD

【知识点】行政复议的受理

【解析】对县工商局的处罚不服，可以向市工商局或者县政府申请复议。故选项 A 错误。根据《行政复议法》第九条第一款的规定，复议申请期限为 60 日；但是法律规定的申请期限超过 60 日的除外。可知，其他法律要对复议期限作例外规定的，必须超过 60 日才合法。故选项 B 错误。《行政诉讼法》第四十五条规定，公民、法人或者其他组织不服复议决定的，可以在收到复议决定书之日起 15 日内向人民法院提起诉讼。直接起诉和复议后再起诉的起诉期是不同的，复议后再起诉的起诉期为 15 日。故而选项 C 正确。复议前置一般仅限于纳税争议、行政确权侵犯他人已经取得的自然资源所有权或者使用权、限制或者禁止经营者集中的案件。该案不属于此三种情况，同时《反不正当竞争法》亦规定了当事人不服的，可以直接提起行政诉讼，无须复议前置，所以，选项 D 正确。

综上，本题答案为：C、D。

62. 新锐公司兴建厂房需要一块土地。恰逢甲市政府出让一块土地，新锐公司和好客来公司同时提出申请，市政府拒绝了新锐公司的申请，向好客来公司颁发了国有土地使用权证。此后，丰年村认为政府向好客来公司发放的国有土地使用权证所认定的面积包括了该村的集体土地。下列说法正确的是？

　　A. 新锐公司对政府拒绝其申请的行为，应当先申请行政复议才能提起诉讼

　　B. 新锐公司对政府向好客来公司颁发国有土地使用权的行为，应当先申请复议才能提起诉讼

　　C. 丰年村对政府向好客来公司颁发国有土地使用权的行为，应当先申请复议才能提起诉讼

　　D. 集体土地使用权被侵犯的丰年村村民也可以以自己名义申请行政复议

【答案】CD

【知识点】复议前置

【解析】《行政复议法》第三十条规定，公民、法人或者其他组织认为行政机关的具体行政行为侵犯其已经依法取得的土地、矿藏、水流、森林、山岭、草原、荒地、滩涂、海域等自然资源的所有权或者使用权的，应当先申请行政复议；对行政复议决定不服的，可以依法向人民法院提起行政诉讼。根据国务院或者省、自治区、直辖市人民政府对行政区划的勘定、调整或者征收土地的决定，省、自治区、直辖市人民政府确认土地、矿藏、水流、森林、山岭、草原、荒地、滩涂、海域等自然资源的所有权或者使用权的行政复议决定为最终裁决。可知，新锐公司对政府拒绝其申请的行为，可以直接提起诉讼。故选项A错误。新锐公司对政府向好客来公司颁发国有土地使用权的行为，由于其未主张自己已经取得，因此可以直接提起诉讼。故选项B错误。丰年村对政府向好客来公司颁发国有土地使用权的行为，由于其主张自己已经取得，应当先申请复议才能提起诉讼。故选项C正确。集体土地使用权人作为行政相对人可以以自己名义申请行政复议。故选项D正确。

综上，本题答案为：C、D。

63. 定中公司在某县建立了一家生鸡养殖场，通过暗管的方式违法排污，县环保局对其罚款50万元。定中公司不服，向县政府申请行政复议。县政府事后审查发现，定中公司申请材料不齐全。本案的下列做法违反法律规定的有？

A. 县政府指定县政府法制办干部胡某单独审理此案
B. 县政府在60日内作出了复议决定
C. 县政府认为处罚过轻，将罚款变更为60万元
D. 县政府认为本案疑难复杂，主动以听证的方式审理了本案

【答案】AC
【知识点】行政复议程序
【解析】《行政复议法实施条例》第三十二条规定，行政复议机构审理行政复议案件，应当由2名以上行政复议人员参加。可知，县政府指定县政府法制办干部胡某单独审理此案的做法是错误的，故选项A违反法律规定。《行政复议法》第三十一条规定，行政复议机关应当自受理申请之日起60日内作出行政复议决定；但是法律规定的行政复议期限少于60日的除外。情况复杂，不能在规定期限内作出行政复议决定的，经行政复议机关的负责人批准，可以适当延长，并告知申请人和被申请人；但是延长期限最多不超过30日。行政复议机关作出行政复议决定，应当制作行政复议决定书，并加盖印章。行政复议决定书一经送达，即发生法律效力。故选项B中的做法符合法律规定。《行政复议法实施条例》第五十一条规定，行政复议机关在申请人的行政复议请求范围内，不得作出对申请人更为不利的行政复议决定。故选项C中的做法违反法律规定。《行政复议法实施条例》第三十三条规定，行政复议机构认为必要时，可以实地调查核实证据；对重大、复杂的案件，申请人提出要求或者行政复议机构认为必要时，可以采取听证的方式审理。故选项D中的做法符合法律规定。

综上，本题答案为：A、C。

64. 行政复议被申请人在收到行政复议申请副本后，未在法定期限内提出书面答复，也未提交当初作出具体行政行为的证据、依据和其他有关材料。对此，下列说法哪些是正确的？

　　A. 行政复议机关应该自行收集相关证据和材料
　　B. 行政复议机关可责令被申请人在7日内提交该证据、依据和材料
　　C. 行政复议机关应当认定，该具体行政行为没有证据、依据
　　D. 行政复议机关应当依法决定撤销该具体行政行为

【答案】CD

【知识点】行政复议决定

【解析】根据《行政复议法》第二十四的规定，选项A错误。根据《行政复议法》第二十三条的规定，选项B错误。根据《行政复议法》第二十八条第一款第（四）项的规定，被申请人不按照该法第二十三条的规定提出书面答复、提交当初作出具体行政行为的证据、依据和其他有关材料的，视为该具体行政行为没有证据、依据，决定撤销该具体行政行为。选项C、D正确。

综上，本题答案为：C、D。

65. 根据《行政复议法》的规定，复议机关可以作出下列哪些行政复议决定？

　　A. 变更具体行政行为
　　B. 确认具体行政行为违法
　　C. 撤销具体行政行为
　　D. 维持具体行政行为

【答案】ABCD

【知识点】复议决定的类型

【解析】根据《行政复议法》第二十八条第一款的规定，选项A、B、C、D均为复议机关可以作出复议决定的类型。因此选项A、B、C、D均正确。

综上，本题答案为：A、B、C、D。

66. 下列当事人提起的诉讼，属于行政诉讼受案范围的？

　　A. 张某和王某是邻居，因生活琐事产生纠纷，打架斗殴，经公安局调解达成调解协议
　　B. 李某向环保局申请设立垃圾焚烧站，环保局以影响环境为由作出不予准许的决定。李某不服提起诉讼
　　C. 张某因卖淫被县公安局处以10日行政拘留，1个月后张某向县政府申请行政复议，县政府不予受理。张某不服起诉
　　D. 某公司与县政府签订天然气特许经营协议，双方发生纠纷后该公司以县政府不依法履行协议向法院起诉

【答案】BCD

【知识点】行政诉讼受案范围

【解析】选项 A 是行政机关对民事纠纷的调解，由于没有拘束力，因此不属于受案范围。根据《行政诉讼法》第十二条第一款的规定，选项 B 属于行政许可，选项 C 属于行政拘留，选项 D 属于行政协议案件，均属于行政诉讼的受案范围。

综上，本题答案为：B、C、D。

67. 根据《行政诉讼法》及相关规定，中级人民法院对下列哪些案件具有管辖权？
   A. 对某省人民政府作出的具体行政行为不服的案件
   B. 对国家知识产权局驳回专利申请不服的案件
   C. 本辖区内社会影响重大的集团诉讼案件
   D. 辖区内甲县人民法院与乙县人民法院就管辖权产生争议的案件

【答案】A C D

【知识点】行政诉讼中的级别管辖

【解析】根据《行政诉讼法》第十五条的规定，中级人民法院管辖对国务院部门或者县级以上地方人民政府所作的行政行为提起诉讼的案件，本辖区内重大、复杂的案件。所以选项 A、C 正确。根据《专利法》第四十一条的规定，对于国家知识产权局驳回专利申请不服的，只能提出复审请求，不能提起行政诉讼，故选项 B 错误。根据《行政诉讼法》第二十三条第二款的规定，人民法院对管辖权发生争议，由争议双方协商解决。协商不成的，报它们的共同上级人民法院指定管辖。甲、乙两地法院就管辖权产生争议的，应当报共同上一级中级人民法院指定管辖。根据《行政诉讼法》第二十四条第一款的规定，上级人民法院有权审理下级人民法院管辖的第一审行政案件。故选项 D 正确。

综上，本题答案为：A、C、D。

68. 甲、乙、丙三友人一同在某餐厅就餐。由于餐品质量与餐厅经理郭某产生纠纷。纠纷过程中，将餐厅经理郭某打伤。区公安局将甲拘留 10 日，乙拘留 5 日。甲不服，提起行政诉讼。关于该案的第三人，下列说法正确的是？
   A. 法院可以通知乙作为第三人参加诉讼
   B. 法院可以通知丙作为第三人参加诉讼
   C. 法院应当通知郭某作为第三人参加诉讼
   D. 若甲不服向市公安局复议的，市公安局应当通知郭某作为第三人参加复议

【答案】A C

【知识点】行政诉讼参加人

【解析】《行政诉讼法》第二十九条规定，公民、法人或者其他组织同被诉行政行为有利害关系但没有提起诉讼，或者同案件处理结果有利害关系的，可以作为第三人申请参加诉讼，或者由人民法院通知参加诉讼。人民法院判决第三人承担义务或者减损第三人权益的，第三人有权依法提起上诉。《最高人民法院关于适用〈中华人民共和国行政诉讼法〉的解释》（法释〔2018〕1 号）第三十条规定，行政机关的同一行政行为涉及两个以上利害关系人，

其中一部分利害关系人对行政行为不服提起诉讼,人民法院应当通知没有起诉的其他利害关系人作为第三人参加诉讼。与行政案件处理结果有利害关系的第三人,可以申请参加诉讼,或者由人民法院通知其参加诉讼。人民法院判决其承担义务或者减损其权益的第三人,有权提出上诉或者申请再审。可知,乙在该案中被拘留5日,他与甲的诉讼裁判结果有利害关系,作为原告型的第三人参加到甲诉讼中,由于是受同一类行政行为(均为行政处罚)的影响,因此法院是可以通知的。故选项A正确。丙在该案中没有受到行政处罚,与甲的诉讼裁判结果没有利害关系,因此不能作为该案的第三人参加诉讼。故选项B错误。

郭某在该案中是受害人,他与甲的诉讼裁判结果有利害关系,作为原告型的第三人参加甲诉讼中。由于是受同一个行政行为(在甲这个诉讼中,对于郭某而言就一个行政行为——甲被拘留10日)的影响,因此法院是应当通知的。故选项C正确。《行政复议法实施条例》第九条规定,行政复议期间,行政复议机构认为申请人以外的公民、法人或者其他组织与被审查的具体行政行为有利害关系的,可以通知其作为第三人参加行政复议。行政复议期间,申请人以外的公民、法人或者其他组织与被审查的具体行政行为有利害关系的,可以向行政复议机构申请作为第三人参加行政复议。第三人不参加行政复议,不影响行政复议案件的审理。可知,行政复议中的第三人都是可以通知,不是应当通知。故选项D错误。

综上,本题答案为:A、C。

69. 甲、乙、丙三友人一同在某餐厅就餐。由于餐品质量与餐厅经理郭某产生纠纷。纠纷过程中,将餐厅经理郭某打伤。区公安局将甲拘留10日,乙拘留5日。甲不服,提起行政诉讼。区公安局出庭应诉,下列说法正确的是?
  A. 区公安局负责人出庭的,应当由区公安局局长出庭应诉
  B. 区公安局局长出庭应诉的,可以另行委托1~2名诉讼代理人
  C. 区公安局负责人和工作人员不出庭,委托2名律师出庭
  D. 主管相关业务的副局长可以视为行政机关负责人

【答案】BD

【知识点】行政诉讼参加人

【解析】《行政诉讼法》第三条第三款规定,被诉行政机关负责人应当出庭应诉。不能出庭的,应当委托行政机关相应的工作人员出庭。《最高人民法院关于适用〈中华人民共和国行政诉讼法〉的解释》(法释〔2018〕1号)第一百二十八条规定,《行政诉讼法》第三条第三款规定的行政机关负责人,包括行政机关的正职、副职负责人以及其他参与分管的负责人。行政机关负责人出庭应诉的,可以另行委托1~2名诉讼代理人。故选项A、C错误,选项B、D正确。

综上,本题答案为:B、D。

70. 根据《行政诉讼法》及相关规定,下列哪些说法是正确的?
  A. 原告应当在开庭审理前或者人民法院指定的交换证据之日提供证据

B. 第三人应当在开庭审理前或者人民法院指定的交换证据之日提供证据

C. 原告因正当事由申请延期提供证据的，经人民法院准许，可以在法庭调查中提供

D. 第三人在第一审程序中无正当事由未提供而在第二审程序中提供的证据，人民法院不予接纳

【答案】A B C D

【知识点】行政诉讼的举证期限

【解析】选项A、B、C、D均为《最高人民法院关于适用〈中华人民共和国行政诉讼法〉的解释》（法释〔2018〕1号）第三十五条规定的原文，因此选项A、B、C、D均正确。

综上，本题答案为：A、B、C、D。

71. 根据《行政诉讼法》的规定，下列说法哪些是正确的？

A. 人民法院审理行政案件，参照行政法规

B. 人民法院审理行政案件，参照地方性法规

C. 人民法院审理行政案件，参照国务院部委根据法律或者行政法规制定、发布的规章

D. 人民法院审理行政案件，参照直辖市人民政府根据法律或者行政法规制定、发布的规章

【答案】C D

【知识点】行政诉讼的审理依据

【解析】该题考虑行政诉讼中的法律渊源，根据《行政诉讼法》第六十三条第一款与第三款的规定，法律、行政法规和相应区域的地方性法规，都是应当作为审理依据；而对于规章，则规定作为"参照"依据。因此选项C、D正确，选项A、B错误。

综上，本题答案为：C、D。

72. 对下列哪些行政裁判，当事人可以提起上诉？

A. 裁定不停止执行行政行为

B. 裁定不予立案

C. 裁定中止诉讼

D. 判决驳回原告的诉讼请求

【答案】B D

【知识点】可上诉的行政裁判

【解析】根据《行政诉讼法》第五十六条第二款的规定，当事人对不停止执行的裁定不服的，只能申请复议。故选项A只能申请复议。《最高人民法院关于适用〈中华人民共和国行政诉讼法〉的解释》（法释〔2018〕1号）第一百零一条第一款规定了可以作出裁定的15种类型，第二款中明确规定对于不予立案、驳回起诉、管辖异议这三种裁定，当事人可以上诉。故选项B、D可以提起上诉。而裁定中止诉讼属于不能提起上诉的裁定类型，因此，选项C不能提起上诉。

综上，本题答案为：B、D。

73. 人民法院审理行政上诉案件，在下列哪些情形下可以裁定撤销原判，发回重审？

A. 原判决认定事实清楚，但适用法律错误
B. 原判决遗漏了诉讼请求
C. 原判决认定基本事实不清，证据不足
D. 原判决违反法定程序可能影响案件正确判决

【答案】ＢＣＤ

【知识点】行政诉讼的判决类型

【解析】根据《行政诉讼法》第八十九条的规定，选项B、C、D的情形下均可以发回重审。对于选项A，应当依法改判、撤销或变更。

综上，本题答案为：B、C、D。

74. 中华全国专利代理人协会为提高专利代理人的执业水平，促进我国专利代理行业的健康发展，将2001—2017年国内学者已发表的有关创造性的论文之中的佳作，按照论文发表的时间、创造性判断的顺序等汇编而成了《创造性判断论文选》。下列哪些说法是不正确的？

A. 被选编入论文选的论文已经发表，故代理人协会不需征得论文著作权人的同意
B. 该论文选属于具有公益性，故代理人协会不需向论文著作权人支付报酬
C. 他人复制该论文选只需征得代理人协会同意并支付报酬
D. 如代理人协会未经论文著作权人同意而将有关论文收录，代理人协会对该论文集仍享有著作权

【答案】ＡＢＣ

【知识点】汇编作品的著作权

【解析】该论文选属于汇编作品，其著作权由汇编人，即专利代理人协会享有，但根据《著作权法》第十二条的规定，在行使著作权时，不得侵犯原作品的著作权。因此，选项A、B错误，选项D正确。他人复制该论文选时同时复制了论文，还应当取得论文作者的同意，因此选项C错误。

综上，本题答案为：A、B、C。

75. 张某是一名优秀的传记作家，笔下传记人物深受读者喜爱。某出版社准备出版一本关于古代人物曾国藩的传记，自然人王某拟出版一本关于自己成长历程的传记，二者分别向张某约稿，但均未明确约定著作权归属。对此，下列说法正确的是？

A. 曾国藩传记著作权归出版社所有
B. 曾国藩传记著作权归张某所有
C. 王某传记著作权归张某所有
D. 王某传记著作权归王某所有

【答案】BD

【知识点】委托作品及传记作品的权属

【解析】根据《著作权法》第十七条的规定，受委托创作的作品，著作权的归属由委托人和受托人通过合同约定。合同未作明确约定或者没有订立合同的，著作权属于受托人。根据《最高人民法院关于审理著作权民事纠纷案件适用法律若干问题的解释》（法释〔2002〕31号）第十四条规定，当事人合意以特定人物经历为题材完成的自传体作品，当事人对著作权权属有约定的，依其约定；没有约定的，著作权归该特定人物享有，执笔人或整理人对作品完成付出劳动的，著作权人可以向其支付适当的报酬。因此，曾国藩传记著作权归受托人张某所有，王某自传著作权归王某本人所有，故选项B、D正确，选项A、C错误。

综上，本题答案为：B、D。

76. 甲创作了一首歌曲《告白气球》，乙获得许可后在个人演唱会上进行演唱，丙唱片公司制成录音制品并公开发行。针对该录音制品，下列哪些属于侵权行为？

  A. 某公司翻录后进行销售，同时向甲、乙、丙寄送报酬
  B. 某航空公司购买正版后在飞机上播放供乘客欣赏，仅经过甲的许可
  C. 某电影公司将其作为电影插曲使用，同时经过乙和丙的许可
  D. 某学生购买正版试听后将其上传到网上传播

【答案】ACD

【知识点】与著作权有关的权利

【解析】甲、乙、丙三人的权利人身份分别是，甲为著作权人，乙为表演者，丙为录音录像制作者。著作权人、表演者及录音录像制作者均享有复制权和发行权，选项A，翻录后进行销售，实际上是复制并发行的行为，需要经过许可并付费，某公司没有经过许可只寄送报酬，属于侵权行为，当选。同理，选项C也属于复制行为，电影公司应同时经过甲、乙、丙三人许可，仅经过乙、丙许可，侵犯了甲的复制权，当选。某航空公司购买正版录音制品在飞机上播放供乘客欣赏属于表演权的控制范围，根据《著作权法》第十条第一款第（九）项的规定，表演权，即公开表演作品，以及用各种手段公开播送作品的表演的权利。根据《著作权法》第三十七条的规定，使用他人作品演出，表演者（演员、演出单位）应当取得著作权人许可，并支付报酬。演出组织者组织演出，由该组织者取得著作权人许可，并支付报酬。使用改编、翻译、注释、整理已有作品而产生的作品进行演出，应当取得改编、翻译、注释、整理作品的著作权人和原作品的著作权人许可，并支付报酬。某航空公司经过了著作权人甲的许可，并未侵犯作品的机械表演权，因此选项B不当选。选项D属于侵权信息网络传播权的行为。根据《著作权法》第四十二条第二款规定，被许可人复制、发行、通过信息网络向公众传播录音录像制品，还应当取得著作权人、表演者许可，并支付报酬。某学生侵犯了歌曲创作者、录音制作者以及表演者的信息网络传播权，因此选项D当选。

综上，本题答案为：A、C、D。

77. 我国《著作权法》规定的享有邻接权的主体包括？

  A. 出版者

  B. 表演者

  C. 录音录像制作者

  D. 广播电台、电视台

【答案】A B C D

【知识点】与著作权有关的主体

【解析】根据《著作权法》第四章"出版、表演、录音、录像、播放"的规定，选项A、B、C、D中的主体均享有邻接权，因此均正确。

  综上，本题答案为：A、B、C、D。

78. 甲公司委托乙公司开发库存产品信息追踪软件，付费50万元，没有明确约定著作权的归属。后甲公司以高价向善意的丙公司出售了该软件的复制品。丙公司安装使用5年后，丙公司自行开发的同类软件已经在试运行中，此时乙公司起诉要求丙公司停止使用并销毁该软件。下列哪些表述是正确的？

  A. 该软件的著作权属于乙公司

  B. 乙公司的起诉已超过诉讼时效

  C. 丙公司可不承担赔偿责任

  D. 丙公司应停止使用并销毁该软件

【答案】A C D

【知识点】计算机软件作品

【解析】《计算机软件保护条例》第十一条规定，接受他人委托开发的软件，其著作权的归属由委托人与受托人签订书面合同约定；无书面合同或者合同未作明确约定的，其著作权由受托人享有。由此可知，该计算机软件作品的著作权人应当是委托作品的受托人乙公司，故选项A正确。《计算机软件保护条例》第三十条规定，软件的复制品持有人不知道也没有合理理由应当知道该软件是侵权复制品的，不承担赔偿责任；但是，应当停止使用、销毁该侵权复制品。如果停止使用并销毁该侵权复制品将给复制品使用人造成重大损失的，复制品使用人可以在向软件著作权人支付合理费用后继续使用。由此可知，对于善意的丙公司来说，在不知情的情况下，不承担赔偿责任。故选项C、D正确。《最高人民法院关于审理著作权民事纠纷案件适用法律若干问题的解释》（法释〔2002〕31号）第二十八条规定，侵犯著作权的诉讼时效为2年，自著作权人知道或者应当知道侵权行为之日起计算。权利人超过2年起诉的，如果侵权行为在起诉时仍在持续，在该著作权保护期内，人民法院应当判决被告停止侵权行为；侵权损害赔偿数额应当自权利人向人民法院起诉之日起向前推算2年计算。由此可知，乙公司的软件作品的著作权仍然在保护期之内，侵权行为在起诉时仍在持续，所以乙公司仍然有权起诉。故选项B错误。

  综上，本题答案为：A、C、D。

79. 唱片公司认为千度公司作为链接服务提供者，其网站上提供的涉及唱片公司享有著作权的某歌曲的链接侵犯了自己的信息网络传播权。唱片公司向千度公司提交书面通知要求其删除侵权作品。对此，下列哪些选项是正确的？

    A. 唱片公司的通知书应当包含该作品构成侵权的初步证明材料

    B. 千度公司接到书面通知后，可在合理时间内删除涉嫌侵权作品，同时将通知书转送该作品的提供者

    C. 该影视作品提供者接到千度公司转送的书面通知后，认为提供的作品未侵犯唱片公司的权利的，可以向千度公司提出书面说明，要求恢复被删除作品

    D. 千度公司收到该影视作品提供者的书面说明后应即恢复被删除作品，同时将该影视作品提供者的说明转送唱片公司的，则唱片公司不得再通知千度公司删除该作品

【答案】ACD

【知识点】信息网络传播权

【解析】《信息网络传播权保护条例》第十四条规定，对提供信息存储空间或者提供搜索、链接服务的网络服务提供者，权利人认为其服务所涉及的作品、表演、录音录像制品，侵犯自己的信息网络传播权或者被删除、改变了自己的权利管理电子信息的，可以向该网络服务提供者提交书面通知，要求网络服务提供者删除该作品、表演、录音录像制品，或者断开与该作品、表演、录音录像制品的链接。通知书应当包含下列内容：（一）权利人的姓名（名称）、联系方式和地址；（二）要求删除或者断开链接的侵权作品、表演、录音录像制品的名称和网络地址；（三）构成侵权的初步证明材料。权利人应当对通知书的真实性负责。故唱片公司的通知书应当包含该作品构成侵权的初步证明材料，因此选项A正确。《信息网络传播权保护条例》第十五条规定，网络服务提供者接到权利人的通知书后，应当立即删除涉嫌侵权的作品、表演、录音录像制品，或者断开与涉嫌侵权的作品、表演、录音录像制品的链接，并同时将通知书转送提供作品、表演、录音录像制品的服务对象；服务对象网络地址不明、无法转送的，应当将通知书的内容同时在信息网络上公告。根据该规定，千度公司作为网络服务提供者，在接到权利人的通知书后，应当立即删除涉嫌侵权的作品、表演、录音录像制品，或者断开与涉嫌侵权的作品、表演、录音录像制品的链接，而不是在合理时间内删除，选项B错误。

《信息网络传播权保护条例》第十六条规定，服务对象接到网络服务提供者转送的通知书后，认为其提供的作品、表演、录音录像制品未侵犯他人权利的，可以向网络服务提供者提交书面说明，要求恢复被删除的作品、表演、录音录像制品，或者恢复与被断开的作品、表演、录音录像制品的链接。书面说明应当包含下列内容：（一）服务对象的姓名（名称）、联系方式和地址；（二）要求恢复的作品、表演、录音录像制品的名称和网络地址；（三）不构成侵权的初步证明材料。服务对象应当对书面说明的真实性负责。由此可知，该影视作品提供者接到通知后可以向网络服务提供者提交书面说明，要求恢复被删除的作品，因此选项C正确。《信息网络传播权保护条例》第十七条规定，网络服务提供者接到服务对象的书面说明后，应当立即恢复被删除的作品、表演、录音录像制品，或者可以恢复与被断开的作

品、表演、录音录像制品的链接,同时将服务对象的书面说明转送权利人。权利人不得再通知网络服务提供者删除该作品、表演、录音录像制品,或者断开与该作品、表演、录音录像制品的链接。由此可知,选项D正确。

综上,本题答案为:A、C、D。

80. 甲制作、出售了大量冒用乙署名的作品,其承担责任的方式可能为?

A. 根据情况,甲需承担停止侵害、消除影响、赔礼道歉、赔偿损失等民事责任
B. 若甲的行为损害了公共利益,可以由著作权行政管理部门责令停止侵权行为,没收违法所得,没收、销毁侵权复制品,并可处以罚款
C. 若甲的情节严重,著作权行政管理部门可以没收主要用于制作侵权复制品的材料、工具、设备等
D. 若构成犯罪的,可依法追究甲的刑事责任

【答案】A B C D
【知识点】侵犯著作权的责任形式
【解析】《著作权》第四十八条第(八)项规定,制作、出售假冒他人署名的作品的应当根据情况,承担停止侵害、消除影响、赔礼道歉、赔偿损失等民事责任;同时损害公共利益的,可以由著作权行政管理部门责令停止侵权行为,没收违法所得,没收、销毁侵权复制品,并可处以罚款;情节严重的,著作权行政管理部门还可以没收主要用于制作侵权复制品的材料、工具、设备等;构成犯罪的,依法追究刑事责任。因此选项A、B、C、D都正确。

综上,本题答案为:A、B、C、D。

81. 根据《商标法》及相关规定,某企业在其生产的人用药品上使用"我不是药神",但未进行注册,下列哪些说法是错误的?

A. 该商标可以使用,但未经注册,不得在市场销售
B. 该商标损害他人在先权利,不能获得注册
C. 该商标不具备显著性,不能注册
D. 该商标不需要经过注册即可使用,也可以在市场上销售

【答案】A C D
【知识点】商标注册以及显著性的规定
【解析】根据《商标法》第六条的规定,法律、行政法规规定必须使用注册商标的商品,必须申请商标注册,未经核准注册的,不得在市场销售。现行法律和行政法规并未规定人用药品必须申请商标注册,因此选项A错误。由于票房很高,《我不是药神》电影属于知名商品,其作品标题属于知名商品的特有名称,受到《反不正当竞争法》的保护。同时该作品标题享有著作权,受到《著作权法》的保护,因此选项B正确,选项D错误。该商标本身具备显著性,故选项C错误。

综上，本题答案为：A、C、D。

82. 根据《商标法》及相关规定，下列哪些标识不得作为商标使用？
    A. "红新月"名称及标志
    B. "叫只鸡"在酒店等服务上
    C. 国家知识产权局的标志
    D. "中国强制性产品认证（CCC）"标志

【答案】A B C D

【知识点】可作为商标使用的标识

【解析】根据《商标法》第十条第一款第（五）项的规定，选项A不得作为商标使用。选项B有害社会主义道德风尚存在不良影响，属于《商标法》第十条第一款第（八）项的情形。选项C属于《商标法》第十条第一款第（一）项的情形。选项D属于《商标法》第十条第一款第（四）项的情形。

综上，本题答案为：A、B、C、D。

83. 甲公司享有"友善熊"注册商标的专用权，核定在玩具上使用。甲公司许可乙公司在其生产玩具上使用该注册商标。对此，下列说法哪些是正确的？
    A. 甲公司和乙公司签订的商标使用许可合同应当报商标局备案
    B. 乙公司应当保证使用该商标的玩具的质量
    C. 甲公司应当监督乙公司使用该商标所生产的玩具的质量
    D. 乙公司应当在使用该商标的玩具上，标明乙公司的名称和玩具产地

【答案】A B C D

【知识点】商标许可

【解析】选项A、B、C、D是《商标法》第四十三条的原文，因此选项A、B、C、D都正确。

综上，本题答案为：A、B、C、D。

84. 根据《商标法》及相关规定，商标注册人在使用注册商标的过程中，具有下列哪些情形的，由地方工商行政管理部门责令限期改正，期满不改正的，由商标局撤销其注册商标？
    A. 自行改变注册商标
    B. 自行改变注册人名义
    C. 注册商标成为其核定使用的商品的通用名称
    D. 没有正当理由连续三年不使用

【答案】A B

【知识点】注册商标的撤销

【解析】《商标法》第四十九条规定，商标注册人在使用注册商标的过程中，自行改变注

册商标、注册人名义、地址或者其他注册事项的，由地方工商行政管理部门责令限期改正；期满不改正的，由商标局撤销其注册商标。注册商标成为其核定使用的商品的通用名称或者没有正当理由连续3年不使用的，任何单位或者个人可以向商标局申请撤销该注册商标。商标局应当自收到申请之日起9个月内作出决定。有特殊情况需要延长的，经国务院工商行政管理部门批准，可以延长3个月。因此，选项A、B正确，选项C、D错误。

综上，本题答案为：A、B。

85. 对于以欺骗手段取得注册的商标，下列哪些说法是正确的？
   A. 由商标局宣告该注册商标无效
   B. 由商标评审委员会依职权宣告该注册商标无效
   C. 其他单位或者个人可以请求商标评审委员会宣告该注册商标无效
   D. 宣告该注册商标无效的裁定，一经送达即告生效

【答案】A C
【知识点】注册商标无效宣告
【解析】根据《商标法》第四十四条第一款的规定，对于以欺骗手段取得注册的，既可以由商标局宣告该注册商标无效，也可以由其他单位或个人请求商标评审委员会宣告该注册商标无效。可见，商标评审委员会不能依职权启动注册商标的无效宣告，因此选项A、C正确，选项B错误。《商标法》第四十六条规定，商标评审委员会宣告注册商标无效的裁定，当事人在法定期限内不向人民法院起诉的，裁定生效。因此，选项D错误。

综上，本题答案为：A、C。

86. 根据《商标法》及相关规定，下列哪些情形属于商标的正当使用，不构成商标侵权？
   A. 使用注册商标中含有的"有机"文字，但书写方式和注册商标中不同
   B. 使用注册商标中含有的菱形图形
   C. 使用注册商标中含有的"100%"，但表现形式不同于注册商标
   D. 使用注册商标中含有的"纯爱"文字

【答案】A B C
【知识点】注册商标专用权的限制
【解析】《商标法》第五十九条规定，注册商标中含有的本商品的通用名称、图形、型号，或者直接表示商品质量、主要原料、功能、用途、重量、数量及其他特点，或者含有的地名，注册商标专用权人无权禁止他人正当使用。除选项D中的"纯爱"以外，选项A、B、C中的"有机""菱形图形""100%"均属于《商标法》第五十九条规定的可以正当使用的内容。因此选项A、B、C正确，选项D错误。

综上，本题答案为：A、B、C。

87. 地方工商行政管理部门可以对以下哪些行为处以罚款？

A. 经营者在商品上加注"驰名商标"字样
B. 将未注册商标冒充注册商标使用
C. 侵犯注册商标专用权
D. 在市场上销售国家规定必须使用注册商标的商品，但在该商品上使用的商标未经核准注册的

【答案】ABCD

【知识点】商标使用的管理

【解析】根据《商标法》第五十三条的规定，在商品上加注"驰名商标"字样，地方工商行政管理部门可责令改正，处10万元罚款。故选项A正确。根据《商标法》第五十二条的规定，将未注册商标冒充注册商标使用的，地方工商行政管理部门予以制止，限期改正，并可以予以通报，处以相应数额的罚款。故选项B正确。根据《商标法》第六十条的规定，针对侵犯注册商标专用权的行为，地方工商行政管理部门可根据具体情况处以不同数额的罚款。故选项C正确。根据《商标法》第五十一条的规定，选项D正确。

综上，本题答案为：A、B、C、D。

88. 甲公司以乙公司侵犯其注册商标专用权为由请求工商行政管理部门处理。对此，工商行政管理部门的下列做法中哪些是合法的？

A. 以商标侵权纠纷为民事纠纷、应当由人民法院处理为由拒绝受理甲公司的请求
B. 认定侵权行为成立后，责令乙公司立即停止侵权，没收侵权商品以及主要用于制造侵权商品的工具，并处以罚款
C. 认定侵权行为成立后，责令乙公司应向甲公司赔偿50万元人民币
D. 认定侵权行为成立后，根据当事人的请求对赔偿数额进行调解

【答案】BD

【知识点】侵犯注册商标专利权的法律责任

【解析】根据《商标法》第六十条第一款的规定，商标注册人或者利害关系人就侵犯注册商标权的行为，可以向人民法院起诉，也可以请求工商行政管理部门处理，故选项A错误。根据《商标法》第六十条第二款的规定，工商行政管理部门处理时，认定侵权行为成立的，责令立即停止侵权行为，没收、销毁侵权商品和主要用于制造侵权商品、伪造注册商标标识的工具，并处罚款。故选项B正确。对于侵权赔偿数额，工商行政管理部门只能进行调解，而非责令具体的赔偿数额。因此选项C错误，选项D正确。

综上，本题答案为：B、D。

89. 甲公司许可乙公司独占使用其注册商标，在合同履行期间，市场上出现大量侵犯该注册商标专用权的商品。对此，下列关于侵权诉讼的说法哪些是正确的？

A. 甲公司可以自行提起诉讼
B. 乙公司可以自行提起诉讼

C. 甲和乙应当共同起诉

D. 在甲不起诉的情况下，乙才可以自行提起诉讼

【答案】A B

【知识点】侵犯注册商标专利权纠纷的解决途径

【解析】根据《商标法》第六十条的规定，当注册商标专用权受到侵犯时，权利人可向人民法院提起诉讼。故选项A正确。《最高人民法院关于对诉前停止侵犯注册商标专用权行为和保全证据适用法律问题的解释》（法释〔2002〕2号）第一条第二款规定，在注册商标使用许可合同被许可人中，独占实施许可合同的被许可人可以单独向人民法院提出申请。故选项B正确，选项D错误。选项C于法无据。

综上，本题答案为：A、B。

90. 根据《商标法》及相关规定，对于侵犯商标专用权的赔偿数额确定哪些说法是正确的？

　　A. 侵犯商标专用权的赔偿数额，可以按照权利人因被侵权所受到的实际损失确定

　　B. 侵犯注册商标专用权的赔偿数额，可以按照侵权人因侵权所获得的利益确定

　　C. 侵犯注册商标专用权的赔偿数额，可以参照该商标许可使用费的倍数合理确定

　　D. 对恶意侵犯注册商标专用权的赔偿数额，可以适用惩罚性赔偿，但最高不得超过三百万元

【答案】A B C

【知识点】关于商标侵权赔偿数额的规定

【解析】选项A、B、C为《商标法》第六十三条第一款的原文，而针对恶意侵犯商标专用权的行为而适用的惩罚性赔偿，则是由选项A、B、C所确定数额的1～3倍，而非作为"法定赔偿"上限的300万元。

综上，本题答案为：A、B、C。

91. 根据《商标法》及相关规定，对于保全的哪些说法是正确的？

　　A. 为制止侵权行为，在证据可能灭失或者以后难以取得的情况下，商标注册人或者利害关系人可以依法在起诉前向法院申请证据保全

　　B. 有证据证明他人正在实施或者即将实施侵犯其注册商标专用权的行为，如不及时制止将会使其合法权益受到难以弥补的损害的，可以申请诉前行为保全

　　C. 有证据证明他人正在实施或者即将实施侵犯其注册商标专用权的行为，如不及时制止将会使其合法权益受到难以弥补的损害的，可以申请诉前财产保全

　　D. 前述三种保全申请均需要提供担保，否则不予以准许

【答案】A B C

【知识点】关于商标侵权赔偿数额的规定

【解析】选项A为《商标法》第六十六条关于证据保全的规定，选项B、C为《商标法》第六十五条关于诉前行为保全与财产保全的规定。根据《最高人民法院关于诉前停止侵犯注

册商标专用权行为和保全证据适用法律问题的解释》（法释〔2002〕2号）第六条第二款的规定，针对诉前证据保全，人民法院可以责令申请人提供担保，因此对于一些特殊情况，也可以不提供担保，故选项D的说法过于绝对。

综上，本题答案为：A、B、C。

92. 根据《反不正当竞争法》的规定，下列哪些行为属于互联网不正当竞争行为？
    A. 未经其他经营者同意，经营者利用技术手段在其合法提供的网络产品或者服务中，插入链接、强制进行目标跳转
    B. 网络经营者利用技术手段误导、欺骗、强迫用户修改、关闭、卸载其他经营者合法提供的网络产品或者服务
    C. 经营者利用技术手段恶意对其他经营者合法提供的网络产品或者服务实施不兼容
    D. 经营者利用技术手段实施其他妨碍、破坏其他经营者合法提供的网络产品或者服务正常运行的行为

【答案】ABCD
【知识点】互联网不正当竞争行为
【解析】根据《反不正当竞争法》第十二条的规定，选项A、B、C、D均属于互联网不正当竞争行为。

综上，本题答案为：A、B、C、D。

93. 根据《反不正当竞争法》的规定，下列哪些采取了保密措施的信息属于商业秘密？
    A. 某社交网络公司将用户在互联网上公开的个人信息收集后形成的数据集合
    B. 某销售公司将自己多年经营的客户信息整理后形成的信息集合
    C. 某公司研发一种新的产品后将产品的技术特征写成专利申请文件后向国家知识产权局提交专利申请，在未授权之前专利申请文件中载明的信息属于商业秘密
    D. 某文化创意公司策划推出一部新的游戏作品，涉及游戏的具体设计、情节、装备、规则、人物等信息在未向社会披露之前属于商业秘密

【答案】BD
【知识点】商业秘密的保护
【解析】《反不正当竞争法》所称的商业秘密，是指不为公众所知悉、具有商业价值并经权利人采取相应保密措施的技术信息和经营信息。根据上述定义，选项B、D均属于商业秘密范畴。选项A属于公开信息，不满足秘密性要件；在选项C中，如果申请了发明专利，则授权前可能已经先期公开，也不满足秘密性要件。

综上，本题答案为：B、D。

94. 根据《集成电路布图设计保护条例》及其他相关规定，下列哪些说法是正确的？
    A. 布图设计登记申请的申请文件未使用中文的，国家知识产权局不予受理

B. 国家知识产权局应当对布图设计登记申请进行初步审查

C. 国家知识产权局应当对布图设计登记申请进行实质审查

D. 布图设计明显不符合该条例所规定的布图设计定义的,国家知识产权局应当作出驳回决定

【答案】A B D

【知识点】集成电路布图设计申请的审理

【解析】根据《集成电路布图设计保护条例实施细则》第十七条的规定,申请文件未使用中文的,不予受理。故选项 A 正确。根据《集成电路布图设计保护条例》第十八条的规定,国家知识产权局受理登记申请,并对申请进行初步审查。故选项 B 正确,选项 C 错误。根据《集成电路布图设计保护条例实施细则》第十九条的规定,对于不属于布图设计定义的申请,应当作出驳回决定。故选项 D 正确。

综上,本题答案为:A、B、D。

95. 根据《植物新品种保护条例》及相关规定,对于植物新品种申请需要初步审查哪些内容?

A. 是否属于植物新品种保护名录列举的植物属或者种的范围

B. 是否符合新颖性的规定

C. 植物新品种的命名是否适当

D. 植物新品种是否具有稳定性

【答案】A B C

【知识点】关于植物新品种审查内容的法律规定

【解析】选项 A、B、C 为《植物新品种保护条例》第二十七条关于植物新品种初步审定内容的规定。对于稳定性,无法通过初步审查得出结论,因此不在初步审查的范围内,故选项 D 错误。

综上,本题答案为:A、B、C。

96. 根据《保护工业产权巴黎公约》的规定,下列哪些申请的申请人可以享有优先权?

A. 外观设计申请

B. 商标注册申请

C. 实用新型申请

D. 集成电路布图设计登记申请

【答案】A B C

【知识点】工业产权的优先权

【解析】根据《保护工业产权巴黎公约》第四条的规定,外观设计、商标以及实用新型的申请人可享有优先权,故选项 A、B、C 正确。《保护工业产权巴黎公约》不涉及集成电路布图设计,故选项 D 错误。

综上，本题答案为：A、B、C。

97. 根据《保护工业产权巴黎公约》的规定，下列哪些说法是正确的？
    A. 防止不实施专利，巴黎联盟国家有权采取立法措施规定授予强制许可
    B. 自提出专利申请之日起4年届满以前，或自授予专利之日起3年届满以前，以后届满的期间为准，不得以不实施为理由申请强制许可
    C. 在商品上表示或载明商标注册，不应当作为承认取得商标权利的一个条件
    D. 对外观设计的保护，在任何情况下，都不得以不实施为理由而使其丧失

【答案】A B C D
【知识点】《保护工业产权巴黎公约》确立的内容
【解析】选项A、B、C、D均为《保护工业产权巴黎公约》第五条规定的原文，故选项A、B、C、D均正确。

综上，本题答案为：A、B、C、D。

98. 根据《与贸易有关的知识产权协定》的规定，关于专利的规定哪些是正确的？
    A. 各成员可拒绝对某些发明授予专利，只要此种拒绝授予并非仅因为此种利用为其法律所禁止利方式披露其发明，使该专业的技术人员能够实施该发明
    B. 各成员应要求专利申请人以足够清晰和完整的
    C. 各成员可对专利授予的专有权规定有限的例外，只要此类例外不会对专利的正常利用发生无理抵触，也不会无理损害专利所有权人的合法权益，同时考虑第三方的合法权益
    D. 各成员可以要求专利申请人提供关于申请人相应的国外申请和授予情况的信息，该信息会直接决定在该国是否会给予授权

【答案】A B C
【知识点】《与贸易有关的知识产权协定》有关专利的规定
【解析】根据《与贸易有关的知识产权协定》第二十七条的规定，选项A正确；根据《与贸易有关的知识产权协定》第二十九条及第三十条的规定，选项B、C正确。在选项D中，国外同族专利的审查情况仅仅作为授权的参考，不会"直接决定"是否授权，明显错误。

综上，本题答案为：A、B、C。

99. 根据《与贸易有关的知识产权协定》的规定，关于临时措施的规定哪些是正确的？
    A. 司法机关有权责令采取迅速和有效的临时措施以防止侵犯知识产权的行为
    B. 司法机关有权采取迅速和有效的临时措施保存关于被诉侵权的有关证据
    C. 在适当时，特别是在任何迟延可能对权利持有人造成不可补救的损害时，或存在证据被销毁的显而易见的风险时，司法机关有权采取不作预先通知的临时措施

D. 司法机关有权责令申请人提供足以保护被告和防止滥用的保证金或相当的担保

【答案】ABCD

【知识点】《与贸易有关的知识产权协定》有关知识产权执法的临时措施

【解析】选项A、B、C、D均为《与贸易有关的知识产权协定》第三部分第三节"临时措施"第五十条规定的原文。

综上，本题答案为：A、B、C、D。

100. 根据《与贸易有关的知识产权协定》的规定，未公开信息符合下列哪些条件的，各成员应当对其提供保护？

  A. 该信息的整体或者其各部分的确切排列和组合，并不是通常从事有关这类信息的人所普遍了解或容易获得的

  B. 已经呈送给政府机构登记备案

  C. 由于是保密信息而具有商业价值

  D. 合法控制该信息的人已经根据情况采取了合理的保密措施

【答案】ACD

【知识点】《与贸易有关的知识产权协定》有关未公开信息的保护

【解析】根据《与贸易有关的知识产权协定》第二部分第七节"未公开信息的保护"第三十九条第二款的规定，选项A、C、D均正确。选项B并非对未披露信息实施保护的前提条件。

综上，本题答案为：A、C、D。

专利代理实务

答题须知

1. 答题时请以现行、有效的法律和法规的规定为准。

2. 作为考试，应试者在完成题目时应当接受并仅限于本试卷所提供的事实，并且无须考虑素材的真实性、有效性问题。

3. 本专利代理实务试题包括第一题、第二题、第三题、第四题和第五题，满分150分。

应试者应当将各题答案按顺序清楚地撰写在相对应的答题区域内。

试题说明

客户 A 公司正在研发一项产品。在研发过程中，A 公司发现该产品存在侵犯 B 公司的实用新型专利的风险，为此，A 公司进行了检索并得到对比文件 1、2，拟对 B 公司的实用新型专利（下称涉案专利）提出无效宣告请求，在此基础上，A 公司向你所在代理机构提供了涉案专利（附件 1）、对比文件 1-2、A 公司技术人员撰写的无效宣告请求书（附件 2），以及 A 公司所研发产品的技术交底书（附件 3）。

第一题：请你具体分析客户所撰写的无效宣告请求书中的各项无效宣告理由是否成立，并将结论和具体理由以信函的形式提交给客户。

第二题：请你根据客户提供的材料为客户撰写一份无效宣告请求书，在无效宣告请求书中要明确无效宣告请求的范围、理由和证据，要求以《专利法》及其实施细则中的有关条、款、项作为独立的无效宣告理由提出，并结合给出的材料具体说明。

第三题：针对你在第二题所提出的无效宣告请求，请你思考 B 公司能进行的可能应对和预期的无效宣告结果，并思考：在这些应对中，是否存在某种应对会使得 A 公司的产品仍存在侵犯本涉案专利的风险？如果存在，则应说明 B 公司的应对方式、依据和理由；如果不存在，则应说明依据和理由。

第四题：请你根据技术交底书，综合考虑客户提供的涉案专利和两份对比文件所反映的现有技术，为客户撰写一份发明专利申请的权利要求书。

如果认为应当提出一份专利申请，则应撰写独立权利要求和适当数量的从属权利要求；如果在一份专利申请中包含两项或两项以上的独立权利要求，则应说明这些独立权利要求能够合案申请的理由；如果认为应当提出多份专利申请，则应说明不能合案申请的理由，并针对其中的一份专利申请撰写独立权利要求和适当数量的从属权利要求，对于其他专利申请，仅需撰写独立权利要求。

第五题：简述你撰写的独立权利要求相对于本涉案专利所解决的技术问题和取得的技术效果以及所采用的技术手段。如有多项独立权利要求，请分别说明。

附件1（涉案专利）：

(19) 中华人民共和国国家知识产权局

(12) 实用新型专利

(45) 授权公告日 2018.09.12

(21) 申请号 201721234567.x
(22) 申请日 2017.12.04
(73) 专利权人 B公司　　　　　　　　　　　　（其余著录项目略）

权 利 要 求 书

1. 一种灯，包括灯座（11）、支撑杆（12）、发白光的光源（13），其特征在于，还包括滤光部（14），所述滤光部（14）套设在所述光源（13）外，所述滤光部（14）由多个滤光区（14a，14b，14c，14d）组成，所述滤光区（14a，14b，14c，14d）与所述光源（13）的相对位置是可以改变的，从而提供不同的光照模式。

2. 根据权利要求1所述的灯，其特征在于，所述滤光部（14）可旋转地连接在所述支撑杆（12）上，通过旋转所述滤光部（14）提供不同的光照模式。

3. 根据权利要求2所述的灯，其特征在于，所述滤光部（14）是圆柱状，所述滤光区（14a，14b，14c，14d）的分界线与所述滤光部（14）的旋转轴平行。

4. 根据权利要求2所述的灯，其特征在于，所述滤光部（14）是多棱柱状，所述多棱柱的每个侧面为一个滤光区，所述多棱柱的棱边与所述滤光部（14）的旋转轴平行。

5. 根据权利要求3或4所述的灯，其特征在于，还包括反射罩（15），所述反射罩（15）固定设置在所述滤光部（14）所包围空间内的光源承载座（121）上、并部分包围所述光源（13），所述反射罩（15）的边缘延伸到所述滤光部（14）以使所述光源（13）发出的光完全限制在单一的滤光区内，所述反射罩（15）优选为铝。

6. 根据权利要求2所述的灯，其特征在于，所述灯座（11）的材料为塑料。

说 明 书

多用途灯

本实用新型涉及灯的改良。

如图1所示，是一种现有灯的示意图。现有灯通常由灯座1、支撑杆2、光源3和部分包围光源 3 的反射罩 4 组成，灯座 1 可以平稳地放置在桌面上，并通过支撑杆 2 连接到光源 3，这种灯通常仅能提供单一形态、单一色调等的光。

本实用新型的主要目的是提供一种多用途灯，可以提供不同的光照模式。

图 1 为现有灯的示意图；

图 2 为本实用新型的灯的示意图；

图 3 中，（a）、（b）分别是本实用新型的光源为发光二极管、荧光管且无反射罩的发光角度示意图；（c）是带反射罩的发光角度示意图。

如图 2—图 3 所示，本实用新型的灯包括灯座 11、支撑杆 12、发白光的光源 13。灯还包括滤光部 14、遮光片 16 和光源承载座 121，光源 13 安装在光源承载座 121 上。滤光部 14 套设在光源 13 外，并可旋转地连接在支撑杆 12 顶端上，如旋转套接在光源承载座 121 外部，滤光部 14 的旋转轴和光源承载座 121 的轴线重合，遮光片 16 盖在滤光部 14 远离光源承载座 121 的顶端。灯座 11 材料为塑料。

滤光部 14 由依次排列的多个滤光区组成，其通过透过不同颜色，和/或亮度比例而提供不同的滤光功能，隔开多个滤光区的分界线则平行于滤光部 14 的旋转轴，因此，通过旋转滤光部 14 可以为不同的方位提供不同的光照模式。例如，图 2—3 示出的滤光部 14 是圆柱状的，有四个滤光区 14a、14b、14c、14d，其中，滤光区 14a 是透明的，便于工作照明，滤光区 14b 透过中等量黄光，用于营造就餐氛围，滤光区 14c 和滤光区 14d 分别透过中等亮度的粉红色和蓝色光，用于营造浪漫和海洋的氛围。

光源 13 可以是具有一定发光角度的发光二极管灯条，即光源 13 发射的光主要集中在如图 3（a）所示的发光区 131 下方、由发光区 131 延伸的两箭头涵盖的发光角度范围之内，而在发光角度之外仅有少量光，因而通过将相应的滤光区 14a、14b、14c、14d 旋转而覆盖相应的发光角度，可以使得在发光区 131 下方、发光角度范围之内光的光照模式发生变化。光源 13 也可以采用荧光管这种 360 度全角度发光的光源，如图 3（b）所示，除了可以调整光源 13 下方区域的光照模式外，还可以调整光源 13 侧面和上方等区域的光照模式。

为了集中光能量，可以在滤光部 14 所包围空间内的光源承载座 121 上固定设置一个部分包围光源 13 的反射罩 15，如图 2、3（c）所示。反射罩 15 的材料为金属，优选为铝。反射罩 15 的边缘还可以进一步延伸到滤光部 14，这样，灯的出光将完全限制在所选择的滤光区的单一区域内，避免灯的其他滤光区出现不需要的光。

滤光部 14 也可以是其他形状，例如，是多棱柱状的。当为多棱柱状时，多棱柱的每个侧面为一个滤光区，多棱柱的棱边也是各滤光区的分界线，其与滤光部 14 的旋转轴平行，此时，可以通过多棱柱的侧面朝向来判断旋转是否已经到位。但在滤光部 14 为多棱柱的情况下，反射罩 15 的边缘如果延伸到滤光部 14，将使得滤光部 14 无法旋转。

说 明 书 附 图

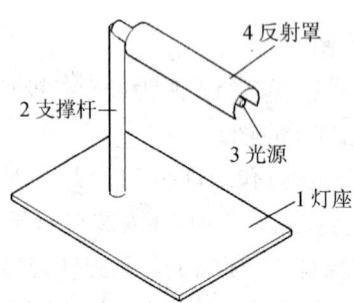

图1 （现有技术）

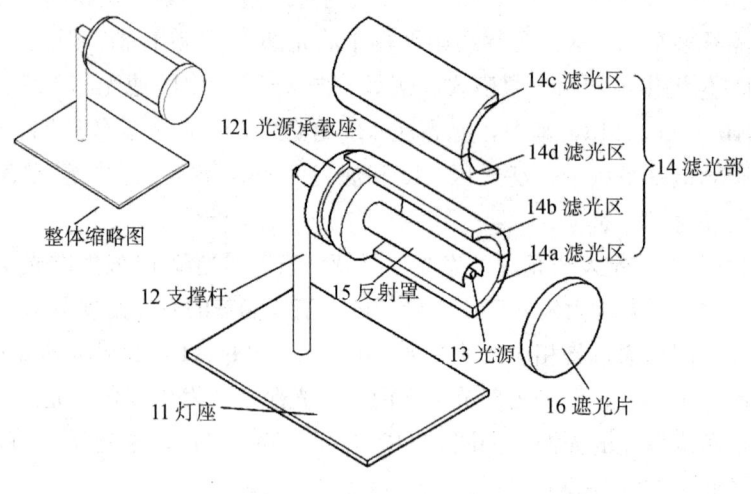

图2

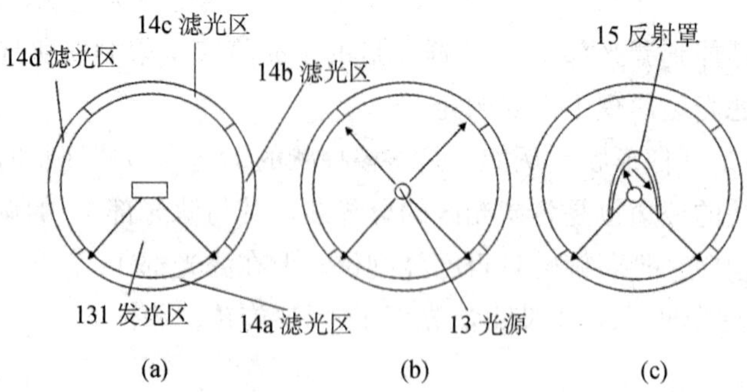

图3

对比文件1：

(19) 中华人民共和国国家知识产权局

(12) 实用新型专利

(45) 授权公告日 2007.10.09

(21) 申请号 200620123456.5
(22) 申请日 2006.12.26

(其余著录项目略)

说 明 书

变光灯

本实用新型涉及一种变光灯。

现有放置在桌子上的台灯，包括灯座、管状光源和部分包围管状光源的反射罩，不具备变光功能。

本实用新型目的在于提供一种变光灯，可以使得用户根据需要进行变光。

图1为本实用新型的变光灯的分解图；

图2为本实用新型的变光灯的一种工作状态的剖视图，此时光源23对准滤光层242并用销柱25定位。

如图1-图2所示，本实用新型的变光灯包括灯座21、支撑柱22、光源23和变光套24，支撑柱22设置在灯座21上，光源23为在支撑柱22顶端的四个侧面上设置的白光发光二极管，变光套24为中空的四棱柱体，其从上到下地由滤光层241、242、243和一个基底244排列而成，滤光层241、242、243和一个基底244均为中空的四棱柱体，滤光层241、242、243的透明度依次降低。

通过上下移动变光套24相对于支撑柱22的位置，并用销柱25定位，使得变光套24上下运动，从而适应用户的不同亮度需求。

说 明 书 附 图

241 滤光层
242 滤光层
243 滤光层
244 基底
24 变光套
25 销柱
23 光源
22 支撑柱
21 灯座
整体缩略图

图 1

23 光源
22 支撑柱
241 滤光层
242 滤光层
243 滤光层
244 基底
24 变光套
25 销柱
21 灯座

图 2

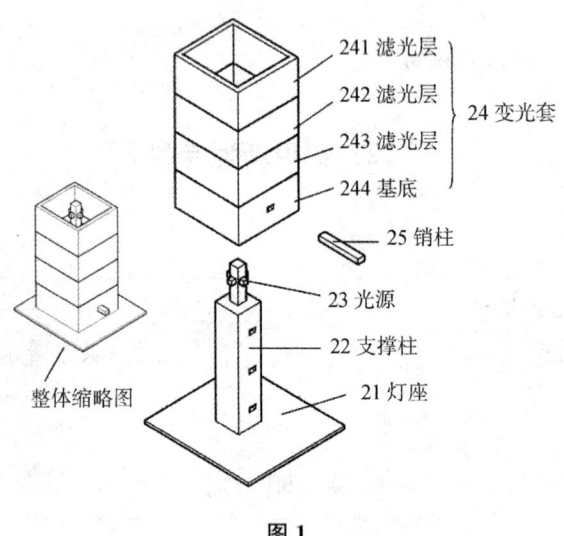

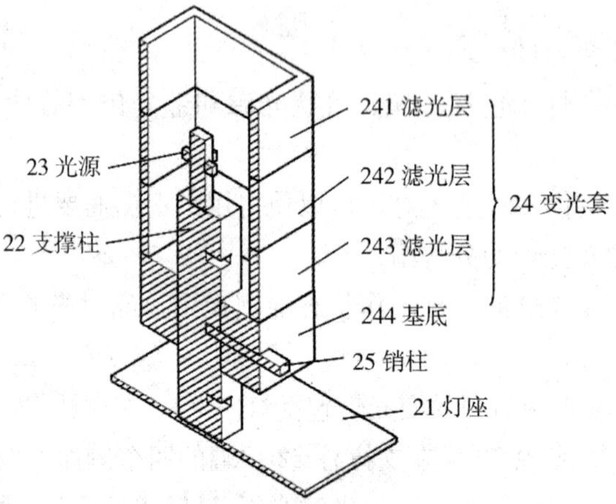

对比文件2：

(19) 中华人民共和国国家知识产权局

(12) 实用新型专利

(45) 授权公告日 2008.10.23

(21) 申请号 200820789117.7
(22) 申请日 2008.01.04

（其余著录项目略）

说　明　书

调光灯

本实用新型涉及一种调光灯。

现有技术的调光灯，其调光是通过阻抗调节结构和灯泡串联而实现的，但是这种方式流过灯泡的电流会产生变化，导致使用寿命缩短。

本实用新型所要解决的技术问题是提供一种使用寿命长的调光灯。

图1是本实用新型的调光灯的分解图；

图2是从调光灯发出的光的亮度较暗时的工作状态图，此时，灯罩被旋转到其侧壁部分地或全部地遮挡灯泡；

图3是从调光灯发出的光的亮度较亮时的工作状态图，此时，灯罩被旋转到其侧壁完全露出灯泡。

如图1－图3所示，调光灯包括塑料的灯座31、竖直柱32、灯泡33、灯罩34，竖直柱32的外壁设置外螺纹；灯泡33设置于竖直柱32顶端；灯罩34整体由半透明材料制成，灯罩34下侧与竖直柱32通过内外螺纹配合，从而可旋转地套设于竖直柱32外侧，旋转灯罩34可使其上下移动，从而实现亮度调整。

说 明 书 附 图

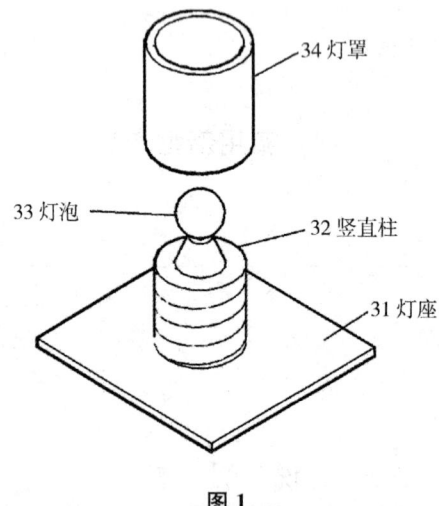

图 1

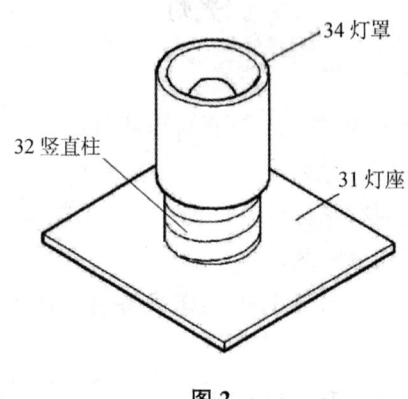

图 2

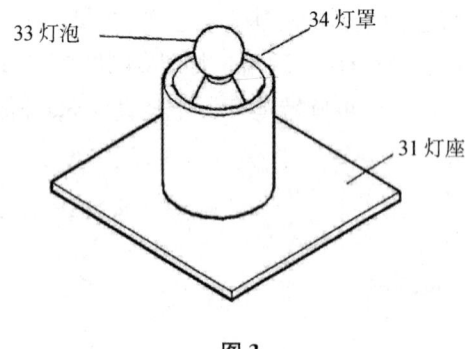

图 3

附件2（A公司技术人员撰写的无效宣告请求书）：

（一）关于新颖性和创造性

1. 对比文件1公开变光套24包括三个从上到下透明度依次降低的滤光层，变光套24可上下运动，实现了灯的不同亮度调整。因此，对比文件1公开了权利要求1的特征部分的全部内容，权利要求1相对于对比文件1不具备新颖性。

2. 对比文件2公开了灯罩34与竖直柱32通过内外螺纹配合，从而可旋转地套设于竖直柱32外侧，旋转灯罩34可使其上下移动，实现亮度调整，因此，对比文件2公开了权利要求2的全部附加技术特征，因此，在其所引用的权利要求1不具备新颖性的前提下，权利要求2也不具备新颖性。

3. 由于权利要求6的附加技术特征是材料，不属于形状、构造，而涉案专利为实用新型，实用新型保护的对象为产品的形状、构造或者其结合，因此该特征不应当纳入新颖性的考虑之内，因此，在其引用的权利要求不具备新颖性的前提下，该权利要求也不具备新颖性。

（二）其他无效理由

4. 在权利要求1-2、6无效的前提下，权利要求3-4将成为独立权利要求，由于权利要求3-4所引用的权利要求2不具备新颖性，而权利要求3-4的附加技术特征既不相同，也不相应，因此，权利要求3-4将不具备单一性。

5. 权利要求5-6中限定了材料，由于实用新型保护的对象为产品的形状、构造或者其结合，因此，权利要求5-6不是实用新型的保护对象，不符合《专利法》第二条第三款的规定。

因此请求宣告涉案专利全部无效。

附件3（技术交底材料）：

一种多功能灯

现有灯的亮度、冷暖色调等通常是单一的。但是，不同用途往往需要有不同的光，例如小夜灯需要亮度较暗、色调较暖的黄光，工作时需要亮度较高、色调较冷的白光，用餐时需要亮度中等、色调较暖的黄光。因此，需要一种灯能同时兼具多种模式以满足不同需求。

为此，提供了一种能兼顾上述需求的灯。

图1为灯的整体分解图；

图2为灯的分解剖视图；

图3为拆除遮光片46后、朝光源承载座421观看的滤光部44的剖视图。

如图1－图3所示，灯包括灯座41、支撑杆42、光源43。光源43为全角度发光的线性白光灯管，反射罩45部分包围光源43。灯还包括滤光部44、遮光片46和光源承载座421，光源43安装在光源承载座421上，滤光部44套设在光源43之外，并可旋转地连接在支撑杆42顶端上，如旋转套接在光源承载座421外部。遮光片46盖在滤光部44远离光源承载座421的顶端，并随滤光部44一起共同旋转。

滤光部44具有三个滤光区44a、44b、44c，其分界线位于一个虚拟圆柱体的圆柱面上，并与滤光部44的旋转轴平行。滤光区44a仅透过少部分黄光从而实现小夜灯的功能，其形成在该虚拟圆柱体的120度圆心角的扇形圆柱面上；滤光区44b是透明的，便于工作照明，滤光区44c可透过中等量黄光从而营造就餐氛围，滤光区44b、44c形成在该虚拟圆柱体的内接等边三棱柱的两个侧平面上。反射罩45使光线发射角度集中到光源43下方的一个滤光区的范围中，通过滤光部44的旋转可以实现满足上述三种光照的需求。

由于小夜灯模式透光量较少，相对于其他两种光照模式，滤光部44会吸收更多的光，升温更多，而将滤光区44a设置在虚拟圆柱体的圆柱面上，并将滤光区44b、44c设置在该虚拟圆柱体的内接等边三棱柱上，且滤光部44的旋转轴、光源43的轴线均与该虚拟圆柱体的中心轴重合，使得滤光区44a与光源43的间距大于其他滤光区44b、44c与光源43的间距，将会抑制滤光部44升温，并通过滤光区44b、44c的平面设置，保证了各滤光区44a、44b、44c的相应光照模式切换到位。

为便于在黑暗环境下，定位小夜灯模式，在滤光区44a与其他两个滤光区44b、44c交界区域各设置一列间隔的荧光凸点，而在其他两个滤光区44b、44c的交界区域设置条形荧光凸起，同时在滤光部44的靠近光源承载座421和靠近遮光片46的边界区域，以及遮光片46的靠近各滤光区的区域上，分别设置表示滤光区编号的数字型荧光凸起，当然，这些荧光凸点和荧光凸起等亮度极弱并不能用于照明，但可在触感和视觉上被识别。同时，由于圆柱面和平面的整体触感不同，也可以定位小夜灯模式。

技术交底材料附图

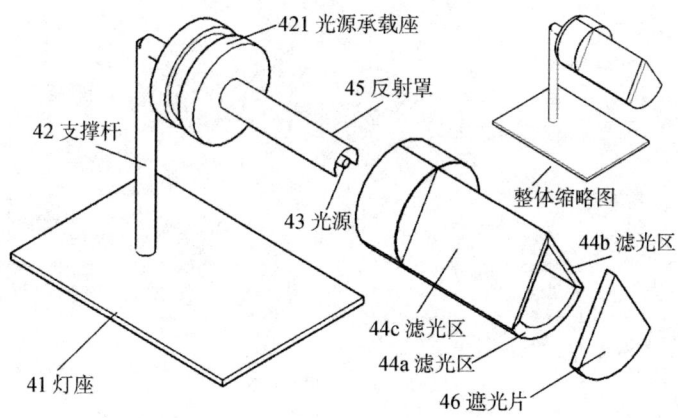

图 1

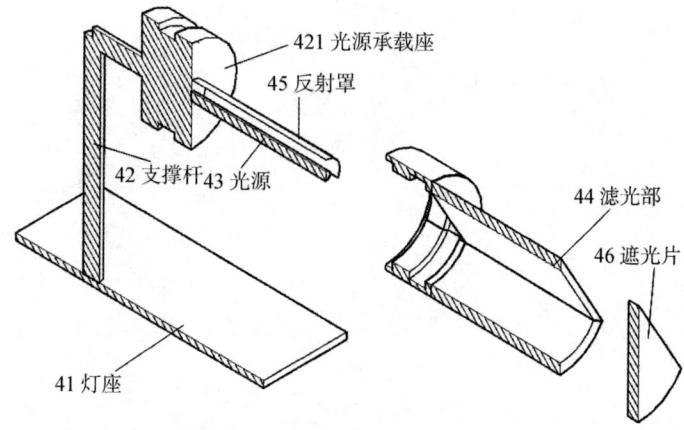

图 2

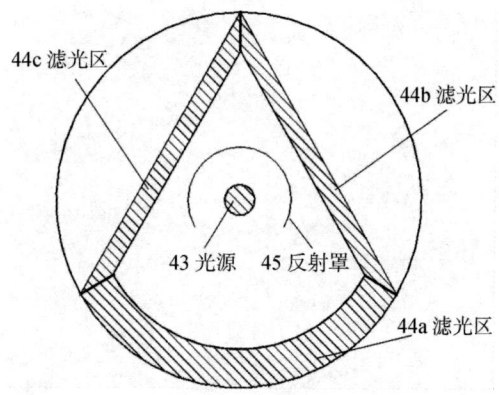

图 3

2018年专利代理实务题
答题要点及参考答案

一、总体考虑

2018年专利代理实务考试试题总共有五道题目，涉及了无效实务和申请实务两个部分。第一题至第三题是无效实务部分。第一题要求应试者根据客户提供的资料具体分析客户所撰写的无效宣告请求书（附件2）中的各项理由是否成立，并将具体意见以信函的形式提交给客户。该题重点考查应试者对于专利代理事务中应知应会的几个基本法律概念的理解和运用能力，要求应试者全面正确地判断题述理由是否符合《专利法实施细则》第六十五条第二款规定的范围，并对附件2中的具体理由是否成立、撰写是否合适等内容作出判断和予以说明。第二题要求应试者根据客户提供的资料撰写无效宣告请求书。该题全面考查了应试者对于专利代理实务中经常涉及的几个基本法律概念，包括新颖性、创造性、权利要求是否得到说明书的支持等内容的掌握程度以及灵活运用的能力。应试者作为无效宣告请求人的代理人，要条理清晰、有理有据地分析客户提供的资料，选择能成功地将涉案专利宣告无效的最有力证据和提出最具说服力的理由。第三题要求应试者站在涉案实用新型的专利权人B公司的角度进行换位思考，思考专利权人B公司针对第二题所提出的无效宣告请求可能进行的应对和预期可能的无效宣告结果。该题考查了应试者是否关注和理解最新的政策修改，重点考查了应试者对于2017年02月28日公布的《国家知识产权局关于修改〈专利审查指南〉的决定》（国家知识产权局令第74号）关于无效实务中的修改要求的理解，并进行正确的处理。

第四题和第五题为申请实务部分。第四题采用撰写权利要求书这种专利代理实务中最基本的形式，主要考查应试者撰写权利要求书的基本技巧，要求在满足《专利法》及《专利法实施细则》有关规定的前提下，撰写合适范围的独立权利要求和若干项逻辑清楚、层次分明的从属权利要求。此题一方面，要求应试者要具有总结归纳的能力，能根据客户所提供的各类素材总结归纳后为客户的每一项发明寻求一个最合理范围的专利保护；另一方面，也要求应试者能够撰写出有层次、有梯度、逻辑严谨、结构清楚的一组从属权利要求，从而保证权利的稳定性。第五题要求应试者分析其在第四题中撰写的独立权利要求相对于该涉案专利所解决的技术问题和取得的技术效果以及所采用的技术手段。此题实质上是从另一个角度考查了应试者对于创造性的把握，以及应试者在独立权利要求撰写时对技术内容的掌握情况。同时让应试者还原出在第四题中所进行的思考、分析和判断，从而进一步考查应试者对于权利要求撰写思路和步骤的掌握情况。

二、对客户所撰写的无效宣告请求书中各项理由是否成立给出咨询意见

2018年专利代理实务考试的第一题要求应试者按照题目要求并根据客户所撰写的无效宣告请求书（附件2）为客户撰写咨询意见，逐一分析附件2中涉及的各项无效理由是否成立并进行相应的说明。除了该附件2之外，试卷中还给出了三份素材，包括：附件1（涉案

专利)以及客户提供的对比文件1~2。

在具体分析各项理由是否成立之前，应试者需要知道客户都提出了哪些无效理由，需要认真阅读该题中给出的三份素材，全面了解涉案专利以及所有对比文件的相关内容，并按照以下思路和步骤进行分析。

（一）分析客户提供的涉案专利的权利要求书

涉案专利的权利要求书共有6项权利要求，其中有1项独立权利要求。独立权利要求1涉及一种具有滤光部的灯；从属权利要求2引用了独立权利要求1；从属权利要求3、4均嵌套引用了从属权利要求2，它们均对灯的滤光部作了进一步限定；从属权利要求5是对从属权利要求3或4的灯反射罩的进一步限定；从属权利要求6对从属权利要求2的灯座作了进一步限定。涉案专利的最大保护范围（权利要求1要求保护的技术方案）是通过将多个滤光区依次排列组成灯的滤光部，并使这些滤光区可相对光源改变位置，从而提供不同的光照模式，实现一灯多用。具体实施时是通过旋转滤光部并使各滤光区的分界线平行于滤光部的旋转轴而提供不同的光照模式。

（二）分析客户提供的对比文件

对于对比文件的分析，需要从时间和内容这两方面入手。在时间方面，需要考查客户提供的对比文件是否构成涉案专利的现有技术，或者是否属于申请在先公开（公告）在后的专利申请或者专利文件；在内容方面，需要考查客户所提供的这些对比文件是否能够影响涉案专利权利要求的新颖性和/或创造性，以及是否构成抵触申请。

在该题中，对比文件1和对比文件2均为先于涉案专利申请日已经公开的专利文献。它们在时间上均构成了涉案专利的现有技术，可以用来评价权利要求的新颖性和创造性。

在内容上，对比文件1公开了一种变光灯，包括灯座、支撑柱、光源和变光套，白光光源设置在支撑柱顶端的侧面上，变光套从上到下地由三个滤光层和一个基底排列而成，三个滤光层的透明度依次降低。通过上下移动变光套相对于支撑柱的位置是调整滤光层相对于光源的位置以适应不同亮度需求。

对比文件2公开了一种调光灯，包括塑料的灯座、竖直柱、灯泡、灯罩，灯泡设置于竖直柱顶端，灯罩由半透明材料制成，灯罩下侧与竖直柱通过内外螺纹配合，从而可旋转地套设于竖直柱外侧，旋转灯罩可使其上下移动，也是调整灯罩相对于光源的位置以实现亮度调整。

题述的对比文件1~2均属于同一灯具领域，且属于现有技术。在此基础上，需要进一步判断两份对比文件是否公开了涉案专利，是否有结合的技术启示，从而才能判断题述理由是否成立。

（三）分析客户所撰写的无效宣告请求书中涉及的各项理由

客户所撰写的无效宣告请求书中包括如下理由：(1) 关于新颖性和创造性，主要是新颖性；(2) 其他无效理由，包括单一性和《专利法》的保护对象。

新颖性的评价需要把握两个基本原则：(1) 同样的发明或者实用新型。在进行新颖性判断时，要求涉案专利的权利要求与对比文件的技术领域、所解决的技术问题、技术方案和预期效果实质相同，重点是判断技术方案是否实质上相同。(2) 单独对比。在新颖性判断中，不能将几项现有技术或者一份对比文件中的多项技术方案进行组合对比。

如前所述，对比文件1、对比文件2均属于现有技术，均可用来评价权利要求的新颖性和创造性。

在该题中的理由1考查应试者对新颖性具体判断原则的适用，特别是对"同样的发明或者实用新型"判断原则的具体运用。对比文件1公开了一种变光灯（参见对比文件1的说明书正文第8～14行、附图1～2），包括灯座21、支撑柱22、光源23和变光套24，光源23为白光发光二极管，变光套24为四棱柱体，其从上到下地由滤光层241、242、243和一个基底244排列而成，滤光层241、242、243的透明度依次降低。图2示出变光套24套设于光源23外，通过上下移动变光套24相对于支撑柱22的位置，并用销柱25定位，使得变光套24上下运动，从而适应用户的不同亮度需求。由此可见，对比文件1公开了权利要求1的全部技术特征，二者采用了相同的技术方案，并且它们都属于新型灯这一相同的技术领域，都解决了提供不同光照模式的技术问题，并能达到相同的预期技术效果。因此，权利要求1相对于对比文件1不具备新颖性，不符合《专利法》第二十二条第二款的规定。因此，该题中的理由1是成立的，但理由1中在论述权利要求1不具备新颖性的原因时，在对比文件1引证部分仅论述了"对比文件1公开变光套24包括三个从上到下透明度依次降低的滤光层，变光套24可上下运动，实现了灯的不同亮度调整"，即引证部分实际上仅涉及了与权利要求1特征部分对应的技术特征而未提及权利要求前序部分的技术特征，但权利要求1所要求保护的技术方案包含了前序部分和特征部分的全部内容；同时，在结论部分指出"因此，对比文件1公开了权利要求1的特征部分的全部内容，权利要求1相对于对比文件1不具备新颖性"，即结论部分认为：权利要求1相对于对比文件1之所以不具备新颖性是因为"对比文件1公开了权利要求1的特征部分的全部内容"。也就是，理由1是将涉案专利权利要求1特征部分的内容与对比文件1中的相应部分内容进行比较而作出新颖性评价的，违反了新颖性判断中的"同样的发明或者实用新型"判断原则，是针对技术方案整体进行判断的。因此，理由1的不具备新颖性结论虽正确，但在论述权利要求1不具备新颖性的原因时概念和判断方法错误导致了整体论述错误。

在该题中的理由2同样考查应试者对从属权利要求概念的理解和新颖性"单独对比"判断原则的具体运用。首先，权利要求2是从属于权利要求1的，构成的完整技术方案应该包含了权利要求1的全部技术特征和权利要求2的附加技术特征；其次，如前所述，对比文件1是通过上下移动变光套24相对于支撑柱22的位置，从而适应用户的不同亮度需求，不同于权利要求2的"所述滤光部（14）可旋转地连接在所述支撑杆（12）上，通过旋转所述滤光部（14）提供不同的光照模式"。这构成了权利要求2与对比文件1的区别，导致二者不能构成相同的发明。对比文件2的灯罩由半透明材料制成，并未公开权利要求2的"所述滤光部由多个滤光区组成",故权利要求 2 相对于对比文件 2 具备新颖性。所以,权利要求 2 相对于对比文件 1 或 2 都是具备新颖性的。同时,虽然该区别技术特征被同一领域的对比文件 2 的"旋转灯罩 34 可使其上下移动,实现亮度调整"公开了,即对比文件 2 公开了权利要求 2 的全部附加技术特征,但是,根据"单独对比"原则,不能将对比文件 1、2 这两项现有技术中的技术方案进行组合来评述权利要求 2 不具备新颖性。同时,对比文件 2 至少未公开权利要求 2 的"所述滤光部由多个滤光区组成",故权利要求 2 相对于对比文件 2 具备新颖性。因此,权利要求 2 相对于对比文件 1 或 2 都是具备新颖性的。该题的理由 2 中所认为的"在其所引用的权利要求 1 不具备新颖性的前提下,权利要求 2 也不具备新颖性"的结论是错误的,即理由 2 不成立。

在该题中的理由 3 考查应试者对实用新型权利要求中涉及材料特征的具体理解。权利要求 6 是在权利要求 2 的基础上进一步限定了"所述灯座(11)的材料为塑料",而根据《专利审查指南 2010》第四部分第六章第 3 节的规定,在无效宣告程序对实用新型专利的新颖性审查中,应当考虑所有技术特征,包括材料特征。也就是,无效宣告程序实用新型专利的新颖性审查中应当考虑材料特征。因此该题的理由 3 中指出的"该特征不应当纳入新颖性的考虑之内,因此,在其引用的权利要求不具备新颖性的前提下,该权利要求也不具备新颖性"论述错误,即理由 3 不成立的且论述错误。

在该题中的理由 4 考查应试者对《专利法实施细则》第六十五条所规定的能被作为无效宣告的理由的掌握情况。单一性是《专利法》第三十一条的规定,而《专利法实施细则》第六十五条第二款所规定的能作为无效宣告理由的具体条款中并未涉及《专利法》第三十一条。因此,根据上述规定,不能以权利要求之间缺乏单一性为由提出无效宣告请求,即理由 4 不成立。

在该题中的理由 5 考查应试者对实用新型专利保护客体的具体理解和运用。根据《专利法》第二条第三款的规定,《专利法》所称实用新型,是指对产品的形状、构造或者其结合所提出的适于实用的新的技术方案。根据《专利审查指南 2010》第一部分第二章第 6.2.2 节的规定,权利要求中可以包含已知材料的名称,即可以将现有技术中的已知材料应用于具有形状、构造的产品上,例如复合木地板、塑料杯、记忆合金制成的心脏导管支架等,不属于对材料本身提出的改进。而权利要求 5 和 6 中出现的铝和塑料显然是已知材料,它们被应用于灯这一产品中,不属于对材料本身提出的改进。因此,权利要求 5～6 是实用新型的保护对象,即理由 5 不成立。

需要说明的是,该题仅要求应试者对于附件 2 中所涉及的各项理由是否成立作答,因此在该题的答案中不要求应试者具体分析对比文件 2 能否评价涉案专利权利要求的新颖性及对比文件 1 能否结合对比文件 2 评价涉案专利权利要求的创造性。

第一题参考答案

尊敬的 A 公司:

很高兴贵方委托我代理机构代为办理有关请求宣告专利号为 ZL201721234567.x、

名称为"多用途灯"的实用新型专利无效宣告请求的有关事宜。经仔细阅读贵方提供的附件1~2以及对比文件1~2，我认为附件2中各项理由是否成立的结论和理由是：

1. 权利要求1相对于对比文件1不具备新颖性的无效理由成立

对比文件1除了公开附件2的理由1中的内容外，还公开了一种变光灯（参见对比文件1的说明书正文第8~14行、附图1~2），包括与权利要求1前序部分对应的灯座21、支撑柱22、光源23，光源23为白光发光二极管，而且对比文件1的图2示出变了光套24套设于光源23外。由此可见，对比文件1公开的是权利要求1的全部技术特征，而不是仅"权利要求1的特征部分的全部内容"。因此，权利要求1相对于对比文件1不具备新颖性，不符合《专利法》第二十二条第二款的规定。也就是，在评述一个方案是否具备新颖性时应该从权利要求所要求保护的整个方案的记载入手，包括所引证现有技术的内容及结论的得出。故而，该题中的理由1虽成立，但理由1中的论述是错误的。

2. 权利要求2不具备新颖性的无效理由不成立

权利要求2的方案包括了权利要求1的全部技术特征和权利要求2的附加技术特征。如前所述，对比文件1公开了权利要求1的全部技术特征，而权利要求2与对比文件1的区别为权利要求2的附加技术特征——"所述滤光部（14）可旋转地连接在所述支撑杆（12）上，通过旋转所述滤光部（14）提供不同的光照模式"。因此，权利要求2相对于对比文件1具备新颖性。虽然该区别技术特征被对比文件2的"旋转灯罩34可使其上下移动，实现亮度调整"公开，但是，根据新颖性判断的"单独对比"原则，不能用对比文件1结合对比文件2评述权利要求2不具备新颖性。同时，对比文件2未公开权利要求2的"所述滤光部由多个滤光区组成"。因此，权利要求2相对于对比文件1或2都具备新颖性。因此，该题的理由2不成立。

3. 权利要求6不具备新颖性的无效理由不成立

根据《专利审查指南2010》第四部分第六章第3节的规定，在无效程序实用新型专利的新颖性审查中，应当考虑所有技术特征，包括材料特征。因此，该题中理由3的"该特征不应纳入新颖性的考虑之内"的结论是错误的，即理由3不成立。

4. 权利要求3和4不具有单一性的无效宣告理由不成立

《专利法》第三十一条规定的单一性不是《专利法实施细则》第六十五条第二款规定的可被无效宣告的条款。因此，该题中理由4将"权利要求3~4将不具备单一性"作为无效宣告理由是错误的，即理由4不成立。

5. 权利要求5~6不是实用新型的保护对象的无效宣告理由不成立

权利要求5和6中出现的铝和塑料显然是已知材料，根据《专利法》第二条第三款和《专利审查指南2010》第一部分第二章第6.2.2节的相关规定，权利要求中可以包含已知材料的名称，因此，权利要求5~6是实用新型的保护对象。

三、撰写无效宣告请求书

2018年专利代理实务考试的第二题要求应试者根据题目给出的素材为客户撰写无效宣告请求书，说明可提出无效宣告请求的范围、理由和证据。

应试者在认真阅读试卷中给出的资料，全面了解涉案专利以及所有对比文件的相关内容以后，按照以下思路和步骤进行分析。

（一）分析客户提供的对比文件是否需要作为证据提交以及与证据相关的无效理由

如前所述，对比文件1、2在时间上均可以用来考虑评价权利要求的新颖性和创造性，从内容上它们均属于同一灯具领域，对比文件1公开了涉案专利权利要求1的全部技术特征、对比文件2公开了权利要求2的附加技术特征，而权利要求6在权利要求2基础上进一步限定的"所述灯座（11）的材料为塑料"被对比文件2公开。因此，对比文件1和对比文件2将影响权利要求1的新颖性和权利要求2、6的创造性，对比文件1和对比文件2可以作为评价涉案专利权利要求1、2、6的新颖性或创造性的证据提交。

分析对比文件1和对比文件2可知，对比文件1和对比文件2中均没有公开如权利要求3中所述的"所述滤光区（14a, 14b, 14c, 14d）的分界线与所述滤光部（14）的旋转轴平行"，也没有公开权利要求4中所述的"所述滤光部是多棱柱状，所述多棱柱的每个侧面为一个滤光区，所述多棱柱的棱边与所述滤光部（14）的旋转轴平行"的技术方案，而权利要求5引用权利要求3或4。因此，根据目前所掌握的证据，不能以权利要求3、4、5不具备新颖性或创造性为由提出无效宣告请求。

（二）分析涉案专利的权利要求书是否存在其他可以提出无效宣告请求的缺陷

通过分析可知，权利要求5中出现"优选"使得技术方案不清楚。

权利要求5引用权利要求3或4的技术方案还限定了"反射罩（15）的边缘延伸到所述滤光部（14）"，根据说明书的记载：滤光部14可以是其他形状，例如，是多棱柱状的。在滤光部14为多棱柱的情况下，反射罩15的边缘如果延伸到滤光部14，将使得滤光部14无法旋转。由此可见，说明书中公开了一种具体的结构，当滤光部14为多棱柱时，反射罩15的边缘延伸到滤光部14会使得滤光部14无法旋转。而权利要求5引用权利要求4的方案显然要求保护的是说明书中记载无法旋转的方案，其不能通过旋转滤光部提供不同的光照模式。因此权利要求5引用权利要求4的方案得不到说明书的支持，不符合《专利法》第二十六条第四款的规定。

（三）确定无效宣告请求的范围、理由和证据的使用

在前述分析的基础上，可以确定无效宣告请求的范围、理由和证据为：权利要求1相对

于对比文件1不具备新颖性；权利要求2、6相对于对比文件1和对比文件2的结合不具备创造性；权利要求5引用权利要求4的方案没有以说明书为依据，不符合《专利法》第二十六条第四款的规定；权利要求5的技术方案不清楚，不符合《专利法》第二十六条第四款的规定。因此请求宣告权利要求1、2、6以及权利要求5的技术方案无效。

第二题参考答案

根据《专利法》第四十五条和《专利法实施细则》第六十五条的规定，请求人请求宣告专利号为ZL201721234567.x、名称为"多用途灯"的实用新型专利（下称该专利）部分无效，请求人提供如下的证据：

对比文件1：专利号为ZL200620123456.5的实用新型专利说明书，授权公告日为2007年10月09日；

对比文件2：专利号为ZL200820789117.7的实用新型专利说明书，授权公告日为2008年10月23日。

具体理由如下：

1. 权利要求1不具备《专利法》第二十二条第二款规定的新颖性

权利要求1请求保护一种灯，对比文件1公开了一种变光灯（参见对比文件1的说明书正文第8~14行、附图1~2），包括灯座21、支撑柱22、光源23和变光套24，光源23为白光发光二极管，变光套24为四棱柱体，其从上到下地由滤光层241、242、243和一个基底244排列而成，滤光层241、242、243的透明度依次降低。图2示出变光套24套设于光源23外，通过上下移动变光套24相对于支撑柱22的位置，并用销柱25定位，使得变光套24上下运动，从而适应用户的不同亮度需求。其中，对比文件1的支撑柱22也是一种支撑杆，光源23为白光发光二极管，也是发白光的光源；变光套24从上到下排列的滤光层241、242、243的透明度依次降低，表明了变光套24也是滤光部且其由多个滤光区组成，图2示出变光套24套设于光源23外；通过上下移动变光套24适应用户的不同亮度需求也属于滤光区与光源的相对位置是可以改变的，提供不同的光照模式。

由此可见，对比文件1公开了权利要求1的全部技术特征，二者采用了相同的技术方案，并且它们都属于新型灯这一相同的技术领域，都解决了提供不同光照模式的技术问题，并能达到相同的预期技术效果。因此，权利要求1相对于对比文件1不具备新颖性，不符合《专利法》第二十二条第二款的规定。

2. 权利要求2不具备《专利法》第二十二条第三款规定的创造性

对比文件1是与该专利最接近的现有技术，对比文件1公开了权利要求2回引的权利要求1的全部技术特征，因此权利要求2与对比文件1的区别是："所述滤光部（14）可旋转地连接在所述支撑杆（12）上，通过旋转所述滤光部（14）提供不同的光照模式"。由上述区别技术特征可以确定，权利要求2相对于对比文件1实际解决的技术问题是如何用不同方式提供不同的光照模式。对比文件2公开了一种调光灯（参见对比文件2说明书正文第10~13行、附图1~3），包括灯座31、竖直柱32、灯泡33、灯罩34，竖直柱32的外壁设置外螺纹；灯泡33设置于竖直柱32顶端；灯罩34整体由半透明材料制成，灯罩34下侧与竖直柱32通过内外螺纹配合，从而可旋转地套设于竖直柱32外侧，旋转灯罩34可使其上下移动，从而实现亮度调整。对比文件2的灯罩34也是滤光部，其也是可旋转地连接在支撑杆上且通过旋转滤光部提供不同的光照模式。由此可见，对比文件2公开了权利要求2中的上述区别技术特征，该区别技术特征在对比文件2所起的作用（解决的技术问题）也是通过旋转方式来调整光照模式，即它们的作用也相同。因此，对比文件2给出将上述区别特征应用到对比文件1以解决其存在的技术问题的技术启示，在对比文件1的基础上，结合对比文件2从而得到权利要求2的技术方案，对于本领域技术人员来说是显而易见的。综上，权利要求2相对于对比文件1和对比文件2的结合不具有实质性特点和进步，不具备《专利法》第二十二条第三款规定的创造性。

3. 权利要求6不具备《专利法》第二十二条第三款规定的创造性

权利要求6的附加技术特征（"所述灯座"的材料为塑料）被对比文件2公开，即对比文件2还公开了塑料的灯座31（参见对比文件2正文第10行），因此，在其引用的权利要求2不具备创造性的前提下，权利要求6也不具备《专利法》第二十二条第三款规定的创造性。

4. 权利要求5引用权利要求4的技术方案没有以说明书为依据，不符合《专利法》第二十六条第四款的规定

根据该专利说明书记载的内容可知，在滤光部14为多棱柱的情况下，反射罩15的边缘如果延伸到滤光部14，将使得滤光部14无法旋转。而权利要求5引用了权利要求3或4，其附加技术特征包括了"反射罩（15）的边缘延伸到所述滤光部（14）"，但其引用权利要求4时，因权利要求4的附加技术特征包括"滤光部（14）是多棱柱状"。也就是，当权利要求5引用权利要求4时的方案明显是说明书中记载无法旋转的方案，其不能通过旋转滤光部提供不同的光照模式。因此，权利要求5引用权利要求4的技术方案得不到说明书支持，不符合《专利法》第二十六条第四款的规定。

5. 权利要求5中出现"优选"，这在一项权利要求中限定出不同的保护方案，因此，权利要求5不清楚，不符合《专利法》第二十六条第四款的规定

综上所述，该专利不符合《专利法》第二十二条第二款和第三款、第二十六条第四款规定，现请求宣告专利号为ZL 201721234567.x、名称为"多用途灯"的实用新型专利部分无效（或，请求宣告专利号为ZL 201721234567.x、名称为"多用途灯"的实用新型专利的权利要求1、2、5~6的技术方案无效）。

四、针对应试者在第二题所提出的无效宣告请求预测 B 公司能进行的可能应对和预期的无效宣告结果

2018 年专利代理实务考试的第三题要求应试者针对自己在第二题所提出的无效宣告请求思考 B 公司能进行的可能应对和预期的无效宣告结果，并思考：在这些应对中，是否存在某种应对会使得 A 公司的产品仍存在侵犯涉案专利的风险并应说明依据和理由。也就是，该题的题述要求应试者思考的是：在可以进行修改的方式中选择可以将 A 公司的产品仍包含在其中的一种修改方式，以便最大范围地保护 B 公司的实用新型专利并遏制 A 公司的产品。

（一）确定涉案专利相对于现有技术不能被无效的技术方案

针对第二题提交的无效宣告请求书可知，仅是请求宣告权利要求 1、2、5～6 的方案无效，权利要求 3、4 的方案没有被请求无效。也就是，权利要求 3 和权利要求 4 的技术方案相对于目前的现有技术（对比文件 1～2）不能被无效。

（二）分析客户提供的技术交底材料中所涉及的技术方案

客户提供的技术交底材料涉及的是"一种多功能灯"，包括灯座 41、支撑杆 42、光源 43、滤光部 44、遮光片 46 和光源承载座 421，反射罩 45 部分包围光源 43，滤光部 44 套设在光源 43 之外，并可旋转地连接在支撑杆 42 顶端上。其通过多个具体的结构设置既解决了"灯能同时兼具多种模式以满足不同需求"这一基本技术问题，又进一步解决了"抑制小夜灯模式升温多"和"在黑暗环境下，定位或识别小夜灯模式"的两个技术问题，具体如下。

1. 解决"灯能同时兼具多种模式以满足不同需求"的技术问题的实施方案

具体结构设置是：灯，包括灯座 41、支撑杆 42、光源 43、反射罩 45、滤光部 44、遮光片 46 和光源承载座 421，光源 43 安装在光源承载座 421 上，滤光部 44 套设在光源 43 之外，并可旋转地连接在支撑杆 42 顶端上，滤光部 44 具有三个具有不同透明度的滤光区 44a、44b、44c，各滤光区 44a、44b、44c 相互之间的分界线位于一个虚拟圆柱体的圆柱面上，并与滤光部 44 的旋转轴平行，将实现小夜灯功能的滤光区 44a 设置在虚拟圆柱体的圆柱面上，并将滤光区 44b、44c 设置在该虚拟圆柱体的内接等边三棱柱上。反射罩 45 使光线发射角度集中到光源 43 下方的一个滤光区的范围中，通过滤光部 44 的旋转可以实现满足上述三种光照的需求。

2. 解决"抑制小夜灯模式升温更多"的技术问题的实施方案

具体结构设置是：灯，包括灯座 41、支撑杆 42、光源 43、反射罩 45、滤光部 44、遮光片 46 和光源承载座 421，光源 43 安装在光源承载座 421 上，滤光部 44 套设在光源 43 之外，并可旋转地连接在支撑杆 42 顶端上，滤光部 44 具有三个具有不同透明度的滤光区 44a、

44b、44c，各滤光区 44a、44b、44c 相互之间的分界线位于一个虚拟圆柱体的圆柱面上，并与滤光部 44 的旋转轴平行，将实现小夜灯功能的滤光区 44a 设置在虚拟圆柱体的圆柱面上，并将滤光区 44b、44c 设置在该虚拟圆柱体的内接等边三棱柱上，使滤光部 44 的旋转轴、光源 43 的轴线均与该虚拟圆柱体的中心轴重合，可使得滤光区 44a 与光源 43 的间距大于其他滤光区 44b、44c 与光源 43 的间距，将会抑制滤光部 44 升温。

3. 解决"在黑暗环境下，定位或识别小夜灯模式"的技术问题的实施方案

具体结构设置是：灯，包括灯座 41、支撑杆 42、光源 43、反射罩 45、滤光部 44、遮光片 46 和光源承载座 421，光源 43 安装在光源承载座 421 上，滤光部 44 套设在光源 43 之外，并可旋转地连接在支撑杆 42 顶端上，滤光部 44 具有三个具有不同透明度的滤光区 44a、44b、44c，各滤光区 44a、44b、44c 相互之间的分界线位于一个虚拟圆柱体的圆柱面上，并与滤光部 44 的旋转轴平行，在滤光区 44a 与其他两个滤光区 44b、44c 交界区域各设置一列间隔的荧光凸点，而在其他两个滤光区 44b、44c 的交界区域设置条形荧光凸起。同时在滤光部 44 的靠近光源承载座 421 和靠近遮光片 46 的边界区域，以及遮光片 46 的靠近各滤光区的区域上，分别设置表示滤光区编号的数字型荧光凸起。这些荧光凸点和荧光凸起等亮度极弱并不能用于照明，但可在触感和视觉上被识别。同时，由于圆柱面和平面的整体触感不同，也可以定位小夜灯模式。

（三）确定针对无效请求可进行修改的方式

国家知识产权局于 2017 年 02 月 28 日发布了《国家知识产权局关于修改〈专利审查指南〉的决定》（国家知识产权局令第 74 号），决定自 2017 年 04 月 01 日起施行。根据修改后的《专利审查指南 2010》第四部分第三章第 4.6.2 节对于无效程序中修改方式的规定，修改权利要求书的具体方式一般限于权利要求的删除、技术方案的删除、权利要求的进一步限定、明显错误的修正。权利要求的进一步限定是指在权利要求中补入其他权利要求中记载的一个或者多个技术特征，以缩小保护范围。

如前所述，涉案专利不能被无效的方案是权利要求 3 和权利要求 4 的技术方案。以往最直接的修改方式就是将权利要求 3 或 4 的整体技术方案作为修改后的独立权利要求，这样，修改后的独立权利要求既相对于对比文件 1~2 具备新颖性和创造性，也有别于技术交底材料中的三个实施方案。但这样一来，就满足不了题述"可以将 A 公司的产品仍包含在其中"的要求。

上述第 74 号局令中对于无效宣告程序修改规定了"在权利要求中补入其他权利要求中记载的一个或者多个技术特征"的修改方式。这为我们提供了一种新的修改方式，有别于前述的直接将权利要求 3 或 4 的整体技术方案作为修改后的独立权利要求的修改。为此，可考虑将权利要求 3 或 4 的一个或多个技术特征补入独立权利要求中，但是对于仅补入部分特征后形成的新独立权利要求特别要关注的是，一定要遵循《专利审查指南 2010》关于无效宣告程序中专利文件修改的 4 条修改原则。由于仅是在涉案专利的独立权利要求中补入部分特征，其权利要求主题名称、技术特征必然是来自原权利要求书，且补入部分特征必然缩小了

原专利的保护范围，但对于是否超出原说明书和权利要求书记载的范围则需要进行综合分析方能作出准确判断。

对于"没有超出原说明书和权利要求书记载的范围"的认定，具体考虑如下：虽然权利要求3还限定了滤光部（14）为圆柱状，但由于涉案专利说明书中既记载了圆柱状滤光部（14）的方案，也记载了"滤光部14也可以是其他形状"且列举了"当为多棱柱状时，多棱柱的每个侧面为一个滤光区，多棱柱的棱边也是各滤光区的分界线"，也就是，涉案专利说明书中公开了滤光部14可为不限于圆柱状或多棱柱状的多种形状的技术方案。同时涉案专利权利要求1中已经限定了"所述滤光部由多个滤光区组成"，故其实际上只要在涉案专利权利要求1基础上再补入权利要求2的"所述滤光部（14）可旋转地连接在所述支撑杆（12）上""通过旋转所述滤光部（14）提供不同的光照模式"和权利要求3的"所述滤光区（14a，14b，14c，14d）的分界线与所述滤光部（14）的旋转轴平行"，就可以达到"通过旋转所述滤光部（14）提供不同的光照模式"，而不必将权利要求3的"所述滤光部是圆柱状"补入，该修改方式也不会超出原说明书和权利要求书记载的范围。

这样，该修改后的独立权利要求在修改的方式和修改应遵循的4条原则上均符合《专利审查指南2010》上述关于无效宣告程序中专利文件修改的规定。修改后的独立权利要求因具有"所述滤光区（14a，14b，14c，14d）的分界线与所述滤光部（14）的旋转轴平行"而有别于对比文件1或/和对比文件2，具备新颖性和创造性，同时也因补入的上述特征而使得整个方案涵盖了客户提供的技术交底材料涉及的解决"灯能同时兼具多种模式以满足不同需求"问题的技术方案，从而使得A公司的产品仍存在侵犯该涉案专利的风险，起到了遏制A公司产品的作用。

第三题参考答案

B公司存在这样的应对方式。

该方式为：将权利要求2的附加技术特征和权利要求3的一部分附加技术特征即"滤光区（14a，14b，14c，14d）的分界线与所述滤光部（14）的旋转轴平行"加入权利要求1中，修改成一个新的独立权利要求1。这样做符合《专利审查指南2010》第四部分第三章第4.6.2节对于无效宣告程序中修改方式的规定，也符合《专利法》第三十三条的规定。

修改后的独立权利要求中"滤光区（14a，14b，14c，14d）的分界线与所述滤光部（14）的旋转轴平行"技术特征未被对比文件1或对比文件2公开。因此，该独立权利要求相对于对比文件1和对比文件2具备新颖性和创造性。同时，该修改后的独立权利要求涵盖了A公司技术交底材料中的解决提供不同模式照明问题的技术方案，实现了光照模式的切换，预期涉案专利将因修改后的独立权利要求而被维持有效，并能使得A公司的产品仍存在侵犯该涉案专利的风险，从而遏制A公司的产品。

五、撰写权利要求书

2018年专利代理实务考试的第四题要求应试者根据题目给出的素材为客户撰写实用新型专利申请的权利要求书。在撰写权利要求书时，应试者应当认真阅读、全面了解技术交底材料和现有技术的相关内容，撰写出既符合《专利法》和《专利法实施细则》相关规定，又能最大程度地维护客户利益的权利要求书。在答题时可以按照以下的思路和步骤进行。

（一）确定技术交底材料相对于现有技术所解决的技术问题

在该题中，涉案专利及对比文件1、对比文件2均构成了技术交底材料的现有技术。虽然现有技术中的灯都具有类似于滤光部的部件且滤光部可分为若干区，这些滤光部或者通过上下移动滤光部相对于光源的位置，或是通过将滤光部的旋转轴与光源承载部件的轴线重合的方式满足了用户的不同亮度需求，但不能改进日常生活中特别是具有多棱柱状滤光部的小夜灯使用时遇到的问题，使得具有多棱柱状滤光部的小夜灯模式时滤光部温度升高，定位小夜灯模式困难。如前所述，客户提供的技术交底材料中记载了解决上述两个技术问题的技术方案，可以抑制滤光部温度升高和方便小夜灯模式定位。

（二）确定独立权利要求的保护范围

独立权利要求应当从整体上反映发明的技术方案，记载解决技术问题的必要技术特征。为了达到使客户的利益最大化的目标，应试者不能简单地照抄技术交底材料中的实施方式，而应当对其中的实施方式进行适当概括，以避免所撰写权利要求的保护范围太小。

如前所述，技术交底材料中涉及解决"灯能同时兼具多种模式以满足不同需求""抑制小夜灯模式升温多"和"在黑暗环境下，定位或识别小夜灯模式"这三个技术问题的多个具体实施例。但此时根据技术交底材料撰写权利要求书，现有技术除了对比文件1~2之外还应包括涉案专利。相比于现有的对比文件1~2和涉案专利，技术交底材料中解决"灯能同时兼具多种模式以满足不同需求"的方案已被涉案专利公开，解决其他两个问题的方案尚未在这些现有技术中公开。因此，可提出申请的方案仅是解决"抑制小夜灯模式升温多"和"在黑暗环境下，定位或识别小夜灯模式"问题的实施方案。

技术交底材料中关于上述两个可提出申请的方案包括：（1）在确保滤光部44有三个滤光区44a、44b、44c，其中将实现小夜灯功能的滤光区44a形成在虚拟圆柱体的圆柱面上，将其他两个滤光区44b、44c形成在该虚拟圆柱体的内接等边三棱柱的两个侧平面上的基础上，通过使滤光部44的旋转轴、光源43的轴线均与该虚拟圆柱体的中心轴重合，使得滤光区44a与光源43的间距大于其他滤光区44b、44c与光源43的间距，抑制滤光部升温。（2）为便于在黑暗环境下，定位小夜灯模式，在滤光区44a与其他两个滤光区44b、44c交界区域各设置一列间隔的荧光凸点，而在其他两个滤光区44b、44c的交界区域设置条形荧光凸起，同时在滤光部44的靠近光源承载座421和靠近遮光片46的边界区域，以及遮光片46的靠近各滤光区的区域上，分别设置表示滤光区编号的数字型荧光凸起。对于上述实施方案，我们可以将三个滤光区概括为多个滤光区，内接等边三棱柱概括为多棱柱，将上述设置的如荧光凸点、条形荧光凸起、数字型荧光凸起等不同形式的定位小夜灯的结构，概括为荧光定位部，或概括为荧光识别部、荧光标记部、荧光标识部、荧光辨识部、荧光凸状部等，将滤光区44a与其他两个滤光区44b、44c交界区域和其他两个滤光区44b、44c的交界区域概括为各滤光区的交界区等，因此可以确定撰写的独立权利要求的最大的保护范围。

（三）确定独立权利要求之间是否符合单一性要求

由上可知，技术交底材料中涉及的上述两个技术问题，可以形成用于分别解决每个技术问题的两个独立权利要求。其中，为了解决"抑制滤光部温度升高"技术问题，技术交底材料给出了一个实施例，可以撰写出一个独立权利要求。为了解决"方便小夜灯模式定位"技术问题，技术交底材料则是给出了多种实施方式，但其可以被概括后撰写出一个独立权利要求。这样，根据技术交底材料的内容，可以撰写出两个独立权利要求。此时，就需要进行独立权利要求之间是否具备单一性的判断，以确定是提出一份专利申请，还是提出两份专利申请。

经过分析，为了解决两个不同的技术问题，技术交底材料给出了不同的技术方案，因此涉及不同技术问题的独立权利要求之间没有相同或相应的特定技术特征，应当分案申请。

（四）根据实施例撰写适当数量的从属权利要求

本次考试要求应试者如果认为应当提出多份专利申请，则撰写分案申请并说明理由。同时，为了形成较好的保护梯度，应当根据具体内容针对其中的一份专利申请撰写最合适范围的独立权利要求和适当数量的从属权利要求；对于其他专利申请，仅需撰写最合适范围的独立权利要求。应试者需要在正确全面理解交底材料的基础上，厘清思路，正确构架从属权利要求的结构和顺序，并调整权利要求之间的引用关系，避免从属权利要求保护范围不清楚的情况出现。此外，对于解决两个问题的两份申请还可以通过将其中一个技术问题作为主问题撰写独立权利要求，将另一个问题作为其进一步解决的问题撰写成适当数量的从属权利要求。这样，解决两个问题的实施例之间内容互有交叉，又各自不同，从而形成较好的保护梯度。当然，如此申请时要注意最后不能出现两个同样方案的权利要求授予两项专利权。

第四题参考答案

该题应分案，包括两份申请，有两种样式，即撰写权利要求书的样式一、权利要求书的样式二。

（一）撰写权利要求书的样式一

第一份申请为扇形和平面组合滤光部、各轴重合或间距不同以抑制温升的发明，包括一项独立权利要求和若干项从属权利要求。

1. 一种灯，包括灯座、支撑杆、光源、反射罩、滤光部、遮光片和光源承载座，所述光源安装在所述光源承载座上，所述反射罩部分包围所述光源，所述滤光部套设在所述光源之外，并可旋转地连接在所述支撑杆顶端上，所述滤光部具有多个滤光区，其特征在于：所述多个滤光区的分界线位于一个虚拟圆柱体的圆柱面，其中所述一个滤光区形成在所述虚拟圆柱体的扇形圆柱面上，其他所述滤光区形成在所述虚拟圆柱体的内接多棱柱的其他侧平面上，所述滤光部的旋转轴、所述光源的轴线均与所述虚拟圆柱体的中心轴重合（和/或写成：所述虚拟圆柱体的扇形圆柱面上的所述滤光区与所述光源的间距大于其他所述滤光区与所述光源的间距）。

2. 如权利要求1所述的灯，其特征在于：所述滤光部具有的所述多个滤光区为三个，还包括荧光定位部，在所述三个滤光区之间的交界区域、在所述滤光部靠近所述光源承载座和靠近所述遮光片的边界区域，以及在所述遮光片的靠近所述三个滤光区的区域上设置所述荧光定位部。

3. 如权利要求2所述的灯，其特征在于：在形成在所述虚拟圆柱体的扇形圆柱面上的一个所述滤光区与形成在所述虚拟圆柱体的内接三棱柱的两个侧平面上的另外两个所述滤光区的交界区域设置的所述荧光定位部为一列间隔的荧光凸点，在所述两个侧平面上的另外两个所述滤光区的交界区域设置的所述荧光定位部为条形荧光凸起，在所述滤光部靠近所述光源承载座和靠近所述遮光片的边界区域设置的所述荧光定位部，并且在所述遮光片靠近所述三个滤光区的区域上设置的所述荧光定位部为表示滤光区编号的数字型荧光凸起。

4. 如权利要求1~3任一项所述的灯，其特征在于：形成在所述虚拟圆柱体的扇形圆柱面上的滤光区为形成在120度圆心角的扇形圆柱面上。

另案提交的第二份申请为设置荧光定位部以定位小夜灯模式的发明，仅撰写一项独立权利要求。

1. 一种灯，包括灯座、支撑杆、光源、反射罩、滤光部、遮光片和光源承载座，所述光源安装在所述光源承载座上，所述反射罩部分包围所述光源，所述滤光部套设在所述光源之外，并可旋转地连接在所述支撑杆顶端上，所述滤光部具有多个滤光区，其特征在于：还包括在所述多个滤光区之间的交界区域、在所述滤光部靠近所述光源承载座和靠近所述遮光片的边界区域，以及在所述遮光片的靠近所述多个滤光区的区域上设置荧光定位部。

（二）撰写权利要求书的样式二

第一份申请为设置荧光定位部以定位小夜灯模式的发明，撰写一项独立权利要求和若干项从属权利要求。

1. 一种灯，包括灯座、支撑杆、光源、反射罩、滤光部、遮光片和光源承载座，所述光源安装在所述光源承载座上，所述反射罩部分包围所述光源，所述滤光部套设在所述光源之外，并可旋转地连接在所述支撑杆顶端上，所述滤光部具有多个滤光区，其特征在于：还包括在所述多个滤光区之间的交界区域、在所述滤光部靠近所述光源承载座和靠近所述遮光片的边界区域，以及在所述遮光片的靠近所述

多个滤光区的区域上设置荧光定位部。❶

2. 如权利要求 1 所述的灯，其特征在于：所述滤光部具有的多个滤光区为三个，所述三个滤光区的分界线位于一个虚拟圆柱体的圆柱面，其中一个所述滤光区形成在所述虚拟圆柱体的扇形圆柱面上，另外两个所述滤光区形成在所述虚拟圆柱体的内接三棱柱的两个侧平面上，所述滤光部的旋转轴、所述光源的轴线均与所述虚拟圆柱体的中心轴重合（或写成：形成在所述虚拟圆柱体的扇形圆柱面上的滤光区与所述光源的间距大于所述另外两个滤光区与所述光源的间距）。

3. 如权利要求 2 所述的灯，其特征在于：在形成在所述虚拟圆柱体的扇形圆柱面上的滤光区与形成在所述虚拟圆柱体的内接三棱柱的两个侧平面上的滤光区的交界区域设置的所述荧光定位部为一列间隔的荧光凸点，在所述两个侧平面上的滤光区的交界区域设置的所述荧光定位部为条形荧光凸起，在所述滤光部靠近所述光源承载座和靠近所述遮光片的边界区域设置的所述荧光定位部，并且在所述遮光片靠近所述三个滤光区的区域上设置的所述荧光定位部为表示滤光区编号的数字型荧光凸起。

4. 如权利要求 2 或 3 所述的灯，其特征在于：形成在所述虚拟圆柱体的扇形圆柱面上的滤光区为形成在 120 度圆心角的扇形圆柱面上。

另案提交的第二份申请为扇形和平面组合滤光部、各轴重合或间距不同以抑制温升的发明，仅撰写一项独立权利要求。

1. 同前面的撰写权利要求书的样式一第一份申请的独立权利要求 1 的方案（略）。

（三）分案理由

在第一份申请的独立权利要求 1 和被分案的第二份申请的独立权利要求 1（或在两份申请的两个独立权利要求）之间不存在相同或相应的特定技术特征，因此不属于一个总的发明构思，不具备单一性，不符合《专利法》第三十一条的规定，应当分别作为两份申请提出。

六、分析技术问题和技术效果以及所采用的技术手段

2018 年专利代理实务考试的第五题要求应试者说明所撰写的独立权利要求相对于涉案专利解决的技术问题和达到的技术效果以及所采用的技术手段。该题的目的旨在提醒应试者，对交底材料进行理解和分析时，要注意从解决的技术问题出发，考虑其能够达到的技术效果、所采取的技术手段，撰写出能够获得最大保护范围的独立权利要求。确定解决的技术问题是创造性判断"三步法"的重要一步，通过该题考查了应试者对于"三步法"的掌握情况。

---

❶ 该项独立权利要求同前面撰写权利要求书的样式一的第二份申请的独立权利要求的方案。

第五题参考答案

（1）对于撰写权利要求书的样式一

第一份申请的独立权利要求相对于该涉案专利所解决的技术问题是滤光区与光源的间距相同导致滤光部升温的问题。所取得的技术效果是抑制滤光部升温。所采用的技术手段是：滤光部具有多个滤光区，所述多个滤光区的分界线位于一个虚拟圆柱体的圆柱面，其中所述一个滤光区形成在所述虚拟圆柱体的扇形圆柱面上，其他所述滤光区形成在所述虚拟圆柱体的内接多棱柱的其他侧平面上，所述滤光部的旋转轴、所述光源的轴线均与所述虚拟圆柱体的中心轴重合（和/或写成：所述虚拟圆柱体的扇形圆柱面上的所述滤光区与所述光源的间距大于其他所述滤光区与所述光源的间距）。

第二份申请的独立权利要求相对于该涉案专利所解决的技术问题是在黑暗环境下难以相互区分不同滤光区或者说小夜灯模式的问题。所取得的技术效果是可以在黑暗环境下定位滤光区或者说小夜灯模式。所采用的技术手段是：滤光部具有多个滤光区，在所述多个滤光区之间的交界区域、在所述滤光部靠近所述光源承载座和靠近所述遮光片的边界区域，以及在所述遮光片的靠近所述多个滤光区的区域上设置荧光定位部。

（2）对于撰写权利要求书的样式二

第一份申请的独立权利要求相对于该涉案专利所解决的技术问题是：不同的滤光区之间外形结构均相同，在黑暗环境下难以相互区分不同滤光区或者说小夜灯模式的问题。所取得的技术效果是可以在黑暗环境下定位滤光区或者说小夜灯模式。所采用的技术手段是：滤光部具有多个滤光区，在所述多个滤光区之间的交界区域、在所述滤光部靠近所述光源承载座和靠近所述遮光片的边界区域，以及在所述遮光片的靠近所述多个滤光区的区域上设置荧光定位部。

第二份申请的独立权利要求相对于该涉案专利所解决的技术问题是滤光区与光源的间距相同导致滤光部升温的问题。所取得的技术效果是抑制滤光部升温。所采用的技术手段是：滤光部具有多个滤光区，所述多个滤光区的分界线位于一个虚拟圆柱体的圆柱面，其中所述一个滤光区形成在所述虚拟圆柱体的扇形圆柱面上，其他所述滤光区形成在所述虚拟圆柱体的内接多棱柱的其他侧平面上，所述滤光部的旋转轴、所述光源的轴线均与所述虚拟圆柱体的中心轴重合（和/或写成：所述虚拟圆柱体的扇形圆柱面上的所述滤光区与所述光源的间距大于其他所述滤光区与所述光源的间距）。